因地制宜

发展新质生产力
案例选编

杨瑞勇 ◎ 主编

中国财经出版传媒集团

经济科学出版社
Economic Science Press
·北 京·

图书在版编目（CIP）数据

因地制宜发展新质生产力案例选编／杨瑞勇主编.
北京 ： 经济科学出版社，2025.2. —— ISBN 978 - 7 - 5218 -
6783 - 1

Ⅰ. F120.2

中国国家版本馆 CIP 数据核字第 2025D6J281 号

责任编辑：郑诗南
责任校对：李　建
责任印制：范　艳

因地制宜发展新质生产力案例选编
YINDIZHIYI FAZHAN XINZHI SHENGCHANLI ANLI XUANBIAN
杨瑞勇　主编
经济科学出版社出版、发行　新华书店经销
社址：北京市海淀区阜成路甲 28 号　邮编：100142
总编部电话：010 - 88191217　发行部电话：010 - 88191522
网址：www. esp. com. cn
电子邮箱：esp@ esp. com. cn
天猫网店：经济科学出版社旗舰店
网址：http：//jjkxcbs. tmall. com
北京季蜂印刷有限公司印装
787 × 1092　16 开　19.5 印张　378000 字
2025 年 2 月第 1 版　2025 年 2 月第 1 次印刷
ISBN 978 - 7 - 5218 - 6783 - 1　定价：88.00 元
（图书出现印装问题，本社负责调换。电话：010 - 88191545）
（版权所有　侵权必究　打击盗版　举报热线：010 - 88191661
QQ：2242791300　营销中心电话：010 - 88191537
电子邮箱：dbts@ esp. com. cn）

《因地制宜发展新质生产力案例选编》
编委会名单

主　编：

杨瑞勇

执行主编：

李　林　吴建斌　宁　姣　张　瑾　盛　军　邹维新

副主编：

金　东　李　宁　杨子月　李　博　刘有能　赵留彦

执行副主编：

鲍啸峰　袁新勇　李晓东　修庆水　刘春晓　梁小军

编　委：

刘和平	洪　涛	常永明	吴建波	谢士强	曾小云	卢召义
陈江涛	王传俊	曲　玲	毕仁福	欧建国	王　艳	杨同瑾
花　香	蔡丽金	杨　洲	侯利荣	王喆锋	庄志伟	张鹏飞
李　超	孙明星	李允儿	曾凡勇	朱奕霖	欧阳洋	骆国正
佟　萌	陈浩波	刘光宁	郭　威	黄　铖	郭来升	徐海超
张　莉	张惠强	邱　耕	孙　鹏	刘　禅	陈　玉	华仲麟
翟　准	王　超	于红清	郝亚辉	孙志强	许旭轩	陈　飞
田　辉	于洪臣	崔海涛	邝　坪	赵　静	孔令辉	罗　灿
黎明琳	孙海悦	柏敏华	余玉荣	严康松	黄　明	蒋丽娟

（排名不分先后）

前　　言

2023 年 9 月，习近平总书记在黑龙江考察调研期间首次提出"新质生产力"概念，并发表一系列重要论述，作出发展新质生产力的重大决策部署，为我们在强国建设、民族复兴的伟大新征程上推动高质量发展提供了科学指引。

2024 年 3 月 5 日，习近平总书记参加他所在的十四届全国人大二次会议江苏代表团审议，强调"要牢牢把握高质量发展这个首要任务，因地制宜发展新质生产力"。习近平总书记还强调"各地要坚持从实际出发，先立后破、因地制宜、分类指导"。

党的二十届三中全会通过的《中共中央关于进一步全面深化改革、推进中国式现代的决定》提出，"健全推动经济高质量发展体制机制""健全因地制宜发展新质生产力体制机制"。"改革有破有立，得其法则事半功倍"。坚持稳中求进、以进促稳、先立后破，因地制宜发展新质生产力，就能不断推动高质量发展行稳致远，不断书写中国式现代化崭新篇章。

因地制宜发展新质生产力，我们务必坚持求真务实。"一把钥匙开一把锁"。我国幅员辽阔，各地资源禀赋、产业基础、科研条件等不尽相同，有些方面差异还很大。发展新质生产力，没有统一模板、标准答案，必须立足实际、精准发力、科学施策，不能"大呼隆、一哄而起、一哄而散"，一定要因地制宜，各有侧重，各有千秋，有所为有所不为。各地区各部门要牢牢把握在国家发展大局中的战略定位，既"从全局谋划一域"又"以一域服务全局"，既"抢位发展"又"错位发展"，兼顾需要与可能、找准产业发展定位。拒绝攀大、求全，而是脚踏实地、循序渐进。

历史经验和实践告诉我们，发展新质生产力，不能脱离实际盲目发展，把大量资源投到自身并无核心竞争力的领域，甚至导致大量低水平重复建设，而要承认客观差异、遵循发展规律、理性作出决策。全国"一盘棋"，共谱"协奏曲"，我们就能在未来发展和国际竞争中赢得更大战略主动。

坚持求真务实，因地制宜发展新质生产力。各地区各部门要完整、准确、全面贯彻新发展理念，树立和践行正确政绩观，持续做好创新这篇大文章，才能形成强大合力、推动生产力变革在良性轨道上稳步向前，才能正确引领各地因地制宜加快培育壮大新质生产力。

自习近平总书记创造性提出"新质生产力"概念以来，各地区各部门认真学习习近平新时代中国特色社会主义思想，切实贯彻落实党和国家有关因地制宜发展新质生产力的重大决策部署，各地因地制宜加快培育壮大新质生产力。尤其是诸多地区和部门不断解放思想、求真务实、改革创新、优化工作，在因地制宜发展新质生产力方面取得了显著成效，主要表现在：一是有力推动区域创新格局优化，形成差异化竞争力；二是有力推进产业升级与绿色转型协同；三是有力推进数字经济赋能区域经济高质量发展；四是有力推进开放合作与产业链协同；五是有力推进民生改善与包容性增长。通过结合不同地区的资源禀赋、产业基础和创新潜力，推动了经济结构的优化升级和高质量发展。通过因地制宜发展新质生产力，实现了区域经济从"要素驱动"向"创新驱动"转变，既避免了同质化竞争，又激活了各地潜力。未来需要进一步优化区域分工、完善创新生态，解决技术"卡脖子"、区域发展不平衡等问题，持续释放新质生产力的强大增长动能。

本书以各部委、中央在京单位、各地党政部门推荐以及本书编写团队调研过的近 300 个因地制宜发展新质生产力先进案例为蓝本，从各地区、各领域、多层面、多视角遴选出 45 个因地制宜发展新质生产力先进典型案例，以期通过这 45 个精彩案例，为各地各部门切实贯彻落实好党和国家有关因地制宜发展新质生产力的重大决策部署，因地制宜加快培育壮大新质生产力提供参考、借鉴，为经济与科技工作者尤其是广大党员干部提供生动读本。

杨瑞勇

2025 年 2 月 18 日

目　　录

案例 1

探索研学新模式＋闯出文旅新路子

——湖南韶山以红色文化为支点因地制宜发展新质生产力

一、案例概述

因地制宜发展新质生产力是推动高质量发展的内在要求和重要着力点，文化和旅游产业是发展新质生产力的重要动能。2024 年 3 月，习近平总书记亲临湖南考察时创造性地提出两道"融合命题"，嘱托湖南要更好担负起新的文化使命，为促进文化旅游向"新"提"质"指明了前进方向、提供了根本遵循。党的二十届三中全会进一步对"健全因地制宜发展新质生产力的机制体制""优化文化服务和文化产品供给"等作出战略部署。韶山是毛泽东同志的家乡，是他早期从事革命活动的地方，这里形成了丰富的红色资源，积淀了深厚的红色文化，在答好两道"融合命题"、发展以红色文化为支点的新质生产力上拥有独特优势、具备坚实基础、肩负重大责任。

近年来，韶山市深入贯彻习近平总书记重要讲话重要指示精神和党的二十届三中全会精神，认真落实中央和省、湘潭市决策部署，紧扣"传承红色基因、赓续红色血脉"主线，围绕打造经典红色名片，找准深化"两个融合"、发展新质生产力的结合点和着力点，把握时代脉搏、坚持守正创新，高质量承接"我的韶山行"湖南省中小学生红色研学活动，以点带面推动红色资源绽放华彩、红色文化发扬光大、红色旅游提质增效，形成了"以红色研学新模式重塑红色文旅新格局、以红色文旅新路子激发新质生产力新动能"的生动实践，为推进现代化建设和高质量发展注入强大动力、提供强力支撑。"我的韶山行"红色研学共接待研学团队 260 批次 48.6 万人、2024 年带动并规范社会化研学 89.78 万人，研学总人数较 2023 年同比增长 193.24%，取得学生受教、家长满意、社会好评的良好效果；相关工作得到中央领导和湖南省委、省政府主要领导批示肯定，探索爱国主义教育基地育人新模式获教育部发文推广和新华社、人民日报、央视等主流媒体多次深度报道，韶山学校思政教育实践营地入选全国中小学生校外研学实践教育营地，《韶山市创新红色教育模式 打造红色旅游品牌》入选全国文化和旅游领域改革优秀案例，"我的韶山行"逐步成为覆盖全国、全年龄段的思政教育名片和公共文旅品牌。

二、案例剖析

通过"我的韶山行"蓄势赋能，韶山红色研学实现全方位、全领域、全系统的优化提升，呈现出"六个转变"的鲜明特征。

1. 高举"思政旗"，研学定位实现从"研学旅行"到"立德树人"的转变

把牢思政教育的政治属性，将立德树人作为研学根本任务，围绕"为党育人、为国育才"明方向、理思路、定措施、强保障，推动研学资源向思政教育汇聚、研学重心向思政教育聚焦，持续强化研学培根铸魂、启智润心的功能。找准红色研学与思政教育的共同点、渗透点，深入挖掘红色资源"富矿"，充分发挥爱国主义教育基地重要作用，打造入脑入心、寓教于行的思政课程体系与"大思政"阵地，通过大课堂、小故事、微宣讲等方式，在研学途中润物无声开展思政教育，让学生接受思想洗礼、焕发报国心声，将红色种子根植于心，真正把"书本本"刻进"心窝窝"。

2. 打好"场景牌"，研学内容实现从"传统单一"到"丰富多样"的转变

以增强研学体验感与趣味性为导向，把红色景点当"教室"，打造中共韶山特支、烈士陵园等现场教学点 28 处，建设韶山学校、华润学校等标准化研学基地 12个，开发求学求索、农民运动调查等研学线路 8 条，同步配套专业讲解，让每一处红色资源都成为"行走的思政课"和常学常新的生动课堂。以提升研学感染力与实效度为重点，用红色故事作"教材"，汇聚北大、复旦、湘大等高校力量，邀约长沙四大名校名师，精心打造《恰是风华正茂》思政大课、纪念馆参观体验课、"学伟人家国情怀、学伟人艰苦奋斗、学伟人读书精神"展教结合课等 50 余堂精品课程，用精彩多元、生动鲜活的课程场景讲好大道理，让学生在受教过程中触动心灵、产生共鸣。

3. 顺应"数智化"，研学技术实现从"点状应用"到"全面覆盖"的转变

充分运用 AI、裸眼 3D、全息投影等前沿科技手段，以青春形象"小漾"创作思政课开结课 VCR，推出以"我的韶山行"为内核的"光影声电"系列研学作品，打造"革命理想高于天""毛主席一生最大的爱好是读书"等多个数字化教学场景，让学生在虚拟与现实的"数智化"文化盛宴中沉浸体验、学有裨益。坚持把智慧赋能融入研学活动全过程，一体打造智慧韶山公共服务平台，建成智慧综合指挥中心，构建智慧应急、智慧警务、智慧医疗、智慧交通等智慧系统，以智慧载体"集成高效"助推研学管理服务"提质增效"。

4. 拓展"新载体"，研学形式实现从"以游为主"到"知行合一"的转变

把红色研学同生产劳动和社会实践相结合，依托毛泽东同志故居创新打造情境式、互动式实践基地，广泛开展纪念馆生平展区观摩、军博园军事体验、银田农耕、韶峰登高等特色活动，引导学生在实践中思考、在体验中领悟，更好地认识国情、了解社会、重温历史。精心做好研学深化内化转化文章，让学生唱"主角"、以谈收获为课题，定期举办小小红色讲解员大赛、"我的韶山行"征文竞赛等特色赛事，并在研学活动后期组织学生班会，倡导学生撰写一篇研学日记、选定一个座右铭、畅谈一次人生理想、设计一份生涯规划，引导学生把研学成果"装"进脑袋、付诸行动。

5. 下足"深功夫"，研学保障实现从"初级粗放"到"精细周全"的转变

针对承接力不足的短板精准施策，高标准建成红色教育综合服务基地，盘活闲置资产建设3个标准化营地，研学日接待能力达4000人规模。对照让师生"吃好、住好、学好"要求，组建130人的研学助理专业团队和350余人的后勤保障队伍，制定营地管理服务"九统一"标准，实行"无微不至、和颜悦色、温暖如春"服务模式，推出带班管理、课后辅导、食宿照顾、医疗救护、诉求反馈等人性化、精细化"服务套餐"，确保研学之旅愉悦舒畅。坚持安全至上、守牢底线，建立从出发地到研学地全链条护航机制，在重点区域增设执勤点、急救站和安全通道，常态开展研学点位安全检查和应急演练，组建舆情哨兵队伍24小时监测，每天固定安排交警辅警44人、医生和救护员160余人值班值守，确保万无一失。研学活动开展以来，实现了"零事故、零舆情、零投诉"。

6. 奏响"大合唱"，研学组织实现从"单打独斗"到"高效联动"的转变

扛牢红色研学主体责任，与上级紧密协同、联动作战，成立"我的韶山行"工作领导小组，组建综合协调、对外联络、计划调度等7个专班，专设韶山思政教育实践中心作为承接主体，确保组织有力、落实有效。着眼打通堵点、突破壁垒，与省韶山管理局建立协调机制，定期碰头会商抓推进、解难题，形成研学和景区管理"一体化""一盘棋"的格局。积极争取支持，借助各方力量，建立各市州教育部门、学生所在学校、承办机构、研学基地、思政中心五方联席会议制度，构建研学行前对接、计划调度、课程教学、交通组织、医疗保障、安全应急、营地管理、双向评价等一体化运营机制，共同为"我的韶山行"支招助力。

"我的韶山行"红色研学模式的创新，为韶山高质量发展装上了强劲引擎、带

来了深刻影响，具体表现为"五个带动"。

（1）带动社会研学规范发展。

通过"我的韶山行"立标打样、复盘优化，在一体衔接全域旅游提升规划、国土空间规划修编的基础上，编制红色研学专项规划，制定规范社会化研学的实施方案，出台"1＋10"研学标准体系，搭建起红色研学规范化、制度化发展的"四梁八柱"。

（2）带动文旅市场拓展外延。

通过"我的韶山行"辐射引客、品牌聚流，越来越多的年轻群体、省外团队走进韶山，2024年来韶山35岁以下游客184.8万人，占游客比重34%、较2023年提高7个百分点；外省游客234.5万人，占游客比重43%、较2023年提高6个百分点。

（3）带动文旅产业格局重塑。

通过承办"我的韶山行"红色研学与"文旅兴城""靶向治旅"同向发力、互促共进，掀起全民兴旅和全民治旅热潮，红色文化溢出效应持续放大，天鹅山韶山大课堂、银田农文旅发展示范片等项目启动实施，文旅业态从核心景区向外围延伸拓展，设施环境、产品供给、服务质量、消费结构、综合效益等全面升级，2024年来韶游客和旅游综合收入分别同比增长32.69%和22.26%，带动财税、固投、居民收入等主要经济指标增速位列省市前列。

（4）带动治理体系优化提升。

通过"我的韶山行"先行先试、创新破阻，景城乡共建共治共管模式构建成形，旅游产业联农带农、利益共享机制持续完善，以旅游"小切口"深化基层党建、网格管理、矛盾化解、文明建设等制度体系不断健全，旅游领域"三听三问"调研活动成为畅通社情民意、解决群众急难愁盼问题的重要渠道。

（5）带动红的底色更加鲜艳。

通过"我的韶山行"深入探索、总结提炼，在加强红色资源保护利用、做强红色研学和红色教育、深化"红色旅游＋"融合发展等方面创造了一系列有价值、能推广的重要成果，形成了一系列管长远、管根本的体制机制，为打造红色研学首选地、红色教育示范地、红色旅游目的地打下了坚实基础。

三、延伸阅读

外地红色研学先进经验借鉴参考

为学习借鉴外地红色研学先进经验，韶山市组织专门队伍赴全国各地实地考察，并梳理汇总一批典型案例，重点举两个例子。

1. 上海市东方绿舟青少年校外活动营地

东方绿舟以"自主、体验、合作、创新"为办营理念，以让学生"能看、能学、能行、能思"为研学准则，高标准建设地球村、绿舟剧场、智慧大道、国防教育基地、公共安全教育实训基地等研学场所，打造了国内一流的沉浸式、体验式研学场景。营地日接待规模为5000人，每年研学实践接待学生10万余人次、春秋游活动接待学生约20万人次，年营业收入近1亿元。主要做法为：一是注重师资队伍建设。每年固定从教师、教官和指导员中挑选优秀教学人才，结合教学需求和教师特点，常态开展岗前专业培训，建立选拔评分、教学考核、跟进评估、末位淘汰等考核体系，确保师资队伍质量。二是科学设置课程体系。充分利用教学场所、实践基地、光影技术等，精心打造国防教育、公共安全实训、研学实践教育、国际交流、环保科普"五位一体"的研学课程体系，并采取现场教学、社会实践、互动交流等多种形式进行授课，不断增强研学的吸引力和实效性。三是加强资源力量整合。从上海市教委到营地运营方都有明确工作职责、重点任务和考核指标，形成齐抓共管的良好局面。同时，营地注重与企业、学校等加强合作，实现师资、生源、科技等资源共享，进一步提升研学质效。

2. 红旗渠精神营地

红旗渠精神营地是以红旗渠精神为主题的研学旅游基地，旨在通过沉浸式体验、实践教育、文化传承等方式，让青少年感受红旗渠精神的力量，培养爱国主义情怀和创新精神。营地可同时接待5000余名中小学生开展研学实践教育活动，年营业收入1200多万元。主要特点为：一是课程主题鲜明。聘请国家级知名研学教育培训团队，围绕红旗渠精神及周边文旅资源，结合劳动实践教育，打造"问、越、造、生、望"五大系列200余门课程，让青少年深入了解红旗渠的建设过程和成就，感受红旗渠精神的内涵和价值，激发爱国情感和创新意识。二是突出科技赋能。运用元宇宙剧场、数字孪生等先进技术，将虚拟与现实相结合，通过多媒体展示、互动体验等方式，让青少年在沉浸式体验中感受到科技的魅力和力量。三是注重创新发展。与国内高校联合建设研究基地和人才培养单位，加快培育"旅游 + 研学""旅游 + 培训""旅游 + 乡村振兴"等新兴业态，走出了一条以研学带人才培养、促业态融合的新路径。

四、案例启示

通过一年多的探索实践，韶山在创新红色研学模式、打造思政教育样板上形成了有效做法和宝贵经验，为全国各地提供了有益启示和参考借鉴。概括起来就是"六个必须把握"。

1. 必须把握思政教育的核心定位

思政教育是落实立德树人根本任务的关键课程。韶山始终把立德树人作为红色研学的"灵魂工程",以打造新时代学生思政教育特色品牌和大思政课样板为核心定位,以传承红色基因为主责、以坚定理想信念为主旨、以践行社会主义核心价值观为主线,将思政教育贯穿于规划设计、课程策划、场景打造、组织运营等全环节、各方面,推动"实效教学"与"思政感召"双向奔赴,有效激发起学生的爱国志、奋斗情,引导学生争做堪当重任的时代新人。

2. 必须把握守正创新的工作方法

守正创新推动思政课建设内涵式发展,不断提高思政课的针对性和吸引力。一方面,韶山始终以深学笃行新思想为引领,将理论武装融入研学教材编写、课程建设、课堂教学和实践实训,同步建立教学目标、教学内容、教学管理、舆情管控等规范制度,用心用情讲好新时代的故事,引导学生感悟党的创新理论和实践伟力;另一方面,韶山积极探索创新研学方式和载体,坚持隐性红色文化浸润与显性研学活动拓展相结合,打造讲授式、研讨式、案例式、体验式、情景式等多维度研学场景,把"有意义"的教学讲得更"有意思",切实让学生真心喜爱、终身受益。

3. 必须把握历史与现实的内在逻辑

历史、现实、未来是相通的,历史是过去的现实,现实是未来的历史。韶山始终坚持将历史与现实融会贯通,加强对红色资源的保护利用和红色文化传承的理论研究,将红色遗址、红色文物、红色文献史料等嵌入现场教学点、实践场所、课程体系和经典线路,将其充分彰显的历史意义与党的创新理论结合起来,与新时代的伟大变革和伟大成就联系起来,更好地引导青少年和游客认识新时代,更加坚定在以习近平同志为核心的党中央领导下实现强国建设和民族复兴伟业的坚定信心和信念。

4. 必须把握适时顺应和充分利用新技术的时代趋势

科技创新能够催生新产业、新模式、新动能,是发展新质生产力的核心要素。韶山围绕答好"文化＋科技"这道时代命题,与时俱进深化红色研学与现代技术嫁接融合,将新科技、新技术广泛运用于研学课程、场景、项目、活动的策划打造,深入渗透到研学宣传、管理、消费、服务等各个领域和环节,全方位丰富研学内涵、提升研学品质、擦亮研学品牌,有效促进"文化＋科技"业态繁荣发展,推动了以红色文化为支点的新质生产力蓬勃发展。

5. 必须把握安全稳定的底板底线

安全是所有工作的底线,没有安全和稳定,一切都无从谈起。韶山始终保持"时时放心不下"的责任感,强化忧患意识和底线思维,坚持人防、物防、技防并举，严密防范政治和意识形态风险，建立起"食、住、行、游、学、研"一体化安全监管防控体系，常态化开展旅游领域"顽瘴痼疾"专项治理，坚决守住"我的韶山行"安全底线，确保了红色研学不出现一丝一毫差池。

6. 必须把握政府与市场的有效结合

在市场作用和政府作用的问题上，"看不见的手"和"看得见的手"都要用好。韶山坚持有为政府和有效市场有机结合，一方面，市委、市政府在做好顶层设计、优化政策体系、加强要素供给、深化机制改革等方面统筹引领，确保红色研学不偏向、不走样；另一方面，广泛调动市场主体的积极性，加强与湖南电广传媒、马栏山文创产业园等专业机构合作，以市场化模式盘活闲置资源资产、推动项目建设和产品开发、保障研学运营，确保红色研学有支持、可持续。

（本案例由杨瑞勇、曹伟宏、何磊负责调研，并参与指导或撰写）

案例 2

"大厅事、小区办"：百姓一趟不用跑

——河北省数政局"一端通办"为数字政务开辟全新路径

一、案例概述

河北省数据和政务服务局（以下简称"河北省数政局"）积极创新探索，联合高新技术企业河北数微信息技术有限公司（以下简称"河北数微公司"）全面贯彻落实国务院 2024 年 1 月发布的《关于进一步优化政务服务提升行政效能推动"高效办成一件事"的指导意见》和中共中央、国务院 2023 年 2 月印发的《数字中国建设整体布局规划》等相关文件要求，创新打造政务服务"一端通办"模式，实现政府各级各部门服务与数据共建、共用、共享，大幅提升便民利企服务水平，助力优化营商环境，切实增强企业群众的获得感、幸福感、安全感，用新质生产力为中国智慧城市发展及数字政府建设不断赋能，为城市高质量、跨越式发展提供有力支撑。

政务服务"一端通办"是"一网通办"和"一窗通办"的全新升级。它应用核心技术、智能设备、导服体系、数智超脑及运营体系，将过去那些不会办、办不好、办不快等依然要去政务大厅办理的"网办"业务和必须去大厅窗口办理的"窗办"业务（例如打印类、证件类、证照类、有卡缴费类事项），通过布放在百姓家门口的"社区一站式服务共享大厅"实现"大厅事，小区办"，真正做到"一站全能办、一趟不用跑"，打破部门间的行政壁垒和信息孤岛，实现"一端融合、一端通办、一端统管"，打通服务基层群众"最后一米"，构建"5 分钟服务圈"，打造"24 小时政务服务新模式"。

百姓享便利、政府少花钱、企业得发展、各行各业降本增效，"一端通办"为数字政务开辟出一条全新路径。

政务服务"一端通办"项目先后获得多项自主研发成果，包括发明专利、实用新型、软件著作权等知识产权 70 余项；并制定了《线下自助缴费接入技术规范》地方标准；项目成果被鉴定为国内领先水平；获得河北省首届"智慧政务 创想未来"数据应用创新创业大赛特色案例奖和 2024"数据要素 X"大赛河北分赛三等奖；成功入选"2024 数字政府创新成果与实践案例"和"2024 中国地方政府营商环境优秀案例"。

依托该项目，企业入选河北省网信办河北省数字经济创新发展成长型企业；连续三年入选河北省发改委河北服务业创新领先企业 50 强；连续两年荣获"河北省优秀大数据企业"。

在 2024 年第七届数字中国建设峰会上，本项目成果得到各级领导的充分肯定和高度评价。

二、案例剖析

项目采用独创的"技术 + 应用 + 运营"三位一体的全域、全时、全维解决方案，具有"提升服务水平、赋能城市治理、优化营商环境、带来直接投资、实现数据共享、实现降本增效、引入头部资源、拉动数字产业"八大价值。主要做法及成效如下。

（一）"一端通办"建设成效显著，为优化数字政务奠定坚实基础

2022 年，政务服务"一端通办"项目纳入河北省重点民生工程；2023 年，先后与省政务办及石家庄、秦皇岛、保定、唐山、沧州、衡水等 10 个城市签订协议并完成京津冀政务一体化平台接入。各地市正在陆续建设中，目前，全省已经完成 420 台"社区一站式服务共享大厅"的布设，2025 年第二季度前在秦皇岛完成 3000 台全域覆盖，其他各城市项目同步建设，逐步实现全省覆盖；2023 年，秦皇岛、唐山、沧州、衡水、定州被河北省政务办列为河北省政务服务"一端通办"试点城市。河北省政务服务"一端通办"工程正在申请国家政务服务试点；目前，已经与省外 60 个地市开始实质性合作，复制体系正在搭建，即将在全国迅速铺开。

（二）实现跨区通办、跨省通办，打造京津冀政务服务一体化改革亮点

1. "网办"业务

目前已经实现京津冀 295 项"网办"政务事项的上线应用，其中包括北京 97 个事项，天津 80 个事项，河北省市 118 个事项的办理。涵盖领域广泛，囊括群众日常所需，包括准营准办、就业创业、设立变更、办事指南、社会保障、税收财务、证照打印、我要查询等个人和企业事项的办理，实现跨区通办、跨省通办，打造京津冀政务服务一体化改革亮点。

2. "窗办"业务

目前实现 78 项"窗办"业务功能，包括营业执照打印、出生申报、医师执业证书补发、流动人口申报、无犯罪记录证明打印、燃气卡充值、水卡充值、身份证、居住证、教师证、驾驶证、社保卡、二手房交易、机动车号牌、餐饮服务经营许可证、药品经营许可证等业务的办理，在国内开创了政务服务"大厅事，小区办"河

北模式。

以群众申请退休为例，以往需要本人持证明材料到人社大厅窗口办理，至少需要半天时间。而现在通过"共享大厅"在家门口只需5分钟就能办理完成。

（三）"六办"和"六通"实现全方位服务、全领域覆盖

政务服务"一端通办"将"网上办""掌上办""就近办""自助办""一端办""帮您办"这"六办"融为一体，实现全方位服务。随着"政商通""政银通""政村通""政企通""政校通""政医通"这"六通"的不断拓展，完成"社区一站式服务共享大厅"在社区、银行、园区、学校、乡村、医院等场所的全域覆盖，实现政府的管理与服务职能与各个行业之间的互联互通、合作共赢。

（四）数据赋能优化营商环境，打通服务企业群众"最后一米"

1. 提升民生服务水平

通过将各个政府部门和事业单位"窗办"业务实现社区"一端通办"，极大提升便民服务水平。

以公安局的身份证补换领为例，以往需要群众在工作日请假到派出所办理，至少需要半天时间。

现在通过"社区一站式服务共享大厅"，群众可在自己空闲时间远程隔空自助办理，且通过业务流程优化整个办理过程不超过5分钟，节约了95%以上的时间成本和100%的交通成本，真正实现群众办事"一趟不用跑"。

2. 优化营商环境

以市场局的企业开办为例，以往需要企业办事人员跑1次政务大厅拿营业执照和公章，还要至少跑2次银行办理企业开户，每次至少需要半天时间。

现在通过"社区一站式服务共享大厅"，市场局审核通过后，群众可以打印营业执照，同时在"社区一站式服务共享大厅"取出公章及税控U盘，最后银行人员上门核查并办理开户即可。极大地提高了行政审批效率，不断提升企业、群众的获得感、满意度。除市场局外，其他部门的涉企服务水平也将大大提升，进一步促进营商环境的优化。同时，创新"智能导服，导办帮办"功能，由"AI营商秦务员"全流程引导材料准备、设备操作、填报上传，有效解决不会办、办不好、办不快等问题，打造7×24小时不打烊数字政务服务新模式。"AI营商秦务员"可将问题诉求直接转至秦皇岛营商信息化管理平台，让基层营商环境问题随时"有人接""接即办"。

3. 打破行政边界，实现数据共享

目前各个政府部门之间存在行政壁垒现象，影响群众的办事效率。

以资规局的不动产交易为例，以往买卖双方交易完成后，买家还需要到公安、

民政、自来水公司、燃气公司、电力公司、物业等多个政府部门以及公共事业单位去做户主变更，每个单位至少跑一次，花费半天时间。

现在通过独创的智能设备、多种类识别、AI 计算、数据安全、远程协同等技术打破政务办理中的行政边界，实现交易秒批秒变更，无须买家再去跑任何单位，全部资料手续随着房产登记后自动变更完成，真正实现"让数据多跑路，让群众不跑腿"，推动数据的共建共用共享。

（五）技术创新形成新质生产力，赋能数字政务建设

项目采用了自主研发的多项核心技术，并攻克了多项室外应用技术难题，以新质生产力赋能数字政务建设。

1. 远程智能原件认证

通过人证合一、OCR 识别、区块链以及统一数据平台等技术，提供远程提交原件方式。

2. 智能行为生物识别

采用人像检测、行为检测及分析，在远程核验的情况下进行验证和辨识。

3. 数据协同平台

采用统一数据规划平台、区块链和大数据分析平台等科技手段，实现多部门业务交互管理，打破信息壁垒。

4. 智能客享联动

采用智能 AI 机器人和人工导服相结合，实现业务流程的简化。

5. 室外降噪技术

采用"被动降噪"原理设计终端硬件音效系统，有效隔绝 10～15dB 的周边环境噪音；采用 ENC 环境降噪技术，通过搭载有源噪声消除算法类设备与合理规划音频空间减震技术，精准判定发声源隔绝其他噪音，实现近 20dB 降噪。

6. 环境自适应系统

应用 AI 成像、人脸识别定位、电动脉冲驱动等技术，打造软硬一体的自动校准AI 成像，保证画面的准确性；应用智能图像处理技术实现室外环境下成像曝光、补光、标准背景填充，10s 内完成证件照拍摄，能满足 95% 以上证件照拍摄标准。

（六）全新建设运营模式实现项目可持续发展

以往智慧城市建设模式主要有两种，一种是政府投资建设，另一种是企业投资，政府购买服务。本项目创建全新模式，采用"政府主导，企业投资，市场化运作"的建设和运营模式，一举解决城市信息化建设"无底洞"的投入与可持续发展的问题。

对于政府来说，通过政用与商用的融合共建，依托项目的生态构建和商业运营，实现政府新建项目成本更节约，功能更强大、服务更精准，推动政府各个部门共建共用共享，并反哺新型智慧城市建设，最终实现为政府所用，为政府所控。

对于商用合作伙伴来说，效果好、投入少、可持续、全开放，帮助各行各业的服务延伸至社区，直接触达居民，节约建设和推广成本，缩短服务链条，实现降本增效。

凭借多年的技术沉淀和运营经验，打造全新运营模式。独创自助物流运营系统、电商服务运营系统、金融支付运营系统、导服服务系统、媒体广告运营系统、公共服务运营系统、商家运营系统和运营商运营管理系统八大增值业务体系，可以持续不断地创造经济效益，确保项目长期稳定运行和可持续发展，为新型智慧城市建设发展提供有力支撑。

在实践中，显现出"多快好省"的四大优势。"多"——办理事项多、覆盖领域多、链接资源多、数据资产多；"快"——布局快、建设快、运营快、见效快；"好"——模式好、兼容好、应用好、服务好；"省"——省时、省力、省事、省钱。

三、延伸阅读

秦皇岛智慧社区服务项目实现生态化运营成效显著

第一，建设多端互联、多方互动、智慧共享的智慧社区。

在掌握了城市末端服务融合与社区生态化运营的核心技术后，将发力点从政务领域延展到智慧社区领域，研发打磨出中国智慧城市治理与服务的新一代解决方案，不断用新质生产力推动数智技术向城市治理与服务的全领域纵深开展。河北数微公司投资上亿元在秦皇岛建设算力基础设施和算力平台，以算力赋能政府与千行百业。

2017年，秦皇岛市政府与河北数微公司签订《智慧社区服务项目战略合作协议》。2020年底，完成智慧社区服务项目工程100个智慧社区的建设，建设内容包括"社区一站式服务共享大厅"和社区生态化运营平台，向上对接智慧城市云平台，横向连接政府部门管理服务系统，向下与社区服务平台融合发展，做到各部门、各行业融合共赢，实现跨层级、跨部门、跨系统、跨业务的协同管理和服务。

秦皇岛智慧社区服务项目工程已通过了由市委网信办、市工信局、市财政局、市住建局、市审批局联合组成的评审工作组的项目评审与验收，稳定运行4年来已经实现了生态化运营，成效显著。截至目前，社区总用户规模达到40万人，日均用户数达到20万人次。

实践中，项目通过全新的建设模式，为政府带来巨大价值。一是帮助政府节省智慧社区建设资金80%以上，后续运行无须再投入；二是将社区中的软硬件设备与服务数据互联互通，并通过自身强大算力为社区原有"僵尸"智能设备赋予 AI 能力，把数据转变为财富，可以实现公安、民政、住建等各部门共建共用共享，助力政府社区治理能力显著提升；三是创新采用分布式微脑与超脑协作模式，打造出更聪明、更高效、更强大、更安全、更经济的"城市大脑"；四是秦皇岛智慧社区项目累计缴费数据、通行数据、服务数据等数据总量约 30 亿条，能够实现数据汇聚、整合并形成超算能力，为城市治理提供真实而强大的数据基础，创造数据财富，为千行百业赋能。

第二，数智超脑为"城市大脑"建设模式提供全新路径。

"数智超脑"是在国内首创的城市大脑建设的新一代解决方案，能为政府节约 90% 以上城市大脑的前期建设成本，同时其自我学习与迭代能力实现了持续运行不花钱，通过强大的数据变现能力，未来还可以实现盈利。

四、案例启示

1. 打造居民家门口的虚拟现实政务大厅

"社区一站式服务共享大厅"集合所有"网办"和"窗办"业务，突破室外大厅的关键技术难题，如室外降噪技术以及环境自适应技术等，结合"云人工导服 + AI 导服"帮办代办，让居民在社区家门口就能仿佛置身于现实政务大厅办理业务，打造居民家门口的虚拟现实政务大厅。

2. 实现政务服务迭代升级

推动政务服务从 1.0 时代的"一网通办"、2.0 时代的"一窗通办"直接进入 3.0 时代的"一端通办"、4.0 时代的"政商融合"以及 5.0 时代的"开放生态"。广域链接各行各业的商业服务，激活行业资源，促进各行业共建、共用、共享、共赢。实现"政用 + 商用"服务一站办结，推进政务、产业、民生服务下沉进基层。

3. 独特的建设运营模式具备推广价值

政务服务"一端通办"采用"政府主导、企业投资、市场化运作"的建设模式，持续推行政务服务改革，引入社会力量参与，采取合资合作等不同形式的合作，吸引有投资能力、产品能力、技术能力、运营能力的企业进行市场化运营，通过政企合作，解决政务服务信息化建设"无底洞"的投入与可持续发展的问题；创新运营模式，运用八大增值业务体系，企业能够自我造血，确保项目长期稳定运行及可持续发展。把各种政务服务延伸到百姓家门口，极大方便了百姓办事；帮助诸如通信、金融等行业的服务终端触达到社区，极大降低了企业运营成本；通过"技术 + 应用 + 运营"的创新模式，实现项目的自我造血稳定运营，极大节约了政府资金。

4. 全新的服务理念具备借鉴价值

目前政务办理方式存在两方面痛点，一是"网办"事项仍有部分需去政务大厅办理。近年来，政府着力打造线上全覆盖的政务服务"一网通办"体系。但是由于部分政务服务存在有效申报率低且互动性差、流程复杂百姓不会办、数字鸿沟等问题，仍需群众到大厅窗口办理。二是"窗办"事项必须去政务大厅办理，包括打印类、证件类、证照类、有卡缴费等类型的事项。据统计，河北省每年必须到政务大厅窗口办理的政务需求约8亿次，导致企业群众办事花费较多时间和成本。

"一端通办"将以往百姓必须到大厅窗口办理的业务，融合于"社区一站式服务共享大厅"，打造虚拟政务、公共服务自助超市，实现政务、公共服务窗口延伸至社区的目标，让百姓不出小区就能办理各类事项，开创"一端通办，一端统管"的服务新理念。

5. 独创的社区管家服务体系具备应用价值

独创以"云人工导服+AI导服"为核心的社区管家服务体系，设置社区管家中心，通过"社区一站式服务共享大厅""慧享生活App""家用智能呼叫器"等载体，为居民提供政务服务、公共缴费、救助、托管、点餐、家政、维修、跑腿、寄递等全方位服务。社区管家中心通过呼叫中心的算力能力实现一键呼叫、一键咨询、一键导办、一键帮办，24小时快速响应，有效解决业务不会办、办不好、办不快以及数字鸿沟等问题，并为各行业提供快速精准决策服务。通过全行业服务嵌入社区，为居民提供保姆式服务，极大拓展和提升物业的服务边界和品质。

（本案例由杨瑞勇、温喆、王明哲、严康松负责调研，并参与指导或撰写）

案例 3

牢记嘱托　勇担使命

——伊春森工集团大力发展林区新质生产力

一、案例概述

伊春森工集团是黑龙江省人民政府出资的国有独资企业，全国"五大森工"集团之一，下辖 17 个林业局公司、195 个林场，以及 10 个商业类子公司，施业区总面积 346.09 万公顷，在岗职工 1.99 万人。集团组建以来，始终牢记嘱托、致力于答好"林区三问"，从集团国家重点生态功能区、国家重要木材战略储备基地的定位出发，坚守森林经营保护主责主业，加快传统产业转型升级，推进机制改革与科技创新，大力发展林区新质生产力。截至 2024 年末，集团森林总蓄积达到 3.66 亿立方米，年均增长 1000 万立方米，森林覆盖率达到 88.5%，森林生态功能不断提升。2024 年实现全口径总产值 110 亿元，其中集团企业 53.6 亿元，比集团组建初期的 2020 年分别增长 55.8%、53.1%；营业收入 10.5 亿元，较 2020 年增长 169.2%。累计为在岗职工月均增资 2500 元，人均月工资达到 5354 元，比集团组建前增长 85.7%。

二、案例剖析

1. 坚守森林经营保护主责主业，筑牢发展林区新质生产力的生态根基

忠实践行"绿水青山就是金山银山"理念，科学推进森林可持续经营，加速林木蓄积生长和结构质量提升。一是全面守护森林资源安全。坚持林长制引领，推广智能考核管理系统应用，细化网格体系和督查考评机制，全面提升管护质量，2023 年在省级总林长会议上做典型发言，2 项经验入选《全国林长制改革典型案例》。全力抓好森林防灭火工作，推广察打一体无人机、便携式地面卫星接收站等先进装备应用，积极构建管理体制、防灭力量、能力建设、业务规范"四个一体化"防控体系，取得了连续 6 年零火灾的历史最好成绩，防灭火一体化改革经验被国家林草局推广。加强林地监测和保护管理，开展林业有害生物防治 869.58 万亩次。投入 2.1

亿元用于自然保护地能力提升，加强湿地、野生动植物等生态系统保护，实现了从林木单一保护为主向山水林田湖草系统治理和全面提升生物多样性的大保护转变。二是扎实推进森林可持续经营。严格遵循森林生长客观规律，加强林木种苗培育，推进33个苗圃标准化改造升级，建成8个省级保障型苗圃、12个轻基质网袋育苗基地，造林窗口期由一季变三季，造林成活率达到95%以上。2018年与中国林科院合作开展1500亩红松落叶松人工林质量精准提升技术示范，中期监测林木生长量是对照区的2.86倍。2023年、2024年两年累计扩大试点面积60万亩，摸索出8种经营类型、17种典型技术模式，编写《森林可持续经营试点72问答》，努力打造科学经营的北方样板。三是拓宽生态产品价值实现路径。积极对接国开行、农发行，先后获得绿色金融贷款2.76亿元，入股海南国际碳排放中心并谋划共建伊春服务中心，两个林场分别入选全国和全省林业碳汇试点。

2. 加快林业产业转型升级，做强发展林区新质生产力的产业载体

绿色发展是高质量发展的底色，新质生产力本身就是绿色生产力。林业产业作为绿色产业，是发展林区新质生产力的重要载体。一是创新林下空间利用，做大第一产业。深入践行"大食物观"，推动"采山""种山"相结合，年均种植黑木耳1.2亿袋，近自然种植改培山野菜和中药材81.3万亩，同步推进红松籽、桦树汁等保护性采集，探索将林下经济纳入各企业森林经营方案一体编制、一体推进，打造集约化林粮、林果、林菜、林药等林下改培基地，为下游产业提供充足原料保障。二是创新林产品精深加工，做优第二产业。树牢"无工不富"意识，强化"原字号"加工增值，投资1.08亿元组建桦树汁头部企业，兴建年产50万吨全国最大规模的前处理生产线，建成桦树汁啤酒城并举办啤酒节。联手武夷山桃渊茗茶叶研究所，利用大红袍专利技术，开发刺五加、蒲公英、暴马丁香小罐茶。在广州、哈尔滨等城市和集团重点景区布局"伊春森林大厨房"和"九珍十八品"品牌店，让林区好食品走向城市餐桌。邀请中国工程院院士做指导，结合森林可持续经营，在重点国有林区率先编制《森林经营剩余物综合利用产业发展规划（2025—2030年）》，谋划实木制品、人造板、活性炭综合加工利用，逐步再现林区"木字号"产业辉煌。三是创新森林景观环境利用，做强第三产业。先后投资2.37亿元用于景区景点等改造升级，推出观光避暑、康养保健、旅居养老、低空旅游、特色民宿等旅游产品，接待能力不断提升。携手哈铁集团打造"林都号""伊春号"高端旅游专列，先后获得"2024年全国冰雪文化十佳案例""全国第二批交通运输与旅游融合发展案例""2024年度旅游产业影响力案例"等荣誉。深化与大连万达集团合作，谋划建设30条雪道规模的国内首家城中冰雪运动基地和冰雪旅游度假区，开辟"冰天雪地也是金山银山"新境界。

3. 深化机制改革与科技创新，激发发展林区新质生产力的内在活力

惟改革者进，惟创新者强，惟改革创新者胜。培育新质生产力既是发展命题，也是改革创新命题。

一是推进现代企业制度创新。深入贯彻"两个一以贯之"要求和《关于完善中国特色现代企业制度的意见》，不断完善公司治理机制。科学界定母子公司权责边界，按照子企业主责主业和功能定位，以班子建设、战略规划、森林保护发展等为重点，实施精准化考核、差异化管控，激发企业发展活力。

二是推进市场化经营机制创新。深化"三项制度"改革，开展"整治躺平"专项行动，对局场产业实行半年考评，对排位靠后单位的主要负责人进行组织调整，重点解决"干好干坏一个样"问题。树牢向管理要效益理念，持续强化人财物管理和亏损企业治理攻坚行动，累计减亏 2.28 亿元，年均减亏 11.58%。

三是推进科技与人才兴企。完善产学研合作机制，与福建农林大学林占熺院士、兰州大学南志彪院士团队合作，探索菌草种植加工和林下草资源利用，推进畜牧养殖高效绿色发展；与东北林大合作申报桦树汁资源保护与利用省级工程技术研究中心，在全国桦树汁企业率先采用膜浓缩+双效蒸发工艺，获得 2 项发明专利，1 项实用新型专利；突出技术创新和品牌建设双轮驱动，与江南大学、复旦大学知名专家团队合作，研发 6 款可赛丽（KeSaily）品牌白桦高端保健品与护肤品，一批优秀科技成果逐步转化为现实生产力。

三、延伸阅读

生态保护 + 产业转型 + 改革创新

伊春森工突出抓好生态保护、产业转型、改革创新等工作，对林区发展新质生产力具有一定启迪和借鉴意义。

在生态保护领域，大力推广察打一体无人机、便携式地面卫星接收站等先进技术装备，真正把"林区大事、防火第一"落到实处。还努力探索保护与发展的良性互动，科学开展森林可持续经营试点，摸索出 8 种经营类型、17 个典型技术模式，编写了《森林可持续经营试点 72 问答》，为全面提高森林质量，强化森林"四库"功能，促进生态产品价值实现奠定了坚实基础。

产业经济转型方面，林下经济从传统的分散式向集约化发展，实施"采山与种山"相结合，开辟了践行"大食物观"和"森林四库"理念的新赛道。桦树汁、保健茶等系列产品的精深加工，展示了传统林产品迈向高端化、品牌化的决心和能力，提升了"原字号"森林食材的附加值。森林景观环境的创新利用，将传统旅游与现代需求相结合，打造多样化的旅游产品和线路，吸引更多游客进入林区，促进了地

方经济发展。

改革创新是企业发展的内在动力。现代企业制度的创新，优化了集团治理结构和管控模式，提高了决策效率和发展活力。市场化经营机制的建立，打破了"躺平"思维，激发了员工的积极性和创造力。实施科技兴企和产学研合作，加速了科技成果转化，提升了核心竞争力。

展望未来，集团将继续沿着发展新质生产力的道路前行。在生态保护上，进一步向提高森林质量和促进生态系统稳定性聚焦，为筑牢祖国北方生态屏障贡献更多力量。产业发展方面，进一步拓展产业链条，推动一二三产深度融合，打造具有林区特色的绿色产业体系。体制机制改革将不断深化，持续激发创新活力和发展潜力，努力实现林区全面振兴和可持续发展。

四、案例启示

1. 森林经营保护是发展林区新质生产力的前提基础

我们深刻领悟"绿水青山就是金山银山"理念，忠实履行森林经营保护主责主业，不断筑牢森林生态根基。坚持以林长制为核心，构建完善的责任、制度、网格和督查考评体系，加大科技投入，实现了从林木单一保护向生态系统全面保护的转变，在森林防灭火和资源监测等工作上成果显著，为森林资源安全提供坚强保障。科学推进森林可持续经营，与科研机构合作开展项目试点和技术创新，试点地块林木蓄积和结构质量得到大幅提升，推动森林"四库"功能发挥。同时，积极拓宽生态产品价值实现路径，获取绿色金融贷款，入股海碳中心促进林业碳汇交易，助力生态产品价值转换。这启示我们，在发展过程中必须坚定生态优先理念，严守生态红线，运用科技手段提升森林经营保护水平，努力将生态资源优势转化为生态经济优势。

2. 产业升级是发展林区新质生产力的关键路径

林业作为绿色产业，是林区一二三产融合发展和形成新质生产力的重要载体。在生态种养业上，伊春森工集团以"大食物观"为指导，探索"采山""种山"相结合，森林可持续经营与林下经济相结合，逐步打造集约化、规模化林下改培种植基地，不断提升林下空间利用产业化水平，打造了林下经济高质量发展的新模式。在林产品加工业上，树立"无工不富"意识，投资组建生物科技公司，借助外力合作研发特色森林食药产品，促进森林食药产业加速升级。特别是结合森林可持续经营，请院士做指导编制产业发展规划，深度谋划森林经营剩余物综合加工利用，逐步恢复林区"木字号"产业链，对国有林区践行"两山"理念，推进资源循环节约高效利用，打造经济增长新优势具有重要示范意义。在森林旅游康养上，依托景观环境，改造升级基础设施，推出多样化旅游产品，联手"500强"企业合作打造高端旅游专列和冰雪旅游度假区，提升旅游接待能力和品质，促进传统旅游转型。这表明发展林区新质生产力，必须依托资源优势，坚持开放合作和科技引领，努力把资源优势转化为产业优势。

3. 改革创新是发展林区新质生产力的核心动力

改革创新对于培育新质生产力具有极端重要性。推进现代企业制度创新，贯彻相关要求，完善公司治理机制，创新集团管控模式，明确母子公司权责边界，实施精准化、差异化管控，激发子企业活力。深化市场化经营机制创新，实施"三项制度"改革，整治"躺平"行为，开展亏损企业治理。加强考评和管理，提升企业效益。全面推进科技兴企，完善产学研合作机制，与多个高校院士团队合作，在菌草利用、畜牧养殖、桦树汁产品开发等方面取得成果，推动科技成果转化。这告诉我们，企业要形成新质生产力，必须勇于改革创新，激发创造活力、注入强劲动力，努力在激烈的市场竞争中赢得先机。

（本案例由杨瑞勇、李博、严康松负责调研，并参与指导或撰写）

案例 4

提质产业投资 培育创新生态

——中移资本以党建强链赋能发展新质生产力

一、案例概述

为进一步贯彻落实党和国家一系列重大改革部署，发挥投资对产业创新发展的推动作用，更好地应对信息产业正在面临的深刻变革，服务数字经济和信息消费，重构跨界融合的产业生态，中国移动投资公司（以下简称"中移资本"）于 2016 年 12 月正式成立。多年来，投资公司聚焦"价值贡献、生态构建、产投协同"三大使命，坚定信心、担当实干，努力开拓中移特色的产业投资道路，取得了跨越式发展。2023 年投资规模超过 600 亿元，为集团贡献利润近 230 亿元，在管资产规模增长至近 2600 亿元，展现了国有资本的支撑力量和担当样本。

进入"十四五"，面对新一轮科技革命和产业变革，党中央把科技创新作为提高社会生产力和综合国力的战略支撑，摆在发展全局的核心位置，大力实施创新驱动发展战略。特别是，目前我国正处于经济恢复和转型升级的关键期，在外部环境复杂性、严峻性、不确定性上升的情况下，坚持走高质量发展之路，必须抓好科技创新这个"国之大者"，必须做好科技金融这篇大文章，助力高水平科技自立自强。作为央企产业投资机构，中移资本始终坚持党建统领发展，牢牢把握新时代新征程国资央企工作总目标、总原则、总要求，紧紧围绕高质量发展主题主线，坚守金融服务实体经济的初心使命，把强化企业科技创新主体地位、深化产学研深度融合作为谋划投资运作的重要遵循，积极发挥金融支撑能力构建的重要作用，依托"党建强链"、产投协同"彩虹桥"等实践载体，推动围绕产业控制布局资金链，聚焦科技创新搭建生态链，引领改革发展完善党建链，在助力用好"两个途径"、发挥"三个作用"中培育打造新质生产力。

二、案例剖析

1. 围绕产业控制布局资金链，在资源配置中发挥引领作用

中央经济工作会议提出，要引导金融机构加大对科技创新、绿色转型、普惠小

微、数字经济等方面的支持力度。投资公司依托"第一议题"学研投交流机制，将理论学习融入投研会、经分会和务虚会，指引谋划投资布局和资本运作，提升资源配置效率效益。注重增量增亮点。紧密围绕国家经济战略转型需要，聚焦产业链上下游，遵循"5＋1"投资逻辑，对技术含量高、行业影响力大、辐射带动作用强的重大项目，进一步加大投入力度，强化产业控制。截至目前，累计投资项目超过80个，金额超1900亿元。发挥创新资本优势，深度参与集团"专精特新"培育，参投内部混改项目芯昇科技，探索搭建内部单元业务发展估值模型，引导二级单位用好资本工具构建研发生态。注重存量抓重点。健全投后管理制度体系，组织60余名外派董监高围绕股权投资、产投协同、股东权益保障和混合所有制党建等工作要点，开展履职交流培训会，凝聚合力提升产业投资的战略协同价值。同时，优化完善履职管理支撑，加大对参股企业公司治理参与广度和深度，提升管理运作效能。注重减量减痛点。制定年度动态股权管理规划，计划操作项目提前取得集团授权，把握操作机会。完善投后评估模型以及项目动态股权调整可行性分析模板，组织开展动态股权管理专项培训，提升价值管理操盘力。

2. 聚焦科技创新搭建生态链，在生态培育中激发聚合作用

中央金融工作会议提出，做好科技金融、绿色金融、普惠金融、养老金融、数字金融五篇大文章。中移资本立足自身联系产业链上下游企业的组织优势，积极打造"党建强链"融合载体，以党组织功能发挥推动业务工作深度协同，联合链上企业围绕"立标杆、树品牌、严管理"的工作要求，持续加大产投协同力度，健全完善产业投资生态合作体系。围绕科技创新搭建生态圈。发挥基金支持战略性新兴产业科技创新的"主力军"作用，组织管理基金布局战略性新兴领域累计近40家企业，推动参投企业加入中国移动"十百千万"产业链计划，全面对接集团十大子链，通过资源共享、联合研发、市场共拓等，支持链长工作落地和科技创新。集聚产业资源服务生态圈。健全完善"两直三基"投资运作体系，覆盖移动信息产业链企业超过500家。组织链上企业加强技术合作、产业链协同，从顶层机制、资源导入、运营管理、人才队伍等方面对所投企业开展赋能，打造出产投协同十大标杆案例。整合供应资源赋能生态圈。联合多家参股企业开展供应链专场协同交流，在保障供应链合规前提下，同等条件优先沟通。两家参股企业参与芯片投采协同试点，保障供应链稳定安全。

3. 引领改革发展完善党建链，在争先争效中彰显关键作用

针对国有企业党的建设工作，切实要在集团、下级企业、控股企业、上市公司、参股和混合所有制企业、投资项目等国有企业各个层面构建严密的党建网络，分别承担同各自定位相适应的主体责任。中移资本坚持把这一精神融入混合所有制企业党建全过程，牢牢把握党的建设与企业发展深度融合这一最佳切入点，彰显党建引领主基调。在公司治理上深度融合。遵循"两个一以贯之"要求，采取"战略＋治理管控"＋"运营协同"的管控模式，以管资本为核心，依法依规履行出资人职责，通过"三会一层"行使股东权利，尊重启明星辰上市公司地位及独立治理结构。在队伍建设上深度融合。明确外派人员职责权限，遵照落实现代企业管理制度，支持启明星辰健全长效化正向激励机制，对内实施股权激励计划，打造企业与职工命运共同体。在载体建设上深度融合。联合启明星辰与多家参股企业开展协同交流，强化政策研讨，宣贯合作机制，发挥其在信息安全领域的专业优势，助力拓展安全市场。2023 年，互联网公司联合启明星辰打造超级 SIM 安全网关，实现合同收入5500 万元。

三、延伸阅读

各级党组织要增强政治功能和组织功能

党的二十届三中全会指出，要强化企业科技创新主体地位，建立培育壮大科技领军企业机制，加强企业主导的产学研深度融合。同时，强调各级党组织要增强政治功能和组织功能。中移资本聚焦服务产业转型和高质量发展，以打造交流平台、优化组织设置、强化队伍建设、深化共建共享为抓手，强化产业链供应链创新链党建赋能，切实将党建优势转化为产业发展竞争优势。

一是理论同学：强化政治引领，把思想纽带筑在"链"上。思想政治工作是党的建设的"传家宝"，是党和国家事业发展的强大思想保证。通过一定的理论、方针、原则和目标，中移资本运用恰当的方式、载体，对链上单位进行思想政治教育，最大限度地激发人们的政治热情和积极性，推动各类组织顺利完成任务、实现目标。固化铸魂窗口。组织管理基金、参股企业参加"第一议题"学习与专题党课，深入学习领会习近平总书记关于党纪学习教育、发展新质生产力等重要论述，深化交流研讨，督导管理基金开展长三角区域投资布局等重点事宜。打造交流平台。依托产投协同"彩虹桥"，联合央企投资协会和 12 家央企投资机构举办闭门座谈会，围绕聚焦主责主业开展投资布局、深化产投协同等交流经验做法，引导企业自觉融入国家和行业发展大局，共同打造更具政治责任感、行业使命感和社会责任感的"朋友圈""亲戚圈""生态圈"。

二是组织同建：优化组织设置，把战斗堡垒固在"链"上。坚持党的组织路线为政治路线服务，是确保党的事业成功的重要保障。通过强大的组织功能和严密的组织体系，团结带领参股企业提升党建工作覆盖和组织工作质量，引领党员干部以新担当新作为开启伟大社会革命，为强国兴企提供组织保证。凝聚一条战线，打造共同阵营。由点到线，逐步加强各个链上单位的组织覆盖。近年来，中移资本发挥党建政治优势，将郴郴安全董事长吸收入党组织，支持随锐科技、创芯慧联、信而泰等建立党支部，增进非公企业对党的认同。聚线成面，依托资本纽带创建党建联盟。本着资源共享优势互补的共同目标，深化同链上单位的和创共建，以党组织的功能发挥推动业务工作协同发展。目前，中移资本先后与30余家链上单位签署和创协议，初步建成覆盖产业链上下游的党建联盟。完善一张拼图，输出党建能力。坚持软管理与硬支撑相统一，加大材料输出、能力输出、品牌输出，为郴郴安全、优刻得、随锐科技等10余家非公企业提供党建支持，将30余堂"微党课"创新做法移植至共建对象。邀请管理基金、参股企业开展专兼职党务培训，强化企业联动、全链互动，完善产业生态圈的"红色拼图"，推动提升链上单位党组织建设质量和水平。

三是队伍同育：强化队伍建设，把先锋力量凝在"链"上。团结奋斗是创造历史伟业的必由之路。通过拓展队伍培育新模式、创建党业融合载体、凝聚合力攻坚克难，构建稳固的合作链条。建强一支深化产投协同的主力军。组织60余名外派高级管理和监管人员围绕股权投资、产投协同、股东权益保障和混合所有制党建等工作要点，开展履职交流培训会，凝聚合力提升产业投资的战略协同价值。同时，优化完善履职管理支撑，为派出人员更好发挥作用创造良好条件。建成一批推动融合互促的桥头堡。拓展"领题破题 合力攻坚"主题实践活动，会同链上单位建立联合党员突击队10余支，带动党员干部开展业务攻关。在产投协同方面，落实分类分级机制，对投资金额大、协同范围广、协同空间大、协同意义强的重要参股企业，通过完善牵头机构、落实协同责任制，提升协同成效。2024年上半年，推动参股企业与中国移动签署合同金额超390亿元。在研投协同方面，联合集团科创部、二级单位和链上企业召开参股企业研发合作推进会，围绕芯片、算力网络、卫星互联网、人工智能、视联网、量子计算等领域对接关键需求，匹配核心能力，推动项目落地，引导参股企业成为科技创新的重要力量。目前，19家次参股企业支撑中国移动四大专项行动，7家参股企业共建12个"联创＋联合"实验室。

四是文化同润：深化共建共享，把廉洁文化嵌在"链"上。勇于自我革命是我们党的鲜明品格和最大优势，是党永葆青春活力的强大支撑。通过输出央企廉政优势，加强监督体系，加强价值观引领，保持链上单位党组织的先进性和纯洁性，共同打造亲清合作生态圈。培育昂扬文化，注入一支强心剂。打造"新资态"宣讲品牌，联合研究院、管理基金、参股企业开展"文化润链·科创铸魂"基层宣讲活动，组织科技专家为投资团队宣讲前沿科技，推动参股企业借助经验宣讲与研究院疏通研发合作需求，赋能研投协同向纵深推进，强化链上单位干部员工的价值认同、情感认同。开展廉洁共建，打造一张防护网。依托股权投资"四横五纵"廉洁风险防控体系，联合 27 家链上单位赴明镜昭廉历史文化园开展警示教育，共同签署金融领域廉洁倡议书，开展链上企业说廉洁活动，不断丰富向链上单位传播廉洁文化的路径，筑牢产业链供应链创新链廉洁防线。

四、案例启示

1. 践行政治责任：强化政治引领、组织保证，推动增强党在科技创新领域和新兴领域的号召力、凝聚力、影响力

思想路线是政治路线的基础。针对企业性质多元、思想意识不尽统一的情况，央企产业投资机构需要持续深化党的建设与资本纽带同步延伸，把学深悟透习近平总书记关于党的建设的重要思想和关于加强科技创新、构建现代产业体系等重要论述作为落实党建强链行动的前提和基础，推动党的路线、方针、政策在产业链供应链创新链中得到全面贯彻和执行。组织路线为政治路线的实现提供组织保证。实现"以党组织为纽带推动产业链供应链创新链高质量协同发展"这一目标，央企产业投资机构需强化链式思维，聚焦主责主业，注重因地施策、因链施策，根据产业链供应链创新链实际情况和不同特点，以资本为纽带推动组织覆盖、强化牵引整合，输出央企政治影响力，引导民营企业自觉融入国家和行业发展大局。

2. 践行经济责任：强化交流互动、任务攻坚，推动党组织和党员在攻关"急难险重新"任务中打头阵、当先锋

党建工作归根结底是做人的工作。要通过创新活动载体，丰富活动内容，展现党性党味，以活动来吸引人、以载体来攻疑难，激发党员和群众工作的积极性、主动性、创造性，实现预期目标。当前，国资央企在推进业务转型升级进程中，面临着发展动能亟须增强，自主创新能力不强，科研体制不够灵活，成果转化效率不高等共性问题，需要进一步发挥党建统筹资源的优势，放大资本赋能创新的能力，以股权投资为纽带，打造链接产业链上下游各类企业的融合载体，最大程度促进合作交流、资源互通，实现取长补短合作共赢。这一目标的推进、成效的达成，需要我们坚持问题导向，紧盯产业链供应链创新链融合发展中的堵点卡点，多方协同，共享商机，构建稳固的合作链条。

3. 践行社会责任：强化价值引领、氛围培育，推动营造产业链供应链创新链融合发展所需的亲清生态

党风廉政建设是做好企业工作的重要前提和基础，也是企业获得社会信任和支持的重要保障。链上企业对于纪律的认识和执行方式因其属性和特点而有所不同，相应影响着企业运营效率和规范管理。深化产业链创新链供应链融合发展，央企产业投资机构需要坚定履行社会责任，加强对链上企业的价值观引领，一方面要发挥

党建政治优势，宣讲奋斗故事，将奋斗精神融入党员干部工作、学习、生活日常，强化永久奋斗的认同感和使命感。另一方面要发挥自身廉政优势，输出廉洁共建方案，全方位传导用铁的纪律从严治企的氛围，调整行为之舵，绷紧作风之弦，持续营造亲清合作生态，维护国有资产安全。

（本案例由邹维新负责调研，并参与指导或撰写）

案例 5

第四代排水系统："数智清污分流"

——圣禹生态以科技创新驱动流域水环境治理高质量发展

一、案例概述

武汉圣禹智慧生态环保股份有限公司（以下简称"圣禹生态"）成立于 2014 年，位于湖北省武汉市汉南区。公司专注于城市智慧排水系统及智能设备的研发，通过汲取美国、德国的先进技术，结合中国国情，针对中国城市水环境特点，创造性地发明了第四代排水系统——数智清污分流。该技术运用物联网、大数据和云计算等先进科技，把原有排水系统改造成以"智慧排水系统"为核心的全新面貌，实现"清水不进（污水）厂，污水不入河（湖）"的终极目标，最终达成"1+2+3"的经济社会价值："一劳永逸"地根治城市水污染，不再返黑返臭；"两个达标"，即河湖水质达标和进场浓度达标；"三个节省"即"可节省投资、可节省污水处理费用、可节省运行维护费用"。

圣禹数智清污分流目前已在武汉汤湖、莲花湖等水质提升工程，以及合肥蜀山经开区管网运维项目等全国 70 多个城市上千个项目中应用，建立了覆盖全国的市场开发网络体系，成效显著。圣禹在全国范围内的所有项目均可在智慧运维平台上实现动态监测与远程调度，通过大数据分析优化项目运营，极大提高了治理效率。

公司设有设计院及研究院等研发部门，通过了湖北省企业技术中心认证，拥有专职研发人员近百人，本科学历及以上占比达到 90%。同时公司还拥有一支经验丰富的运营管理团队和市场营销团队，确保公司在城市水环境治理领域保持领先地位。

公司是住房和城乡建设部《城市黑臭水体整治排口、管道及检查井治理技术指南》等多项水环境治理技术规范导则的参编企业。此外，公司还参与了《液动下开式堰门》和《多功能清污分流井技术规程》等团体标准的制定，推动了整个水环境治理行业的技术进步。

依托卓越的技术实力和创新能力，圣禹先后被认定为国家级高新技术企业、国家级专精特新"小巨人"企业、国家级知识产权优势企业。公司荣获 2020 年科技部重点专项奖励、2021 年中国城镇给水排水协会城镇水科技奖二等奖、2023 年长江黄河等重点流域水资源与水环境综合治理专项奖励、2023 年中国产学研合作创新与促进奖产学研合作创新成果奖二等奖、2024 年湖北省制造业单项冠军、2024 年全国民营企业绿色低碳发展典型案例等多项荣誉。此外，圣禹生态还获得生态环境部技术评估证书及水利部产品鉴定证书等权威认证，技术先进性获得业内肯定。

二、案例剖析

1. 始终坚持技术创新与自主研发

圣禹生态自成立以来，一心专注于水环境治理领域。为对标国际先进水平，公司董事长李习洪带领研发团队赴德国和美国考察，在吸收美国 LID 环境治理技术和德国调蓄技术的基础上，圣禹生态结合中国的降雨特点、人文条件及人口密集等特点，以及中国城市排水系统现状和现有管网条件，提出了以第四代排水系统——"数智清污分流"为核心的城市水环境综合治理系统解决方案。

"数智清污分流"技术体系，不仅能实现清水与污水的分流，解决立管混错接问题、解决污水进入雨水管问题、解决初期雨水污染和干净水进入污水管问题、解决工厂超标排放或偷排问题、解决初期雨水面源污染和河湖水倒灌问题，还能通过管中管污水收集系统解决合流制区域雨污分流改造施工难度大、费用高、周期长、效果差、改造不彻底的问题，最终帮助水域构建原位水生态系统，彻底改善目标水体的水质环境。该技术体系通过智能分流、精准截污、削峰调蓄、智慧水务等核心手段，将污染物控制在自然水体能够自我修复的可承受范围之内，实现自然水体的长治久清。

通过不断的研发创新，智慧排水平台、圣禹实现智慧监测、智慧控制三位一体，构成了落地的智慧排水系统，实现了城市排水智慧化。通过对管网、智能装备、河湖水在线监测、远程控制和智慧运维，解决了城市排水系统运维效率低、成本高的难题。

目前，圣禹生态已经拥有由业内资深专家领衔的百人研发团队，并在研发上投入资金超亿元。同时，圣禹还与中国环境科学研究院等多家科研院所及高校签订了战略合作协议，聘请任南琪院士作为首席专家，在水环境治理技术研发以及智慧排水等领域进行深度合作。

2. 实际项目应用成效显著

圣禹生态的"数智清污分流"技术体系在实际项目中取得了显著成效。以武汉汤湖为例，2019 年，圣禹生态通过对汤湖污水源头的小区、工业园区以及整个汤湖流域的地下管网进行勘探，并针对不同工况展开技术攻关。通过在各管网的源头及排口设置柔性智能分流井，利用数智清污分流技术，让清水和污水各行其道。同时，在汤湖水体构建原位水生态系统，种植水草，放养水生动物，使汤湖拥有了自净能力。经过不到一年的治理，汤湖水清草丰，成为第一个不转移污染、不用调水、不用清水补源的中型城中湖泊治理成功案例。

此外，圣禹生态的数智清污分流排水系统已经在武汉汤逊湖、莲花湖等水质提升工程，合肥蜀山经开区管网运维项目、钟祥宫塘水环境治理工程等全国 70 多个主要城市超过 1000 个项目中成功实施、效果显著。这些项目的成功实施，不仅提升了城市水环境治理效率，还改善了居民的生活环境，取得了良好的社会效益和经济效益。

3. 积极参与行业标准制定与技术引领

圣禹生态在水环境治理领域不仅注重技术创新，还积极参与行业标准的制定。公司已获多项国内外专利及科技奖项，参与制定了多项国家标准和技术规范。例如，圣禹生态参与了住房和城乡建设部颁布的《城市黑臭水体整治——排污口、管道及检查井治理技术指南》《截流井设计规程》等技术指南和规程的编写工作。

此外，圣禹生态还参与制定了 T/CECS10222‒2022 液动下开式堰门、T/CECS1135‒2022 多功能清污分流井技术规程等团体标准，引领了溢流污染和智慧排水研究细分领域的技术浪潮。这些行业标准的制定，不仅提升了圣禹生态在行业内的地位，还为推动我国水环境治理技术的进步做出了重要贡献。

4. 始终秉持绿色发展与生态理念

圣禹生态始终秉持绿色发展的理念，致力于实现经济效益与生态效益的双赢。公司通过自主研发和技术创新，聚焦城市内涝与水生态污染难题，成功研发出智能分流井技术，实现雨水与污水的精准分流，提升了城市水环境治理效率。

圣禹生态的绿色发展理念得到了国家和社会的广泛认可。2024 年，圣禹生态城市新型智能分流井绿色技术创新的案例成功入选《2024 年度全国民营企业绿色低碳发展典型案例汇编》。这一荣誉既是对圣禹生态在绿色发展方面取得成绩的肯定，也为公司未来的发展提供了更广阔的空间。

5. 积极探索融资创新与数据资产利用

圣禹生态在融资方面也进行了大胆创新。2023 年 8 月，圣禹生态成为湖北省第一家凭借数据资产获得担保融资的企业，成功获得了 500 万元的担保贷款。这一创新融资模式由省属国企湖北宏泰集团旗下省再担保集团推出，实现了湖北新型政银担数据资产融资担保业务的破冰，为解决小微企业融资难、融资贵提供了全新途径。

圣禹生态通过数据资产"入表 + 融资"服务，实现了数据价值的最大化利用。这一融资模式的成功实践，既为圣禹生态提供了资金支持，也为其他小微企业的融资创新提供了借鉴和参考。

6. 积极承担社会责任和参与公益事业

圣禹生态在水环境治理领域的卓越成就和贡献，使其在国内外获得了广泛的社会影响力。公司先后入选国家级专精特新"小巨人"、国家级高新技术企业、国家级知识产权优势企业，并荣获多项国内外专利及科技奖项。

圣禹生态的技术成果得到了科技部、生态环境部的认可和推广。公司还参与了科技部国家重点研发计划"科技助力经济2020"项目和"长江黄河等重点流域水资源与水环境综合治理"重点专项的研发工作，展示了公司在科研领域的强大实力。

此外，圣禹生态还积极参与社会公益事业，通过技术援助和志愿服务等方式，为改善水环境、保护生态环境做出了积极贡献。公司的社会责任感和公益精神，赢得了社会各界的广泛赞誉和尊重。

三、延伸阅读

国内外城市溢流污染和智慧排水情况概述

国内水环境治理，主要采用传统的排水治理方式，城市排水系统混错接严重，面源污染严重，汛期溢流污染严重，主要是因为现有的排水系统不能有效地解决工业废水、生活污水、初期雨水通过雨水管污染河湖的问题；不能有效解决外水（山泉水、地下水、河湖水、中后期干净雨水）入侵污水系统，造成污水处理厂进水浓度低的问题；无法实现城市排水系统的智慧化管控；无法保障城市水安全。相比之下，发达国家在应对城市溢流污染方面积累了丰富的经验和技术。例如，美国主要采用的是LID（低影响开发）的措施来治理水污染问题；德国则是采用COS（分片调蓄技术），大量建设雨水调蓄设施，配合污水处理厂来解决水污染问题。在上述地区，高速过滤系统、混凝/分离、监测与消毒等先进技术在国外得到了广泛应用。但我国幅员辽阔、气候多样，东西南北区域雨情雨况差异很大，我国城市人口密度也是欧美的25倍，所以国外的LID和COS技术不适用于中国排水工况，解决不了中国水环境问题。中国水环境治理需要构建适用于中国排水特色工况的智慧排水系统，使排水系统实现智能化、精细化的管控，真正解决中国水环境问题，实现生态文明。

国内外智慧排水平台的建设与运营

在国内，很多所谓的智慧排水系统已经在多个城市得到应用，并取得了一定的成效，但依然无法根治水环境问题。例如，一些城市通过智慧排水系统成功预防了城市内涝，减少了因排水不畅导致的居民生活不便和财产损失。随着科技的不断进步和智慧城市建设的深入推进，我国的智慧排水系统也朝着更加智能化、高效化、信息化的方向发展。在国外，更看重排水设备和物联网的联动，将智慧排水系统与其他城市管理系统进行深度融合，实现城市的智慧化管理。许多城市已经建立了完善的智慧排水系统，并实现了对城市排水系统的全面感知、智能分析和精准控制。这些系统不仅提高了城市排水系统的运行效率和安全性，还为城市的可持续发展提供了有力保障。

综上所述，国内外在城市溢流污染和智慧排水方面均取得了显著进展和成效。发达国家已经建立了相对完善的城市排水系统和溢流污染控制体系，我国仍需要不断加强技术研发和创新，选择因地制宜的、更适合中国的治水技术，提高治理效率和水平，降低运维成本，以更好地应对城市溢流污染问题并推动城市的可持续发展。

四、案例启示

1. 坚持技术创新，引领行业变革

圣禹生态自成立以来，始终致力于水环境治理领域的技术创新。公司通过对标国际先进水平，吸收借鉴美国 LID 环境治理技术和德国调蓄技术，结合中国降雨、人文及人口密集等特点，研发出第四代排水系统——数智清污分流技术，这一创新成果不仅填补了国内外技术空白，更在武汉汤湖等项目中实现了显著成效，推动水体由黑臭转为清澈，成为城市水环境治理的典范。

2. 践行智慧运维，提升管理效率

圣禹在国内运维的所有项目均可以在智慧运维平台上实现动态检测、远程调度。技术人员轻点鼠标，即可实时查看 10 余公里外的汤湖水位、水量、水质等动态信息。这种智慧化的运维方式不仅大幅降低了排水系统管理运营成本，还实现了更加精细和动态的管理，保障了排水安全，实现了污水治理的精准化。

3. 坚持创新驱动，推动产业升级

创新是推动企业高质量发展的核心动力。"十四五"以来，在《"十四五"重点流域水环境综合治理规划》的指引下，全国各地在水环境治理领域应加大技术研发和创新力度，积极引进和消化吸收国内外先进技术，结合本地实际情况进行二次创新，形成具有自主知识产权的核心技术。同时，要推动产业升级，提高水环境治理的整体水平和效率。

4. 智慧化转型，提升管理效能

第四代排水系统——数智清污分流的智慧运维模式为水环境治理领域提供了宝贵的经验。各地应加快推进智慧排水系统的建设，利用物联网、大数据、云计算等先进技术实现排水设施的远程监控和智能化管理。通过数据分析和预警机制，及时发现和解决潜在问题，提高管理效能和应急响应能力。

5. 注重生态保护，实现绿色发展

以治理汤湖为例，圣禹在这个过程中不仅注重水质提升，还构建了原位水生态系统，让湖泊拥有了自净能力。这一做法充分体现了生态优先、绿色发展的理念。各地在水环境治理过程中，应坚持生态保护与修复并重，注重恢复和提升水生态系统的自我修复能力，实现人与自然的和谐共生。

6. 强化产学研合作，拓宽发展视野

自成立以来，圣禹积极与国内高校和设计院开展合作，共同推动水环境治理技术的进步和发展。通过带动水环境治理领域的产学研，借鉴国际先进经验和技术成果，拓宽发展视野，提升整体竞争力。

（本案例由杨瑞勇、刘光宁、郭威、黄钺负责调研，并参与指导或撰写）

案例 6

打造"无限生态圈"

——漳州能源以新质生产力引领绿色可持续发展

一、案例概述

中核国电漳州能源有限公司（简称"漳州能源"）于 2011 年 11 月 28 日在福建省漳州市云霄县注册成立，由中国核电和国家能源集团分别按 51%、49% 的股比出资组建，负责核电、水电、风电等多种形式清洁能源的开发和生产。

漳州核电项目位于福建省漳州市云霄县列屿镇，项目规划建设 6 台核电机组，总装机容量约 720 万千瓦，总投资超 1100 亿元，其中一期工程（1 号、2 号机组）已开工建设，1 号机组于 2024 年 11 月 28 日并网发电，预计 2024 年底建成投产，二期工程 3 号机组于 2024 年 2 月 22 日开工建设，4 号机组于 2024 年 9 月 27 日开工建设，5 号、6 号机组正在推进前期工作，全部投产后预计年发电量超 600 亿千瓦时。

作为中核集团在闽重要的一员，漳州能源肩负"华龙腾飞，中国自主三代核电技术'华龙一号'从并跑向领跑"的重大历史使命。十余年风雨兼程，十余年砥砺奋进。漳州能源始终坚定贯彻落实国家"双碳"行动，始终坚持安全发展、创新发展、绿色发展，传承"两弹一星"精神，努力打造"国之华龙、兼容并蓄、处处风光、无限生态"的中国特大型清洁能源基地，争作新时代最具魅力的一流美好公司。

公司荣获国际 QC 小组金奖、全国"安康杯"优胜单位、全国五一劳动奖状、中国核能行业协会科技进步奖、中核集团科技进步奖、中国核电"脱贫攻坚先进单位"等多项荣誉。

二、案例剖析

作为中国核电在福建沿海的重要核电发展基地，漳州能源聚焦清洁能源项目开发建设，通过党建引领工程、人才强企工程、项目发展工程、科技创新工程、企地共融工程、生态核电工程等，以核电项目为核心，抽蓄项目为辅助，研究多能互补的业态新模式，积极探索海上光伏等零碳能源发展模式，打造多元化的清洁能源基地；致力于推动漳州能源事业和地方社会经济发展共赢，实现企地共融、绿色、可持续发展。

1. 党建引领工程

始终坚持用习近平新时代中国特色社会主义思想凝心铸魂，深入贯彻落实习近平总书记对核工业和中核集团的重要指示批示精神，教育引导广大党员干部围绕集团公司"三位一体"奋斗目标、为实现"碳达峰、碳中和"目标不懈奋斗。把坚持党的领导、加强党的建设贯穿公司改革发展全过程、各方面，深入推进党建工作与公司工程建设和生产经营深度融合，持续提升党建工作质效，用安全高质量工程建设、机组的安全稳定运行、公司的健康快速发展来检验党建工作成效。构建"融核联建—华龙腾飞"高质量党建工作体系，形成新时代漳州能源公司特色企业文化，荣获2022年度电力行业企业文化建设典型成果奖。

2. 人才强企工程

根据公司核电项目与抽蓄项目及其他新能源项目进展，不断完善组织机构建设，优化人员配置。规范干部选拔任用流程，公平公正选人用人，坚持党管干部原则、坚持好干部标准。根据公司发展战略和高质量发展需求，进一步加强校企合作，落实"菁英人才计划"，不断增强对优秀高校毕业生的吸引力，保障公司高质量发展对人力资源的需求。培养一批技术/技能水平高、带领团队能力强的专家级人才，挖掘一批发展潜力大、积极参与公司技术难题攻关的青年优秀人才，不断完善公司人才培养体系，夯实人才储备基础。漳州能源现有享受国务院政府特殊津贴1人，中核集团技术能手3人，中核集团"青年英才"1人，中国核电科技带头人1人，福建省高层次人才6人。

3. 项目发展工程

以核电1/2号、3/4号机组建设为中心，提升机组工程建设、生产运行业绩水平，积极拓展技术服务业务。统筹合理利用项目建设资源，争取资源配置最优化，保障项目建设的连续性，稳步推进5/6号机组核准，谋划新厂址储备工作。高质量推进云霄抽蓄建设。开展核电征地收海区域、抽蓄上下库面的光伏可行性研究，积极扩展敏捷端产业开发及核能大堆多用途拓展。一期工程"开顶法"全面成功实践，各项重要节点全部高质量按期实现。云霄抽水蓄能电站项目于2022年11月9日正式开工建设，项目输水发电系统、上、下水库等主体工程按计划稳步推进。

4. 科技创新工程

贯彻落实创新驱动发展战略，部署一批提升华龙性能、引领华龙腾飞的技术应用研究和开发攻关项目，积极参与高水平科研平台建设，打造更为高效的协同创新生态。加强人才队伍与团队建设、创新平台以及协同创新联合体构建，筑牢科技创新基础能力。推进科研管理改革，建立目标、结果导向的科研管理办法和创新激励办法，激发员工科技创新热情。稳妥推进智慧电厂建设。全面构建新时代核电建设与地方发展共赢的华龙科技文化园，提高社会影响力。公司现有授权专利76项，其中授权发明专利6项；登记软件著作权14项；发布集团企业标准4项和团标2项；参编国际标准1项，国家标准3项，行标2项；出版专著2项、专刊2项；荣获福建省科技进步奖、中核集团科技进步奖、中国核能行业协会科技进步奖等科技奖项14项，获中核集团科创大赛二等奖；已实现2项科技成果转化。

5. 企地共融工程

漳州能源投资建设的漳州核电项目和云霄抽蓄项目，分别属于国家和福建省的重点项目，总投资约1200亿元。漳州核电项目和云霄抽蓄项目的建设需要大量的工程建设和设备制造，拉动了地方建材、钢铁、机械、服务、餐饮等相关产业的发展，提供了新的经济增长点和就业机会。后续的运营和维护过程中，需要专业的人才和技术支持，推动了地方教育和科技研究的发展，并吸引了相关产业的投资和发展。围绕漳州核电主业建设，配套开展"核电＋制氢""核电＋海水淡化""核电＋储能"等核能敏捷端产业的推进工作，努力实现漳州核电周边"无限生态圈"，有力促进漳州能源事业与地方社会经济的共融可持续发展。

6. 生态核电工程

生态核电理念是以党的十九大"绿水青山就是金山银山"的生态文明建设理念为指引，融合核电与地方经济、社会、环境综合协调发展的一大理论创新。漳州核电项目秉着对环境友好、可持续发展的原则，将生态核电理念贯穿漳州核电项目选址、设计、建造、运营全周期，如通过设计方案、工艺流程的优化，降低后续生产过程中的废气、废水和废渣排放；在建造过程中，持续实施文明施工措施，优化施工方案，降低现场的粉尘、噪音和污水排放。漳州核电项目持续在施工影响海域投放鱼苗、虾苗、贝类等，采取增殖放流的方式打造自然生态；打造以集科研创新、宣教文化、技术服务等为一体的华龙科技文化园为核心的科技生态，后续将依托漳州核电项目，打造以工业旅游、生态渔业等为核心的经济生态；以核电小镇、科普文化等为中心的社会生态，形成漳州核电与周边环境之间"共生、互生、再生"的良性发展局面。

三、延伸阅读

漳州能源项目建设大事记

2019年新中国成立70周年，漳州核电项目和云霄抽蓄项目实现"两核准、两开工"。2019年1月核电项目核准申请通过国务院常务会议审议，4月取得核准文件，成为国内首批获得核准的华龙融合技术新项目，10月16日实现1号机组FCD，标志着华龙一号批量化工程落地漳州。抽蓄项目于9月29日超常规实现主体工程开工，12月31日项目可研报告通过水规总院审查，正式具备核准条件。

在2020年"十三五"收官之年，积极克服了新冠疫情影响，实现了疫情防控和项目建设"两手抓、两手硬"。2号机组9月4日顺利实现FCD；1号机组11月1日完成反应堆厂房内部结构零米板浇筑，施工用时46天，创造同类施工活动最短工期纪录；1号机组筒体钢衬里十段吊装12月2日就位，首次实现核岛钢衬里全部模块化安装，提前1个月完成集团公司MKJ考核目标；抽蓄项目9月18日取得项目核准批复文件，标志着云霄抽蓄项目前期工作圆满结束，正式进入工程筹建阶段。

2021年"十四五"开局之年，将传统的核电土建和安装串行施工改为并行施工，开创华龙建造新模式。1号机组从FCD到16.5米平台浇筑完成历时20.5个月，创造华龙机组土建施工新纪录；完成所有主设备先行引入，提前实现内穹顶吊装；首创采用主设备一体化翻转技术、创5天3台蒸发器吊装就位的历史纪录。3号、4号机组用海申请在最短的时间内通过自然资源部受理，创造集团范围内项目用海预审申请用时最短纪录，良好经验被中国核电在核能开发项目用海专项会议推介。

2022年党的二十大胜利召开之年，1号机组登高完成315万安装点值；2号机组荣创"开顶法"施工下FCD到穹顶吊装最短施工纪录，预应力张拉施工用时146天，创历史最短工期；3号、4号机组9月13日获批核准开工；抽蓄项目提前21天实现主体工程开工；公司荣获中国核电业绩优秀单位荣誉。

2023年学习贯彻党的二十大精神开局之年，1号机组10月16日高质量启动冷试，11月4日顺利完成冷试节点；云霄抽蓄上水库、下水库、地下厂房三大主体工程建设全面铺开。

2024年是第一颗原子弹成功爆炸60周年，1号机组2024年11月28日并网发电，2号机组2024年11月15日冷试开始，3号机组2024年2月22日实现开工建设，4号机组2024年9月27日实现开工建设。

四、案例启示

构建"清洁低碳、安全高效"现代能源体系以及"二氧化碳排放力争于2030年前达到峰值，努力争取2060年前实现碳中和"等是我国在新形势下的基本能源政策，清洁低碳能源将成为增量主体。2023年9月7日，习近平总书记在哈尔滨主持召开新时代推动东北全面振兴座谈会时说，"积极培育新能源、新材料、先进制造、电子信息等战略性新兴产业，积极培育未来产业，加快形成新质生产力，增强发展新动能。"① 我国经济发展长期向好，能源革命深入推进，清洁低碳能源迎来广阔发展空间。

1. 整体·协同强引领

充分发挥公司领导班子协同作用，"现场就是主战场"，瞄准项目重点目标，发挥"总指挥"协调调动各方资源，大力协同配合良好局面，推动项目高质量发展，工程建设取得累累硕果。2024 年 2 月 22 日，漳州核电站 3 号机组圆满完成 FCD；4 月 25 日，漳州核电 1 号机组首炉燃料完成接收；6 月 9 日，云霄抽蓄项目移民安置搬迁工作完成；10 月 16 日，漳州核电 1 号机组装料完成，11 月 28 日，漳州核电 1 号机组并网发电。

2. 整体·协同发声音

漳州核电项目管理大团队践行"同一面党旗、同一个梦想"的"双同"理念，发扬"强核报国、创新奉献"的新时代核工业精神，精心组织、周密部署，参建各方强化执行力，大力协同、开拓创新、攻坚克难、勇于登攀，高质量完成漳州核电 1 号、2 号机组外穹顶吊装。漳州核电 1 号机组装料、并网发电，3 号、4 号机组正式开工建设等相关新闻在全国到地方多级媒体进行传播，发出漳州能源声音，擦亮"华龙一号"国家名片。

3. 整体·协同话故事

"探寻许你万家灯火背后的大国重器"融媒体活动走进收官之站——漳州核电。为进一步推动中核集团文化品牌战略落地生效，助力加快建设具有全球竞争力的世界一流企业，新华社、中央广播电视总台 CGTN 等十多家主流媒体参观漳州核电，聚焦"华龙一号"批量化示范工程，围绕科技创新、安全发展等进行了全方位、多角度采访，身临其境感受中核集团为点亮"万家灯火"背后不懈奋斗的故事。

4. 整体·协同谱新篇

不遗余力推动"华龙一号"批量化示范项目漳州核电 3 号机组落地。公司党委书记、总经理每日亲自主持召开 FCD 日例会，设立 3 号机组 FCD 现场总指挥，调动所有资源，打破部门间的壁垒，多部门在核岛主线、PSAR/EIR 评审等工作协同作战，全力推进漳州核电 3 号机组开工前准备工作，2024 年 2 月 22 日，顺利实现 3 号机组 FCD，意味着漳州"华龙一号"批量化建设正式开始。

（本案例由杨瑞勇、李晓东负责调研，并参与指导或撰写）

---

① 《牢牢把握东北的重要使命　奋力谱写东北全面振兴新篇章》，载于《人民日报》2023 年 9 月 10 日 01 版。

案例 7

新质生产力"出海扬帆远航"

——华电科工通过"走出去"助推转型升级

一、案例概述

中国华电集团有限公司（简称中国华电）是 2002 年国家电力体制改革组建的国有独资发电企业，是国务院国资委监管的特大型中央企业、中央直管的国有重要骨干企业。主要业务包括发电、煤炭、科工、金融四大产业板块。中国华电科工集团有限公司（简称华电科工）始创于 1978 年，是中国华电所属的全资企业，是中国华电科工产业的重要组成部分和发展平台。在中国华电总体发展战略统领下，华电科工持续优化业务结构，提升发展质量，逐步发展成为产品、投资、工程"三足鼎立"的国有大型企业集团，综合实力位居国内同行业前列。

华电科工主营业务涵盖了电力、化工、港口、矿业、冶金、市政、新能源、氢能、储能、生物质能、综合能源服务等领域，足迹遍及全国各地及东南亚、欧美、澳大利亚等国家和地区，先后荣获了中国工业大奖表彰奖、中央企业先进集体、电力行业优秀企业等称号。主要经营范围包含：国内外火力、水力、风力、生物质、光伏发电和分布式能源等工程总承包；境外电站投资、电站设计咨询服务、电站安全质量技术服务、电站节能技术服务；煤炭等大宗商品进口；能源工程相关设备进出口。电站、港口、矿山、冶金等散状物料输送系统；火电、核电、供热、石化、天然气管道系统；空冷等热能综合利用工程；工业、民用和风电钢结构；煤化工系统等工程总承包；能源工程技术服务及相关设备制造；传统烟气治理工程总包、数字化智能环保岛技术、节能储热、余热利用、碳捕集利用与封存（CCUS）、固废治理、催化剂产品、催化剂再生利用、电站环保系统投资运营；电站施工机械、水工机械、电站辅机、环保设备的研发、设计、制造、质量检测、监理监造。管理体系认证：电力建设工程质量评价；ISO 质量、环境、职业健康安全管理体系认证；工信部电力需求侧管理评价等。

越南沿海二期 2×660MW 燃煤电厂项目，位于越南茶荣省经济开发区发电产业园内，距离胡志明市约 190 公里。项目建设规模为 2×660MW 超临界燃煤机组以及配套工艺系统和建筑工程，包括卸煤码头、灰场等设施和工程。本项目华电科工按照中国华电战略部署，围绕"一带一路"、加快海外市场布局、提升全球资源配置能力，通过股权收购，以 BOT 模式建设的火力发电厂，是华电集团目前在越南投资的装机容量最大的火力发电厂，也是华电科工集团转型升级的发展工程。

项目自 2016 年 12 月 28 日开工，1 号机组和 2 号机组分别于 2021 年 6 月 1 日和 2021 年 12 月 23 日投入商业运行，每年可提供 80 亿千瓦时电量，可以满足当地 125 万居民的用电需求，大大缓解越南南部用电紧缺，助力当地经济社会发展。

越南沿海二期从设计初期、施工建设到投产运营，都经过了公司的精心策划，期间获得省部级科技进步奖 12 项，省部级管理创新成果奖 4 项，申请或授权专利 40 项，省部级工法 5 项，QC 成果奖 18 项。高水准通过了中电建协的电力建设地基结构专项评价、新技术应用专项评价、绿色施工专项评价、全过程质量评价，并荣获 2022 年度电力行业优秀工程设计一等奖、中国电力行业优质工程奖等多项荣誉。工程实现了造型优美、结构安全、便于施工、造价节约的完美统一。全面践行了创优工程精益求精、知行合一的实践精神，精心策划、精心设计、精心施工，兑现了匠心逐梦、共创辉煌的庄严承诺，并成功打造成了公司"投、建、营"一体化的样板工程。

二、案例剖析

1. 整合优势力量组团出海，提升国际竞争力

越南沿海二期项目由华电科工 BOT 建设，项目建设工作中，华电科工发挥在电力工程领域的项目管理优势，在项目标段划分和分包单位选择上整合优势力量，选取中国能建、中国电建、中交、中铁、上海港湾、中建筑港等专业分包。通过与这些在各自领域具有专业优势的分包单位合作，华电科工不仅提升了项目的整体执行效率和质量，还增强了自身的国际竞争力。这种做法有助于确保项目按期完成，同时还能在技术和成本管理方面实现优化。这种整合优势力量的策略也有助于提升中国企业在国际工程市场的整体形象和竞争力。

越南沿海二期项目建设期间连续实现锅炉水压试验、厂用电受电、汽轮机扣盖、锅炉点火、汽轮机冲转、机组并网、168 小时试运七个"一次成功"。脱硫、脱硝、除尘等环保及安全设施同步投运，电气及热控保护、自动、仪表投入率及正确率、汽水品质合格率均达到 100%，机组主要性能指标及大气污染物排放指标均满足 PPA 合同约定。整组启动期间，锅炉 41352 只焊口未出现一次泄漏；机组真空严密性、氢气泄漏量、汽轮机冲转轴振等指标均创造了一流水准。即使当时有新冠疫情的影响，1 号机组自厂用电受电到 168 小时试运行通过仅用时 190 天，创造了越南同类机组建设的最快纪录，比合同工期提前 28 天投入商业运行。

2. 中国制造、中国智造、中国建造共同发力

越南沿海二期项目在项目设备选型上发挥华电科工自身电力行业高端装备制造优势，应用多项公司自主研发生产的脱硫脱硝设备、水处理设备、长距离输送设备、卸船机、堆取料机、干煤棚等设备。项目在发电机组选型上采用国内成熟的超临界机组，锅炉、汽轮机、发电机三大机组及附属设备均选用国产设备。

越南沿海二期项目成功投运是中国制造、中国智造和中国建造在海外的又一成功典范，从勘察设计、设备制造、建安施工、调整试运每个环节都充满中国元素，同时华电科工在沿海二期项目尤其重视新质生产力应用；国内首创沿海地区淤泥质软土地基预处理工艺；国内首创滨海火力发电厂综合防腐工艺；国内首创海水脱硫滨海电厂冷却水系统设计与施工工艺等多项技术。除主控、水务、环保、输煤综合楼四处集控中心外，其他车间实现无人值守。沿海二期项目首次将超超临界技术应用于超临界汽轮机、采用高压缸与中压缸分缸布置优先中压缸启动的汽轮机、采用燃用褐煤的前后墙对冲锅炉、采用 500kV 有载调压主变并要求机组进相至 0.9PF、机组要求具备自带厂用电（FCB）功能并可以维持 2 小时稳定运行。工艺设计从系统拟定到设备选型、参数、配置等积极采用适宜的新技术新工艺，并针对机组瞬态 FCB 工况及稳态的小岛运行等特殊要求，考虑相关特殊配置和技术条件，确保运行稳定可靠，性能先进，造价合理。新技术应用不仅提高了电力装备产品的技术含量，展示了中国建造的实力，还提升了电力装备制造在国际工程市场的品牌形象。也通过这些新技术，将先进的技术和理念带到了全球，同时也为当地经济发展做出了贡献。

建成投产的越南沿海二期电厂总体布局合理，交通运输安全通畅，功能分区明确，统筹兼顾了安全设施、职业卫生、环境保护等相关要求；主要建筑物功能、造型、结构、造价经过了精心策划，最大限度地利用了采光通风、隔声降噪、景观视野等自然条件，实现了造型优美、结构安全、便于施工、造价节约的完美统一。全面践行了工程精益求精、知行合一的实践精神，精心策划、精心设计、精心施工，兑现了匠心逐梦、共创辉煌的庄严承诺。

3. 重视环境保护，坚持高质量发展

2024 年 4 月 1 日，越南沿海二期成功获得了 ISO14001：2015 环境管理认证。标志着该电厂在环境保护管理方面达到了国际先进水平。这一认证的取得不仅体现了沿海二期电厂对环保工作的高度重视，也是集团公司境外企业在标准化管理水平方面取得的重大成绩。ISO 14001 是国际标准化组织（ISO）制定的环境管理体系标准，该体系旨在帮助组织建立实施有效的环境管理体系，确保组织在环境法规和法律要求方面的合规性，向外界证明组织对环境保护的承诺和努力，实现经济效益和环境效益的双赢，促进组织的可持续发展和竞争力的提升，有力增强了华电科工在

越企业的声誉和竞争力。华电科工始终持续践行绿色环保理念，采用国际先进的环境管理体系进行环境保护管理，进一步降低生产运营中的环境影响，提高资源利用效率，为当地社会经济的可持续发展贡献力量。此次认证的成功，也为华电科工在国际舞台上树立了良好的环保形象。

4. 创新管理模式，注重人才培养

华电科工始终高度重视人才培养工作，尤其是适应海外市场的人才培养。在越南沿海二期建设期间，公司建立了一整套完整的公司对境外大型项目直接管理体系，包含统一组织领导，"决策、职能、执行"三位一体，使项目工作效率不断提升。立足于以往境外和境内大项目管理经验，形成一套相对完整的境外项目 EPC 工程管控体系，包括设计管控体系、物资管理体系、质量创优管理体系、安健环管理体系等，并在项目实施中持续完善优化，打造了一支高效融合的项目团队，公司调集海外、总承包、设计院、环保、新能源等多个专业公司精干力量，为项目高质量建设提供专业化的人才保障。建立专门机构发挥协调、督办和服务职能，为公司职能部门、项目公司、项目部和各专业公司建立起有效联系，为项目建设提供支撑保障。利用科工的集团优势，相关职能部门和专业公司高度协同，有效保障了项目部各阶段重点工作的顺利实施。注重人才选用及培养，项目建设团队本科以上学历占90%，硕士及以上学历占30%。人才配置上兼顾企业发展及人才培养需要，尤其重视在项目管理的各个领域充分发挥青年员工的特长，实现管理团队国际化、年轻化，以适应华电科工新质生产力"出海扬帆远航"的人才需求。

三、延伸阅读

"中央企业抗击新冠肺炎疫情先进个人"韩建忠先进事迹

新冠疫情发生以后，韩建忠长期坚守境外工作岗位。尤其是受越南入境政策影响，春节回国调休人员无法返回项目，9 个月多时间在项目综合办公室仅有他一人的情况下，从综合管理、后勤保障、防疫检查，到对外联络、项目宣传、舆情应对，他始终兢兢业业，冲锋在前，用实际行动努力践行着一名共产党员的责任和担当。

1. 彰显责任担当，勇挑防疫重担

越南沿海二期项目新冠疫情期间正值建设高峰期，现场参建中越籍员工3000 余人，项目所在区域人员密集，集中生活和工作、流动性大，防疫抗疫任务异常艰巨。韩建忠作为项目防疫联络人，及时了解、掌握越南境内疫情相关信息，进一步完善和细化项目疫情防控方案和应急预案，持续做好防疫物资和生活物资储备，保证了项目防疫工作正常开展；针对中国籍人员少、越南籍人员多，管理难度和压力极大

的现状,他组织发动参建单位力量,将中国籍、越南籍建设人员以及后勤服务人员纳入防疫管控,采取施工现场网格化、生活营地区域化、每日往返本地员工延伸化管理等一系列措施,通过"一人一表"建立防疫档案,24小时密切关注健康状况,确保防疫工作全覆盖。为了进一步做细各项工作,他不放过防疫工作的每一处细节,从每天入场员工体温检查、办公区域每天三次的通风消毒,到食堂卫生防疫消杀、用餐秩序的日常检查,在项目防疫的每一处都能看到他的身影,严防死守下保证了项目建设期现场中越员工3000余人"零感染",确保了项目建设工作如期推进。

2. 时刻关注舆情,积极正面应对

自国内新冠疫情暴发以来,越南民众对疫情高度关注。当地时间2020年2月3日下午,一条来自FaceBook的信息在项目所在沿海地区传播,并逐渐谣传为项目所在地出现疫情等负面舆论。关注到上述舆情后,韩建忠立刻联系并通过多种途径查询信息来源、查找当事人员、调研事件经过。在第二天舆情发酵前,项目部及时与沿海政府、沿海派出所沟通,详细说明该舆情事件经过,并提供项目调查结果。茶荣政府及沿海政府对该舆论事件高度重视,立即约谈信息发布人员,并通过官方途径辟谣,顺利化解舆情。

3. 编制应急预案,处置突发状况

新冠疫情初期,韩建忠编制了《越南沿海二期项目新冠疫情应急预案》,并组织项目全员进行了桌面演练。2020年3月25日,项目一员工体温异常经休息后未见好转,韩建忠第一时间将情况报送项目领导及公司,同时项目部启动应对新冠疫情应急预案,一方面联系茶荣省疾控中心前往处置,另一方面排查该员工近期密切接触人员,联系沿海防疫中心对办公区、生活区进行消杀作业。防护服、口罩、护目镜,韩建忠佩戴好全套防护装备按照项目预案有条不紊地协调处置。该员工被送往隔离区做进一步检查,经检验排除新冠可能,韩建忠又第一时间将检验结果通知公司及项目各参建单位,同时解除应急响应。

4. 加强防疫宣传,营造良好氛围

要打赢这场疫情阻击战,他深知,单单靠项目部的力量是不够的,必须要广泛参与、群防群控。作为项目部对外宣传的"喉舌",他结合越南防疫政策变化,中越文化及习俗上的差异,与同事一起制作了中越文对照的防疫手册,提高了大家的防范意识,引导群众不信谣、不造谣、不传谣;通过中越文入场提示、中越语循环广播、防疫知识讲座、在线答题等多种方式,大力宣传项目部防疫措施,保证了项目防疫和建设工作有序开展。面对一些不配合的项目参建人员,他总是细致耐心地做着解释工作,告知疫情的严重性和危害性,安抚人员情绪,增强了大家对疫情防控的信心。

5. 参与公共事务，树立央企形象

为了有效防控当地疫情肆虐，项目部积极参与属地政府疫情防控工作，并与茶荣省沿海市开展了防控医学隔离区共建。韩建忠作为隔离区管理组成员，积极参与项目所在地政府防疫相关公共事务。越南入境政策缓解后，组织国内参建人员返越，并按照当地政府要求统一在隔离区隔离 14 天进行医学观察。韩建忠主动冲在第一线，每天确认隔离人员身体健康状况、生活需求，认认真真安排好每一个细节，用行动守护着隔离人员和项目部的安全和健康。在与政府沟通中，他了解到茶荣省防疫物资短缺的情况后，第一时间向领导汇报并取得同意，将部分储备的防疫物资捐赠给派出所、边防军，得到了越南沿海政府及当地民众的一致好评，树立了负责任的中国央企形象。

6. 常态疫情防控，抓实做细筑牢

随着越南境内疫情得到有效控制，越南政府先后执行宽松的防疫政策，并恢复餐馆、咖啡厅等社交场所。参建项目的越南籍人员的流动和社会交往给项目防疫带来了挑战。同时中国籍人员入境越南，也给项目带来了病毒输入风险。韩建忠结合项目所在地社会实际编写了《越南沿海二期项目常态化防疫指南》。并组织各参建单位认真学习常态化疫情防控要求。入境中国籍员工经过 14 天隔离返回项目后，按照茶荣省政府要求继续开展 14 天的密切观察。韩建忠仔细检查各单位密切观察场所，针对分区住宿、独立用餐等进行详细布置。人员到场后与当地防疫机构一起每天对入境人员测量体温，记录健康状况，抓实做细每一个防疫细节，筑牢项目疫情防线。项目先后组织 1700 余人入境越南，未发生一例新冠肺炎感染及传播。

坚守岗位期间韩建忠没赶上儿子的入学典礼，错过了女儿的一岁生日，但他用自己的行动在境外筑起了防疫的屏障。正是有了众多像韩建忠一样的华电科工人，以忠诚赴使命，秉初心显担当，在疫情的特殊时期，在境外的特殊地域，严密布控，众志成城，沿海二期项目 2020 年取得了疫情防控和工程建设的双丰收。

四、案例启示

1. "一带一路"倡议为企业带来发展机遇

国家"一带一路"倡议为电力工程及电力装备制造企业带来了多方面的机遇。"一带一路"共建国家电力需求增长迅速，为电力企业提供了广阔的市场。中国企业通过提供清洁、可靠、安全的电力供应解决方案，帮助这些国家将资源优势转化为发展优势，同时也扩大了中国电力企业的国际影响力。中国在清洁能源市场和装备制造方面具有全球领先地位，这为电力企业在国际市场上输出技术和产品提供了机会。例如，中国企业在光伏、风电等领域具有强大的国际竞争力，这些领域的装

备和技术出口为中国企业打开了国际市场。"一带一路"倡议促进了电力设备行业的新成长，中国企业通过参与国际项目，提升了自己在电力设备制造和电力系统服务方面的能力，从而推动了整个行业的发展。电力企业在"一带一路"倡议下，不仅参与项目建设，还加强了与沿线国家的技术交流与合作，为中国电力技术的国际化和标准输出创造了条件。总的来说，"一带一路"倡议为电力工程及电力装备制造企业提供了市场拓展、技术输出、行业成长和国际合作等多方面的机遇，同时也要求企业应对国际市场的挑战。

2. 质量管理体系国际化为项目投资、施工提供保障

在越南沿海二期项目建设过程中，华电科工根据国际惯例、越南法规、合同规定，采用中英文双线质量管理体系，形成中英两套质量管理资料：中文体系采用施工单位—监理—建设单位三级质量管理模式，英文体系采用施工单位—EPC 总承包—业主咨询—业主四级质量验收管理模式，EPC 总承包在中文体系中履行建设单位职责，EPC 监理在中文体系履行监理职责，在英文体系中履行 EPC 职责。为实现双体系的协同性，以中国质量管理体系为基础，兼顾越方质量管理要求，形成了一套特殊的质量管理体系并在实践中根据越方的要求不断修正，包括质量文件管理程序、四级验收管理程序、不符合项处理程序、质量监督程序、设备质量管理程序、设计质量管理程序及标准体系等。本质量管理体系是中国燃煤电厂质量管理体系国际化的成果，糅合了中国标准、国际惯例、越南法规，适用于越南大型燃煤电厂建设质量管理，为中企在越南投资、施工提供借鉴和参考。

3. 确保项目进度与质量才能赢得当地政府权威认可

2022 年 1 月 18 日，越南建设部官方报纸《建设报》对越南沿海二期燃煤电厂进行了专题报道。报道指出越南沿海二期两台 660MW 机组已全厂 COD，该项目在越南受到高度重视，对缓解越南南部电力不足具有重要意义，在建设初期就由越南总理指派国家质量验收委员会组织监督，并对项目实施期间的劳动安全、环保工作，以及项目进度、设计质量、建设质量、安装及调试工作等整体管理方面进行了高度评价，尤其在受到全球新冠疫情影响，能取得如此成绩实属不易。

4. 投资项目要注重带动当地经济发展，促进就业与增加税收

沿海二期项目在建设过程中，为越南当地带来价值 13 亿元人民币的采购、服务和工程分包业务，采用当地采购商、服务商、工程分包商共约 40 家，促进了当地经济发展。项目为越南当地提供尽可能多的就业机会，聘用了超过七成的当地员工，在建设高峰期，雇用超过 2700 名当地员工，并培养了一大批越南籍电力管理人员和技术骨干。2024 年 10 月 31 日，越南沿海二期项目公司荣获越南茶荣省税务局颁发的 2023 年度"优秀纳税企业"称号，这已经是该公司连续两年获得茶荣省税务局

的表彰。项目公司始终坚持依法经营、诚信纳税的原则，严格遵守越南税收法律法规，按时足额缴纳各项税款，不仅彰显了公司的社会责任感，更为当地的经济发展做出了突出贡献。茶荣省税务局负责人董先生对 JVL 公司给予高度评价，他表示："JVL 公司作为茶荣省的优秀纳税企业，为其他企业树立了良好的榜样。希望更多的企业能够像 JVL 公司一样，依法纳税，共同推动茶荣省经济的繁荣发展。"

越南沿海二期项目的高质量建设，为推动当地经济发展、营造和谐国际关系贡献了科工力量，树立了华电科工海外品牌形象，书写了"美美与共"的华电篇章。

5. 新质生产力"出海扬帆远航"需要培养与储备大量高素质外向型人才

为了推动新质生产力"出海扬帆远航"，高素质外向型人才的培养和储备显得尤为重要。新质生产力是一种以科技创新为主导的生产力形态，而人才是其根本和第一资源。这也要求扬帆出海的企业建立适应海外市场的人才培养模式，以适应新质生产力出海的发展需求。

加快人才的培养是新质生产力"出海扬帆远航"的关键。企业需要培养具有创新精神和能力的人才，能够掌握和运用前沿科技，推动技术革新和产品升级。企业需要培养具有国际视野和跨文化交流能力的人才，以便更好地适应和开拓国际市场。在新质生产力时代，跨学科合作日益重要。企业需要培养能够跨越不同学科界限，进行综合创新的人才。企业需要培养具有强大领导力和管理能力的人才，以有效管理团队，推动企业战略的实施。

（本案例由袁新勇、洪涛负责调研，并参与指导或撰写）

案例 8

抓住"具有牵引性的重大战略机遇"

——以苏交科集团推进低空经济高质量发展探索与实践

一、案例概述

"低空经济"作为 2024 年的核心关键词，在 2024 年全国两会上首次写入政府工作报告。同时，工业和信息化部、科学技术部、财政部、中国民用航空局印发的《通用航空装备创新应用实施方案（2024—2030 年)》，提出到 2030 年，推动低空经济形成万亿级市场规模。目前，如何开发好利用好低空，将简单的低空场景应用，逐步发展成具有一定规模的"低空经济"，是亟待解决的关键问题之一。发展低空经济所需要的政策支持力度大、安全要求高、科技含量高、创新要素集中，其技术涵盖领域多、涉及产业链条长、应用场景复杂、使用主体多元等特点，是能够辐射带动诸多产业变革、相关领域融合发展的综合性经济形态。因此发展低空经济就是发展新质生产力。

本案例拟通过分享和交流苏交科在交通领域低空经济高质量发展的思路和经验，让读者从低空经济为切入点更加了解交通领域发展新质生产力的具体举措，供大家批评借鉴。

作为低空飞行器跨界融合应用的重要组成部分，智慧交通拥有更广阔的应用场景、庞大的市场需求以及坚实的应用基础。各地交管部门创新"无人机＋交通管理"警务模式，积极探索应用场景，在路况巡查、违法查处、事故处理、指挥调度等场景应用中，发挥无人机空中效能、助力科技对交通的支撑力度和执法的精准度。无人机正逐渐成为推动交管工作质量变革、效率变革、动力变革的重要新引擎。

二、案例剖析

1. 构建基于多模态端到端交通行业大模型的算法仓

基于高空视角动态场景识别的技术难点有以下三点：一是高空视角目标小：无人机高空场景中，交通目标小，导致目标检测、目标定位、目标跟踪存在困难。二是动态场景目标动：动态场景识别存在静态目标高频识别，动态目标相对运动识别的问题。比如异常停车，如何判别车辆是否在动，我们又不能从速度角度去识别，因此要进行场景分割，识别出道路，标志标牌，然后以此为参照物就可识别车辆是否在运动。三是动态场景行为理解难：相对于静止场景按照参照线来识别交通行为；无人机动态场景没办法划线，需要算法自动化识别。比如实线变道，传统做法是通过画参照线，来识别车道线，车辆是否越线就比较容易判断。现在场景在动，就需要动态高频的识别。

为了解决上述难点问题，需要自下而上全新构建无人机算法仓。数据源提供算法仓使用的多源数据集，硬件提供算法运行的算力和运行环境保证，应用模型池是贴近交警业务实战构建的算法模型，从而向上赋能七大交警实战应用场景。

无人机算法仓是采用传统视觉模型和 AI 视觉大模型相结合的方式，基于多模态端到端交通业务大模型，通过这套算法仓可以克服交通感知数据质量退化（比如交通拥堵、夜晚或大雨情况下图像遮挡，图像效果的下降），数据标注高度依赖（传统模型完全依赖高度的数据标注，本模型少样本学习能力可以减少标注依赖，使模型能够快速适应新场景），交通场景语义理解瓶颈（多源数据、视觉问答和知识融合机制极大增强了系统的场景理解和推理能力）等限制，提高交通场景大量数据样本处理的数据效率，提高交通复杂场景下目标识别、行为识别的实时性和准确性，提升交警场景化理解和推理能力（见图 1）。

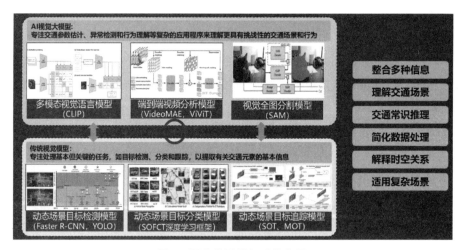

图 1　混合模型叠加赋能应用

资料来源：此界面由该公司授权提供。

结合交警业务的特点，我们提炼出交通场景应用需要的最基础的元素构建了 6个交通基础模型，如图 2 所示。

图 2 交通基础模型

资料来源：此界面由该公司授权提供。

（1）动态场景目标检测模型：小目标检测优化的算法模型，实现对标注目标的位置、类别的准确识别。（2）动态场景实时路网建模分析模型：融合区域分割、分类、识别算法，排除路面干扰因素，动态更新路网几何和拓扑结构。（3）动态场景下的静态环境识别模型：通过动态元素检测分离、静态特征提取等方法，实现动态场景中准确地识别和提取静态环境信息。（4）动态场景特定机动车车型细分模型：对环卫车、警车、施工车辆等特定机动车车型进行细分，为事件分级分类做基础。（5）动态场景高速公路作业人员分类模型：对警务人员，施工人员，环卫人员，养护人员等高速公路作业人员进行细分，为事件分级分类做基础。（6）灰暗场景下的视图识别优化算法：针对暴雨、夜晚等昏暗场景，通过低光照场景样本集训练，实现灰暗场景交通目标、路网结构等道路交通要素的精准识别。

基于六大类交通基础模型，从交警业务出发，总结了18 + 交通业务模型。主要包括事件监测和违法取证两大类模型，如图3所示。

图 3 事件监测及执法取证应用模型

资料来源：此界面由该公司授权提供。

2. 打造空地联动一体化指挥平台

无人机作为"空中哨兵"，具备超广视野，追踪精准的特点，突破时空约束，打破昼夜限制，动静结合，空地联动，四网融合，立体防控，打造多维数据融合、空地联动指挥、全行业应用整合的空地联动一体化指挥平台，让无人机飞出新质生产力。事件预警监控和地空联动监控如图4和图5所示。

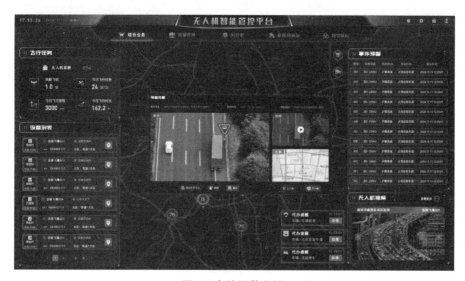

图4　事件预警监控

资料来源：此界面由该公司授权提供。

图5　地空联动监控

资料来源：此界面由该公司授权提供。

3. 赋能智慧交管七大场景应用

智慧交管应用场景的操作界面如图 6 所示。

图 6 智慧交管应用场景

资料来源：此界面由该公司授权提供。

（1）无人机交通巡查，交通警情快速发现，快速处置。无人机交通巡查，是无人机最典型的应用。比如南京交管局部署了 6 套方舱无人机覆盖 30 公里高速公路巡逻，一次巡逻 15 分钟，提高效率近 10 倍。无人机在高空近百米的高度，以 20～30 公里/小时的速度巡逻，迅速发现路面异常事件，如道路拥堵、异常停车，行人/非机动车闯入、交通事故等，快速发现，快速联动地面视频，地面警力快速处置，实现空地联动。（2）无人机非现场执法，全方位饱和式抓拍，执法盲区全覆盖。使用无人机抓拍车辆违法行为，弥补固定电子警察违法抓拍的盲区，机动车违法行为的随机性的盲区。通过无人机视频 AI 分析＋飞手辅助抓拍，实现城市道路违法停车、高速公路/快速路占用应急车道行驶，大车占用超车道、机动车实线变道、车辆逆向行驶、车辆倒车行驶、车辆跨导流线、机动车车道违停等违法行为的抓拍和取证，最终无缝接入公安集成指挥平台。（3）无人机警情处置，一键联动，事故快处新模式。无人机＋交通事故处置，一键联动，事故快处新模式。利用无人机空中视野、空间跨越以及机动灵活的特点，一旦地面上发现事故警情，快速调动附近无人机快速到达事故现场，如果是轻微事故，无人机抓拍事故现场图片，保存事故证据，提醒驾驶员快速撤离，同时关联保险流程，快处易赔简化事故处置流程。如果是重大事故，无人机在事故上游区域通过喊话、诱导等方式告知来往车辆慢行或绕道行驶，避免二次事故的发生。（4）无人机拥堵疏导，全局视角，拥堵路段定点疏导。无人机＋交通拥堵疏导，利用无人机全局视角的优势，实现拥堵路段源头疏导。传统方式因为道路拥堵，巡逻车等方式很难快速发现拥堵路段源头堵点在哪里，无人机的方式可以快速到达源头堵点位置，通过喊话方式＋警力调度方式快速解决源头堵点。（5）无人机缉查布控，立体空中侦察网，精准打击，高效抓捕。利用无人机巡逻作业，构建立体空中侦察网，实现车牌号码识别，人脸抓拍和识别，及时发现嫌疑车辆和嫌疑人员，辅助治安和刑侦精准打击，高效抓捕。（6）重点车辆综合治理，加强隐患排查，预防重大交通事故。两客一危一重，"三超"（超载、超速、超限）车辆，疲劳驾驶是高速公路交通隐患，通过无人机的空中巡逻，及时发现隐患车辆，追踪隐患车辆，通过喊话方式及时阻止重点车辆的违法行为，预防重大交通事故的发生。（7）无人机城市守望城市脉搏监控，实时掌握城市动态。通过无人机城市动态巡检，提升城市管理监测、预警效率，在动态巡查过程中，依托无人机快速反应，实时回传现场画面、事件精准识别，为城市的安全运行提供支持。比如及时发现城市火灾发生、重大活动安保查看人群总体态势、群体性事件中通过人脸识别提取人员信息。

4. 落地南京交管局，打造两个全国第一

在南京交管局打造了全国首创空地联动管控体系，全国第一个无人机非现场执法系统，拓展"查、巡、管、控、处"五大应用场景，有力提升了警情处置效率和交通管理效能。（1）"查"。"慢驶"治理，常态化在主城区及快速内环辅助开展抓拍工作，试点路段拥堵指数较之前下降7.2%，有力改善了道路通行秩序。（2）"巡"。平均每周出动300架次无人机，飞行时长1200＋小时，巡逻里程3000＋公里，排堵畅通150＋拥堵节点。（3）"管"。在大型活动交通安保工作中利用无人机拍摄高空现场实景图、3D动图，为交通组织优化、警力部署提供强大支撑。常态化利用支队无人机回传实时画面供市局领导参考决策、精准调度，相关应用效果多次获得市局领导肯定。（4）"控"。快处交通事故1280＋次，平均处置时间7.9分钟，交通事故现场绘图600余起，平均绘图时间5分钟。（5）"处"。成立无人机应急处置小分队，24小时待命值守，依托"铁骑＋无人机"快速反应、随警伴飞，实时回传现场画面。

三、延伸阅读

低空经济相关知识

1. 低空飞行保障体系

低空飞行保障体系是低空经济发展的重要基础，其发展目标是建设形成功能层次清晰、体系布局合理、资源数据共享的服务体系。该体系包括国家信息管理系统、区域信息处理系统和飞行服务站，旨在实现与国家空域管理体制改革目标的协同，适应通用航空业发展需求，并与运输飞行服务保障体系协调发展。到 2024 年，我国将初步建成低空飞行服务保障体系，提供飞行计划、航空情报、航空气象、飞行情报、告警和协助救援等服务。

2. 低空制造业

低空制造业涵盖了低空飞行器制造，包括整机、飞控系统、动力系统、机载系统、材料、元器件、模具及零部件等。其中，eVTOL（电动垂直起降飞行器）和无人机是低空经济产品中的重要组成部分，具有巨大的市场潜力。低空制造业的发展不仅推动了技术创新，还促进了相关产业链的完善和经济增长。

3. 低空飞行应用

低空飞行应用广泛，包括城市空中交通（UAM）、农业监测、基础设施巡检与维护、安全监控与应急救援等。这些应用场景展现了低空经济在促进经济发展、加强社会保障、服务国防事业等方面的重要性。随着技术的进步，低空经济的应用场景不断拓展，为多个行业提供了新的解决方案。

4. 低空科技创新

低空科技创新是推动低空经济发展的关键因素。技术进步，如无人机技术、电池续航能力、自动驾驶技术以及电动垂直起降航空器（eVTOL）等飞行器技术的发展，为低空经济提供了新的载体。5G-A 技术的应用以及低空智联网等通导监系统的发展，实现了低空治理体系的网络化、数字化和智能化。

5. 低空经济市场

中国低空经济市场规模和应用场景正在迅速扩大。工信部赛迪研究院数据显示，2023 年，中国低空经济规模达到 5060 亿元，同比增长 33.8%。预计到 2026 年，中国低空经济规模有望突破万亿元，达到 10645 亿元。这一增长趋势显示了低空经济巨大的市场潜力和发展前景。

四、案例启示

本案例中，苏交科集团在交通低空领域的高质量发展案例展现了其在国家战略层面的积极响应和在新兴领域的创新实践。以下是从本案例中提炼的启示和经验。

1. 积极响应国家战略，引领行业发展

本次案例展示出集团积极响应国家战略，通过聚焦低空经济这一战略性新兴产业，引领行业发展，通过密切关注国家政策动向，及时调整企业战略，以确保在新兴领域的先行优势。集团的前瞻性布局为其他企业树立了标杆，展现出企业通过与

国家战略同步，实现自身发展与国家利益的双赢。

2. 整合资源，构建全产业链服务能力

集团通过整合低空经济行业资源，构建了从政策研究、技术服务到基础设施建设的全产业链服务能力。这种整合资源的模式能够为其他聚焦低空经济的企业提供思路，即在新兴领域中，通过整合上下游资源，构建完整的服务体系，提升企业的竞争力和市场影响力。

3. 注重技术研发与人才培养

集团在低空经济领域的发展中，注重技术研发和人才培养。企业通过建立低空经济发展产业研究院、推动产学研合作，集聚全球优秀知识和资源，持续创新。展现出技术创新和人才培养是推动企业在新兴领域取得成功的关键因素。

4. 推动产学研深度融合

集团案例强调了产学研深度融合的重要性。通过与高校、科研院所的合作，企业能够共享经验、汇聚智慧，推动低空经济的高质量发展。这种合作模式不仅加速了技术成果的转化，还为行业培养了大量专业人才，为低空经济的可持续发展提供了人才保障。

5. 创新商业模式，拓展应用场景

集团在低空经济的应用场景策划与开发方面进行了积极的探索和实践，推动了低空经济的商业化探索。通过创新商业模式，拓展应用场景，不仅提升了低空经济的商业价值，也为其他企业提供了新的增长点。这种创新精神和实践能力，对于推动低空经济的发展具有重要的启示作用。

6. 强化安全监管，确保可持续发展

在推动低空经济发展的同时，集团也注重强化安全监管，确保行业的可持续发展。通过参与低空飞行基础设施及监管体系的建设，提高了低空飞行的安全性和可靠性。

（本案例由孙鹏、李晓东、段宁晖负责调研，并参与指导或撰写）

案例 9

突破西方创新链技术封锁

——星河智源打造自主可控知识产权大数据库及分析工具

一、案例概述

在全球科技竞争日益激烈的今天，知识产权已成为国家竞争力的核心要素之一。然而，长期以来，西方在知识产权大数据与科技创新情报领域的技术垄断，严重制约了我国科技创新和知识产权服务行业的发展。为了打破这一困境，北京星河智源科技有限公司通过战略转型与创新，成功建立了国产替代的知识产权语义检索引擎和首个垂直大模型，不仅打破了西方的技术封锁，更为推动中国知识产权服务行业的自主可控和高质量发展开辟了新的道路。

北京星河智源科技有限公司（简称"星河智源"），成立于 2015 年，最初以"帮助企业建立核心技术壁垒"为使命，汇聚了众多核心技术骨干和专利审查员团队，为企业提供一站式知识产权服务平台。然而，随着人工智能和大数据技术的飞速发展，星河智源意识到新技术在知识产权服务领域的巨大潜力。因此，公司决定进行战略转型，从传统的服务模式向以大数据和人工智能为核心驱动的创新服务模式转变。致力于为创新、科研以及知识产权的保护和运营提供强大的数据库和智能化工具，以科技赋能知识产权服务。

这一转型不仅筑高了星河智源的技术壁垒，更极大地提升了对创新的价值。在国家政策的支持下，星河智源依托前沿技术，成功打造了"全球多语种高精度智能语义检索引擎"和"中国第一款科创大模型（MindFlow）"。这两个核心产品不仅打破了西方在知识产权大数据与科技创新情报领域的技术垄断，更为中国企业在全球知识产权竞争中赢得了更多的话语权和主动权。目前，星河智源已承担国家知识产权局智能语义检索引擎的建设和运维工作，其核心技术经专家鉴定已达到国际领先水平。

可以说，在中国这样的服务模式尚属稀缺，星河智源正引领着中国知识产权服务领域的变革与发展。

二、案例剖析

在科技浪潮汹涌的今天，知识产权已成为衡量国家科技实力的关键指标。面对全球科技竞争的激烈态势，以及西方在知识产权大数据与科技创新情报领域的长期垄断，中国企业如何破局，实现自主可控与高质量发展，成为亟待解决的重大课题。

1. 转型背景与动机：科技竞争与政策双重驱动

全球科技竞争日益激烈，知识产权的争夺愈发白热化。西方发达国家凭借其技术、资金和市场优势，长期主导知识产权大数据与科技创新情报领域。中国作为新兴科技大国，虽在科技创新上取得显著成就，但在知识产权领域仍面临挑战。为打破西方技术垄断，提升中国企业国际竞争力，实现创新的大数据库和大数据分析工具的自主可控。星河智源毅然选择战略转型。

这一转型既是对外部竞争压力的积极回应，也是对国家科技自立自强战略的深刻践行。近年来，中国政府高度重视科技创新与知识产权保护，出台一系列政策措施支持科技企业发展。习近平总书记强调科研安全是国家安全的重要组成部分，知识产权数据库作为科技创新基础设施，必须实现自主可控。这些论述为星河智源转型指明了方向，奠定了坚实的政策基础。

星河智源紧跟国家政策导向，把握科技发展趋势，将战略转型与国家科技自立自强战略紧密结合，致力于打造自主知识产权的知识产权大数据创新生态平台，为中国企业创新发展提供有力支撑。

2. 技术创新：国产替代与智能引领并举

星河智源的成功，得益于其在技术创新方面的卓越表现。公司深知核心技术的重要性，因此将技术创新作为企业发展的核心驱动力，通过国产替代与智能化服务两大战略方向，实现技术重大突破。

在国产替代方面，星河智源凭借深厚技术积累，成功研发出自主知识产权的知识产权语义检索引擎和垂直大模型。智能语义检索引擎支持多语种检索与跨语种专利语义检索多模态融合技术，精准高效获取全球知识产权信息。科创大模型（Mind-Flow）则基于海量专利全文数据与高质量的标准数据进行深度训练，并深度理解专利文献技术细节与创新点，提供高质量创意探索与专利文本生成服务。这些技术突破不仅提升了中国企业在知识产权领域的自主可控能力，更为中国知识产权服务行业高质量发展注入强劲动力。

在智能化服务方面，星河智源依托智能语义检索引擎与科创大模型等核心产品，为用户提供高效、精准、智能化的知识产权服务方案。这些方案降低了用户使用门槛与成本投入，同时在服务质量和效率上实现显著提升。智能语义检索引擎助力用户快速定位与分析全球专利信息，科创大模型则为用户提供新颖技术思路与解决方案，推动企业技术创新与产业升级。

星河智源的核心技术已获业界高度认可。经清华大学、中国科学院等权威机构专家鉴定，其技术达国际领先水平。同时，公司智能语义检索准确率经工信部中国软件测评中心对比测评，大幅领先国际竞争对手。此外，公司还荣获"全国商业科技进步奖"一等奖等殊荣，充分彰显其在技术创新方面的雄厚实力。

3. 市场反响与政策支持：双轮驱动助力快速发展

星河智源的转型与创新不仅赢得市场广泛认可与好评，更在政策支持下实现快速发展。公司凭借卓越产品与服务，成功吸引众多政府机构、高校、科研院所及企业关注与合作。这些合作为星河智源后续发展奠定坚实客户基础。

在政府机构方面，星河智源产品已赢得国家知识产权局、国防知识产权局等权威机构认可与合作。这些机构对星河智源的技术实力与服务质量给予高度评价，并建立长期稳定合作关系。在高校与科研院所方面，星河智源与中国科学院、清华大学等多所知名高校及科研院所展开深入合作，共同推动知识产权服务行业创新与发展。在企业方面，公司产品与服务也获得科达制造、立讯精密等龙头企业青睐与认可，助力这些企业在科技创新与知识产权保护方面取得显著成效。

同时，星河智源还获得众多知名投资机构青睐，国家中小企业发展基金、中关村龙门基金、清控银杏等机构纷纷投资，为公司提供充足资金支持与发展动力。这些资金注入不仅为星河智源研发投入与市场拓展提供有力保障，更为其后续发展奠定坚实资金基础。在荣誉资质方面，公司荣获"国家高新技术企业""国家中小企业公共服务示范平台""产业技术基础公共服务平台"等多项荣誉。

星河智源深刻认识到作为企业的社会责任，在追求经济效益的同时积极履行社会责任。公司致力于提供公益性的知识产权培训与咨询服务，为中小企业创新与进步提供坚实支撑。这些行动不仅增强中小企业对知识产权保护的认识与能力，还对推动社会科技创新与知识产权保护事业产生积极影响。星河智源的转型与创新策略促进了知识产权服务行业的自主可控发展，增强了我国在全球知识产权竞争中的地位与影响力，同时推动了我国经济结构转型与高质量发展。

在经济效益方面，星河智源通过一站式知识产权智能化工具得到广泛的市场认可与客户信赖。公司业务规模不断扩大，市场份额持续提升，为可持续发展奠定坚实基础。同时，公司还通过技术创新与市场拓展不断提升盈利能力与市场竞争力，为股东与投资者创造丰厚回报。

在政策方面，星河智源的转型与创新得到国家大力支持。近年来，我国政府高度重视科技创新与知识产权保护工作，出台一系列政策措施为科技企业发展提供良好环境。国资委发布的指导意见明确要求国央企在 2027 年底前完成信息化系统的国产化替代，其中重点包括基础软件数据库系统。这些政策实施为星河智源等国产知识产权数据库企业提供广阔发展空间与市场机遇。星河智源紧抓政策机遇，积极响应国家政策号召，不断提升核心竞争力与服务水平，为推动我国知识产权服务行业创新与发展做出积极贡献。

展望未来，星河智源将继续坚持自主创新与技术引领的发展战略。公司将不断加大研发投入与技术创新力度，努力掌握更多核心技术并推动其产业化应用。同时，星河智源还将积极响应国家政策号召，加强与政府、高校、科研院所等各方的合作与交流，共同推动知识产权服务行业的创新与发展。相信不久的将来，星河智源必将成为中国知识产权服务行业的领军企业，为推动我国科技创新与知识产权保护工作做出更大贡献。

三、延伸阅读

我国科技创新面临的挑战与困境

在全球化背景下，我国科技创新虽然取得了举世瞩目的成就，但仍不可避免地面临着诸多挑战与困境。首先，技术封锁与依赖问题如同一座难以逾越的大山，横亘在我国科技创新的道路上。长期以来，西方发达国家凭借其技术优势，在高端技术、核心设备等领域对我国实施严格的技术封锁，导致我国在部分关键技术领域严重依赖外部输入。这种依赖不仅削弱了我国科技创新的自主性和独立性，还使得我们在技术引进和升级过程中承受了高昂的成本和风险。

其次，科技创新资源的分布不均也是制约我国科技创新发展的一个重要因素。在我国，科技创新资源往往集中在少数发达地区和大型企业手中，而广大中西部地区和中小企业则面临着资源匮乏的困境。这种资源分布的不均衡导致了科技创新发展的不平衡和不充分，严重制约了我国整体创新能力的提升。

最后，科技成果的转化效率低也是我国科技创新面临的一大难题。尽管我国在科研投入和专利申请方面取得了显著的成绩，但科技成果的转化和应用却面临着诸多障碍。科研成果与市场需求脱节、转化机制不畅等问题导致大量优秀的科技成果无法有效转化为现实生产力，从而影响了科技创新对经济社会发展的支撑作用。

星河智源创新实践合作案例分享

面对科技创新的挑战与困境，星河智源通过自身的创新实践为社会提供了有价值的智能化工具。以下通过 3 个与星河智源合作的案例来详细介绍其创新实践与社会价值。

合作案例1：打破技术封锁与依赖，提升自主创新能力

×× 公司是一家专注于环保科技领域的高新技术企业，长期以来在废水处理领域有着深厚的积累。然而，随着业务的不断拓展，×× 公司逐渐意识到自身在知识产权大数据处理和科技创新情报获取方面存在短板，严重依赖外部技术服务，这在一定程度上限制了其自主研发和创新能力。

在此背景下，星河智源通过自主研发国产替代的知识产权语义检索引擎和垂直大模型（MindFlow），为 ×× 公司提供了全新的解决方案。系统不仅能够实时抓取全球范围内的专利数据和技术情报，还能通过深度学习和智能分析，为 ×× 公司提供精准、全面的检索结果。在星河智源的支持下，×× 公司成功实现了转型升级。其研发团队能够更加高效地获取和利用知识产权大数据，快速定位到关键技术领域的前沿动态，为公司的研发决策和创新提供了有力支持。同时，通过利用星河智源的科创大模型，×× 公司还成功攻克了多项技术难题，推动了公司在废水处理领域的持续创新和长效发展。

合作案例2：深化产学研合作，推动创新资源优化配置

在与 ×× 公司的合作中，针对 ×× 公司在高端装备制造领域的技术难题，星河智源联合多所知名高校和科研院所共同设立了知识产权转化促进中心。通过这一平台，各方充分发挥了各自的优势和专长，共同针对技术难题进行攻关。在星河智源的支持下，×× 公司不仅获得了前沿的技术支持和创新思路，还成功推动了多项科研成果的转化和应用。这种产学研合作的模式不仅促进了创新资源的优化配置和共享利用，还为 ×× 公司的持续创新和长效发展提供了有力保障。

合作案例3：加速科技成果转化，助力经济高质量发展

科技成果转化是科技创新的重要环节，也是实现经济社会发展的关键途径。然而，长期以来，我国科技成果的转化效率一直较低，大量优秀的科研成果无法有效转化为现实生产力。星河智源通过提供高效、精准、智能化的数据库工具，有效加速了科技成果的转化和应用。以某生物医药企业为例，该企业在研发一款新型药物的过程中遇到了技术难题和专利申请的障碍。在星河智源的支持下，该企业利用智能语义检索引擎快速定位到了相关的技术情报和专利信息，为研发工作提供了有力支持。同时，通过利用星河智源的智能撰写与评估功能，该企业成功降低了专利申请的驳回率和成本，提升了科技成果的转化效率和质量。

四、案例启示

创新驱动发展，合作共赢未来。星河智源的发展历程，无疑揭示了创新驱动与合作共赢理念的深刻内涵。在其成功的背后，不难发现几个至关重要的启示。

1. 坚持自主创新是突破技术封锁、赢得市场先机的关键所在

星河智源的成功转型深刻揭示了自主创新在突破技术封锁中的关键作用。面对外部技术封锁和竞争压力，企业必须坚持自主创新，掌握核心技术，提升竞争力，才能在全球市场中立于不败之地。因此，企业不断加大研发投入，培养了一支高素质的创新团队，致力于技术突破和产业升级。同时，星河智源也积极寻求与国际先进技术的交流合作，通过引进、消化、吸收再创新，不断提升自身的自主创新能力。这种内外结合的创新模式，使得星河智源能够迅速突破技术封锁，实现技术的跨越式发展，为企业的长远发展奠定了坚实基础。

2. 加强合作交流是推动行业发展的重要驱动力

在技术创新和产业升级的过程中，加强合作交流是推动行业发展的重要途径。星河智源通过与政府机构、高校、科研院所、企业等多方合作，共同推动知识产权数据的共享和开放利用，促进了知识产权创新资源的优化配置和高效协同，提升了星河智源的技术实力和服务水平。更重要的是，它为整个知识产权服务行业树立了一个良好的生态构建典范，推动了行业的整体进步和发展。未来，随着科技的不断进步和产业的持续升级，企业之间的合作交流将变得尤为重要。政府应积极搭建合作交流平台，推动产学研用的深度融合，为企业间的合作创新提供有力支持。而企业也应主动寻求合作机会，加强与其他企业的协同创新和资源共享，共同推动行业的健康发展。

3. 把握政策机遇是引领行业发展的明智之举

星河智源的成功转型离不开对国家政策的准确把握和积极响应。近年来，我国出台了一系列支持科技创新和知识产权保护的政策措施，为知识产权行业企业提供了广阔的发展空间和良好的发展环境。星河智源紧跟国家政策导向，不断调整自身的发展战略和业务模式，成功抓住了市场机遇，实现了快速发展。这启示我们，企业应时刻保持对国家政策动态的敏锐洞察力，准确把握政策机遇，积极调整自身的发展方向和策略，以引领行业发展潮流。同时，政府也应继续完善政策体系，加大对科技创新和知识产权保护的支持力度，为企业提供更好的发展环境和政策保障。通过政府和企业的共同努力，我们可以有效推动知识产权行业的持续健康发展，为经济社会发展注入新的活力和动力。

（本案例由杨瑞勇、刘春晓负责调研，并参与指导或撰写）

案例 10

以高水平对外开放促进新质生产力发展

——广东中山市委外办推动高质量发展探索与实践

一、案例概述

要不断扩大高水平对外开放，深度参与全球产业分工和合作，用好国内国际两种资源，为发展新质生产力营造良好国际环境，切实以高水平对外开放促进新质生产力发展。

开放是中国式现代化的鲜明标识，是实现高质量发展的必由之路。中山是一座经济外向型城市，作为粤港澳大湾区的重要节点城市，发展新质生产力离不开与世界的交流与合作。改革开放以来的中山实践证明，只有坚持扩大高水平对外开放，才能在中山集聚全球技术、人才、数据等先进优质生产要素，才能支持中山新时代"十大产业"及企业实现全球先进优质生产要素优化配置、引导提升全要素生产率，才能更好地以开放理念营造市场化、法治化、国际化一流营商环境，从而推动中山高质量发展。

近年来特别是 2024 年以来，中山市委外办认真贯彻落实习近平外交思想、习近平经济思想，抢抓国家重大工程深中通道通车的历史机遇，搭建平台承接深圳优质国际资源，落实外事为民理念持续便利商务往来，发挥外事资源促进国际经贸科技合作，面向外资企业、外籍人士努力营造国际化营商环境，采取有力措施营造良好外部环境，在以高水平对外开放促进新质生产力发展、推动高质量发展方面进行了有益探索与实践。

二、案例剖析

1. 打造走向世界的深中通道，推动先进优质生产要素优化配置

粤港澳大湾区在全国新发展格局中具有重要战略地位。中山地处粤港澳大湾区几何中心，发展新质生产力必须融入粤港澳大湾区特别是深中一体化建设。2024年，中山市委外办抢抓深中通道建成通车的历史机遇，借助深圳建设中国特色社

主义先行示范区、中山建设珠江口东西两岸融合发展改革创新实验区的独特作用，主动拜访省委外办争取指导支持，对接深圳外办达成两市涉外合作共识，积极承接深圳国际优质资源的外溢和延伸。一年来，深中两市涉外部门线上线下交流互访、联合开展活动 10 多次，并以政企代表团联合出访、国际会议联合对外宣传、外宾高访团联合接待、国际资源联合对接等一系列创新实践，开辟了中山对外交流合作的新路径。在此基础上，以打造走向世界的"深中通道"为切入点，高规格举办市人民对外友好协会第四届理事会成立大会活动，聘请经济学家郑永年等经济领域专家和知名企业家担任顾问、名誉会长、名誉副会长，聘请一批来自 20 多个国家有代表性的友好人士担任海外特聘理事，并首次聘请具有丰富国际资源的全球创新中心、中国国际科技促进会先进制造与国际交流工作委员会、深圳国际交流基金会等来自北京、广州、深圳的涉外机构担任理事单位。新一届理事会中经济、科技领域机构和代表占比过半，实现能级更高、资源更优、领域更广，更加有力地帮助企业依托深中一体化建设实现全球要素优化配置，提升经营效率和国际竞争力。

2. 便利中外人员商务往来，推动先进优质生产要素高效流动

便利中外人员往来是坚持对外开放基本国策、增添中外经济活力的重要内容。中山市委外办立足地方外事职责，坚持外事为民理念，成立中山市外事惠企服务站小榄分站、横栏分站、火炬工业集团分站，依托镇街、园区及商协会帮助企业实现外事惠企政策就地办、快速办，用好用足外事惠企政策推动中外人员商务往来。发挥因公出国团组示范带动作用，开设重要团组"绿色通道"，协助市领导率团出访开展双招双引，支持经贸部门和镇街组织企业"抱团出海"抢订单、拓市场，打造"中山馆"，宣传"中山造"。2024 年全市因公出国团组中经贸、科技团组占比近 60%，共建"一带一路"国家占比超 85%。出台非公有制企业亚太经贸合作组织（Asia-Pacific Economic Cooperation，APEC）商务旅行卡管理实施细则，推动更多企业充分利用 APEC 商务旅行卡"1 次申办，5 年有效，16 个经济体通行"优势，促进中山与亚太和 RCEP（《区域全面经济伙伴关系协定》，Regional Comprehensive Economic Partnership）经济体经贸往来。五年来，企业高管通过 APEC 商务旅行卡便利"走出去"惠及人次增长超 4 倍。用好外国人来华政策举措，全力支持企业邀请外籍高管、外籍客商、外籍技术人员来华参展洽谈、拓展业务。外国人来华邀请核实单业务惠及人次较疫情以前翻了一番。创新建立外事惠企服务工单机制，帮助一批企业解决"签证难"等问题，获赠多份感谢信、致谢锦旗，相关经验做法被外交部刊发推广。

3. 深化国际经贸科技合作，推动先进优质生产要素共享共赢

开放发展注重的是解决发展内外联动问题。发展新质生产力，要推动产业、企

业以市场为导向，在国际合作中提升技术创新能力和产业发展水平。2024 年，中山市委外办面向 60 多国驻广州总领事馆，主动拜访领馆和参加领馆活动 30 多场次，与外国领事官员互动超 100 人次，邀请和吸引近 30 国 150 多名领事官员、外国商协会代表来中山出席 2024 中山全球招商大会、2024 驻穗总领事中山行、2024 年（第 37 届）中山慈善万人行、中国·古镇国际灯饰博览会等本地盛会展会，以紧密互动交流大力对外宣介中山"大桥经济"机遇，通过外事渠道吸引更多外部资源关注中山、走进中山。积极推动企业举办和参与国际会议，指导和支持长春理工大学中山研究院、智能移动机器人（中山）研究院等举办国际学术会议，推动中科中山药物创新院"大湾区新药发现国际研究中心"在广东—新加坡合作理事会第十四次会议上正式签约，携通宇通讯、倍生生物等高新科技企业赴北京参加第十四届中国对外投资合作洽谈会，携绿色低碳领域企业赴深圳出席第二十九届联合国气候变化大会组委会专题座谈会，吸引荷兰国家企业局及荷兰海上风电相关企业等 11 家机构与中山企业开展对接座谈，推动更多外国企业、科研机构与中山开展国际经贸科技合作，共享中山促进新质生产力发展红利。

4. 营造国际化营商"软环境"，推动先进优质生产要素留在中山

利用外资是我们的长期方针。外资企业特别是跨国公司掌握着先进生产力和世界前沿技术。服务和促进外商投资有利于推动技术进步，有利于促进国内国际双循环。中山市委外办主动服务外资企业，通过举办瑞士企业圆桌会议、乌兹别克斯坦投资环境交流会、与泰国驻广州总领事馆座谈会、法资企业座谈会等，推动外国商会及大湾区城市外资企业代表，与我市经贸部门、重点镇街领导进行面对面交流，表达我市对外资企业的重视，以点带面增强外资企业扎根中山的信心。开展外办走外企活动，召开服务外资企业高质量发展座谈会，推动深中（翠亨）涉外服务中心建设，推进公共场所外语公示语工作，积极帮助外资企业协调解决急难愁盼问题，保障外资企业在要素获取等方面的国民待遇，努力营造更加优质的国际化营商环境。举办"走进拉美""走进欧罗巴""中山有食神 Amazing Zhongshan Food"等中外文化交流活动，以博凯社区外国人服务站为抓手经常性开展中外联谊活动，发布相关主题中英文系列短视频等，完善外籍人员在中山居住、医疗、支付等生活便利举措，帮助外资企业留住优质人才要素。

5. 营造良好外部环境，保障新质生产力安全稳定发展

广东地处"两个前沿"，中山在粤港澳大湾区几何中心，是地理交汇处、文化交融处和意识形态领域交锋处，守牢涉外安全"南大门"对于发展新质生产力至关重要。一方面，努力塑造对我友好环境。双方可以多开展类似中国地方"送医上岛""送戏下海"等深受民众欢迎的项目。连续多年扎实推进务实交流合作，努力打造一系列小而美、有实效、暖民心交流合作项目，切实服务国家总体外交、营造良好外部环境。加强国际传播，推动多批驻粤外媒、外宣媒体记者、巴基斯坦媒体代表团等参观深中通道、走进中山高新科技企业，对外讲好中山发展新质生产力的实践故事。另一方面，着力推动高水平对外开放与海外利益安全良性互动。持续健全境外人员和机构安全工作机制，赴共建"一带一路"国家开展海外安全调研，联合商务等部门赴重点境外投资企业开展宣传督导，推荐明阳集团等4家企业纳入省走出去企业外事联络员机制目录，提高企业海外安全保障能力。协助做好员工绑架、货物扣押、意外身亡等涉企业领事保护案件，成功劝返留乌、留非人员，完成海外紧急排查及撤侨工作，让企业始终感受到"祖国在身后"的力量和"中山在支持"的温暖，相关工作得到外交部及省充分肯定。

三、延伸阅读

深中通道情况简介

深中通道是国家重大工程，创新了跨海交通集群工程新范式，研发形成了15项世界首创的核心材料、关键技术和大国重器，攻克了一系列"卡脖子"技术难题，取得5项突破引领性的"深中质量"，培育了一批素质优良的跨海交通集群工程建设人才梯队和创新团队，为世界跨海通道工程提供了广东经验和中国方案。

深中通道是贯彻《粤港澳大湾区发展规划纲要》、构建粤港澳大湾区综合交通运输体系的核心交通枢纽工程。项目是环珠江口"A"字形交通网络骨架的关键一"横"，跨越伶仃洋，是珠三角"深莞惠"与"珠中江"两大城市群之间唯一公路直连通道，也是广东自由贸易试验区（广州南沙、深圳前海和珠海横琴）、粤港澳大湾区之间的交通纽带，对完善国家高速公路网络和珠三角地区综合交通运输体系，推进珠江两岸产业互联互通以及各类要素高效配置，加快推动粤港澳大湾区城市群融合发展具有重要的战略意义。从生产力角度说，深中通道也是粤港澳大湾区发展新质生产力的催化剂。

深中通道工程规模宏大，是集"桥、岛、隧、水下互通"于一体的当今世界上综合建设难度最高的跨海集群工程。项目全长约24公里，主要由长6.8公里的特长海底钢壳混凝土沉管隧道、主跨1666米的伶仃洋大桥、主跨580米的中山大桥、长约13公里的非通航孔桥、东、西人工岛以及互通立交等关键构造物组成。

深中通道于2024年6月30日建成通车，采用设计时速100公里的双向8车道高速公路技术标准，通车后由深圳到中山只需30分钟可直达，深（圳）中（山）两地将同步进入"半小时生活交通圈"，促进粤港澳大湾区城市群在人文、物流、经济、文化等领域的快速发展及交通的互联互通。

四、案例启示

1. 坚持从实际出发

要牢牢把握高质量发展这个首要任务，因地制宜发展新质生产力。中山市委外办服务中山因地制宜发展新质生产力，就是坚持从实际出发，立足中山地处粤港澳大湾区几何中心的独特区位优势，抢抓粤港澳大湾区核心交通枢纽工程——深中通道建成通车的历史机遇，以服务深中融合发展为重点，主动承接好深圳国际资源，探索出一条为中山市以高水平对外开放促进新质生产力发展的符合实际所需所长的新路子。

2. 持守正创新

发展新质生产力是推动高质量发展的内在要求和重要着力点，必须继续做好创新这篇大文章，推动新质生产力加快发展。中山市委外办在以高水平对外开放促进新质生产力发展过程中，始终把创新摆在重要位置，尤其是在联合深圳创新搭建深中涉外服务平台，推动联合出访、联合外宣、联合接待等方面进行了大量探索，取得了意想不到的成效。这些做法与发展新质生产力所需要的改革创新精神相通，也是生产要素碰撞后产生蝶变的体现。

3. 加强外事部门带动作用

地方外事工作是党和国家对外工作的重要组成部分，对推动对外交往合作、促进地方改革发展具有重要意义。随着世界百年未有之大变局加速演进，国际环境复杂严峻多变，部分发达国家对华实施技术封锁，以维护国家安全的名义推动制造业"回流"，对我产业企业转型升级十分不利。地方外事具有渠道多、人脉广、消息灵等优势。截至目前，中山市委外办已推动中山市与 14 个国家 22 个城市建立友好关系，市人民对外友好协会与 17 个国外友好组织和机构建立友好交流机制，要努力在搭建平台、畅通渠道、汇集资源、凝聚合力上下功夫，把党管外事工作优势转化为以高水平对外开放促进新质生产力发展的工作动能。

4. 支持市场主体发挥作用

市场主体是我国经济活动的主要参与者、就业机会的主要提供者、技术进步的主要推动者，在国家发展中发挥着十分重要的作用。发展新质生产力，市场主体是主力军。要持续营造良好的国际化营商环境，便利中外人员商务往来，吸引更多市场主体特别是具备推动发展新质生产力潜力的中外企业扎根中山，充分发挥其技术优势、信息优势、机制优势、人才优势服务中山高质量发展。

5. 坚持统筹发展和安全

我们要坚持统筹发展和安全，坚持发展和统筹并重，实现高质量发展和高水平安全的良性互动。在以高水平对外开放促进新质生产力发展过程中，要守好涉外安全底线，增强忧患意识，做到居安思危，下好"先手棋"打好"主动仗"，落实好防范化解涉外风险的各类举措，营造对我友好国际舆论环境，壮大对我友好国际力量，维护好海外中国公民、组织和机构的安全和正当利益，保证国家海外利益不受威胁和侵害。

（本案例由骆国正、宁娇负责调研，并参与指导或撰写）

案例 11

以新质生产力引领电力"双碳"先行先试

——天津宝坻"一园一村"示范工程探索与实践

一、案例概述

实现"双碳"目标，能源作为主战场发挥了决定性的作用。随着全球能源绿色低碳转型快速推进，能源产业将从资源、资本主导向科技创新主导深入转变。绿色发展是高质量发展的底色，新质生产力本身就是绿色生产力。发展新质生产力要求的颠覆性科技创新将通过应用新技术、塑造新要素、构筑新产业三翼为"双碳"提供新动能。近年来，国内外企业纷纷将科技创新视为推动"双碳"目标落地与能源转型的重要突破口，采取行动加快能源领域科技创新，以增强自身竞争力。

国网天津市电力公司依托全国首个政企合作的电力"双碳"先行示范区建设，以技术应用创新、商业模式创新、体制机制创新为核心驱动，充分发挥宝坻区的绿色产业集聚、地热资源丰富、风光禀赋优良、生态环境宜居等优势，在九园工业园区、小辛码头村（"一园一村"）探索打造可生长、可测量、可推广的生态型"双碳"综合解决方案，为"双碳"目标实现贡献电力力量。

"一园一村"示范工程以探索"能源不可能三角"解决路径为总体追求，以新型电力系统建设为切入点，以碳基础、碳管理、碳服务、碳生态为总体框架，以超多边协作机制为纽带，推动绿色发展与经济高效协同升级，形成电力—能源—生产生活—经济社会发展逐级带动的绿色转型体系，打造可生长、可测量、可推广的生态型"双碳"综合解决方案，形成"双碳"产业孵化高地、理念传播高地、人才培育高地、技术创新应用先导区、政策机制创新试验区、产业生态聚合示范区，为推动"双碳"目标在津落地贡献力量。

碳基础、碳管理、碳服务、碳生态四大体系相互支撑、有机融合。碳基础是基础网络体系，既包括各品类能源生产、转换、传输、存储、消费等各环节的基础设施，具体表现为集中式、分布式能源广泛接入，源网荷储、电气冷热多能源品种互通互济；也包括能源系统与信息系统、社会系统融合发展的物理载体，具体表现为能源网络、车联网等。碳管理是信息支撑体系，覆盖能源开发利用和碳排放各环节及相关社会活动的信息采集、传输、处理、存储、控制的数字化智能化系统，以互联网技术为手段提升基础网络的资源配置、安全保障和智能互动能力。碳服务是价值创造体系，是在深度融合基础网络体系和信息支撑体系基础上开展的各类业务活动和价值创造行为，主要包括能源优化配置、能源综合利用、能效服务、碳资产综合服务、市政服务、其他增值服务等。碳生态是协同互动体系，通过政策、技术、市场、人才等机制创新，加强政企学研用等各方主体在能源市场、碳市场的协同运营，共同促进业态创新和跨界融合，培育发展新动能，推动形成各方友好互动、资源高效配置的市场体系和技术创新持续突破、商业模式快速迭代的生态化"双碳"示范区。具体架构见图1。

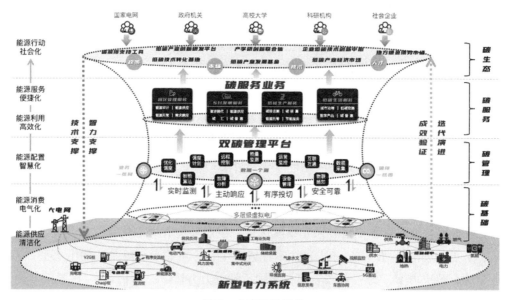

图1　方案总体架构

"一园一村"示范工程先后在世界智能大会、世界智能产业博览会、农村能源大会等平台展示，成果入选《中国工业和信息化可持续发展案例集》《能源电力碳达峰碳中和实践路径》，以及天津市低碳（零碳）应用场景等。相关成果获评中国企业培训最佳学习项目、中国电力发展促进会科学技术奖等省部级及以上奖项12项。人民日报、中国能源传媒等媒体前往"一园一村"实地专访，人民日报生态版头版大幅刊发，央视、人民日报海外版等重点媒体累计报道140次，在社会上引起热烈反响。

二、案例剖析

"一园一村"示范工程率先打造"政府主导、国网主力，双方搭台、各方唱戏"

的建设模式。建设初期，促成宝坻区政府与天津市电力公司成功签订"双碳"目标合作协议，共同开展"一园一村"示范工程建设，打造低碳生产生活示范。在"双碳"的共同努力下，示范工程集结了"双碳"领域的机构、上下游企业 30 余家，金风科技、华润电力等企业携规模资金和项目，共同参与"一园一村"清洁能源开发建设。包括清华大学、天津大学、中国电科院、国网能源院等院校的 40 多位专家、学者为宝坻"双碳"出谋划策，共同开展专题研讨 25 次，各级别头脑风暴上百次，编制完成宝坻"双碳"建设总体方案及 16 项子方案，共计 10.5 万字，为各类创新示范工程建设奠定了坚实的基础。

1. "双碳基础设施网络融合"创新示范工程

"十四五"期间，宝坻区全面推进风力发电项目建设，同时坚持集中式和分散式并举，深入挖掘光伏资源，全力推进光伏产业发展。新能源"倍速发展"、新需求不断涌现、新资本大量涌入，电网形态、市场业态、行业生态都在发生剧烈变化，电力系统发展面临巨大的风险和挑战。天津电力坚持以能源创新为动力，在"一园一村"加快构建以新能源为主体的新型电力系统，推动构建以绿电为中心的新型能源体系，提升能源"含绿量"。

创新示范工程 1：九园园区"雪花网"工程。聚焦 10 千伏配电网难以适应电源、用户两端发用电行为不确定性的问题，国网天津市电力公司创造性地提出了具有我国全自主知识产权的 10 千伏雪花型配电网，在九园创新性探索"两站式雪花网"，在九园园区新建 2 回线路、改造 6 回线路，组成 1 组 2 站 8 线雪花网结构。项目于 2023 年投产，实现园区配网结构水平、设备水平、运行水平全面升级，适应园区高比例光伏和储能等元素接入配网需求。

创新示范工程 2：九园电热协同工程。九园工业园区用户侧余热资源丰富，但缺乏统筹规划，未进行有效利用。国网天津市电力公司主动服务，为企业量身制定余热利用方案，协助九园贝特瑞新装热转换器 6 台，通过吸收贝特瑞厂区内空气压缩机产生的 70 ~ 80 摄氏度高温余热，对暖气管道循环水进行加热，既可满足厂区 3000 余平方米的冬季供暖，还可满足员工洗浴热水需求。项目于 2022 年 11 月竣工，每年可减少燃气使用 26.3 万立方米，减排二氧化碳 500 余吨，节约成本 70 余万元。

创新示范工程 3：东皋膜用户储能示范工程。为提高用户侧新能源消纳比例，降低企业综合用能成本，解决新能源发电的间歇随机变化问题，天津电力依托九园园区储能电池产业链优势，推动东皋膜企业利用自身储能电池，在厂区内建设 20.86MWh 大容量用户储能示范工程，服务企业有效降低自身综合用电成本，同时实现新能源通过集中性工业负荷和储能就地消纳，促进源网荷储协调发展和新能源、储能产业经济多方共赢。项目于 2024 年投产，助力企业新能源就地消纳及综合用能成本降低。

创新示范工程4：小辛码头村车网互动工程。"双碳"建设初期，"一园一村"尚未建立"光充储放"一体化充电网络，缺少以清洁能源为主体的充电服务设施。天津电力在小辛码头村率先建成"光伏充放"一体化充电网络，通过建设4台V2G（车网互动）充电桩和1排发电功率为14.85千瓦的光伏车棚，并新建1套62.5千瓦的储能设备，形成了"光伏＋储能＋V2G"的联动模式，项目于2022年5月投产，助力电网柔性化发展。

2. "双碳运营管理智慧升级"创新示范工程

天津电力在数据感知层和平台管理层两个维度开展技术创新，一是建设智慧物联体系，推进各类能源数据汇聚融合，有效提升数据整合分析水平，实现终端数据综合监控和统一管理。二是建立综合、智能、个性化、定制化"双碳"管理平台，构建支撑"双碳"管理与负荷监控的"能源大脑"，提升决策"含智量"。

创新示范工程5："一园一村"数据感知提升工程。一是开展九园"多表合一"示范工程建设。聚焦园区低碳生产进程中各类能源数据无法精准采集痛点，国网天津市电力公司计划对园区企业用户的用能采集方式实施改造，建立以实现燃气、用水实时采集为目的的九园综合能源采集系统，对企业各品类能源数据进行深度监测与分析，实现跨行业用能信息的资源共享，提升园区企业综合能源采集率。二是推进小辛码头村非介入式负荷识别工程建设。聚焦小辛码头村表计不具备数字化功能，无法实现用户侧能耗的可观可控问题，天津电力为村内用户安装非介入式负荷监测终端，精准识别户内热水器、空调等8项电气设备用能曲线，智能分析农家院各类用电设备能耗情况，提供节能降碳建议。2023年，在整村完成非介入式负荷识别工程建设，为农家院科学用能提供参考。

创新示范工程6："一园一村""能源大脑"工程。一是试点应用新能源云天津碳中和支撑服务平台。平台以九园作为天津首家园区率先完成数据接入，汇集九园151家企业"油气电热"多源异构数据。平台基于"大云物移智链"技术，打破了专业壁垒和信息孤岛，聚合第三方核查机构、金融机构、评级机构等多元化市场主体，汇聚统计年鉴、电网数据中台、能源大数据中心，创新构建了以电网为核心的碳生态圈，创设了"一个支撑平台、三类服务主体、五大应用功能"体系。二是建立工业企业全覆盖的新型负荷管理工程。建设初期，九园园区电表仅完成了智能化改造，不具备负荷管理功能。天津电力在九园完成全部工业企业新型负控管理装置改造，102家工业企业接入新型负荷管理系统，可控负荷规模达到宝坻电网最大负荷的10%，生产负荷在线监测率100%，调控率100%，实现对园区工业负荷资源的统一管理、统一调控（见图2）。

图 2　新能源云天津碳中和支撑服务平台九园场景

3. "双碳新型服务产品拓展"创新示范工程

聚焦"一园一村"政府、企业、居民低碳需求，天津电力为各类主体提供定制化"双碳"服务，为政府低碳管理提供支撑，为企业低碳生产提供保障，为居民低碳生产提供服务，提升服务"含金量"。

创新示范工程7：政府级能源大数据服务。为解决园区传统数据管理人工获取数据费时费力、质量不高等问题，天津电力开发能源大数据中心九园场景，广泛聚合多种类能源数据，对园区开展用能监控及用能优化分析，辅助政府有序管理，科学引导政府处理好能耗"双控"与经济社会发展的关系，促进产业结构不断优化升级，支撑园区能源低碳转型，同步促进园区管理治理手段高效精准。

创新示范工程8：企业级数字化降碳服务。针对工业园区企业绿色低碳转型过程中的监测难、能源数据繁多且杂乱、难以衡量减碳进程的现实难题，国网天津市电力公司通过新能源云天津碳中和支撑服务平台创新实现"监测—核算—预警—评估—规划"全流程碳管理应用，并以此为基础进一步为园区企业提供碳减排服务、碳资产运营、碳排放撮合交易、碳评估认证和碳技术研究服务等，助力园区实现高质量发展。

创新示范工程9：村庄级碳普惠服务。为鼓励公众自愿践行绿色低碳生活方式，国网天津市电力公司以小辛码头村为试点，开发碳普惠小程序（见图3）。围绕小辛码头村村民及游客，小程序通过量化其绿色出行、低碳生活等方面的碳减排量，依据减碳行为兑换规则兑换成相应碳币，对内兑换小辛码头村特色农副产品优惠券、农家院餐饮优惠券等内容，对外兑换美团优惠券等。碳普惠小程序于2022年6月上线，形成了公众获益、商家增收、全社会减排的良性循环。

图3　小辛码头村碳普惠 App 页面

三、延伸阅读

国内外均大力开展生态低碳城市创建

国外方面，近年在欧洲、北美洲、亚洲、大洋洲、非洲等地区的国家均大力开展生态低碳城市创建，即通过发展低碳经济、形成低碳生活方式，最终形成低碳城市并实现城市的低碳、高效和可持续发展[①]。各国典型示范城市从能源、产业、建筑、交通、生活、生态等方面不断探索新的低碳发展模式，并取得了显著成效[②]。在欧洲，英国伦敦市被誉为"低碳城市建设领跑者"；丹麦哥本哈根市是世界首座"自行车之城"，并于2012年提出《哥本哈根2025气候计划》，努力打造成为世界第一座碳中和城市[③]。北美洲，美国加利福尼亚州圣地亚哥市被认为是美国绿色城市的领导者。在亚洲，新加坡市是亚洲著名的花园城市，十次当选亚洲人最适宜居住城市。在大洋洲，澳大利亚悉尼市大力推广再生建筑。在非洲，南非开普敦市实施"西开普工业共生计划"项目，全面开展循环经济实践。

---

① 王白雪，郭巍：《城镇化道路中城市低碳发展路径探索——国外低碳城市发展经验与启示》，载于《生产力研究》，2021年第12期第1 - 7页，第66页，第161页。
② 吴向鹏：《国际低碳城市发展实践及启示》，载于《开发研究》，2019年第5期第44 - 52页。
③ 王岩：《国外低碳城市建设模式与经验——以哥本哈根和东京为例》，载于《现代商业》，2016年第5期第177 - 178页。

国内方面，2008年初，世界自然基金会选定上海和保定作为首批低碳试点城市，启动中国低碳城市发展项目[①]。2010年8月开始，我国在87个省区和城市分三批次开展了低碳发展试点工作，同年国家发展改革委公布第一批5个低碳省区和8个低碳城市试点任务。2012年国家发展改革委公布第二批29个国家低碳省区和低碳城市，如青岛、镇江、宁波、苏州等，这类试点城市的低碳政策创新较多，首创城市碳排放核算与管理平台，率先提出碳排放峰值目标，探索利用碳峰值形成低碳发展倒逼机制，形成具有特色的低碳城市发展道路。2017年国家发展改革委公布第三批45个低碳省区和低碳城市，第三批试点以中小城市为主，其在产业及能源领域的低碳发展举措较多，资金投入占比较大。

以上国内外城市低碳发展的经验覆盖面多、角度广，形成了5种城市低碳发展模式。一是能源基底改变模式，即通过改变能源基底和能源结构，减少化石能源消费，提高电力消费比重，注重开发和利用可再生能源，推进城市能源的低碳化。二是经济结构转型模式，依靠循环经济产业和低碳生产方式来实现向低碳经济结构的转型。三是城市形态重塑模式，通过制定实施低碳城市空间规划来塑造紧凑的城市形态，促进土地合理利用，提升街区和建筑的节能效果，合理布局城市生态网络。四是设施技术支撑低碳模式，通过建设绿色交通基础设施和应用低碳技术，来为低碳城市的长远发展提供支撑。五是日常行为改变低碳模式，通过宣传、经济等手段改变居民传统生活方式，实现日常生活行为低碳化的模式。

四、案例启示

1. 九园工业园区率先输出园区级电力双碳示范经验

碳基础方面，率先探索"源网荷储"联动发展新模式，示范场景包括电源侧构建风光互补的绿电供应体系（风力、光伏发电）、电网侧构建坚强智慧的绿电输送通道（主网架优化、配电网雪花网试点）、负荷侧构建节能降碳的园区新业态（余热利用、全电推广、负控装置安装及负控平台接入）、储能侧构建互利共赢的用户储能模式（用户大容量储能示范工程），初步建成了"源网荷储"环节全覆盖的电力"双碳"基础网络。碳管理方面，以九园为试点建设了新能源云天津碳中和支撑服务平台园区示范场景，建成了碳管理平台。碳服务方面，依托碳管理平台，具备了面向政府、企业等多主体的碳监测、碳评价、碳规划服务，率先实现了碳服务试点功能。

2. 小辛码头村率先输出村庄级电力双碳示范经验

碳基础方面，依托风力、光伏发电清洁能源工程建设实现了低碳能源供应；依

---

① 刘文玲，王灿：《低碳城市发展实践与发展模式》，载于《中国人口·资源与环境》，2010年第20卷第4期第17-22页。

托村庄煤改电、"光储充放"一体化充电桩等建设实现了低碳终端消费；依托非介入式负荷识别工程建设实现了低碳智慧配置。碳管理方面，以小辛码头村为试点建设了新能源云天津碳中和支撑服务平台村庄示范场景。碳服务方面，重点构建了旅游碳普惠示范场景，在小辛码头村内试点开发并应用碳普惠小程序，游客可将自身电动汽车出行、步行等10余项节能降碳场景兑换成碳币，在小辛码头村农家院及电商平台使用碳币消费，形成了公众获益、商家增收、社会减排的良性循环。

3. 强化政企协同，主动输出政企合作电力"双碳"示范建设经验

与宝坻区发改委建立电力"双碳"例会机制，围绕绿色能源、绿色用能、绿色示范方向，共同储备电力"双碳"任务43项。与区工信局围绕新型电力系统建设，共同储备电力"双碳"任务47项，90项任务清单均以政府文件形式印发。

4. 加强工作组织，加速推进"双碳"示范项目落地

组织召开"双碳"周例会72期，领导班子成员共同参加协调解决重难点问题。同时将工程节点思维融入"双碳"项目推动，建立"双碳"示范项目全过程节点表，目前已推动"双碳"项目全部竣工。

5. 强化人才培养，率先探索"双碳"人才示范样板

建立建制化、规模化、学制化、专业化"双碳"人才培养模式，邀请行业高级专家授课，完成"双碳特训营"理论培养工作，为公司加快推动"双碳"建设贡献人才力量，1名员工因"双碳"业绩突出当选天津市人大代表，获评天津市五一劳动奖章、优秀共青团干部。

（本案例由王志民、李维、沈宾、唐其筠、徐福、宋超负责调研，并参与指导或撰写）

案例 12

向"新"而行 以"质"取胜

——山东德州庆云以新质生产力打造县域经济高质量发展"新引擎"

一、案例概述

要牢牢把握高质量发展这个首要任务，因地制宜发展新质生产力。庆云地处鲁冀两省三市五县交界，1965 年平地建县，60 年来，工业发展曾多次被列为全县发展的重点，历届领导班子作出了极大努力。但迫于资源、交通、产业基础等方面的局限和困扰，长期没有实现较大突破，从而形成工业相对落后的局面。2022 年换届以后，新一届县委、县政府深刻认识到，庆云"上无山、下无矿，工业突破是方向"，只有工业强才能县域强，如果不快抓工业，发展风险将与日俱增，甚至积重难返。深入调研论证后，县委确立"向难而行"的工作思路，坚定打响"工业强县突破战役"，奋力突破工业发展困境，厚植庆云长远发展基础。工作中，坚持以习近平新时代中国特色社会主义思想为指导，把加快发展新质生产力作为推动高质量发展的必答题、制胜招，牢牢把握"先立后破、因地制宜、分类指导"的方法论，坚定向"新"发力、以"质"取胜，瞄准新能源发展方向，把锂钠电新能源产业作为"一号产业"，实现了产业从无到有、从少到多的阶段性突破，走出一条以新能源破局产业困境的坚实之路。2024 年 6 月，庆云锂钠电新能源产业入选"山东省特色产业集群"，实现建县 59 年来省级特色产业集群零的突破；2024 年 9 月，庆云获评国家产品主数据标准（CPMS）试点县，锂钠电池材料获评试点行业；2024 年 11 月，庆云"废旧动力蓄电池"入选山东省工业资源综合利用试点基地，是全省唯一入选的电池行业。

二、案例剖析

1. 把握好一个战略方向，即坚定发展新能源产业，厚植庆云长远发展基础

一是坚持科学谋划。在"碳达峰、碳中和"战略和能源转型大趋势下，庆云敏

锐分析洞察新能源产业快速发展形势，依托县内丰富的绿电资源和长信化学电池材料为产业基础，果断将锂钠电新能源作为"一号产业"，全要素配置，全方位推进，致力打造京津冀锂钠电新能源产业智能制造高地。

二是明确战略目标。坚持绿色能源开发和新能源制造产业一体融合发展，聘请知名专业机构编制《庆云县锂钠电新能源产业发展规划》，确立"1612"发展目标，即到 2025 年实现年产电芯 10GWh、电池 PACK6GWh、储能系统 10GWh，锂钠电新能源产业产值达到 200 亿元，为产业加速发展明确方向和路径。

三是顶格推动实施。成立由县委、县政府主要领导任组长的"一号产业"领导小组，专门组建"一号产业"办公室，在经济开发区新设立新能源产业发展部，统筹推进锂钠电新能源产业招商引资、项目建设和生产服务。县委、县政府主要领导亲自挂帅出征，赴上海、深圳、天津等多地开展产业招商。乡镇、部门凝心聚力，形成推动"一号产业"发展的强大合力。

2. 把握好一个实践路径，即建设现代化产业体系，构建充满活力的产业生态

一是培育产业"强引擎"。树牢"链主思维""产业生态思维"，创新方法路径，全力打造上下贯通、左右协同的产业生态体系。精准实施双招双引"首位工程"，围绕产业链上中下游关键环节，绘制锂钠电新能源产业链"1 个图谱"和"N张清单"，利用"管委会＋财金集团＋基金"的运营模式，实施链条招商、委托招商、国投招商、园区招商"四大行动"，同时围绕中科亿博、承曦新能源、绿能环宇三家链主企业开展锂钠电新能源电池产业延链扩链招商竞赛，打出招商"组合拳"。近 3 年来，累计培育和引进总投资 117 亿元的 43 个项目，形成了从电池材料、电芯、PACK、储能系统，到后端应用、梯次回收利用垂直布局的全产业链生态体系，电芯在储能、电动工具、无人机、小家电和手环、耳机等领域广泛应用。43 个项目满产后可年产电芯 6GWh、电池 PACK1GWh、储能系统 6GWh，年产值达到 110 亿元，"1612"产业目标正在加速实现，"蚁群经济"逐步衍生出"大象效应"。同时，链群企业通过深度嫁接、相互赋能实现了降本增效、抱团发展。比如，长信化学生产的 NMP、纳米导电剂为中科亿博、振翮新能源、承曦新能源、凯瑞新能源等电芯生产企业"隔墙直供"。中科亿博生产的 18650 型锂离子电芯，供应绿能环宇用于组装小动力电池 PACK 和便携式储能 PACK。承曦新能源 32700 型锂离子电芯，为开祥机电电动工具提供动力。绿能环宇为新石器、永奉跟随机器人等提供共享换电解决方案和小动力电池 PACK。

二是聚合资源"强载体"。全力做优做强经济开发区"一号阵地"，专业化园区促进项目集中布局、产业集约高效，其中，中庆新能源绿色近零碳产业园规划占地 1000 亩，分为 ABCD 四大区域（A 区为电芯、PACK 区；B 区为储能系统集成生产区；C 区为电池材料及梯次利用区；D 区为大型储能生产区），目前 A 区一期、B 区和 C 区 16 万平方米实现"满园满产"。同时，为降低企业经营成本和高效应对欧盟碳关税挑战，加快绿电园区建设，提高绿电就地消纳水平，努力形成从绿电到发展绿动能、再到赋能绿标出口产品的产业发展格局。庆云作为近零碳城市、经济开发区作为近零碳园区入选山东省示范创建名单，经济开发区入选山东省绿色低碳高质量发展先行区建设产业园区试点。中庆新能源绿色近零碳产业园入选山东省数字经济园区试点。

三是打造城市"新矿山"。随着我国大力建设绿色低碳循环发展经济体系，循环经济正迎来新一轮高速发展期。庆云提早布局循环经济，提高资源利用效率，充分发挥绿能环宇作为山东省第一家国家级动力电池梯次利用"白名单"企业的优势，从产业末端逆向整合，用电池后市场来逐步积累新的"城市矿山"。目前，绿能环宇与苏伊士环境（中国）有限公司项目合作深入推进，吸引凯瑞、绿和、锦锂、睿丰 4 家动力电池回收利用企业在庆云集聚发展，让有限资源实现无限循环。

四是产业融合"强赋能"。促进"一号产业"赋能乡村振兴。实施"千家万户沐光行动"探索推进农村能源绿色低碳转型，争取国家电网投资 2000 万元在尚堂镇开展"县域电力自治"试点，构建新型蜂巢式配电网，实现源网荷储一体化电力自治；绿能环宇结合探索电气化农机应用，提升新能源就地消纳能力；南侯村公开邀标引入中农信投建设 18 兆瓦光伏，可新增固投 7200 万元，打造屋顶、道路长廊、坑塘沟渠、道路亮化等光伏开发场景，配套光储充一体化、电动农机具充换电等储用设施，带动县、乡、村、群众四方 25 年综合收益 4450 余万元，实现以资源带资本、带产业。促进"一号产业"赋能传统加油站。庆云人在全国经营 1.5 万座加油站，年产值约 1500 亿元，随着新能源汽车渗透率不断提高，庆云积极促进电力器材和加油站群体"两个市场、两种资源"融合共进，加快布局新能源充电桩产业，现已引进上市公司泰坦电气、创业邦未来独角兽企业深圳易能电等 5 家充电桩企业，与数字平台型企业锦锂换电深度融合，促进加油站转型加能站，抢占"油电一体化"和"共享换电市场"新蓝海。促进"一号产业"赋能未来产业。抢先布局无人驾驶物流汽车，2024 年 11 月制定《庆云县低速无人驾驶车辆道路测试与商业示范管理实施细则（试行）》，积极推进与北理工深圳汽车研究院和九识智能、新石器等优质车企合作，导入锦锂、绿能环宇共享换电降本增效方案，形成多种场景、多种技术路线的移动智能装备生产布局。目前，首批引入的无人驾驶物流汽车已完成试运营。同时，抢抓低空经济发展先机，加快庆云通用机场建设，规划布局"低空经济产业园 + 航空物流产业园"，积极培育第二增长曲线。

3. 把握好一个关键支撑，即加强要素集聚配置，着力构建新型生产关系

积极推动产业链、创新链、人才链、资金链"四链"融合，成立山东科技大学

德州储能技术研究院、长沙理工大学（庆云）新能源与储能技术研究院。长沙理工大学成果转化项目——咏坤年产4000吨锂钠电池负极材料项目中试投产，开创了废旧沥青变电池负极材料技术产业化先河；支持中科亿博与中科海钠合作，生产 Type-c 口可充电钠离子电池，赢得市场青睐；支持锦锂换电与中科海钠签署"两轮电动车钠离子电池共享换电项目"合作协议，以场景应用驱动产业发展。同时，为保障项目土地、资金等要素需求，深入开展闲置低效土地盘活利用，2022 年以来，共盘活闲置低效用地 6142.5 亩，累计出让国有建设用地 4900 亩、其中工业用地 3196 亩；积极对接通用咨询、天鹰资本等资本机构，新设立每年 1 亿元的新能源产业创业投资基金，实现"以投带引"。

4. 把握好一个重要保障，即提升干部作风和营商环境，为产业发展营造良好环境

发展新质生产力是一个全新的时代课题，回答好这一课题，关键在于能力本领要跟得上、过得硬，营商环境要服务优、保障好。庆云深入推进干部作风和营商环境"双提升"，为产业发展保驾护航，一方面，开展干部作风大提升行动，通过更加扎实有效的实战锻炼、专题培训，提升各层级各年龄段干部的专业素质、创新素养和业务能力。各级领导干部带头加强学习研究，增强对产业发展趋势和各类政策的敏感性，找准工作的结合点、切入点、突破点，增强政策制定的精准度，提高向上争取的针对性和实效性。创新推进"督考问用"集成改革，动态分析研判干部队伍结构状态、班子运行质态、干部表现状态等情况，突出在经济发展主战场、深化改革新实践、为民服务第一线考察识别干部，构建"学练用提"全周期的培养体系。另一方面，开展营商环境大提升行动，创新开发"庆松办"政企服务平台，快速响应、闭环解决涉企问题，实现了"企业办事动手指，干部跑腿来服务"；实行双 CGO 帮扶机制，常态化组织政企周末下午茶，多渠道倾听、全方位解决企业诉求。

三、延伸阅读

庆云：打造锂钠电产业"智"造高地

向新发力，向绿而行。2024 年 8 月 26 日至 27 日，山东省"十链百群万企"锂钠电新能源产业融链固链对接活动在庆云县举办。活动以"培育绿色新动能 发展新质生产力"为主题，吸引了省内外重点锂钠电新能源产业链企业负责人，有关高校、科研院所、行业协会和服务机构等"揭榜"单位专家，庆云县锂钠电新能源、油商企业负责人参加。

此次活动是深入贯彻落实《山东省"十链百群万企"融链固链三年行动计划（2024—2026 年）》的具体实践，将有力推动锂钠电新能源产业创新链、产业链、资

金链、人才链深度融合，促进产业链供应链上下游、大中小企业融通创新，加快发展新质生产力。

在现场，庆云县推介锂钠电新能源产业，举行庆云县锂钠电新能源产业集群授信、通庆新能源产业基金项目签约仪式。福森新能源年产4GWh储能系统集成项目、云川航空年产100架无人机项目、中福合一年产4GWh储能系统集成项目现场签约。

强化产业间协作，打造推广应用新场景。庆云县举办锂钠电新能源产业发展创新大会等活动，搭建企业间对接交流平台。培育新能源互联网平台运营企业——锦锂换电，布局智能换电柜网络，推动"电池通用、共享换电"。立足本地加油站优势，深度开发"油电一体化"市场蓝海，打通加油站与新能源企业间壁垒，布局推广加油站行业转型，实现加油、充电、储能、市场推广和品牌创建的多业态发展模式，为新能源产业创造更多应用新场景。

产业向新向好，得益于良好的营商环境。庆云县把优化营商环境作为"首位工程"，持续开展优化营商环境和干部作风"双提升"行动。深入推动行政审批事项改革，将多个关联事项整合为"一件事"，推动企业、群众办事由"多地、多窗、多次"向"一地、一窗、一次"转变。坚持与企业"共情"，靠前服务，从人找政策变为政策引人，以心换心，努力营造让企业办事省心、投资放心、经营舒心的营商环境。

融链固链，深度对接。此次融链固链对接活动，庆云县与浙商银行、齐鲁银行，庆云财金投资控股集团有限公司与中国通用咨询投资有限公司、中企联合创新（北京）科技发展有限公司等金融机构签署合作协议，为产业融合发展提供资金保障。并与中国科学院、山东科技大学、长沙理工大学等高校院所合作构建"四链"深度融合的良好产业生态，全方位满足企业在用地、融资、人才等方面需求，加快打造锂钠电新能源产业"智"造高地。

四、案例启示

1. 强化战略思维，把握发展"主动权"

深入贯彻落实党中央、国务院制造强国战略和有关能源转型、低碳产业发展的部署，立足产业演进、能源变革的大历史观，深刻理解和掌握做好经济工作的规律性认识，以"咬定青山不放松、千磨万击还坚劲"的韧劲，着眼全局、谋划长远，坚定发展锂钠电新能源"一号产业"，坚持主攻实体经济、突出智能制造，遵循以产带链、以链兴群，构建新能源产业闭环，将发展模式由单链条向大产业闭环，由单环节集聚向大生态集群进阶，在激烈的产业竞争中破圈突围、强势崛起，赢得了起跑卡位的第一棒。

2. 强化系统思维，统筹下好"一盘棋"

充分利用资源禀赋和产业基础，富集产业资源，着力打造县域特色产业集群。系统规划产业布局，明确产业发展思路，从锂钠电新能源产业材料端、制造端、应用端拓展上下游市场，在资金、技术、人才等各方面向新能源领域企业倾斜，促进"产学研用"精准对接、深度融合，做优产业生态。同时带动加油站群体、电力装备产业转型升级，推动"链式创新"，扎实塑造县域新能源产业地标。持续推进干部作风和营商环境"双提升"，更好护航产业发展。

3. 强化创新思维，增强改革"牵引力"

始终把创新作为牵动高质量发展的主引擎，推动全方位、多维度的先行先试，围绕应用端的扩容和拓展，反向激发产业发展和技术创新活力，积极探索绿色能源开发和新能源制造产业一体融合发展，创新金融资本赋能新能源产业发展模式等。时刻保持危机意识，坚持专注发展的长期主义，持续培育更多增长曲线，加快细分领域前瞻布局，把"同源技术、多元应用"的路子越走越宽广，不断增强发展韧性后劲。

（本案例由李超负责调研，并参与指导或撰写）

案例 13

优化法治"软"环境　提升科创"硬"实力
——上海黄浦区以法治护航"中央科创区"建设与发展

一、案例概述

法治是社会主义市场经济的基石，是促进科技创新、发展新质生产力的内在要求和重要保障。贯彻新发展理念，实现经济从高速增长转向高质量发展，必须坚持以法治为引领。发展新质生产力，需要高水平法治提供坚实的基础、稳定的环境、有力的保障和良好的氛围。

黄浦区是上海的经济、行政、文化中心，是上海唯一全域处于中央活动区的行政区，是上海的"心脏、窗口、名片"，承载了上海 700 余年的建城史和 180 余年的开埠史。全区面积为 20.52 平方千米，其中陆地面积 18.71 平方千米，水域面积 1.81 平方千米。近年来，黄浦区坚持立足服务国家战略，坚持"科技第一生产力、人才第一资源、创新第一动力"，围绕科技回归都市的发展趋势，借鉴纽约、伦敦、东京等国际大都市经验做法，在中央活动区黄浦江沿线的最后一块"大衣料子"——浦西世博园区规划建设面向世界、面向未来的"中央科创区"。如何发挥黄浦区资源要素集聚、应用场景丰富、创新人才荟萃等优势，把规划总面积 192 公顷的中央科创区打造为高密度、高混合、高体验的创新街区，虹吸全球科创资源，打造科技创新策源高地和科创产业发展高地，更好服务上海国际科创中心建设，为黄浦经济社会高质量发展注入澎湃动能，成为推进"中央科创区"建设的重大课题。

为此，上海市黄浦区以法治"软"环境建设为引领，大力推进法治黄浦、法治政府、法治社会一体建设，不断深化法治实践的探索创新，持续营造市场化、法治化、国际化的一流营商环境，不断提升高质量发展的"硬实力"，成功入选 2020 年首届全国法治政府建设示范区。一流的法治化营商环境，吸引全国和全球的科创企业纷至沓来。2024 年，区内高新技术企业数量首次突破 200 家；科技小巨人（培育）企业达到 36 家；独角兽（潜力）企业达到 4 家，为法治护航科技创新、推动高质量发展提供了可复制、可推广的"黄浦样本"。

二、案例剖析

1. 坚持制度引领，出台"科创 12 条"等规范性文件

加快建设具有全球影响力的科技创新中心，是以习近平同志为核心的党中央对上海的指示要求，是一项国家战略。黄浦区在 2023 年 9 月 28 日召开科技创新大会，宣布建设"中央科创区"，正是贯彻落实国家科技自立自强战略、服务融入上海科创中心建设、全力实现区域科技创新突破的战略决策。为了充分发挥黄浦资源要素集聚、应用场景丰富、创新人才荟萃等作为上海"心脏、窗口、名片"的区位优势，黄浦坚持制度引领，先后发布了《黄浦区关于把握科创回归都市趋势 加快提升科创发展能级的扶持办法》（以下简称"科技创新 12 条"）、《黄浦区关于优化和加强投资促进工作推动科技创新产业高质量发展的实施办法（试行）》和《黄浦区建设金融科技集聚区行动方案》《黄浦区"企业贷"批次担保业务实施方案》等系列制度文件，从资金、人才、服务等各方面对中央科创区建设提供全面支持。比如重点支持科创主体研发创新，给予科研启动经费扶持、研发平台建设资助；支持集聚国际顶尖人才，给予紧缺急需科学家、技术人员和管理者一次性奖励；支持释放场景要素潜力，对科技成果应用场景、场景展示厅建设给予补贴；支持探索市场化发展新机制，鼓励采用股权投资、业绩对赌、项目合作等方式，从而吸引有前瞻性、引领性和颠覆性技术创新项目落户上海黄浦。通过一系列制度引领，着力构建以数字科技、生命健康为核心，以科创服务业为支撑的"2 + 1"产业集群，布局高能级创新平台，形成涵盖科学研究服务、专业技术服务、成果转化服务、知识产权服务、科技金融服务等的创新生态系统，致力于打造成为全市科创版图升级的"点睛之笔"、全球顶尖创新要素的"融汇之地"、前沿科技展示交流的"创新之眼"。

2. 深化依法行政，优化科创政务服务

黄浦区积极对接世界银行新一轮营商环境评价体系及市级重点改革事项，不断深化"宜商黄浦"品牌建设，创新推出"政务服务舒心畅办""政府监管无事不扰""长三角政务通办互认""企业满意度精准聚焦"四大专项行动；举办外滩大会、ESG 全球领导者大会等高规格会议活动，实施外资工作基石战略合伙人机制等，持续优化营商生态；深入推进重点企业"服务包"制度落地落实，实现了重点企业全覆盖走访；举办"长三角金融科技节""ChatGPT 与金融科技"沙龙活动、金融科技前沿形势研讨会等，加强区内各金融机构、科技创新企业间的多层次互通互享；推出"汇智共进营""创新加速营""元·创联盟"等服务平台，精准助力科创企业加速成长；发布"门楣之光·黄浦人才 20 条""科创英才 8 条"，《黄浦区重点产业领域紧缺人才开发目录》成为全国唯一的全服务产业人才开发目录。扩大创新人才落户名额，设置人才就医绿色通道，多渠道筹措人才公寓，试点住房货币补贴，形成"实物配租＋货币补贴"的人才安居保障体系。持续办好"外滩大会""外滩金融峰会""健康中国思南峰会""创新创业大赛"等品牌活动，为创新人才提供展示、交流、合作的平台。通过积极发挥良好监管环境、信用环境、法治环境对良好市场秩序的支撑促进作用，企业获得感和满意度不断提升。

3. 激发创新活力，强化知识产权司法保护

知识产权司法保护是科技创新的重要动力。创新是引领发展的第一动力，保护知识产权就是保护创新。为打造区域知识产权保护高地，促进"中央科创区"的科技创新创造，打好知识产权保护的"组合拳"，上海黄浦法院先后发布加强知识产权保护十条建议及十大案例，推出了"委调e空间""护航老字号""'数企'快车道""知产微课堂"四大举措。黄浦区检察院聚焦知识产权保护重点领域和突出问题，全面履行知识产权刑事、民事、行政和公益诉讼检察监督职责，研究制定知识产权刑事案件类案办理规范及类案证据审查指引，充分发挥审前主导和引导侦查作用，加大对重大复杂案件的提前介入、引导侦查力度，夯实案件证据基础、提升办案质效。在打击犯罪的同时，积极延伸检察职能，开展溯源治理，针对办案过程中发现的相关企业的薄弱环节和管理漏洞，及时制发社会综合治理检察建议，助力企业健全机制、规范管理。为进一步激发科创企业创新活力，为企业提供优质法治保障，助力"中央科创区"建设，创新启动黄浦区检察院科创园区法治副园长工作，依托"法治副园长"和"民心检察官—欣谷司南工作室"，大力开展座谈走访、法律宣讲、合规指引、维权援助等专题活动，深入企业问需问计问情，有力回应新业态新经济形势下，园区企业持续增长的各类法治需求，着力打造"检察护企"黄浦样板。

4. 营造法治氛围，擦亮"法治黄浦"名片

良好的法治环境离不开社会法治水平的整体提升。黄浦区深入推进法治社会建设，不断提升"法治黄浦"软实力。抓住领导干部这个"关键少数"，将宪法法律作为党委（党组）理论学习中心组学习的重要内容，开展领导干部旁听庭审等活动，建立领导干部任前宪法法律知识考试、公务员就职宪法宣誓等制度，实施"法律明白人""法治带头人"培养工程，不断提升党员领导干部依法治区的能力水平。将法治宣传教育作为推动法治社会建设的基础工程，发挥黄浦红色文化和法治文化资源集聚优势，打造一批法宣特色品牌，持续开展"浦江法韵公益创意大赛""浦江法治讲坛"等活动，黄浦区法治文化主题公园、外滩金融法律论坛获评上海市法治文化品牌阵地和品牌活动。将法治理念融入基层治理的"神经末梢"，推出沪上首部"居委会法律实务指引"，解答居委会常用的50个法律问题，打造居委会随身

法务"宝典"。健全基层法治建设评价体系，连续4年开展最佳法治实践案例评选，涌现了"南京路东路巡回审判（调解）工作站""共享单车33条""承重墙治理33条""短租房治理七步法""耀江居委住户守则"等一批基层法治创新的品牌案例，其中半淞园路街道业委会法治评估项目荣获第五届中国法治政府奖，五里桥街道紫荆社区、半淞园路街道耀江社区先后创成"全国民主法治示范社区"。增设"法律服务夜门诊"，为全区100多个"新业驿站"配发《黄浦区司法行政为民服务工作指引》，在外滩营商服务中心嵌入式建设外滩楼宇法律服务中心，为企业依法规范发展提供法治保障，良法善治的"黄浦经验"处处开花。

三、延伸阅读

提升公民法治素养的"南东试验田"

上海市黄浦区南京东路街道是上海的商业商务中心之一，辖区内有"中华商业第一街"南京路步行街，还有商务楼宇43幢，年税收亿元楼16幢，在地机关企事业单位近8000家，白领数量有30余万，企业对法治化营商环境的要求也在逐年提升，被誉为上海"城市之心"，是上海唯一入选"全国公民法治素养提升行动"的试点地区。这里社会形态复杂，居民素养参差不齐，利益表达各不相同，面临极其复杂的"生物、土壤、环境"多样性，如何种好这一"试验田"着实考验当地党委、政府的智慧和能力。

南东街道就围绕"生物、环境、土壤"3个多样性，把公民法治素养提升行动纳入法治建设总体部署，明确时间表、路线图、责任人，对公民法治素养提升行动作出全面部署，以"四大行动"（即法治实践培育行动、法治民意直通行动、法治文化涵养行动、法治素养测评行动）形成工作闭环，用"五大维度"（即特色法治文化IP、线上"法治百宝箱"、城市"法治微景观"、法治共建"生态圈"、年度法治"主题日"）打造良好生态，从而进一步激发人民群众参与行动的主观能动性，形成了强大的群众基础和良好的法治氛围。

满足"生物多样性"。南东街道聘请了"基层法治观察员""公民法治素养提升行动宣讲大使"，招募了"楼宇法治文化体验官"，组建了"法润南东"普法讲师团，并广泛发挥社区法律顾问、"法律明白人"和"法治带头人"的作用，为不同受众配备对应的"法宣套餐"，并为群众解决急难愁盼问题，这种"分类育苗""分层套种"的模式形成了"科学培育"的新机制。

改善"土壤多样性"。南东街道在商区启动了2023年度楼宇法宣品牌项目，在社区建成了由法治微景观串联而成的"法治in巷"，并广泛利用法律服务驿站、基层立法联系点、法治观察点和人民建议征集点的工作阵地，通过"科学用肥"和

"合理施肥"改善"法治土壤"。

适应"环境多样性"。南东街道推出"乐"法集市、"社区法治训练营"等系列活动，并将公民法治素养提升行动纳入"文明社区""民主法治示范社区"等创建活动，为公民法治素养提升行动营造积极、能动和健康的工作氛围，从而打造适应"生物多样性"生长的良好"生态环境"。

四、案例启示

1. 要牢固树立"法治是最好的营商环境"理念

实践证明法治是最好的营商环境。这一论断科学地阐明了法治与营商环境的关系，深刻揭示了法治是良好营商环境的重要保障，充分凸显了法治在营造一流营商环境中的重要地位和作用。新质生产力是科技创新在其中起主导作用的生产力，而科技创新是一项复杂的系统联动工程，必须与制度创新"双轮驱动"、协同推进。无论是全面整合科技创新资源、优化科技创新环境、激发科技创新活力，还是深化创新驱动、促进科技成果高效转化，实现科技创新与产业创新深度融合，都离不开法治的强有力保障。上海黄浦区通过深化法治建设，为"中央科创区"建设营造了一流的法治化营商环境，科创企业纷至沓来，蓬勃发展。因此，必须牢固树立法治理念，应进一步完善激励创新法律制度，着力构建支持创新、鼓励创新、保护创新的法律体系，以良法善治塑造和发展新动能新优势、保障新业态新模式健康发展。

2. 要全面加强科技创新的知识产权法治保障

知识产权是创新驱动发展的原动力，保护知识产权就是保护创新、保护生产力。上海黄浦区人民法院、检察院等司法机关持续不断加强知识产权保护，打好知识产权保护的系列"组合拳"，为科技企业创新创造提供了强有力的司法保障，护航"中央科创区"建设的快速发展。因此，必须重点加强对大数据、云计算、人工智能、虚拟现实、量子技术、数字孪生、高端芯片等技术领域创新成果的有效司法保护，加大对垄断协议、滥用市场支配地位等涉及侵犯知识产权的垄断行为和不正当竞争行为的执法监管与司法审判力度，全力消除市场封锁。同时，要依法严厉打击侵犯专利、商标、著作权等知识产权的交易失范、失信行为，从严惩治侵权假冒，积极运用诉讼保全、惩罚性赔偿等救济手段，合理划分科研成果转化风险和收益，提高侵权代价和违法成本，更加有效保护新质生产力发展成果。要加强对科创企业和科技人员合法权益的执法司法保护力度，保证科创企业和科技人员平等获取科技创新资源、平等获取生产要素、平等参与市场竞争，提高司法救济的及时性、便利性、有效性，以法治方式激发各类创新主体积极性。

3. 要不断提升社会的整体法治水平

法治社会是构筑法治国家的基础，衡量一个地方的法治化营商水平高低，党政干部、机关和企事业员工以及社会公众的法治素养是重要的标准。党的二十届三中全会通过的《中共中央关于进一步全面深化改革、推进中国式现代化的决定》进一步提出要"完善推进法治社会建设机制"。这一重要部署，为新时代法治社会建设指明了新的方向、提出了新要求，对提升法治国家、法治政府、法治社会一体化建设水平也具有重大意义。一方面，要持续深化法治政府建设，用法治来规范政府和市场的边界，充分发挥市场在资源配置中的决定性作用，更好发挥政府作用。要推进政府机构、职能、权限、程序、责任法定化，做到法定职责必须为、法无授权不可为，把该管的事项管到位，完善市场经济基础制度，促进政务服务标准化、规范化、便利化。更好地维护市场秩序、弥补市场失灵、优化政务服务、提升行政效能，有效克服政府职能错位、越位、缺位现象。另一方面，要深化法治社会建设，提升社会的整体法治水平。要加强科技创新法律宣传与落实，围绕科技法律的实施，建立部门、地方协同机制，明确法律贯彻落实的总体要求、主要任务和保障措施，推动完善地方性法规，构建上下贯通、统一衔接的科技法律制度体系。要深入开展"公民法治素养提升行动"，强化党政推动，完善和落实"谁执法谁普法"普法责任制，统筹"报、网、端、微、屏"资源，充分运用互联网、新媒体、云平台等开展丰富有效的法治宣传教育，进一步提高普法的系统性、针对性、及时性，有效提升公民的法治素养，努力使尊法学法守法用法在全社会蔚然成风，以法治力量筑牢科技创新根本基石，让科技创新在良法善治的轨道上跑出"加速度"。

（本案例由黎明琳负责调研，并参与指导或撰写）

案例 14

"一所多基地多平台"

——广州天河率先建设数据交易服务专区
激发数据要素价值助推高质量发展

一、案例概述

以互联网、大数据、人工智能为代表的新一代信息技术蓬勃发展，对各国经济发展、社会进步、人民生活带来重大且深远的影响。数据作为新型生产要素，是数字化、网络化、智能化的基础，已快速融入生产、分配、流通、消费和社会服务管理等各个环节，深刻改变着生产方式、生活方式和社会治理方式。天河区紧跟时代步伐，抢抓历史改革机遇，大力支持数据要素市场体系建设工作，推动数字技术同实体经济深度融合，加快城市数字化转型，持续推进数字产业化、产业数字化。认真落实广东省、广州市关于深化数据要素市场化配置改革的决策部署，紧紧围绕服务高质量发展工作中心，服务市场主体、服务产业发展，依托广州数据交易所"一所多基地多平台"布局，建设数据交易服务专区，建立健全数据交易配套服务机制，创建数据资源供应场景，促进区内企业数据交易流通，助力实现数据赋能经济高质量发展目标。

2024 年 4 月 9 日，广州数据交易所（天河）服务专区（以下简称"天河服务专区"）在第十届中国广州国际投资年会天河平行分会上揭牌，首家数据交易服务专区正式落地广州市天河区。作为广州数据交易所数据资产合规登记指引服务窗口单位之一，天河服务专区秉承审慎合规的审核机制，指引市场交易主体按照广东省统一的数据资产合规登记规则指引，完成交易标的的合规登记工作，为市场主体提供一整套合规安全、集约高效的数据流通交易综合性服务。

天河服务专区积极培育数据经纪专业服务机构，提升数据流通和交易全流程服务能力，构建促进使用和流通、场内场外相结合的流通交易制度体系，规范引导场外流通，支持在场外采取开放、共享、交换、交易等方式流通数据。

二、案例剖析

天河服务专区的设立运营加快数据要素集聚发展和生态体系建设，为推动数据要素市场化配置改革注入强大动力，此举吸引了媒体的密切关注，新华社、学习强国、人民网、中国发展网、南方＋、广州日报、南方都市报等百余家主流媒体进行了广泛宣传报道。

1. 服务数据要素交易流通

天河服务专区大力支持数据要素市场体系建设工作，引导和服务数据商开展数据交易流通，设置服务窗口、政策解读区、成果展示区、咨询洽谈区、自助服务区等，提供广州数据交易所会员服务，合规登记辅导、买卖撮合等与数据交易相关服务，以及数据治理、资产估值、资产入表与数据跨境等服务，旨在向区域内的数据要素流通主体提供交易服务场所和软硬件配套服务。

截至 2024 年 12 月 31 日，广州数据交易所天河区会员数 245 家、交易标的 464 项，均居广州市各区首位。2024 年，天河区在广州数据交易所的数据标的交易额达 3.87 亿元，累计交易额 10.24 亿元，均占全市一半以上。目前天河区已有 9 家企业成为省数据经纪人。

2. 促进数据要素确权赋值

天河服务专区以数据交易推动数据要素市场的高效配置，激发市场活力，进一步探索数据要素从资源到资产到资本、激活数据价值的天河实践，支持区内企业开展数据产品确权、数据资产登记、数据资产入表等产业数字化转型，助力企业走开产数融合新路子，不断激发数据要素价值。打造天河区"政企＋"服务平台、"信用天河"综合信用服务平台等项目，促进天河路商圈数字化转型，以数据赋能商圈招商引流，打造国内领先的商旅文体融合发展商圈，推动数据要素在政府、企业和产业链上下游间流通融合，构建跨界融合数字生态，释放数据价值。

2024 年 2 月，天河区内企业南方财经全媒体集团旗下"资讯通"数据资产完成入表，获得中国工商银行广东自由贸易试验区南沙分行授信 500 万元，成为广东省首单数据资产入表融资的成功范例，也意味着"数据要素×金融服务"国家行动在广东取得落地突破，将激发数据要素赋能金融服务的更大潜能。2024 年 5 月 30 日，中国银行广州天河支行通过"粤信融"跨境验证服务成功向广州英武螺数字艺术投资有限公司提供授信支持，同时，中国澳门国际银行广州分行与中国澳门总行打通了"粤信融"跨境验证个人业务的通道，实现了跨境验证服务企业、个人业务双联通。2024 年 11 月，德生科技公司获批 SGS 体系全球首张"ISO 55013 数据资产管理体系认证"证书，标志着 SGS 该体系全球首张证书正式落地广州天河。

3. 推动数据产业集聚发展

天河区是广州数字类企业最为聚集、数字经济发展条件最好的区域之一，截至 2024 年 12 月，天河区拥有 60.72 万户企业，其中信息传输、软件和信息技术服务业企业 7.22 万户，集聚了国家级中央商务区和国家级高新区，拥有国家数字服务出口基地、国家文化出口基地等 11 个"国字号"招牌，具备良好的数据产业优势、数据规模优势和丰富场景优势，形成具有天河产业特色的"数据商"集群。

2024 年 1 月，天河中央商务区和天河智慧城片区纳入广东省数据要素集聚发展区（广州）"一核两带"核心片区，天河区围绕数据要素全链条强化业务布局，指导推动天河科技类企业注册会员、申报省数据经纪人、转型数据商，2024 年引育数据要素型企业超过 100 家。在广州市第一批数据要素企业入库中，天河区入库企业占全市的 32%。同时，根据入库企业、广州数据交易所天河区会员等梳理出 348 家数据要素型企业名单，形成区数据要素产业链图谱。

4. 培育数据要素生态体系

天河服务专区着力构建以"广州数据交易所 + 服务专区"为生态核心，以数据供需双方、运营商、经纪人、数源单位、第三方服务机构为生态圈的生态体系。秉承"多方协作、合作共赢"的生态理念，着力强化天河区数据要素生态系统的培育建设，引导各行业主体在数据交易生态下良性发展，加快培育数据商新业态，推进数据要素产业生态圈搭建，联合打造金融、商贸、保险 + 汽车等行业数据空间，着力构建政府、企业、社会多方参与高效联动的数据产业生态，促进数据要素市场实现高质量发展。

天河区持续推动数据要素市场化配置改革，开设"天河政数讲堂"，举办"数据要素探索与实践""数据产业政策宣讲"等专场讲座，助力构建大数据专业技术人才体系，更好地服务广大企业对数据资产政策及实践的需求，不断推动数据商集聚发展。截至 2024 年 12 月底，天河服务专区共开展 15 场数据要素类培训讲座，30 次"产业面对面"企业走访活动，服务 128 批次、513 人到天河服务专区调研交流，获得企业的广泛好评。

5. 深入挖掘数据要素价值

天河区围绕金融服务、商贸流通、交通运输、医疗健康等应用场景，推出天河路智慧商圈大数据平台、数据要素合规管理平台、天河"政企 +"服务平台等一批创新应用数据产品，组织有关部门和企业申报"广州市地方金融行业数据空间创新应用""就医信用无感支付业务""汽车维保数据报告"等典型案例 11 个。

贯彻落实"数据要素×"三年行动计划，积极发动辖区企业参加"数据要素×"大赛，牵头举办 3 场广东分赛初赛和决赛赛前辅导会，天河企业共 108 个项目参加12 个赛道比赛，29 个项目在省决赛中获奖，其中，广州民间金融街公司"数据空间全域赋能数字普惠金融"、中国移动"数据要素助力广东乡村振兴补短板提能效"等 4 个项目获得省特等奖或一等奖，中山大学附属三院"数据要素赋能慢性鼻窦炎精准分型及治疗"、中国移动"应急管理人口热力图智慧应用项目"等 3 个项目在全国赛中分别获评二、三等奖。

6. 完善数据要素运营治理

天河区探索推进区级运营和产业发展，整合多方企业技术优势，深度挖掘利用公共数据的价值，印发《广州市天河区政务信息共享管理实施工作机制》《天河区政务大数据中心运营管理工作机制》等制度文件，加强对数据全生命周期的规范管理。落实"一数一源"数据标准，统筹推进全区系统数据接入和公共数据资源盘点工作，形成天河区全量原始数据资源目录、公共数据资源目录、机构职能数据清单"三张目录"，为数据规范采集汇聚、进一步共享开放及开发利用奠定扎实基础。在2023 年度"广州市公共数据管理能力评估"中，天河区排名各区第一。

建设"穗智管"天河区级分平台，区政务大数据资源池汇聚治理各类数据 16 亿条，初步建成 3 大基础库、6 大专题库、16 个主题库、1 个开放库。理顺数据共享和开发利用流程，个性化专题数据分析，支撑"五经普"企业查找、涉企数据分析、企业法人信息真实情况分析等工作，为以数字化促进经济发展、公共服务与社会治理深度融合提供坚实底座。

三、延伸阅读

构建"市场主导、政府引导、多方共建"数据资产治理模式

2020 年 4 月 9 日，中共中央、国务院印发《关于构建更加完善的要素市场化配置体制机制的意见》，将数据定义为一种新型生产要素，与土地、劳动力、资本、技术要素并列，提出要加快培育数据要素市场，促进数据要素价值释放。2022 年 1 月，《国务院关于印发"十四五"数字经济发展规划的通知》进一步提出，要充分发挥数据要素作用、强化高质量数据要素供给，到 2025 年初步建立数据要素市场体系。

2022 年 12 月，《中共中央国务院关于构建数据基础制度 更好发挥数据要素作用的意见》（又称"数据二十条"）提出构建我国数据基础制度体系。"数据二十条"淡化所有权、强调使用权，创造性提出"三权分置"，即建立数据资源持有权、数据加工使用权、数据产品经营权等分置的产权运行机制。

2023 年 2 月，中共中央、国务院印发《数字中国建设整体布局规划》，明确提出：畅通数据资源大循环。构建国家数据管理体制机制，健全各级数据统筹管理机构。

2023 年 12 月财政部印发《关于加强数据资产管理的指导意见》，提出构建"市场主导、政府引导、多方共建"的数据资产治理模式，逐步建立完善数据资产管理制度，不断拓展应用场景，不断提升和丰富数据资产的经济价值和社会价值，推进

数据资产全过程管理以及合规化、标准化、增值化。

2024年召开的党的二十届三中全会指出：培育全国一体化技术和数据市场。健全劳动、资本、土地、知识、技术、管理、数据等生产要素由市场评价贡献、按贡献决定报酬的机制。更好地发挥数据要素作用，有利于推动数字经济高质量发展，有利于推动数字经济与实体经济深度融合，有利于推动中国式现代化建设。

党的十八大以来，各数据交易所相继成立。我国数据交易所在技术上经历了三个发展阶段：第一个阶段是明文数据交易所，典型代表是贵阳大数据交易所（2015年4月）；第二个阶段是API数据交易（2015～2020年，武汉东湖大数据交易中心、华东江苏大数据中心、哈尔滨数据交易中心、浙江大数据交易中心、北部湾大数据交易中心等）；第三个阶段是新型数据交易所（2021年以来，2021年3月北京国际大数据交易所，2021年11月上海数据交易所，2022年9月广州数据交易所，2022年11月深圳数据交易所等揭牌成立），不直接交易明文数据，引入隐私计算技术。

四、案例启示

天河服务专区率先落地运营，是天河区落实党中央关于加快培育数据要素市场，促进数据要素价值释放，加快培育发展新质生产力的积极探索和实践，也从推进数据要素"合规化"、数据资源"资产化"、数据产业"集聚化"、数据要素市场"规模化"等方面带来启示。

1. 推动了数据流通的合规化

数据流动交易离不开制度保障，需要建立健全数据产权、供给、流通、分配和监管等方面法规制度，系统性探索数据权益、个人数据保护和公共数据管理等数据要素市场相关基础制度。通过合规登记规则，明确数据资源持有权益、数据加工使用权益和数据产品经营权益，确保数据产品和服务合法合规，保障数据资产权益。通过数据交易规则，对交易主体、交易标的、交易活动和交易行为等进行规范，确保"无场景不登记、不登记不交易、不合规不挂牌"。天河服务专区建设的建立，正是基于国家、省市各级关于数据采集流通、开发利用和安全保障等方面的规范性文件支撑，为市场提供数据资源流通场所，保障数据流通交易全过程安全可控。

2. 推动了数据资源的资产化

数据成为生产要素的关键在于实现数据价值释放，通过各类数据服务商协助数据提供者进行数据采集和分析，将原始数据转化为有价值的资源，实现数据资源向数据资产转化，为数据进入流通做好准备。天河服务专区通过"产业面对面"企业走访活动，开展各类培训讲座、主题沙龙，不断宣贯引导推动天河科技类企业注册会员、申报省数据经纪人、转型数据商，充分加工企业、社会、行业等相关数据，不断提升和丰富数据资产经济价值和社会价值。

3. 推动了数据产业集聚化

数据要素行业产业链主要包括数据采集、数据存储、数据加工、数据交易流通、数据分析应用和数字资产证券化等环节，对应产业链可以分为上游软硬件设备供应、中游数据服务和下游数据应用三个部分。搭建完整产业生态链，有利于引导各行业主体在数据交易生态下良性发展，天河服务专区积极与发改、工信、商务等部门，与广州数据集团、广东南方财经控股有限公司等国有企业，与广东德生科技股份有限公司、广州湾谷数字管理技术股份有限公司等民营企业多方合作，推动布局数据要素全产业链建设。根据广州市第一批入库数据要素企业、广州数据交易所天河区会员、相关协会成员单位等348家数据要素型企业名单，梳理出上游61家、中游88家、下游199家，初步形成区数据要素产业链图谱。

4. 推动了数据要素市场规模化

天河服务专区以数据交易推动数据要素市场的高效配置，激发市场活力，对推动广州乃至全国的数据要素市场发展起到引领作用。天河服务专区自成立以来，吸引了广州市黄埔、海珠、白云、荔湾、增城区，以及哈尔滨香坊区、广西北流市、新疆额敏县等区县单位前来参观调研，推进相关区县相继成立数据交易服务机构。在促进数据要素产业发展上，天河区注重创新和示范效应的发挥，打造天河"政企＋"服务平台、企业监管云平台、"信用天河"综合信用服务平台、天河E企查等系统，推出了"广州市地方金融行业数据空间创新应用""就医信用无感支付业务""汽车维保数据报告"等"数据要素×"典型案例，这些案例获得了多省市的推广。

接下来，天河区将以党的二十届三中全会精神为指引，不断深化数据要素体制改革，优化天河区数据服务专区建设运营，深入落实广东省数据要素集聚发展区（广州天河片区）建设任务，持续激发数据要素价值，加快城市数字化转型，探索利用数字技术创新千行百业的应用场景，激发产城融合服务能级与数字活力，为天河区建设中国式现代化典范城区贡献力量。

（本案例由侯利荣、邝坪负责调研，并参与指导或撰写）

案例 15

变废为宝 + 化解"邻避"

——北京大兴安定循环经济园项目引领绿色发展探索与实践

一、案例概述

北京大兴安定垃圾填埋场于 1996 年建成投入使用，占地面积 738.9 亩，设计容量 1217.8 万立方米，填埋堆体高达 70 米。长期以来因气味浓烈、垃圾运输车随路遗洒、垃圾渗沥液污染等问题，给周边群众的生产生活带来了严重影响。污染大、气味重、空气质量不好，村民常年无法开窗，多年来一直向各级政府反映问题，仅"12345"就打了 400 余次，直到 2017 年 4 月 6 日村民把垃圾填埋场大门堵了三天三夜，最多的时候达到 500 余人，诉求就两个：一个是"要么它走、要么我走"；另一个是"不要钱、要命"。

市区政府高度重视，2017 年 4 月以来，时任蔡奇书记针对垃圾填埋场问题作出重要指示，时任陈吉宁市长"四不两直"到垃圾填埋场暗访，多位副市长多次到现场调研了解情况；区委、区政府各位领导纷纷下村入户征求民意，并积极争取市级支持。

为妥善解决上述问题，2017 年 9 月 21 日，隋振江副市长主持召开专题会议，研究安定循环经济园项目，要求加快推进生活垃圾处理设施建设有关工作。会议明确由大兴区政府和市城管委作为安定循环经济园项目实施主体，加快推进园区规划建设。由大兴区政府负责，抓紧组织编制园区周边村庄搬迁安置方案，两个项目分别实施。

安定循环经济园项目推进过程中，经过多方共同参与努力，稳评公参期间未收到任何意见，环评公参期间仅收到一条建议，社会反响良好，积累了防范与化解涉环保"邻避"问题的宝贵经验。

安定循环经济园一期正式投运后，有效解决了北京市"其他垃圾"处理能力紧平衡问题，切实做到固废协同处理、超低排放、资源循环利用、热能梯级利用，2024 年度园区发电量约为 4.3 亿度，其中发电上网约 3.4 亿度。

二、案例剖析

1. 主要特点

安定循环经济园项目是保障北京市城市安全运行和民生的市政基础工程。在立项之初，通过大量走访调查、科学研判，系统分析项目背景、需求程度、风险挑战等方面，总结得出以下特点。

一是周边群众长期负面意见大。多年来，填埋场周边村民对异味扰民、危害身体健康等问题反映强烈，解决环保"邻避"问题迫在眉睫。

二是生产生活垃圾消纳压力大。一方面，安定填埋场已运行 20 余年，即将填满封场；另一方面，根据新版北京城市总体规划，未来大兴区、北京经济技术开发区、新机场临空经济区生活垃圾将达到 3200 吨/天，首都核心区转运垃圾 1900 吨/天，随着安定垃圾填埋场到期封场，北京市南部地区将出现 5100 吨/天的垃圾处理缺口。

三是循环产业园区建设规模大。安定循环经济园项目用地规划约 33.746 公顷，总投资 47.16 亿元，建设期为 27 个月，已于 2023 年底投产运营，环评公参范围地跨北京市大兴区与河北省廊坊市。主体为 5100 吨/天的垃圾焚烧发电厂，配套建设 2000 吨/天的渗滤液处理站、600 吨/天的浓缩液处理设施、1200 吨/天的炉渣综合利用厂、390 吨/天的残渣飞灰填埋场和 80 吨/天的医疗废物处理车间。建成后将成为北京市处理规模最大、工程单元最多的生活垃圾焚烧协同处置医疗废物项目（见图 1）。

图 1　项目远景

2. 主要思路

项目提出后，北京市委、市政府高度重视，多位市领导"四不两直"开展现场调研，深度参与规划方案及投资模式论证等环节，要求项目方案符合北京"四个中心"城市战略定位，符合大兴区"首都国际交往新门户"功能定位，并明确大兴区政府和市城管委牵头落实。在此基础上，经过审慎研究，明确"四个统一"的项目规划建设思路。

实现城市发展与人民幸福相统一。安定循环经济园项目建设，既是填补北京市南部地区垃圾处理设施缺口的必要工程，也是破解安定镇现状垃圾填埋场扰民问题的重要手段。要正确处理好城市发展利益与周边群众利益的关系，营造良好城市生态环境，让广大群众切实享受到北京城市建设成果。

实现规划引领与切实可行相统一。切实可行的规划，是安定循环经济园项目实现生态环保、利益共享、有效经营、科学管理的前提和基础。要牢固树立规划引领意识，扎实开展空间和行业规划编制、项目选址、控规审查、技术方案论证等工作，确保项目设计的全面性、前瞻性和科学性，为项目顺利投用提供规划保障。

实现当前利益与长远收益相统一。从安定循环经济园项目看，既要确保如期开工、按时投用，有力缓解北京城市垃圾消纳压力，也要确保项目具备一定升级潜力，能够适应城市未来发展需要。从项目涉及的群众利益看，既要拿出足够的现价补偿让老百姓吃下"定心丸"，也要维持一定数量的长期收益，为项目周边乡村全面振兴、农民增收致富提供有力支撑。

实现依法行政与安全稳定相统一。安定循环经济园项目投资规模大、建设周期长、利益牵涉广、风险隐患多，必须始终坚持依法行政这条底线，谨慎稳妥推进，回应合理诉求，确保项目规划、立项、审批、建设、运营全过程依法合规、安全稳定、万无一失。

3. 主要做法

项目立项过程中，各有关部门和单位集中力量推动安定循环经济园项目，多措并举防范化解涉环保"邻避"问题，探索了缓解人口、资源、环境矛盾的有效途径。

第一，坚持以人民为中心，把维护群众利益作为首要前提。

为加快推进安定循环经济园建设，推动集体建设用地入市试点工作，2017 年安定镇以 33 个村为主体，成立北京安兴众联置业有限公司（以下简称"镇联营公司"）。2019 年，经安定镇政府与北京环卫集团多次洽谈，由镇联营公司与北京环卫集团签订安定循环经济园项目合资经营协议书，通过土地作价入股的形式参与出资到与北京环卫集团成立的北京安定生物质能源有限公司（以下简称"项目公司"）。项目公司注册资本 9.9456 亿元，其中北京环卫集团出资 7.4592 亿元，占注册资本的 75%；镇联营公司对位于大兴区安定镇高店村、站上村协议指定地块的农村集体建设用地的土地使用权出资，土地使用权作价 2.4864 亿元，占注册资本的 25%。

此做法保障村民长远利益，采取以联营公司为主体"统筹用地指标、土地作价入股、每年按股分红、定期递增收益"的创新模式，年收益至少 2000 万元，合同期收益保守达 5.4 亿元（亩均收益 116.28 万元），相比"卖地"收益 2.09 亿元（亩均收益 45 万元），不仅实现了高回报、稳增长、自主支配，土地到期后还属于村集体，把村集体和填埋场的关系由以前的"两家人"变为现在的"一家人"。

第二，坚持党建引领，把基层党组织作为关键支撑。项目实施阶段，镇党委坚持每天召开"早餐会"，每晚召开"碰头会"，说进度、说问题、说解决思路、说第二天工作，通过"大美安定"微信公众号及时发布权威声音，同时密切关注网络舆情，及时回应社会关切，主动回击不实传言，为工作的顺利开展奠定了良好基础；抽调 200 余名镇村干部成立异地迁建指挥部和临时党支部，激励村"两委"班子、包村干部攻坚克难，共处理矛盾纠纷 124 件，提供法律咨询 258 人次，创造了动迁 3 天签约率过半、7 天签约率 90%、30 天签约率 98% 的"安定速度"；我们为每个村安排了 4 名熟悉村内情况、群众经验丰富的科长包片，"一本选房本""一个计算器"是动迁期每个包村科长手里的标配，他们奔走在异地迁建村的家家户户，政策有不清楚的他们给解答，选房有纠结他们帮忙建议，家中有烦恼他们耐心倾听真情疏导，宅基地矛盾纠纷他们牵线搭桥找律师，包村科长成为了群众最关心最贴心的"局外人"。从屋里的暖炕边到厨房的案板前，从百姓的三轮车到村口的常歇点，都有包村科长们讲政策、帮算账的身影。

第三，坚持技术创新，把优良技术作为产业命脉。由于垃圾焚烧发电工艺步骤多、流程复杂，施工中需充分考虑，稍有不慎就会造成对环境的影响。因此在建设过程中项目团队通过研发适用于垃圾池、渣池等系列先进混凝土，提高了混凝土抗裂性能和防腐性能；研发了补偿收缩混凝土，首次应用于垃圾池、渣池等防腐防渗要求高的超长结构，实现了结构不开裂、不渗漏；构建了有膨胀加强带、有机防腐涂层等相结合的施工技术体系，并在大体积混凝土施工中采取逐层推移施工法，多措并举确保了防腐防渗工程施工质量。同时运用 BIM 等智慧建造技术，对施工全流程进行模拟。通过三维场地建模，对场地布置、起重设备进出场顺序及安放位置等进行全面规划，模拟多工序施工方案，实现了复杂施工工序的高效推进及高精度施工，项目钢结构施工整体误差控制在 0.2‰ 以下。

在生产方面，作为集生活垃圾、医疗废弃物、炉渣等固废处置于一体的综合园区，安定循环经济园区建设以循环经济和清洁生产为基本理念，生活垃圾在园区内经过脱硝、脱酸、除尘等多级处理，焚烧产生的炉渣可通过制成环保建材等形式循环利用，垃圾渗沥液及其他生产废水、生活污水经收集处理后达标回用不外排，焚烧产生的烟气经处理后达标排放，从而最大程度实现垃圾无害化处理和循环利用。

三、延伸阅读

辽滨经开区国家园区循环化改造示范试点

辽滨经开区自 2017 年获得国家园区循环化改造示范试点以来，以创建国家级循环化改造示范园区为目标，优化空间布局，通过大力推行工业产业延链补链强链、资源循环利用、能源梯级利用等举措，能源利用效率不断提高，资源消耗不断下降，工业污染物排放逐年降低，清洁能源占比不断提高，循环经济产业链关联度持续提升，有力推动了经开区高质量发展。在国家级循环化改造示范园区创建期间，经开区先后获评国家级绿色工业园区、辽宁省辽滨石化与精细化工产业质量品牌提升示范区，为推进全国园区绿色低碳循环发展发挥了示范引领作用，连续 5 年进入全国化工园区 30 强。

辽滨经开区国家园区循环化改造示范试点亮点主要有以下几个方面。

一是拉长产业链，让"高峰"变"高原"。产业发展，规划先行。辽滨经开区按照化工园区"六个一体化"发展理念，修编《国土空间总体规划》《石化及精细化工产业规划》等一系列规划，促进石化及精细化工产业优化布局，充分预留重点企业、重点项目产业链延伸发展空间。在此基础上，优化布局产业关联度高的企业、项目，围绕产业循环发展，规划乙烯、丙烯、碳四、芳烃四条产业链，推进实施 24 个产业升级、能源梯级利用、资源回收利用等项目，总投资达 77 亿元以上，实现港产间、产业间、企业间的共生耦合和物料闭路循环，极大减少了能源消耗。通过联成化学、信汇新材料、金发科技等企业的引入，打通了乙烯、丙烯—苯乙烯、丙烯腈—ABS、碳四—正丁烷—顺酐—1，4 丁二醇、碳四—异丁烷—叔丁醇—丁基橡胶等产业链条，实现域内石化原料、产品内循环，石化产业关联度的大幅跃升。通过实施丰源热力能源岛项目，实现工业蒸汽的集中供应；通过实施联成公司余热发电项目、北燃公司硫磺回收项目，实现了工业余热、副产品的资源化利用；通过奇正污水、长青污水处理厂和园区第二污水处理厂的实施，实现了工业污水和生活污水的全面处理。

二是培育创新链，让"星火"更"燎原"。辽滨经开区通过构建从研发到产业化的全生命周期科技创新体系，打造高能级的科技创新服务平台，形成导向明确、环节贯通的创新链，推动科技创新成果加快形成新质生产力。辽滨经开区积极搭建创新平台，建成创业孵化中心，着力提升科技创新成果孵化能力和服务水平，引进大连理工大学盘锦产业技术研究院、纽托克（辽宁）技术服务公司等 33 家企业、13 个创业团队入驻中心；依托经开区大炼化的规模基础，规划 1100 亩，建设新材料产业科创中心，致力于打造"三基地、一平台"，暨科研成果转化基地，技术创新孵化基地、新材料产业培育基地、生产性服务业集聚平台，打造集创新研发、孵化中试、成果转化、信息、培训等服务于一体的创新平台，作为经开区提升产业精细化水平、向下游延伸发展化工新材料产业的重要载体。新材料产业科创中心项目一期已于 2021 年正式投用。科创中心聚焦特种橡胶、工程塑料、膜材料及其他先进化工材料和生物化工材料等新材料细分领域，签约引进大连理工大学产业研究院、国家橡胶与轮胎研究中心碳五低碳研究所等 7 家研发机构，中检集团辽滨实验室等 2 家检验检测单位，初步形成一站式服务、一体化支撑的科技成果转化体系。

三是强化管理链，让"支流"汇"江海"。在保障高质量循环发展中，辽滨经开区全力推动数字化建设，园区数字化管理水平明显提升。近年来，经开区强化数字赋能，打造"5G＋工业互联网"管理模式，对标国内先进化工园区，推动国内一流、省内领先 5G 智慧园区建设。以"全域感知、数据交汇、智能预警、精准管控"为基础，按照"一键登录、一图到底、一制管控、一案应急"的综合性一体化管理理念，辽滨经开区建设了集智慧安全、环保、应急、消防、能源、循环经济一体化的应急指挥中心和指挥系统，将各行业管理部门的监测数据汇聚成"数据海"，切实发挥园区管理工作的"智囊"和"大脑"作用，构建经开区监测预警、智能管控和指挥联动管理新格局。

四、案例启示

1. 坚持党建引领，用好战斗堡垒

安定镇异地迁建是一条新的路径、一种新的模式，实施起来就要有新的方式方法，在项目推进中我们坚持党建引领和创新，为的是老百姓受益。过去的拆迁，确权都是一个村一个镇领导"包干"、村与村之间在细节的把握上可能有不一样的地方，补偿基本上是依托评估公司"算账"、户与户之间即使情况一样也难免补偿不一样。异地迁建不仅做到了全镇 4 个村一把尺子确权，首创确权结果公示制度，把确权结果在各村及指挥部公示 7 天，村民对自家或别人家的确权结果如果有异议，还能提出复议。而且教会了老百姓自己"算账"，老百姓算、村干部算、包村科长算和评估公司算基本一样，获得了极大的公信力，突出了党建引领的红色力量，得到了群众的高度认可。

2. 坚持团结合作，多方参与联动

在全市"吹哨报到"、深化"放管服"改革、优化营商环境的大背景下，属地政府和宣传、政法、规自、生态环境、住建、城管、网信、信访、园林等部门单位提高站位、服务大局，充分发挥各自职能优势；各部门在安定循环经济园区建设过程中，针对风险评估、确定项目建设用地、调整林地规划、办理开工手续等各环节向前一步、主动作为，为项目顺利落地提供了有力支持。特别是加大省际生态环境工作协调力度，大兴区委、区政府主要领导带队前往河北省廊坊市对接座谈，了解项目环评敏感点及现状环境监测、企业排污数据等情况，研讨环评公示期间社会稳定、舆情应对等工作，推动京冀生态环境领域协同联动进一步加强。

3. 坚持努力创新，筑牢技术保障

在安定循环经济园区建设推进过程中，生态环境部门严把环评质量审查关，宏

观把控北京市环境卫生专项规划环评审查；严谨核定区域污染源削减方案；全面落实倍量削减要求，协调朝阳、丰台、房山、西城跨区使用总量指标；结合本地区空气质量现状严控重点污染物排放量，项目氮氧化物排放浓度远低于全国平均水平；城市管理部门严把项目工艺审查关，提出项目在焚烧工艺、技术设备等方面力争做到国际先进；要求充分考虑生活垃圾分类工作，合理设计热值范围，确保所选炉型长期稳定运行，为大幅降低污染物提供设备保障。规划和自然资源部门拟定园区控制性详细规划，统筹兼顾项目布局、环境友好、城市景观、综合服务、宣传教育等需求，对产业园区市政设施进行功能整合与综合设置，打造出园林式城市展示空间，构建了资源循环利用新体系。

4. 坚持一流科技，构建智慧建筑

安定循环经济园区坚持超前规划、分步实施，高度重视规划、设计、建设、运营全链条、各环节，强化园区多种固体废弃物协同处置、资源的循环利用和能源的梯级利用，成为真正意义上的循环经济园区，努力实现进入园区的是固废，出园区的是产品。针对垃圾储仓内的废气，也会负压统一收集，送进焚烧炉进行焚烧处理，不会对周围居民产生任何影响。并且园区所有设施在系统配置和设备选型方面，坚持与国内、国际一流标准对标。配套的医疗废物处理厂采用了"智慧工厂""无人工厂"模式，从前端卸料，到中端输送、后端处理，全部环节实现自动化、无人化、智能化，并设立空气、污水、粉尘等主要指标进行全天 24 小时在线监控。

5. 坚持绿电并网，提供能源保障

安定循环园坚持稳定提供绿色能源，助力实现"碳达峰碳中和"目标任务。目前，园区年发电量约 4.3 亿度，其中发电上网约 3.4 亿度，可覆盖供热面积约 700 万平方米，同时安定镇积极依托循环园一期项目，不断延伸固废处置产业链，推进各类资源的节约集约利用，形成以垃圾焚烧发电厂为主、多种处理方式协同的固废处理模式，实现资源共享、设施共建、能量循环及环境保护，形成资源节约与经济增长有机统一的绿色发展模式，打造一个相互联系的循环经济园区。

（本案例由杨瑞勇、修庆水、杨国瑾负责调研，并参与指导或撰写）

案例 16

"四链融合" 培育 "蓝色引擎"

——广东海洋大学党建领航发展海洋新质生产力推动高质量发展

一、案例概述

广东海洋大学是一所具有近 90 年办学历史，以海洋、水产、滨海农业为特色，多学科协调发展的综合性海洋大学，学校的目标定位是打造成为中国南方涉海人才培养的摇篮、海洋科技创新的高地、海洋文化传承创新的重要平台，广东海洋强省、湛江省域副中心城市发展的重要引擎，国内一流、国际知名的高水平海洋大学。广东作为海洋大省，具有得天独厚的海洋资源禀赋，向海图强、向海而兴、打造海洋强省，是广东发展新质生产力的重要着力点。2023 年 4 月，习近平总书记在广东视察时作出重要指示："要加强陆海统筹、山海互济，强化港产城整体布局，加强海洋生态保护，全面建设海洋强省"①。广东省委十三届三次全会作出 "1310" 具体部署，要求全面推进海洋强省建设，在打造 "海上新广东" 上取得新突破。

新质生产力 "入海"，成为广东因地制宜、推陈出新，打开海洋经济增长新空间的重要思路。高校作为科技第一生产力、人才第一资源、创新第一动力的重要结合点，是助力新质生产力加快形成的重要力量。

广东海洋大学深入学习贯彻习近平总书记关于教育的重要论述和习近平总书记视察广东重要讲话、重要指示精神，认真落实广东省委 "1310" 具体部署，紧抓广东全面建设海洋强省重大机遇，推动 "四链融合"，以人才链为牵引，优化教育链、激活创新链、服务产业链，不断提升赋能海洋新质生产力的能力水平，为 "蓝色经济" 高质量发展提供有力支撑。

以高质量党建为学校事业发展把舵领航。制定实施《广东海洋大学新时代高质量发展行动方案》，简称 "1918" 工作安排，即锚定建设国内一流、国际知名

---

① 《坚定不移全面深化改革扩大高水平对外开放　在推进中国式现代化建设中走在前列》，载于《人民日报》2023 年 4 月 14 日 01 版。

高水平海洋大学的总目标，聚焦9个高质量发展重点，实施18项举措推动学校高质量发展。

以高水平人才培养对接海洋产业需求。优化调整学科专业布局，向海打造对接产业链创新链的应用创新型人才培养体系，为发展新质生产力提供智力支撑。

以高质量科技创新引领海洋产业发展。聚焦种业振兴、海洋牧场、临海工业、海洋生态保护等重点领域，持续推进高水平海洋科技自立自强，为发展新质生产力提供方向引领。

以高效能社会服务增强区域发展动能。扎实服务广东省推动高质量发展"头号工程"，以学校特色优势深度服务地方涉海产业，为发展新质生产力提供动力源泉。

广东海洋大学发挥高校对于新质生产力发展的引领、支撑和促进作用，在深入推动教育链、创新链、人才链与产业链融合发展上交出了一份亮眼的答卷。学校2024年首次上榜"软科世界大学学术排名"。4个学科入选ESI全球排名前1%的学科、4个学科上榜"软科世界一流学科排名"。培育出3个国家水产新品种。累计参与完成项目获国家科学技术进步奖二等奖2项，主持项目获广东省科技进步奖3项，海洋科学技术奖一等奖3项。组建50个专家团队、27个省级农村科技特派员团队，设立50个揭榜挂帅项目，推动"鱼虾贝稻畜禽"种业振兴。获评全国优秀科技小院工作案例、广东省海洋强省建设表现突出单位。

学校工作经验受到人民日报客户端（《广东海洋大学科技创新培育海洋新质生产力》）、新华社（《依海而兴，向海图强："耕海牧渔"筑牢"蓝色粮仓"》）、科技日报（《广东海洋大学参与"双百行动"助力县域经济高质量发展》）、光明日报（《践行"四个向海"培养服务海洋强国的应用创新型人才》）、中国教育报（《广东海洋大学：为"蓝色粮仓"植入"芯"动能》）等国家级主流媒体报道。

二、案例剖析

1. 优化教育链，以高质量党建为学校事业发展把舵领航

锚定高水平海洋大学建设目标，主动对接教育强国和海洋强国重大战略，坚持走特色内涵式发展道路，以服务区域经济社会发展为导向、以学科建设为龙头、以人才培养为核心，不断深化教育教学改革，强化有组织科研，加快高质量发展步伐。

一是加强党的全面领导，点燃学校高质量发展的"强引擎"。学校党委坚持党建领航，制定并实施《中共广东海洋大学委员会关于推进党建与业务工作深度融合实施意见》，将党的领导落实到办学治校的各个环节。学校党委深入学习贯彻党的二十大、二十届二中、三中全会精神和全国教育大会精神，坚持不懈用党的创新理论凝心铸魂，高质量组织开展党纪学习教育，召开党建与思想政治工作会议、宣传思想文化工作会议，全面提升基层党组织政治功能和组织功能。深入落实加快建设

教育强国、科技强国、人才强国和海洋强国的战略部署，紧盯海洋事业发展新机遇，健全高质量党建体系，提升党建引领力，提振干事创业精气神，深化党建与业务的深度融合，不断形成制度成果和实践成果，在解决关键问题中推动学校更好更快发展。

二是聚焦重点任务，激活学校高质量发展的"源动力"。制定并实施《广东海洋大学新时代高质量发展行动方案》，形成学校党委"1918"工作安排。围绕高质量党建、高水平学科建设、高水平师资队伍建设、高质量人才培养、高水平科技创新、高质量国际合作、高质量育人环境打造、高质量发展动力激发、高质量发展合力汇聚等9个重点任务，全力以赴推进学校高质量发展。

2. 驱动人才链，以高水平人才培养对接产业需求

高水平人才是新质生产力的关键要素。学校实施"一流专业建设计划""一流课程建设计划""卓越海洋人才培养计划"等，加强拔尖创新人才自主培养，向海打造对接产业链创新链的应用创新型人才培养体系，提升人才与海洋产业发展的匹配度。

一是构建完善大海洋学科体系，打造六大优势专业集群。立足学校深耕海洋水产近90年的学科优势，锚定最新科技创新趋势、产业发展前沿，优化涉海学科布局。围绕国家海洋强国战略急需，以大海洋学科体系建设为支撑，构建水产养殖与海洋渔业、海洋科技与海洋气象、海洋食品与制药化工、滨海农业与动植物生产、船舶装备及运输与机械动力及信息技术、海洋经济管理与人文社科等六大海洋专业集群。

二是加强专创融合，提升学生创新创造能力。融合建设"科研项目＋双创中心＋产业基地"，依托涉海优势学科、科研平台开展拔尖创新人才自主培养，推行创新学分制、本科生导师制、本硕博贯通培养等制度，推动技术成果产业化，提升创新创业教育水平。学校获批"全国大学生创新创业就业服务基地"建设单位、"广东省大学生创新创业教育示范学校"。近三年，学生获省部级以上学科竞赛奖励4600余项，其中，"海水稻——中国新饭碗""珍珠产业4.0——引领世界珠宝行业进入新时代"项目获"互联网＋"大赛国赛金奖。

三是深化产科教融合，构建"校地企"海洋创新联合体。与地方龙头企业共建产业学院13个，覆盖现代渔业、滨海畜牧、岭南特色果蔬绿色加工、海上风电、钢铁与汽车、五金刀剪、港航石化等产业领域，通过产业班、订单培养等模式，建立产学研三位一体的多元协同育人模式。现代渔业产业学院、滨海畜牧产业学院这两所学院获评省级示范性产业学院。强化人才联合培养，与中国水产科学研究院、湛江湾实验室等科研院所开展联合培养研究生，共同探索科教协同育人的新模式，提升研究生联合培养质量。

建设广东雷州海水珍珠科技小院和广东惠来鲍鱼科技小院等 2 个涉海类教育部科技小院、广东阳东石斑鱼科技小院、广东徐闻对虾科技小院、遂溪火龙果科技小院等 3 个中国农业协会科技小院，打造产教融合新平台，推动学校农业科技成果走进田间地头，提升研究生的创新实践能力。广东雷州海水珍珠科技小院入选 2024 年全国优秀科技小院工作案例。

3. 激活创新链，以高质量科技创新引领产业发展

科技创新是发展新质生产力的核心要素。学校坚持"有组织科研"和"有组织转化"，以"大平台、大团队、大项目、大成果、大贡献"为牵引，不断提升自主创新水平和成果转化能力，以高水平科技自立自强，助推广东经济高质量发展。

一是突出种苗"核"心，为产业发展注入"中国芯"。围绕"鱼虾贝稻畜禽"种业振兴，培育出南美白对虾"兴海 1 号"、马氏珠母贝"海选 1 号"、扇贝"橙黄1 号"、粤西卷羽鸡等一批国家级新品种和新资源，以优质国产种苗助推海洋产业提质增效，发展水产新质生产力。

统筹布局适养鱼种，支撑海洋牧场高质量发展。围绕章红鱼、金鲳鱼、硇洲族大黄鱼、军曹鱼、东星斑和金钱鱼等，推动构建"育种—繁育—养殖"一体化模式，服务企业规模化养殖。

依托国家耐盐碱水稻技术创新中心华南中心，创建"高校 + 公司 + 农户 + 特色 + 订单农业 + 大学生'双创'（创新创业）+ 互联网"的生态高值产业模式与平台，选育国家级或省级审定水稻新品种 60 个，培育筛选耐盐碱杂交品种 6 个，累计推广种植海红香稻 20 多万亩。

二是强化有组织科研，服务海洋牧场全产业链创新。围绕"涉海种业、健康养殖、装备平台、预警监测、精深加工和产业经济"开展系统性攻关，突破适于深远海养殖鱼类苗种繁育技术。构建了水产养殖精准营养与病害防控高效绿色养殖体系。围绕"海威 1 号"和 HDPE 深水网箱，自主研制精准投料、捕鱼装备、无人作业船等系列智能装备，实现投喂、运输、起获等环节的无人化作业。开展海洋牧场智慧监测，构建海洋牧场监测与预警平台。突破了水产品保活流通技术，解决了鱼类精深加工关键技术，有力支撑湛江"中国海鲜美食之都""中国水产预制菜之都"等建设。积极打造海洋经济高端智库。累计参与获国家科学技术进步奖二等奖 2 项，主持获省科技进步奖二等奖 3 项，海洋科学技术一等奖 3 项等，18 份提案获国家部委等单位采纳。近 5 年，获农业农村部神农中华农业科技奖 3 项，获广东省农业技术推广奖 13 项。

4. 服务产业链，以高效能社会服务增强区域发展动能

产业发展是加快形成新质生产力的战略必争之地。学校发挥优势，在海水养殖、

海洋牧场建设、特色农业产业发展等方面加强校地协同，提升服务效能。

一是点燃服务县域经济发展"新引擎"。以服务广东省高质量发展"百千万工程"为抓手，围绕产业振兴、人才振兴、文化振兴、生态振兴、组织振兴 5 个方面，扎实推进县域经济高质量发展。

依托学校牵头建设的"广东省南美白对虾种业产业园"，打造对虾"育繁推"一体化现代种业联合体平台。依托耐盐碱水稻及配套栽培技术，建设 5000 多亩科技示范基地，开展撂荒地复垦 1 万多亩，助力粮食稳产保供。承办广东省农业经理人培训班，水产、畜禽养殖技术培训班，系统开展中小学教师教研能力提升、心理健康培训班等培训项目。对口帮扶太平镇、湖光镇 6 所乡村中小学，实施"美育浸润行动计划"。构建"林—渔"共作生态养殖模式，助力建设湛江麻章金牛岛红树林生态保护示范区。开展驻镇帮镇扶村工作，实施帮扶项目 12 个，累计培训廉江、雷州等市县乡村振兴干部 1 万多人次。

二是勇当驻地海洋产业发展"领跑者"。发挥湛江、阳江两地办学的地缘优势，不断深化与当地海洋产业发展的合作。积极联合湛江湾实验室等科研机构，聚力种质资源开发、近海生态修复、中远海标准化养殖体系构建、海洋装备、电子信息等科技攻关。与湛江、阳江的龙头企业深入合作，围绕海洋渔业、海上风电、滨海旅游、特色农业等领域，共建科技创新平台和进行项目合作，巩固现代渔业优势，发展海洋牧场，培育高新技术产业，为创建国家级、省级高新区提供有力支撑。

三是打造服务粤港澳大湾区"桥头堡"。依托广东海洋大学深圳研究院，引进国际化领军人才，组建南海区海洋牧场珊瑚礁建设与产业开发工作站等科研平台。构建了珊瑚礁生态保护与恢复综合工程技术体系，参与深圳盐田国家海洋生态保护修复重大工程。与深圳联手打造大鹏湾国家级海洋牧场产业示范基地。

三、延伸阅读

广东海洋大学参与"双百行动"助力县域经济高质量发展

2023 年，为推动高校院所深度参与百县千镇万村高质量发展工程（以下简称"百千万工程"），促进城乡区域协调发展，广东省启动实施"双百行动"。在此过程中，广东海洋大学发挥自身优势，在水产养殖、海洋牧场建设、特色农业产业发展等方面加强校地协同、提升服务效能，在助力县域经济高质量发展的同时，提升自身办学水平。

学校按照"县域所需、海大所能"的原则，坚持"六有"（有组织、有主题、有团队、有项目、有成果、有贡献），采取党建共建结对帮扶模式，深入实施"双百行动"，重点推动种业振兴、海洋牧场建设、特色农业发展及人才培养等。

助力乡村振兴

为盘活县域经济、助力乡村振兴，广东海洋大学近年来采取了多项措施。在科技赋能乡村产业振兴方面，学校精准对接对虾、生蚝等水产产业，以及徐闻菠萝、覃斗芒果等优质农产品，助推特色农业产业品种培优、品质提升。同时，学校还组织大学生参加"走千村、访万户"活动，开展普法宣传、法律咨询等工作，并同步组建"百千万工程"突击队。

截至目前，学校已组织上百次产业调研，组建了 50 支专家服务团队、27 个农村科技特派员团队和 68 支大学生"百千万工程"突击队，筹集资金设立了 50 个揭榜挂帅项目。

促进产教融合

学校有组织地构建服务体系，创新协作机制，强化产教融合，推动资源下沉，通过深度参与"双百行动"，鼓励师生把论文写在海洋和大地上。相关学院与当地重点企业建立产教融合实践教学基地，组织专家团队，持续开展产业链各环节的个性化科技创新与服务，推动特色产业的科技进步和转型升级。

自"双百行动"启动以来，学校实施"产业科技创新型青年教师能力提升"计划，开展了一系列产业调研活动。学校还依托海水珍珠、鲍鱼、石斑鱼、对虾、火龙果等科技小院，开展农业技术研究，将实验室"搬"到田间地头。此外，学校围绕科技兴农、增收富农，每年组织超过 200 支师生队伍奔赴一线参加社会实践，既提升了学生的理论认知，又促进了研究成果在生产实践中的应用。

四、案例启示

教育在发展新质生产力中具有基础性作用，为新质生产力发展提供持续动力。同时教育高质量发展也需要以新质生产力来推动。在加快形成新质生产力的诸多主体中，高校作为创新科技的"策源地"、创新人才的"集聚地"、创新产业的"孵化地"，理应成为引领新质生产力发展的重要引擎。这既是高校内涵式发展的机遇与挑战，也是高校助力高质量发展和强国建设的使命担当。

广东海洋大学通过人才驱动、科技引领、产业赋能和教育优化等多元路径，正成为海洋新质生产力的重要策源地。未来学校将进一步全面深化教育改革，突破关键核心技术，深化拓展产学研融合与国际合作，为构建现代化海洋产业体系和海洋强国目标提供持续动力。

1. 发挥高校支撑力，为新质生产力注入人才动能

高校要适应加快形成新质生产力对人才市场需求总量和结构的变化，实施专业

结构调整优化和内涵提升，着力培养具有前瞻性、能够引领未来科技发展的创新型人才。要积极探索与新兴技术、产业发展相适应的学科专业设置和课程体系，在未来学科、交叉学科等助力新质生产力的学科生长点上增加资源投放。要加强产教融合、科教融汇，打造问题导向、能力导向的实践创新教育体系，淬炼学生的实践创新能力。

广东海洋大学践行"四个向海"人才培养思路，即向海谋划学科专业，完善需求导向育人机制；向海打造思政体系，创建海洋特色育人模式；向海推进产教融合，强化校企协同实践育人；向海赋能科教融汇，注重科研反哺教育教学。通过"四个向海"，不断构筑学科高峰，以区域产业发展和转型升级为牵引实施人才培养供给侧结构性改革，健全高水平人才培养体系，加强高水平师资队伍建设，实现教育链、人才链、产业链、创新链的有机衔接，不断提高人才培养质量和服务社会能力。下一步，学校将进一步优化海洋学科专业设置，创新人才培养模式，培养适应新质生产力需求的复合型人才。通过引进科技领军人才，组建跨学科研究团队，利用人才的汇聚优势带动学科发展、项目攻坚、科研突破。

2. 发挥高校引领力，为新质生产力孕育科创引擎

高校要围绕国家重大需求和学科前沿，加大科研投入，重点布局和建设一批面向未来的高水平研究平台，充分发挥有组织科研载体的作用，努力提升原创性和颠覆性科技创新能力，形成更多具有自主知识产权的创新成果，扩大新质生产力的发展面。

广东海洋大学紧扣国家战略，融合特色资源，依托广东省南海海洋牧场智能装备重点实验室、广东省南美白对虾现代种业产业园等平台，推动涉海产业高端化、智能化、绿色化发展，大力推动现代水产业、海洋工程装备、海洋能源、海洋电子信息和海洋生物医药等产业不断迭代升级，培育一批特色化海洋产业集群，持续壮大海洋经济基本盘。下一步，学校将高标准推进南海现代化海洋牧场种业创新基地建设，推进重点产业新品种开发，助力打造广东水产种业"南繁硅谷"，通过发挥学校大海洋学科优势，打造以省重点实验室为引领的科研平台体系，服务南海海洋牧场产业高质量发展。

3. 发挥高校促进力，为新质生产力培植产业沃土

发展新质生产力，要围绕产业布局和成果应用两个维度展开，具体到高校实际，则要围绕强化前瞻性学科布局建设和加快推进产学研深度融合、提高科技成果转化展开。要不断完善科技成果转化机制，加强与企业、科研机构的合作，推动更多科技成果从实验室走向市场。

广东海洋大学持续强化"校地企"合作，依托本校优质科研成果，服务海洋战

略性新兴产业,推动传统产业转型升级,助力广东沿海地市水产种业振兴和现代化海洋牧场建设。同时,发挥涉农院校学科特点,重点服务湛江本地特色农业,做好"土特产"文章,服务"百千万工程",助力区域经济高质量发展。下一步,学校将通过深化设备智能化、增殖放流、船舶数值模拟、智能港口建设等领域的"政企学研产"合作,拓展高质量发展新空间。

(本案例由杨瑞勇、杨洲、李博负责调研,并参与指导撰写)

案例 17

"AI + AR" 赋能工业升级

——谷东科技引领设备巡检与维护数字化、智能化转型升级

一、案例概述

在当前制造业数字化转型的大潮中，工业企业面临着设备维护与管理业务场景的严峻挑战。随着生产规模的扩大和设备复杂度的提升，传统的人工巡检与事后维修模式已难以满足高效、精准的设备管理需求。巡检信息记录不全、故障发现滞后等问题频发，导致设备故障率上升，维护成本高昂，严重制约了生产效率的提升和产品质量的保障。为此，谷东科技为工业企业量身打造了数字化转型服务平台，旨在通过引入增强现实（AR）与人工智能（AI）技术，实现设备巡检与维护的数字化、智能化转型。

谷东科技有限公司，作为行业内的领军企业，专注于 AR 与 AI 技术的研发与应用。公司凭借深厚的技术积累和前瞻性的市场洞察力，成功研发出具有自主知识产权的 AR 光波导眼镜及 AI 预测性维护模型，为工业企业提供了从设备巡检到维护预测的全链条解决方案。该方案不仅提升了巡检效率与质量，还增强了维护预测能力，优化了全生命周期管理，为企业完成智能制造数字化转型目标提供了有力支持。

一是技术领先：谷东科技 AR 智能眼镜以自研新型光学材料的光波导模组为核心，融合了先进制造工艺，突破了 AR 领域卡脖子技术，成功打破科思创等国际巨头长期垄断的局面，填补了行业内急需的阵列、体全息光波导在新材料及新工艺的空白，实现高光效大视场显示。项目实施后不仅突破了 AR 光学形态的限制，还提高了制备效率、改善了一致性，并降低了产品成本。特别是在体全息光波导模组的全链条技术实现国产化替代方面，实现重大突破，补齐行业短板。谷东科技同时搭载强大的空间感知与交互能力，为巡检人员提供直观的设备信息展示与操作指引；AI 预测性维护模型则通过大数据分析，实现设备故障的早期预警与精准定位。

二是全体系定制：依托硬核技术，谷东科技拥有四大核心产品矩阵，三大核心能力，三大应用场景见图 1。公司提供从 AR 巡检系统、AI 预测性维护系统到数字化管理平台的全方位定制服务，满足企业个性化需求。

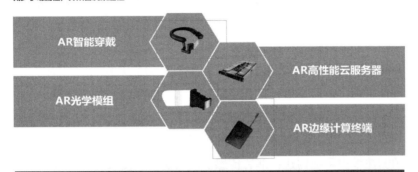

四大核心硬件

增强现实（AR）是一种高度可视化、互动性强的方法，可在物理环境中呈现相关数字信息，从而连接员工并改善业务成果。增强现实正在重塑一线员工获取知识和与物理环境之间的数字交互方式，可有效提升执行速度，减少手动流程，并改善决策过程

- AR智能穿戴
- AR高性能云服务器
- AR光学模组
- AR边缘计算终端

三大核心能力

- AR光学定制开发能力 —— 行业领先的AR光学技术
- 自研端云结合的SLAM及三维重建算法框架 —— 产学研深度融合
- 利用丰富的行业数据积累形成精准AI识别能力 —— 丰富的行业数据积累

三大业务应用场景

AR展示培训
利用数字孪生引擎对资产实物本体和运行状况进行描述，根据数据、组件、标准规范、配套工具，全面展示实物资产的可视化模型。

AR巡检监察
在短时间内完成人员值班、生产运行、物资保障等项目的详尽巡检，巡检管理作业过程数据与数据库实时储存，形成可追溯的巡检资料，现场员工问题整改回复也以第一视角实况录像方式进行，形成现场作业巡检监察的全过程闭环

AR远程协作
突破空间、时间的限制，实现从传统现场检查向信息化远程检查模式的转变，解放双手确保作业现场安全，通过虚拟单标注与后台专家实时互动，提高了远程巡检效率，降低安全风险，减少管理成本、提高决策效率

图1 谷东科技的全体系定制

　　三是产学研合作：谷东科技现有员工100余人，研发人员占员工总人数的比例在60%以上，并与多所知名高校和科研机构建立合作关系，推动技术创新与成果转化。例如：2022年1月与华南理工大学就"空间定位VSLAM系统"展开研究开发；

2021 年 3 月与北京交通大学就"体全息光波导系统"项目展开全面开发；2018 年 9 月与暨南大学就"AR 眼镜光路系统"展开研究开发等。

四是成效显著：通过实施该方案，企业运营效率显著提高，维护成本大幅降低，服务响应速度加快，客户满意度大幅提升。目前谷东科技已为南航、商飞、国航、中广核、各地海关等单位提供相关服务。

谷东科技切实助力企业数字化转型。转型目标为提升设备管理效率与精度，优化全生命周期管理。具体举措包括：

一是标准化巡检流程：制定详细的巡检标准与操作规程，利用 AR 技术将巡检标准嵌入到巡检过程中，实现巡检过程的可视化、标准化。

二是预测性维护系统构建：部署传感器网络实时监测设备运行数据，利用 AI 算法分析预测潜在故障风险，自动生成维护任务与计划。

三是数字化管理平台整合：将 AR 巡检系统与 AI 预测性维护系统集成至同一管理平台，实现数据的无缝对接与共享，为管理层提供设备状态、维护效率、成本分析等关键指标的可视化展示。

在本案例中，AR 与 AI 技术得到了深入应用。AR 技术被应用于设备巡检场景，通过 AR 眼镜为巡检人员提供直观的设备信息展示与操作指引；AI 技术则主要用于预测性维护，通过收集设备运行数据，利用机器学习算法分析预测潜在故障风险。这些技术的应用不仅提升了设备维护管理的智能化水平，还为制造业的数字化转型提供了有力支持。

谷东科技凭借其卓越的技术实力与创新能力，荣获了国家高新技术企业、国家专精特新"小巨人"企业、广州未来独角兽创新企业、硬科技企业、第十三届创新创业大赛（广州市赛）一等奖等多项荣誉。已建立知识产权管理体系认证及 ISO9001、ISO14001、ISO45001 等一系列国际先进管理体系。目前谷东科技申请专利超 350 项，其中发明专利申请量已达到 160 项；14 项注册商标；8 项参编标准。这些资质及荣誉不仅是对公司技术实力的认可，也是对公司未来发展潜力的肯定。

二、案例剖析

在工业企业的智能制造转型过程中，谷东科技通过引入增强现实（AR）与人工智能（AI）技术，为设备管理的全生命周期转型带来了显著的变革。

1. 技术选型与产品创新的智慧融合

谷东科技在其解决方案中，精选了自主研发的 AR 单目光波导眼镜型号 C2000，这款眼镜凭借其出色的空间感知与交互能力，为巡检人员提供了前所未有的视觉辅助。巡检人员只需轻轻佩戴，即可实时获取设备的三维模型、清晰的巡检路径指引、精确的检查点提示以及详尽的检查标准与操作指南。这一创新应用极大地提升了巡检的可视化与标准化水平,有效减少了人为错误,显著提高了巡检效率与质量。

同时,谷东科技还巧妙结合了其先进的 AI 大模型平台,构建了预测性维护系统。该系统通过广泛部署的传感器网络实时收集设备运行数据,并运用机器学习算法进行深入分析,从而精准预测设备的潜在故障风险。一旦预测到风险,系统便会调用大模型智能体自动生成维护任务与计划,确保维护工作能够迅速、有针对性地进行。

2. 标准化巡检流程的高效实施

在设备巡检环节,谷东科技通过 AR 技术实现了巡检流程的标准化与智能化。巡检人员佩戴 AR 眼镜后,可以清晰地看到预设的巡检路径与检查点,从而避免了漏检或误判的情况。此外,AR 眼镜还能实时展示设备的三维模型与详细的检查标准,使得巡检人员能够更快速、准确地完成任务。这一标准化巡检流程的实施,不仅提高了巡检效率,还确保了巡检质量的稳步提升。

3. 预测性维护系统的深度整合

在设备维护方面,谷东科技利用 AI 技术深度整合了预测性维护系统。该系统通过收集并分析设备运行数据,能够精准预测设备的潜在故障,并自动生成维护任务工单与计划。这一创新应用使得维护工作更加有计划性和针对性,不仅提高了维护效率,还显著降低了因设备故障导致的生产中断和维修成本。

4. 数字化管理平台的全面升级

为了进一步提高设备管理的智能化水平,谷东科技将 AR 巡检系统与 AI 预测性维护系统全面整合至数字化管理平台。该平台实现了数据的无缝对接与共享,为管理层提供了设备状态、维护效率、成本分析等关键指标的可视化展示。同时,平台还提供了严格的权限管理功能,确保不同层级人员能够按需访问相关数据与功能。这一数字化管理平台的全面升级,不仅提高了设备管理的便捷性和高效性,还为企业的数字化转型提供了有力支撑。

5. 应用成效显著

在应用 AR 与 AI 技术后,工业企业在设备维护与管理方面取得了显著成效。具体体现在以下几个方面。

提质增效:通过 AR 技术的可视化巡检,巡检质量得到大幅提升,错误率显著降低至 5% 以下。同时,巡检效率也提高了 30% 以上,为企业的稳定生产提供了有力保障。

降低成本:AI 预测性维护系统的引入使得非计划停机时间减少了 50%,显著降低了因设备故障导致的生产中断和维修成本。此外,通过精准预测维护需求,还减少了备件和工具的过度储备,进一步降低了库存成本。

绿色发展：AI 预测性维护有助于减少不必要的能源浪费和碳排放，为企业的可持续发展贡献力量。

安全保障：AR 巡检过程中的直观操作指引和实时数据反馈提高了生产现场的安全性。同时，AI 预测性维护的提前介入也减少了因设备故障可能引发的安全事故风险。

基于此，谷东科技通过深度应用 AR 与 AI 技术，在推动工业企业智能制造转型方面取得了显著成效。这些技术的应用不仅提升了设备管理的智能化水平，还为企业的数字化转型提供了有力支持。未来，随着技术的不断发展和完善，相信谷东科技将继续在工业企业的数字化转型中发挥更加重要的作用。

三、延伸阅读

智能制造和工业数字化转型是全球工业发展重要趋势

智能制造和工业数字化转型不仅是技术的革新，更是全球工业发展的重要趋势。目前，在各国推动全球制造业转型升级的进程中，广东省的智能制造示范基地、浙江省的"机器换人"计划等举措，展现了我国在智能制造领域的坚定步伐和广阔前景。

我们深知，智能制造的推进需要行业内外的共同努力。因此，我们积极借鉴其他地区或单位的优秀实践，如德国在智能化生产、网络化协同方面的探索，美国在工业互联网和智能制造技术方面的创新，以及中国各地区在推动制造业数字化转型方面的积极尝试。这些优秀实践不仅为我们提供了宝贵的经验，更激发了我们对未来智能制造发展的无限遐想。

在此前提下，谷东科技 AR 技术不仅革新了设备巡检与预测性维护的传统模式，更在汽车制造、装配线指导、质量检测等多个领域展现出无限潜力。工人佩戴我们的 AR 眼镜，能够实时获取装配指南、检测标准，甚至与远程专家进行无缝协作，从而大幅提升生产效率和产品质量。这种直观、高效的操作方式，正是谷东科技致力于推动智能制造的核心价值所在。

与此同时，谷东科技也在积极探索 AI 与大数据的深度融合，以数据驱动决策，优化生产计划，提高能源利用效率，为企业带来显著的成本节约和利润增长。我们深知，数字化管理平台是智能制造的重要支撑，因此，我们不断优化平台功能，整合 AR 巡检系统、AI 预测性维护系统等多个模块，实现数据的无缝对接与共享，为管理层提供全面、准确的决策支持。

谷东科技将继续秉承创新、务实、高效的企业精神，不断探索 AR 与 AI 技术在智能制造领域的深度应用。我们将持续优化数字化管理平台，提升设备管理的智能化水平，为企业创造更大的价值。

四、案例启示

技术创新是推动智能制造发展的关键。谷东科技将不断投入研发，探索新技术在智能制造中的应用，如5G、区块链等，以保持技术领先地位，为企业创造更多价值。

1. 注重性价比与实用性

在数字化工厂建设中，我们注重解决方案的性价比和实用性。通过深入了解企业需求，我们结合AR眼镜与AI算法提供了量身定制的MES、SRM等系统，帮助企业实现精细化管理，降低运营成本，提升运营效率。

2. 强化数据安全与隐私保护

数据安全与隐私保护是智能制造领域不可忽视的重要议题。谷东科技将通过对软件系统的私有化部署构建严密的防护体系，确保企业数据的安全与隐私，为企业数字化转型提供坚实保障。

3. 加强资金投入与人才培养

智能制造的推进需要大量的资金和人才支持。谷东科技将积极寻求融资途径，提升员工技能水平，为数字化转型提供有力保障。同时，我们将注重变革管理，引导员工接受新模式，促进全员参与。

4. 建立长效运维与系统升级机制

为了确保数字化工厂的稳定运行和持续竞争力，谷东科技将建立长效机制，紧跟技术潮流，持续升级与维护系统。我们将建立专业的运维团队，确保工厂稳定运行，适应市场变化。

5. 发挥引领作用，推动行业发展

作为行业领军企业，谷东科技积极发挥引领作用，与行业内其他企业共享资源和技术，共同推动智能制造的发展。我们积极参与行业交流与合作，为行业发展贡献智慧和力量。

6. 提升了飞机飞行安全率，降低维修成本

某商用飞机有限责任公司采用谷东科技光波导技术的AR设备及私有化部署方案，配套国产大飞机售后运行保障。该AR设备以其高精度视觉辅助能力，在全球的飞机售后服务领域大放异彩，不仅将保障检查时间缩短了25%，显著提升了飞机飞行的安全率，远超行业标准。同时，该技术还带来了维修成本的12%降幅，增强了国产大飞机的服务能力和市场竞争力。该公司的这一创新举措，不仅为该公司全

球客户提供了更加安全、高效的保障服务，也彰显了我国在航空科技领域的卓越成就与持续进步。

7. 实现生产效率与产品质量双重飞跃

某新能源科技股份有限公司引入新一代光波导技术 AR 设备及配套算法平台应用于锂电池生产线，实现了生产效率与产品质量的双重飞跃。在 AR 设备的辅助下，生产线质检效率提升 30%，质检成本降低 50%，显著提升了产品质量。这一创新应用还促进了资源的优化配置，降低了能耗与材料浪费，进一步巩固了该公司在全球新能源市场的领先地位。

8. 适应高危工作环境，提升工作效率

某核集团有限公司将谷东科技的新一代光波导技术成果及其配套产品应用于核电运维领域。AR 设备的引入，使得巡检效率提升 25%，单次巡检时间缩短 20%，有效减少了人力投入与巡检周期。同时，故障预警准确率高达 95%，大幅提升了核电设施的安全运行水平。远程专家通过 AR 设备的支持，能够快速响应并处理故障，故障处理时间缩短 40%。这些量化指标不仅展示了该集团在核电智能化方面的领先地位，也为整个核电行业的安全、高效发展树立了新的标杆。

谷东科技在智能制造领域所取得的成就和经验，不仅为企业自身的发展提供了有力支撑，更为行业内其他企业提供了可借鉴的范例。我们将继续秉承创新、务实、高效的企业精神，为推动智能制造的发展贡献更多力量。

（本案例由杨瑞勇、李博、崔海涛负责调研，并参与指导或撰写）

案例 18

以"智"提"质"方能致远

——江铜贵溪冶炼厂以科技创新引领高质量发展

一、案例概述

加快建设一批产品卓越、品牌卓著、创新领先、治理现代的世界一流企业,在全面建设社会主义现代化国家、实现第二个百年奋斗目标进程中实现更大发展、发挥更大作用。这也是所有国有企业发展新的历史使命。

铜,是全球最重要的金属之一,广泛应用于电力电子、机械制造、交通运输等领域。江铜贵溪冶炼厂(简称江铜贵冶)是国家"六五"期间 22 个成套引进项目之一,始建于 1979 年,经过一期、二期、三期和新三十万吨铜冶炼工程建设到 2010 年已形成了 100 万吨以上的铜产能规模。经过长时间的消化吸收、跟踪发展和创新突破,江铜贵冶生产效率提高了 30%,综合能耗下降了 7%,成为国内最大炼铜厂,生产成本达到了世界最低。截至 2023 年,已经有 6 项核心指标位列世界第一。

作为产业链龙头企业,江铜集团近年来紧跟时代发展大力实施智能制造升级,推动工业互联网、5G、大数据等先进技术在下属矿山、工厂融合应用。2016 年,江铜集团旗下江铜贵冶,被工信部遴选为铜冶炼行业唯一的智能制造试点示范工厂。

但与此同时,面临着传统大型铜冶炼工厂普遍具有的物质流量大、矿源复杂、调度烦琐,调度方式难以保障物质高效流转等行业痛点,江铜贵冶不断寻求新的突破,通过科技创新解决这些痛点,坚持"用未来思考今天"理念,用新技术成就今天。研发团队打破"用设备来替代人"的思维束缚,转向"用数字来代替人"的构想,研究出多炉作业协同优化技术,解决了铜冶炼过程物质流与生产节拍高效协同的难题。面对大批量、多环节、多种类的物质,传统的转运作业模式存在劳动强度大、效率低、易损坏产品外观及包装等问题,江铜贵冶将感知、计算、通信、控制等信息技术与设计、工艺、生产、装备等工业技术进行深度融合,攻克了关键参数信息智能感知等关键技术,启动智能工厂,将数字化、智能化嵌入工厂生产的各个环节，经过数年的优化创新，江铜贵冶逐渐探索形成多种典型应用场景，实现工序的集成优化和协同运作，最大限度地发挥装备潜力。企业自主研发的世界首条极板无人智能化转运生产线投入运行，通过数字化改造，现在全流程自动化一次就能完成 12 道独立而复杂的炼铜工序。

二、案例剖析

江铜贵冶在发展中，紧紧围绕战略目标，以深推落地管理为核心，以体系建设为重点。如今，江铜贵冶已成为联接铜产业链上下游主产品的生产基地，更是成为江铜集团乃至铜冶炼行业的领先技术、智慧管理和优秀人才的复制与输出基地。

1. 创新求进，攻坚克难

铜是战略物资，铜工业是基础产业，发展铜工业在 20 多年前的中国显得尤为迫切。当时，国家铜工业处于较低水平，与国际相比，差距很大。在科技日新月异的发展下，为摆脱"引进—消化—落后—再引进—再落后"的怪圈，江铜贵冶不断推进技术创新。

在生产产品和改进技术的过程中，持续突破难关，打破技术壁垒，研发新技术。在推广和应用先进管理经验的过程中，江铜贵冶持续创新和改进，以此适应不断变化的信息技术和外部市场环境。通过一系列"疏通堵点、攻克难点"的举措，江铜贵冶在深化成果转换应用方面取得了更多突破，例如，一是主工艺的闪速熔炼技术，一直保持国际优先地位，冶炼工艺技术水平达到或超出国际同行；二是冶炼过程中的烟气得到充分利用，通过两转两吸技术，形成了年产 190 多万吨硫酸的制酸工艺，不仅成为全国最大单系列制酸工厂，而且极大地降低了环境污染，总硫利用率保持在 99.5% 以上。随着市场行情和管理决策的实时变化，江铜贵冶的发展也在不断适应新要求、新变化。从刚开始的 8 大关键工艺 16 项核心指标对标世界最好，到后来不断拓展延伸到环保、设备、财务等综合管理领域。截至 2022 年，江铜贵冶确立了 36 项对标创标指标，其中 6 项创标指标全部完成，30 项对标指标完成 29 项，实现了技经指标的全面优化、生产成本的显著下降。

2. 数智赋能，引领行业

科技创新能够催生新产业、新模式、新动能，是发展新质生产力的核心要素。江铜贵冶围绕"智能工厂"二期建设"一个中心、六大工程"的总体架构，以"覆盖更广泛、运用更便捷、效能更充分"的目标，以用户管理需求为中心，推进数字技术研发应用，发挥数字人才力量，进一步打通数据壁垒，构建更多符合性高、实用性强的应用模型，以更加科学的管理提升市场化整体效益。

作为工信部首批认定的铜冶炼行业唯一一家智能制造试点示范工厂。江铜贵冶通过融合大数据、云计算、物联网、人工智能、5G 通信的"数智"内涵，创新"数字化案例""数字化平台""数字化车间"的"智造"外延，加速打造江铜贵冶"智能工厂"样板。同时，在贯穿工厂数字化布道、赋能、连接、探索、优化等业务主线的通道上，开展项目调研、技术交流百余场次。

2023 年，江铜贵冶开展企业数字经济发展相关摸底及调查 15 项，累计申报专项及试点示范类项目 8 项，参与数字化项目技术评审 13 项，组织项目验收工作 4 项。此外，江铜贵冶主笔起草了《铜冶炼智能工厂供应链管理系统技术规范》，参与起草了《工业控制系统云化部署建设技术规范》《铜冶炼大数据知识平台建设指南》等行业标准。

3. 绿色领先，行业先锋

习近平总书记指出："绿色发展是高质量发展的底色，新质生产力本身就是绿色生产力。必须加快发展方式绿色转型，助力碳达峰碳中和。"[①] 江铜贵冶始终践行绿水青山就是金山银山理念，走生态优先、绿色发展之路，大力推进节能降碳工作，提升高质量发展"含绿量"。

在铜冶炼生产中，能源指标是衡量冶炼企业核心竞争力的重要指标。2023 年，江铜贵冶推进工厂"双碳"路径图。资料显示，江铜贵冶外购蒸汽同比下降近 2 万吨，全年节电 2000 多万度，铜冶炼综合能耗达历史最优。

此外，江铜贵冶开展设备改造升级，淘汰高耗能设备，提升设备运行效率。硫酸车间在年修期间对一系列主风机进行深度调试，将风机最低转速降低为 220 转/分，导叶最大开度提升至 90%，有效降低了风机低风量期间的运行功率，起到了节能降耗的作用；熔炼车间干燥机持续错峰用气，更换传统电磁铁为皮带式电磁铁，减少干燥机盘管磨损和故障率，并利用余热锅炉进一步提高再生塔富液温度，降低蒸汽使用量；电解车间完成 MVR 捕沫器、叶轮更换，增加三级预热不停机清洗装置，提高 MVR 运行效率，减少蒸汽消耗。

4. 党政一体，同心同德

江铜贵冶党委始终坚持党的领导，推动党建工作与工厂改革发展深度融合、同向发力，把党的政治优势转化成企业的发展优势。江铜贵冶党委深入推进"大监督"体系建设，开展警示教育、政治谈话等活动，营造风清气正的政治生态，体现了全面从严治党的决心和成效。通过"五位一体"绩效管理体系，实现了党政工作、两个文明建设的同安排、同布置、同考核、同评价、同奖惩，确保党建工作与生产经营深度融合。江铜贵冶"五位一体"绩效管理先后荣获了第二十二届国家级

---

① 习近平在中共中央政治局第十一次集体学习时强调《加快发展新质生产力　扎实推进高质量发展》，载于《人民日报》，2024 年 2 月 2 日 01 版。

企业管理现代化创新成果二等奖等多个奖项。江铜贵冶构建了"1＋5＋N"党建运行模式，通过"双管控、双驱动、双通道、双协同、双延伸"五个维度的高质量党建运行机制，推动基层党建工作的创新发展。推进产业链创新链"双链"共建，与链上企业、高校和科研院所等产学研机构开展党建共建，形成了多个共建项目成果，以高质量党建引领产业链高质量发展。

三、延伸阅读

"全国工人先锋号"贵溪冶炼厂计控车间简介

江铜贵冶计控车间现有员工 72 人，其中高级工程师 11 人、高级技师 6 人、工程师 19 人、技师 8 人。车间以实现闪速炼铜核心技术自主创新为己任，攻坚克难，不断推进铜冶炼生产全流程自动化、数字化、智能化，与世界最先进水平同步发展，傲立行业潮头。经过不懈努力，计控车间逐步构建了集技术咨询、方案设计、系统集成、生产服务为一体的专业体系，为江铜贵冶全面建成世界一流现代化炼铜工厂，加快打造具有全球核心竞争力的世界一流企业，提供了坚实有力的核心技术支撑。这支团队也被中华全国总工会授予"全国工人先锋号"。

1. 固本兴新，数智赋能助升级

作为工厂数智化改造的探路先锋，计控车间勇立潮头，率先在铜行业实现工业大数据分析和决策，融合工业大数据和业务大数据，通过数据自动、智能采集系统，开拓了全新的数字化道路。计控车间搭建的工业数据采集系统，宛如智慧的神经网络，实现了铜冶炼全流程生产管控，数据采集规模达到惊人的 10 万点。车间建立了4600 余项数据分析应用，让生产作业一目了然、设备管理有条不紊、运营维护标准化有序，通过深度挖掘数据价值，实现了全方位高效管理，加速了工厂向数智化迈进的脚步。计控车间不甘止步，积极开展"提升工厂数字化创新应用水平"劳动竞赛，完成了"一键操作"流程控制 16 项、工艺控制方式优化 27 项，并完善了10016 点业务系统数据自动采集，彰显了创新活力。计控车间还携手中南大学等单位，完成了"铜冶炼物质流协同优化与智能监控关键技术及应用"项目，荣获江西省科学技术奖一等奖。

2. 开拓进取，创新驱动促变革

计控车间通过开展数字化点检，推进设备分级管控，完善数据多源、控制多模态等举措，管辖的 34 套大型控制系统和 12000 余台（套）仪控设备运行顺利，投运率高达 99.86%，设备完好率达 99.56%。车间开展了一系列突破性技术研究，如冶金炉窑数学优化模型系统云化改造，成功助力江铜贵冶铜闪速炉作业率、铜冶炼综合能耗等核心指标位居世界领先水平。计控车间党支部积极开展产业链、创新链党建共建活动,与有关单位联手开展的"实现铜冶炼数智化技术高水平自立自强"项目被评为"江西省铜产业链党建共建示范项目",展现了党建工作与生产实践的紧密结合。

此外,计控车间还与长沙有色冶金设计研究院等单位合作,共同承担完成了国家重点研发计划课题《有色金属火法/湿法冶炼流程的网络协同制造平台集成与应用示范》。

3. 凝心聚力,实干引领谋发展

车间充分发挥高技术人才引领作用,带动员工勇攀创新高峰。在铜冶炼过程中的关键设备——精矿给料系统上取得了技术突破。与依赖进口的旧系统相比,新系统能够智能化识别外界干扰因素,根据预设控制模型进行优化调整,大幅降低近80%的给料波动,摆脱了对进口技术的依赖。为开发环保、绿色、节能、高效的脱硫共性技术,计控车间联合多家单位组成攻关团队,研发出有色冶金烟气绿色低碳高效脱硫关键技术,并获得了中国有色金属工业科学技术奖二等奖。

计控车间紧跟国家"一带一路"倡议,车间多次组织技术人员远赴俄罗斯、伊朗、菲律宾等国家进行技术援建,实现了从单纯技术引进到大踏步向技术输出转变,成为行业内领军者。

四、案例启示

1. 打造创新与生产互促的现代化产业体系

围绕发展新质生产力的全面深化改革的路径在于打造创新与生产互促的现代化产业体系。新时期新征程,中国将培育新质生产力作为推动数字经济发展的新目标,在"数据+算法+算力"的支撑下,重构生产力和重塑生产关系,优化产业结构,加速产业升级,推动现代化产业体系建设,壮大高质量发展的核心力量。江铜贵冶专门建设了智能调度中心,智能调度系统作为智慧工厂的核心,实现了铜冶炼流程的全面监控,通过实时数据采集与分析,提升了生产效率与决策的精准性。大屏幕上实时变化的数字与作业画面,使工厂能够迅速响应生产变化,优化资源配置,确保生产流程的连续性和稳定性。

通过智能工厂的建设,江铜贵冶构建了一个集安全、绿色、高效、稳定于一体的智慧冶炼新模式。这一模式提高了企业的核心竞争力,使其在全国范围内脱颖而出,入选全国首批"数字领航"企业名单,成为行业数字化转型的领航者。

2. 绿色冶炼,高效发展潜能更加充沛

新质生产力本身就是绿色生产力,强调要在生态承载限度内推动生产力实现质

的有效提升和量的合理增长，因此，围绕发展新质生产力的全面深化改革必然涵盖生态文明体制改革。在坚持绿色冶炼上，江铜贵冶通过行业首家智能工厂试点建设、首创"一步法"渣直排缓冷自主改造、铜电解 MVR 高效节能蒸发技术运用等，实现"技术升级降碳耗"；构建双系统"三年长周期生产"模式、阳极炉"四变二"等，实现"管理创新降碳耗"；通过淘汰燃煤锅炉建成无煤工厂，引进电厂蒸汽等，实现"结构优化降碳耗"；开国内渣选铜先河，每年多回收 8000 余吨铜，深耕循环经济，资源综合利用、"吃干榨尽"，建成了国内首屈一指的稀贵稀散金属提取基地，实现"观念转变节碳耗"。

江铜贵冶还复制输出绿色冶炼技术和经验，承担行业绿色发展技术规范标准制定，推动铜冶炼行业绿色低碳转型升级。

近几年，由江铜贵冶起草的 4 项"绿色标准"通过审定，实现"绿色标准"涵盖铜冶炼全流程和主金属产品的生产全周期，为中国铜冶炼行业对标国际绿色发展最好水平，一体加快低碳减排发展，树立了标准新体系、发展新标杆、技术新支撑。

3. 最大限度开发利用人才资源

任何行业都离不开劳动力，新质生产力是生产力发展和产业变革的新方向，而人才是发展和变革中最具主观能动性的要素。人才在产业发展进程中的现实成效人才需求是全产业链的共性问题，江铜贵冶广泛开展"走出去 + 引进来"活动，组织工厂科技人员参加行业先进技术交流会，还邀请多所高校进行技术调研交流，持续促进工厂与外部研发力量的科技交流活动。除此之外，江铜贵冶还以"制"促"质"，出台相关科技创新管理与人才培养制度，组建了工厂科技创新委员会以及工厂科技创新专家库。为激发全员创新热情，江铜贵冶计控车间还根据创新创效评选、成果转化效益评估，对员工进行效益奖励。仅 2023 年科技月期间，江铜贵冶就一次性下发 758 万余元的成果转化奖励，占公司转化奖励金额的 36.37%，单人奖励金额高达 4.4 万元。

4. 党建引领，党业融合为企业发展提供政治保障

"坚持党的领导、加强党的建设，是我国国有企业的光荣传统，是国有企业的'根'和'魂'，是我国国有企业的独特优势。"江铜贵冶在改革发展的实践中，将党建工作深度融合于企业运营的各个环节，通过"四个同步"——党的建设和工厂改革发展同步谋划、党的组织及工作机构同步设置、党组织负责人及党务工作人员同步配备、党建工作同步开展，江铜贵冶构建了一套系统化的党建工作体系，确保了党的领导在企业改革发展的各个阶段都能得到体现和加强。

"项目 + 指标"点题式党建品牌建设的创新，是将党建工作具体化、目标化，通过聚焦安全生产、降本增效、改革创新等关键领域的瓶颈问题，以项目的形式进

行点题攻关，提高了党建工作的实效性和促进了党建与生产经营的深度融合，为企业的高质量发展提供了强有力的政治保障和组织保障。

（本案例由余玉荣、付傅文、陈西、严媛、
邓笑负责调研，并参与指导或撰写）

案例 19

"入营一百亿，出营翻一倍"

——中国"专精特新"数创营创新驱动助力中小企业提质化发展

一、案例概述

充满活力的中小企业，是我国经济韧性的重要保障，"专精特新"中小企业更是中小企业群体的"领头羊"。我们要着力在推动企业创新上下功夫，加强产权保护，激发涌现更多"专精特新"中小企业。在我国从制造业大国迈向制造业强国的过程中，深耕专业领域、聚焦关键技术的"专精特新"中小企业发挥着重要作用。近年来，我国一批"专精特新"中小企业克服了很多困难，为实体经济发展提供重要支撑。"专精特新"是指中小企业具备专业化、精细化、特色化、新颖化的特征，"专精特新"企业是未来产业链的重要支撑，是强链补链的主力军。回顾历史，"专精特新"最早提出于 2011 年 7 月，2013 年正式出台指导原则，直到 2021 年纳入"十四五"规划纲要才正式成为国策，可谓"十年磨一剑"。2021 年 1 月 23 日，财政部、工业和信息化部联合印发《关于支持"专精特新"中小企业高质量发展的通知》，启动中央财政支持"专精特新"中小企业高质量发展政策。国家继续支持中小企业创新发展，深化新三板改革，设立北京证券交易所，打造服务创新型中小企业主阵地。2022 年全国中小企业数字化转型大会上获悉，党的十八大以来，我国中小企业发展取得显著成效，创新能力加速跃升，累计培育 8997 家专精特新"小巨人"企业、6 万多家"专精特新"中小企业。近年来，"专精特新"政策的不断升级，不但直接为中小企业的发展再次指明了方向，还加大了精准帮扶力度和路径，进而保障、延续和深化了"供给侧结构性改革"、创新驱动发展、双创等相关战略、形成综合政策效应，有助于国家进一步引导新时代企业家投身社会主义建设、培育新时代经济发展的新动能，最终对突破"卡脖子"技术、完善产业链、构建新发展格局、实现国内国际双循环进行全方位支撑。

2022 年 10 月，在丽水市委、市政府的大力支持下，生态经济数字化工程（丽水）研究院联合丽水市发展和改革委员会、丽水市经济和信息化局、丽水市科技局、丽水开发区管委会、莲都经开区管委会、丽水市数字经济发展有限公司、丽水市中小企业公共服务平台等单位共同打造了中国（丽水）"专精特新"数创营，旨在贯彻落实党中央、国务院"稳定经济大盘"以及丽水市政府时任吴舜泽市长关于把"企业服务作为双招双引同等重要的位置"的重要指示精神，在双招双引的同时，加速构建丽水优质中小企业梯度培育体系，助推一批优质的丽水中小企业在技术创新、市场开拓、上市培育、数字化转型、智能化改造等方面高质量发展，为丽水中小企业"专精特新"型发展赋能，以期培育更多的丽水"专精特新"企业，通过创新驱动助力丽水建设共同富裕山区样板。数创营有别于传统培训，采用科技企业加速器模式，率先提出了"两搞两不搞"：不搞一般培训、不搞资质申报，搞企业增长、搞资源对接，从活动发起以来，数创营一共派出80多位专家，走访摸排了近300家丽水市内外企业，最终优中选优，遴选出了50家企业正式入营，16家备选营员拟报二期，营内汇集了丽水本地及有意向落地丽水的优质企业，营员企业总销售额突破50亿元，总市值已突破100亿元。

二、案例剖析

数创营秉承"入营一百亿，出营翻一倍"的理念，深耕服务城市，坚持用一年的时间，邀请众多知名企业家与行业专家组成导师团队和本地发掘培育的辅导员队伍，与当地主管部门一起从当地急需的产业引入或在当地潜力企业中挑选组成100家代表性营员企业，采用对接政府、对接央企和上市公司、对接风投、对接人才和技术等头部资源为主，并在对接过程中开展训练等方式，围绕"专精特新"成长路径，开展一企一策，进行精准扶植，使他们获得快速成长的同时，形成鲶鱼效益和带动效益，对激活城市创新氛围、建立创新生态、促进产业链招商、推动传统企业的数字化转型有着巨大的作用。

1. 针对区域招引培育需要构建了完善的增长训练体系，填补了当地跨越式高质量发展所紧缺的科技企业加速器模式空白

科技企业加速器（enterprise accelerator），是一种以快速成长企业为主要服务对象，通过服务模式创新充分满足企业对于空间、管理、服务、合作等方面个性化需求的新型空间载体和服务网络，具有较强的集群吸引力和创新网络形态；是介于企业孵化器和科技园区之间的一种中间业态；是一系列服务的提供者、组织者和管理者，是科技园区从外延式扩张进入内涵式扩张的初步尝试，具有更强的集群吸引力和创新网络形态。为填补当地缺少跨越式高质量发展所必要的模式空白，数创营扬弃了以教师讲授为主的传统培训方式，而是转为以营员企业营业额倍增、利润倍增、市值倍增中所紧缺的资源对接为主，并在对接过程中辅助开展四个方面的专项训练，围绕"专精特新"成长路径，开展一企一策，进行精准扶植，使他们获得快速成长的同时，形成鲶鱼效益和带动效益，对激活城市创新氛围、建立创新生态、促进产

业链招商、推动传统企业的数字化转型、推动当地经济的高质量绿色发展有着巨大的作用。

2. 帮助当地组建了高质量的创业导师队伍和本地辅导员团队，成为当地跨越式高质量发展中不可忽视的创新驱动力量

数创营为当地组建了可持续作业的高质量创业导师队伍和辅导员队伍，这 80 多名导师来自中国科学院、复旦大学、中国中小企业发展促进中心、科技部评估中心、中国中小企业杂志社、中国国家创新与发展战略研究会、中国科技咨询协会创业导师工作委员会，以及中关村创客小镇。为避免服务过程走马观花、流于形式，要让导师建议真正能在营员企业落地，数创营又从当地各委办局退休干部、市场中介机构中遴选组建了 15 人的本地辅导员队伍，制定了辅导员的奖惩措施，与导师团队一起深入一线共同为营员企业赋能，并充分发挥本地辅导员的本地优势，不断增强和营员企业的互动黏性。这一举措保证了导师建议在营员企业的贯彻落实，深获营员企业喜爱，数创营本身也因此成长为当地一支不通过行政命令手段，便能把营员企业董事长、总经理聚集起来的外来创新驱动力量。

3. 帮助当地组建了最大的创业投资联盟，有效弥补了地区直接投资要素差距、城乡创新创业视野差距

数创营共在全国范围内整合 269 家创投机构，组建当地最大的投融资联盟，帮助当地企业建立与中科院资本、高瓴资本、红杉资本等顶级投资机构的长效沟通渠道，同时打造与明星资本合伙人课堂交流互动路演、面对面与 50 家 TOP 投资机构合伙人 1 对 1 上市辅导、对接国内顶级券商（中金）、国外投行（高盛）等增值服务。与一期营员企业共建数创营元宇宙协同创新平台，有融资需求的营员企业可前往录制，现场体验全真模拟路演环境，实现 7 天 24 小时与顶级资本和大客户的无缝对接，提升了营员企业商业计划书写作水平、融资路演能力以及使营员企业初步认知和体验到丽水产业高质量发展所急缺的风险资本视角下的创新创业方法，有效弥补了地区差距、城乡差距。

数创营通过构建科技企业加速器体系，填补了当地科技企业加速器模式的空白，满足了企业在空间、管理、服务和合作方面的个性化需求，推动企业快速成长，形成了强大的集群吸引力和创新网络形态。通过组建由高校与第三方研究院等机构专家组成的高质量创业导师团队，以及从当地退休干部和市场中介机构中遴选的本地辅导员团队，数创营增强了企业的互动性和导师建议的落实效果，成为当地重要的创新驱动力。同时，数创营整合全国范围内的创投机构，组建当地最大的投融资联盟，帮助企业与顶级投资机构建立长效沟通渠道，提供路演和上市辅导等增值服务，提升企业的融资能力和商业计划书写作水平，有效弥补地区和城乡创新创业的视野差距，推动当地高质量经济发展，促进城市创新生态的形成和传统企业的数字化转型。

三、延伸阅读

融合中西文化打造中医药大健康养生巧克力

在百年未有之大变局的环境下，国内外经济形势瞬息万变，中国的传统产业，必须建设具有国际竞争力的现代产业体系才能真正获得可持续性发展，"产业旺"才能"人和美"，因此要推动乡村振兴增强群众获得感、幸福感和安全感。山清水秀的丽水，有着得天独厚的丰富自然资源，"丽九味"是土生土长的丽水本土九味中草药，比利时作为欧洲巧克力王国的美誉亦可谓闻名遐迩，数创营营员企业浙江高洛会进口巧克力有限公司与丽水生生堂正处在企业发展的转型期，各自都想研发新产品，在数创营的指导下两家营员企业决定从功能性巧克力赛道切入，将产品场景从传统的甜品零食消费品渠道转移到功能性保健品中来，伴随着消费观念的升级以及大健康潮的盛行，消费者对入口的食品提出了更多诉求。数创营发起人刘春晓分别从赛道选择、品牌命名、包装设计、营销体系、商标口号、知识产权、技术转移、资源对接等方面来为两家营员企业赋能，产品的赛道经过联合公司的领导层与数创营辅导员多次会议商定后决定开创一个全新的领域，借力国际化的比利时巧克力经典传统工艺和进口原料及先进设备，巧妙融合中西文化，与中草药行业结合，携手北京中医药大学，倾心打造全球首款特色国货——丽九味中医药大健康养生巧克力。

丽九味中医药大健康养生巧克力，该产品结合传统中药的保健功能与比利时巧克力的丝滑口感，用比利时的先进制作工艺来带动丽水本地的中草药行业发展，现有丽九味产品"黄精、石斛、灵芝、薏苡仁、覆盆子巧克力"问世。经与北京中医药大学的教授团队合作药食同源系列巧克力产品，初步计划研发20款，总计研发中医药大健康养生巧克力80余款，进一步夯实中医药大健康养生巧克力的产品线，如继续完善可以在丽水形成全球第一的中医药大健康养生巧克力产业基地。在产学研方面营员企业与北京中医药大学展开合作，开发具有自主知识产权的发酵药食同源巧克力，并与中国科学院的天工所展开合作，共同研发新型制糖平台技术，将该技术应用于巧克力生产的糖分领域，将该技术落地丽水。"丽九味"系列养生巧克力，是丽水传统中医药大健康产业创新提质的缩影。

四、案例启示

1. 发展新质生产力既要关注一线城市和高科技企业，又不能放弃三、四线的传统企业

2024年3月5日国家主席习近平在十四届全国人大二次会议江苏代表团审议会议

中发表："发展新质生产力不是要忽视、放弃传统产业，要防止一哄而上、泡沫化，也不要搞一种模式。各地要坚持从实际出发，先立后破、因地制宜、分类指导。要根据本地的资源禀赋、产业基础、科研条件等，有选择地推动新产业、新模式、新动能发展，用新技术改造提升传统产业，积极促进产业高端化、智能化、绿色化。"①

数创营在推动新质生产力发展的过程中，始终秉持着全面、均衡的发展理念。发展新质生产力需要新的创新孵育方法论，尤其对传统企业来说，更需要抓住时代红利完成转型升级，否则不可能迎来大发展。数创营积极与一线城市的高科技企业合作，通过资源整合和对接策略，助力这些企业实现更快速、更高效的发展。数创营通过实施专项对接和培育计划，帮助三、四线城市的传统企业引入新技术、新人才，推动其转型升级，实现新质生产力的提升。数创营分为六步对营员企业进行帮扶，即运用专业知识开发出独特样品、借助政界资源完成造势背书、整合大院大所提升科技含量、细分应用场景扩大产品组合、跨界提炼独特文化符号、借助数字经济重塑渠道分工，最终落实到产品价值和资本价值的双重提升。

数创营一期营通过实施政府、央企和上市公司、风投、人才和技术四项对接策略，不断深化导师、辅导员与营员企业之间的合作。外地入营的一线城市的27家企业通过数创营这一平台，不断了解并认识丽水，成功在丽水获得订单、结交新朋友，进而热爱这片土地。已有5家一线城市的营员企业与政府高层面对面会商，探讨在丽水的落地发展。三、四线城市的本地39家营员企业中，超过70%的企业感受到了不同的收益。通过这一系列的对接和资源整合，数创营为丽水有效招引并培育了66家企业，其中9家企业获得了风险投资意向，新入库及达标"专精特新"企业14家，3家企业获得战略投资，其中一期营员企业掌沃数农（杭州）科技有限公司荣获丽水市第五届高层次人才创业大赛总决赛高层次人才创业大赛一等奖，获得1000万元政府资助，营员企业浙江菜圈圈科技有限公司获蓝源资本战略入股，营员企业浙江一元科技有限公司列为浙江省工信厅重点扶植企业，营员企业浙江天造环保有限公司获国家级专精特新"小巨人"称号、营员企业浙江鲁班智联有限公司获国家级技术大赛一等奖，顺利承接丽水机场BIM信息化项目，二期营员备选企业浙江晶引半导体有限公司已经落地丽水，并已开工建设。这些企业均来自不同的地域和行业背景，但都在数创营的帮助下实现了跨越式发展。

2. 发展新质生产力需要新的创新孵育方法

发展新质生产力是当前推动经济社会高质量发展的关键所在。为了实现这一目标，必须采用新的创新孵育方法，以激发企业的创新活力，推动产业升级和转型，随着科技的飞速发展和市场竞争的日益激烈，传统的孵育方法已经难以满足新质生

---

① 习近平：《开创我国高质量发展新局面》，载于《求是》2024年12月。

产力发展的需求。新的创新孵育方法不仅能够为企业提供更加全面、专业的支持和服务，还能够促进不同创新主体之间的协同合作，形成创新生态链，推动整个产业的升级和转型。数创营在创新孵育方面独树一帜，提出"两搞两不搞"理念，即不搞一般培训、不搞资质申报，而是聚焦于企业增长和资源对接。通过一系列创新的孵育方法，为新质生产力的发展提供了有力保障。数创营注重政策引导与自主申报的结合，通过研发适宜于中小企业主亲自掌握政策和申报标准的内容沙盘，降低了企业掌握国家政策及自主申报的难度。同时，数创营建立了完善的增长训练体系和高质量的创业导师队伍，为企业提供全方位、多层次的对接和资源整合服务。数创营还创新性地组建了由当地离休干部与顶层机构科研院所构成的高质量的创业导师和辅导员团队，确保政策建议在企业中生根发芽。这些创新孵育方法不仅提高了企业的创新能力和市场竞争力，也为新质生产力的发展注入了新的活力。

近年来，"专精特新"政策逐渐成为新时代国策，为中小企业的高质量发展提供了重要的政策保障。然而，中小企业主在理解和申报政策上遇到了诸多困难，便出现了为申报而申报、找中介机构代申报给其返费提成的现象，这就使得本为引导中小企业高质量成长的国家战略在实际落地过程中容易变成利益至上的政策工具，数创营及时发现并矫正这一问题，率先提出不搞资质申报，引导企业自行申报，通过近一年的研发，量身定做出适宜于中小企业主亲自掌握政策和申报标准的内容沙盘，拟通过沙盘推演、情景模拟、游戏等方式，让中小企业主全真沉浸式体验并模拟在"专精特新"时代从创业到上市的全过程，从而快速便捷地掌握传统企业如何走出创新型中小企业、"专精特新"中小企业、专精特新"小巨人"、到北交所上市的高质量成长路径，可以显著降低企业掌握国家政策及自主申报的难度。数创营的创新孵育方法的实施已经取得了显著成效。一方面，通过搭建创新平台和创新培育手段，成功培育了一批具有核心竞争力的创新型企业；另一方面，通过优化创新环境和探索新的孵育模式，激发了企业的创新活力，推动了产业的升级和转型。这些成效不仅体现在经济效益上，还体现在社会效益和生态效益上。数创营是要抱着先成人再达己的心态，坚定不移地和企业家站在一起，从产业链来打通创新链，围绕创新链构建资金链，帮助企业在短期内实现翻倍式的增长，最终聚焦到市值如何翻倍、营业额如何倍增、利润如何倍增、成本如何倍降这四个目标。我们根据企业在不同的发展阶段，在营业额、利润、成本和市值四个指标中率先选择一个倍增目标，对影响企业增长的"政产学研用金"六个要素进行重新优化重组，分阶段分步骤形成新型生产关系，并且手把手教会他获取和整合各种资源，迅速弥补企业家能力短板、资源短板和方法论短板，以确保企业业绩翻倍式的增长，这套得到市场检验的实战经验，又根据经济学、管理学的基本原理，进行了理论化提升，开发出拥有自主知识产权的《传统企业发展新质生产力六步法》《从0-IPO专精特新沙盘模拟推演》，从而具有了普适性，我们又根据不同区域、不同行业、不同发展阶段的企业，细分为从 0 到 1 的培育方法，从 1 到 n 的培育方法和从 n 到 n + 的培育方法，扩大了适用范围。

3. 基础薄弱地区发展新质生产力的首要任务是弥补地区资源和城乡要素两大差距

基础薄弱地区在发展新质生产力时面临诸多挑战，其中地区资源差距和城乡要素差距尤为突出。与发达地区相比，这些地区在资金、技术、人才、信息等方面相对匮乏，限制了企业的创新能力和发展空间。数创营在推动新质生产力发展的过程中，特别关注基础薄弱地区和城乡要素差距的问题。通过拓宽招引区域、发挥驻外机构作用等举措，数创营成功吸引了众多优质企业落地发展，填补了当地对于企业加速器模式的空白。同时，数创营还积极整合全国创投机构资源，搭建企业与顶级资本的沟通渠道，提升企业融资能力和创新创业水平。这些举措不仅促进了当地经济的繁荣和发展，也有效弥补了地区资源差距和城乡要素差距。通过数创营的努力，越来越多的中小企业得以实现高质量发展，为当地经济的繁荣和社会进步做出了更大的贡献。

数创营的实践为基础薄弱地区提供了宝贵经验。在弥补地区资源差距方面，数创营组建覆盖全国的创业投资联盟，与顶级资本建立了长效沟通渠道，整合了全国 269 家创投机构，组建当地最大的投融资联盟，搭建企业与顶级资本的沟通渠道，为企业提供融资支持和风险资本视角下的创新创业指导，有效弥补了地区直接投资要素差距。在缩小城乡要素差距方面，数创营通过邀请知名企业家与行业专家组成导师团队，将先进的理念、技术和管理经验引入当地企业，提升企业的创新意识和管理水平。同时，数创营还注重挖掘和培育本地人才，组建本地辅导员团队，增强企业与本地资源的互动黏性，促进城乡之间的要素流动和资源共享。这些举措为当地经济的高质量绿色发展做出了重要贡献，还在全国范围内树立了企业孵化和创新服务的新标杆，弥补了地区和城乡创新创业的视野差距，也为全国范围内中小企业高质量发展树立典范，有力促进国家战略的有效实施。数创营平台，为三、四线城市的企业提供了与一线城市企业同等的创新资源和发展机会，实现了企业的快速成长，有力推动了当地经济的高质量发展，为基础薄弱地区发展新质生产力提供了可复制的模式。

中小企业在资源、技术、人才等方面往往处于劣势，这限制了它们的创新能力和市场竞争力。数创营通过拓宽招引区域，充分融合所在地的产业诉求，发挥当地驻京办、驻沪办、驻杭办、驻深办等驻外机构作用，针对当地现有产业链有强链、补链、延链作用的企业进行招引，实践证明，在企业招引方面，数创营比常规化的走马观花式招引对接，更能促进温情招商、碰撞引才，通过批量式、长周期、多频次的招商引资，可以显著提高政府招引部门对接的效率，提高对接成功的概率，有望成为多层次双招双引体系的关键一环。在已经落地企业培育方面，数创营汇聚了更多高质量导师和本地辅导员队伍，能够协同作业，多维服务，为企业提供更具专业性的支持。这些举措不仅促进了企业的快速成长，也为当地经济的繁荣注入了新的活力。同时，市场需求的快速变化和消费者偏好的多样性，要求中小企业必须具备高度的灵活性和响应速度。此外，传统服务模式的同质化竞争严重，使得中小企业难以形成差异化优势。创新服务模式不仅是中小企业应对挑战的有效手段，更是推动其加速发展的关键动力。

数创营作为企业孵化的加速器，通过构建精准扶持体系，助力企业全方位成长，数创营建立了完善的增长训练体系，以企业营业额、利润和市值倍增为目标，围绕"专精特新"成长路径开展一企一策的精准扶植。通过深入了解企业需求，为企业量身定制发展策略，帮助企业突破发展瓶颈，极大推动了中小企业的高质量发展和区域内中小企业的快速成长提供了有力支持。在政策实施方面，数创营不仅率先解决了中小企业在理解和申报"专精特新"政策上的困难，还通过自主申报和创新培训手段，帮助企业高效掌握政策内涵及申报标准。并且通过建立创新的中小企业加速器的体系，填补了当地对于企业加速器模式的空白，满足区域企业在空间、管理、服务和合作方面的个性化需求。创新资源对接模式，激活企业发展潜力，打造专业服务团队，保障政策落地生根，数创营还创新性地组建由当地离休干部与顶层机构科研院所构成的高质量的创业导师和辅导员团队，确保政策建议在企业中生根发芽，提升了企业的稳定性和创新能力。持续创新服务，引领企业发展新方向数创营通过创新的服务模式和资源对接，大力推动企业的利润、市值倍增，激活区域企业的创新氛围，促进产业链招商和落地后的培育孵化并促进传统企业的数字化转型。

数创营在发展新质生产力，推动中小企业高质量发展方面取得了成果，不仅为中小企业提供了全方位、多层次的对接和资源整合服务，还通过创新的服务模式和资源对接，助力企业快速成长和转型升级。通过数创营，快速引入创新资源，从政产学研用金六大要素对企业进行全面赋能，以弥补地区差距和要素差距，让本地企业和外地企业有机会同台竞技，跨界联合，帮助企业走上高质量发展的路径。数创营还将继续深化与政府、企业、资本等各方的合作，不断拓展服务领域和范围，提高服务质量和效率。同时，数创营积极响应国家政策的号召，推动中小企业的数字化转型和绿色化发展，为构建更加完善、更具活力的创新创业生态系统贡献更大的力量。我们相信，在数创营的助力下，越来越多的中小企业将实现高质量发展，为当地经济的繁荣和社会进步做出更大的贡献。

（本案例由杨瑞勇、刘春晓负责调研，并参与指导或撰写）

案例 20

"AI + 党建" 引领发展新质生产力

——大有集团创建党建 AI 专精模型提升党建工作效率和质量

一、案例概述

发展新质生产力是推动高质量发展的内在要求和重要着力点。高质量党建是推动高质量发展的关键，党建不仅要围绕发展新质生产力有的放矢，还要以发展新质生产力为目标抓好提高质量。高质量党建能够优化不适应新质生产力发展的生产关系，为新质生产力的发展提供正确的方向和强大的政治优势。发展新质生产力具有深刻的时代背景，数据要素等正在成为新型生产要素，算力、新能源成为新的基础设施和基础能源，人工智能已成为新的生产工具。随着科技的快速发展，尤其是数字经济、人工智能、新能源等领域的突破，正在引发广泛的社会变革，使得经济价值、社会价值、文化价值、环境价值得以重构。因此，在这个变革的时代，加快发展新质生产力是实现新理念、新战略和完成新使命、新要求的必由之路，是实现中国式现代化的必然选择。

党建引领发展新质生产力的核心作用主要体现在以下三个方面。

一是党建引领，党员人人 AI 的表率作用。党的二十届三中全会提出：加强关键共性技术、前沿引领技术、现代工程技术、颠覆性技术创新。人工智能作为通用性最广泛的关键共性技术，是当今世界最前沿的引领技术，也是替代性最强的颠覆性技术，在现代工程技术群中发挥着主导作用。加快人工智能技术创新及应用步伐，对促进我国经济高质量发展、经济结构转型升级和现代化产业体系建设具有长远战略意义。当前培养新型党员队伍人才的任务尤为重要，特别是能够掌握新质生产工具的应用型人才，应大力培养理解新质生产工具能力的领导干部，使优质生产要素得以向发展新质生产力顺畅流动、实现高效配置。实践中当以 AI 党建大模型作为新型生产工具，围绕信创、网络安全、数据资产，建设开机即用、本地部署、安全可靠的党建大模型应用平台，形成党员人人 AI 的生态，使党员和领导干部成为因地制宜践行新质生产力的表率和先锋。从而实现党建引领业务融合发展、理论研究、党务工作实务智能化，进而发展科技创新带动产业发展服务的智能工具，使数智党建成为发展新质生产力的示范标杆。

二是高质量党建引领高质量发展。（1）打造过硬干部队伍：通过新智AI党建模型，党员人人AI的生态，提升干部队伍履职能力和思维能力，通过智慧化辅助手段，增强解决复杂问题和引领创新的能力。（2）强化基层组织党建：通过新智AI党建模型，加强基层组织党建，为基层单位减负，为基层工作提质增效。（3）激发人才工作活力：人才培养是党建工作的核心，在吸引和培育新领域、新技术方面的领军人才，青年干部的同时，借助党员人人AI的生态，在红色管理的研究中汲取智慧和力量，"如何教育党员群众组织起来为共同事业奋斗，在改造客观世界的同时改造自身"，打造团队，选拔提升年轻干部。促进产业链、创新链与人才链的深度融合。（4）促进产业发展融合：通过智能化交互咨询方式实现党建与业务融合，实现理论提升。通过建立党建"新质生产力"产业赋能等平台，促进党建和产业的相互促进，将组织优势转化为产业发展优势，实现党建与经济、文化的五位一体的融合发展。（5）党建新质生产力基地建设：在战略性新质生产力新型产业，如算力产业、商业航天、人工智能、新能源、低空经济、生物制药等领域，加强与头部企业、科研机构在前沿科技领域的交流与合作，打造党建新质生产力基地，加速产业项目落地。

三是新质生产力在党建工作中的重要作用。其内涵不仅包括科技创新，更涵盖了管理创新、组织创新和文化创新等多个方面。在党建工作中，新质生产力的深度融入，将极大提升党建工作的智能化、精准化和高效化水平。

党建管理创新包括：工作机制创新、党建内容创新、决策支持创新、考核评价体系创新、教育培养创新、监督与风险管理创新、宣传与引导创新、组织生活创新、工作流程创新、党员服务创新等。党建管理创新有助于党组织在结构、管理、活动、服务等方面实现创新，提升组织的活力和战斗力，更好地适应新时代的发展要求。包括：组织生活创新、工作流程创新、党员服务创新、组织效能评估创新、跨区域协作创新等。党建领域人工智能在文化创新方面的应用，主要体现在利用人工智能技术传播和弘扬党的文化，增强党员对党组织的认同感和归属感，提升党建内容的吸引力、传播效率和教育效果，促进党建文化的传承和发展。包括：党建阵地与党建品牌建设的创新、党建文化传播创新、党建文化需求分析创新、党建文化内容创作创新、党建文化教育体验创新、价值观引导创新等。

在习近平新时代中国特色社会主义思想指导下，大有集团以"党建统领、现代服务业赋能、平台驱动"为独特的发展战略，践行以高质量党建引领高质量发展，尤其以新智AI党建专精模型为核心，通过城市公共数据资产流通平台的建设，形成党建引领的新质生产力服务赋能平台。

在人工智能领域，AI党建专精模型正在为推动党建工作的数字化转型，提供全方位的智能服务。AI 党建专精模型通过智搜、智问、智学、智策等子系统，通过深度学习、RAG + 知识图谱、COT 多跳思维链、SFT 有监督微调等技术手段实现智能化党建应用，更好地服务新时代党建工作的客观需求，为党的建设提供理念创新、内容创新、载体创新、方法创新，从根本上为党建工作提质增效。AI 党建专精模型有效地解决了大有集团党建工作的痛点难点问题，实现党建引领产业发展、理论研讨、党建学习培训、党务工作实务智慧化，通过新质生产力实现高质量党建工作。

二、案例剖析

1. 党建工作文档智能处理，减负增效

大有集团作为大型国有企业，针对传统党建工作中大量的会议内容、交流活动、学习心得体会等，其分析处理、审核、评比等工作量巨大、质量要求高的特点，响应中央为基层党建工作减负增效的要求，引入新智 AI 党建专精模型对文档进行智能分析处理，实现对相关文件快速分析、点评，可视化呈现统计结果。设定文档的指标评价体系，对文档 AI 智能评价，并根据评分情况，对文章结构、内容给出进一步修改的建议。从而构建有效的党建 AI 应用场景，探索和创新出党建工作的新模式和新方法。

以文档分析为例：以集团"针对学习落实中央经济工作会议精神"的党建征文活动中的《认真研学中央经济工作会议精神 狠抓落实推动高质量发展》一文为例，通过上传文章到新智 AI 党建专精模型应用平台，通过文档分析进行如下处理。

（1）内容查重：在党建语料库和党建资料库中进行查重，文章是结合大有××公司实际情况，对中央经济工作会议进行了解读和落实，并结合自身项目进行阐述，原创性较高；

（2）资料的准确度和可靠性：通过新智 AI 党建专精模型做分析，针对 2023 年中央经济工作会议精神，如全面深化改革、扩大内需和优化结构、科技创新和产业升级、乡村全面振兴和民生保障等几个方面的重要部署，结合文章内容对中央经济工作会议重点任务逐条落实，给出准确性分析，针对文章资料来源进行引用数据分析，给出文章可靠性分析；

（3）时效性分析：针对文章写作日期为 2023 年中央经济工作会议之后，分析其应用数据，如 GDP 数据都是文章撰写时最新数据，文章时效性较高；

（4）理论与实际工作分析：针对中央经济工作会议精神九个方面的重要部署，通过党建专精模型逐条碰撞分析：一是扩大内需和优化结构方面，结合文章中内容梳理出大有××公司通过深化供给侧结构性改革来扩大有效需求的具体措施，如发展设施农业，解决老百姓菜篮子、果盘子工程，满足居民生活需求。发展山桐子产业，解决食用油进口问题，保障国家粮油安全等方面内容。二是科技创新和产业升

级方面，大有××公司成立高标准农田部门，组建具有"大食物观"的博士团队，研发高标准农田建设技术。发展智慧农业，利用机器人自动化技术提升生产效率，实现农业现代化。发展山桐子产业，探索可大规模工业化应用的技术，实现产业升级。三是在乡村全面振兴和民生保障方面，成立大有××智慧农业科技有限公司，发展设施农业，助力乡村产业发展。发展山桐子产业，带动当地农民就业，促进乡村经济发展。体现公司在乡村振兴方面的努力。

（5）整体评价及修改建议：文章主题与范围：本文的主题是关于认真学习中央经济工作会议精神，狠抓落实推动高质量发展的探讨。这一主题具有很强的现实意义和理论价值，与我国当前经济发展形势紧密相关。然而，论文的论述范围较为广泛，涉及多个方面，如"三农"工作、城乡融合、区域协调发展、生态文明建设和绿色低碳发展等。虽然这些都是我国经济发展中的重要问题，但在有限的篇幅内，难以对每个问题进行深入的分析和讨论。建议作者聚焦于中央经济工作会议精神的核心内容，对某个或某几个问题进行深入探讨，以提高文章的针对性和深度。

文章结构与逻辑：本文的结构较为清晰，分为四个部分。然而，在文章的结构安排上，存在一些问题。首先，第一部分对 2023 年我国经济社会发展取得的进展进行了总结，这部分内容与文章主题关联度较高，但后续部分的内容与文章主题关联度逐渐降低。其次，在第四部分，作者提到了一些与经济工作无关的内容，如"有力有效推动党中央决策部署落实落地"，这使得文章的主题在一定程度上偏离了经济工作。最后，在文章的逻辑上，作者在阐述问题时，往往只是简单地列举了一些政策和措施，而没有对这些措施的效果和影响进行深入分析。建议作者重新审视文章的结构和逻辑，确保文章内容紧密围绕主题展开。

文献引用与实证分析：本文在论证过程中，引用了一些中央经济工作会议的相关论述和政策文件，但总体来说，文献引用较为有限。此外，本文缺乏实证分析，如对具体的数据、案例和现象进行分析。建议作者在文章中增加实证分析，以提高文章的说服力和可信度。

语言表达与规范：本文的语言表达较为清晰，但存在一些问题。首先，文章中出现了一些错别字和标点符号错误，如"大有××作为大有公司下属'林业经济与设施农业创新发展平台'根据自身特点，着力针对中央下发的九项重点任务中的第六、第七、第八三项进行安排和部署："（应为"大有××作为大有公司下属的'林业经济与设施农业创新发展平台'，根据自身特点，着力针对中央下发的九项重点任务中的第六、第七、第八三项进行安排和部署"）。同时，文章中出现了一些表述不准确的地方，如"大有××目标未来 5～10 年建设 500 万亩高标准农田，以提升粮食产能为首要目标"（应为"大有××目标在未来 5～10 年内建设 500 万亩高标准农田，以提升粮食产能为首要目标"）。建议作者在文章发表前，认真检查语言表达和规范问题，确保文章的质量。

综上所述：本文具有一定的理论和实践价值，但在文章主题聚焦、结构安排、逻辑阐述、文献引用、实证分析和语言表达等方面存在一定问题。为了提高文章的质量，建议作者根据上述审稿意见进行修改和完善。

（6）综合评分：可以针对党建需求进行指标和评分标准设定，对文章进行整体评分。如：文章结构比较散，没有按照相关文件的结构框架设计，扣除 10 分；资料准确度与可靠性：由于数据来源标注不足，扣除 5 分；文章时效性：写作日期不明确，扣除 3 分；理论性内容和实际工作内容占比：理论能很好地结合工作实际，加 5 分；最终得分：87 分。

2. AI 赋能地方政府提高工作质量和效率

通过新智 AI 党建专精模型，面向地方政府施政，提供政府文件解读和分析，帮助政府工作人员和政府项目合作方，迅速学习掌握地方政府政策，面向合作内容，实现迅速解读，重点关切针对性提问、延伸问答，推荐重点等，为双方提供权威问答助手和解读专家，便于合作双方就合作领域问题快速了解透彻，迅速达成一致，促成合作达成，快速落地实施。例如，以甘肃酒泉市《招商引资若干优惠政策》为例：新智 AI 党建专精模型应用上传此政策文件后，针对政策进行快速解读，从研究问题、文章概要、推荐问题、延伸提问等方面提供秒级解读，并提供对话窗口，提供针对此政策疑问的各种提问框和回答情况。

3. 将党建课题和咨询成果，通过 AI 手段反向为基层党建工作提供指导

大有集团作为党校的企业，配合党校老师，在各地参与了大量的党建咨询工作和课题研究，有丰富的实践经验和案例。如何把这些经验，系统地通过新的 AI 技术手段更好地为广大的基层去提供帮助和经验的借鉴，又是一个新的课题。如我们在某省农商行做的党建咨询工作，取得了非常好的成果，总结了大量的经验。尤其是将党建与业务深度融合，以党建引领企业高质量发展落地路径的实践。以下将从主要做法、经验、成效和成绩等方面进行综述，探讨如何利用党建 AI 赋能企业业务工作。通过新智 AI 党建专精模型，实现对党建咨询成果的梳理总结，向培训党员提供迅速掌握党建案例和咨询成果的逻辑、思路、策略、方法、实践等。针对党建做好主题工作生成思维导图。

4. 新智 AI 党建专精模型实现专家级推理

针对党建中开放性问题，新质 AI 党建专精模型具有很高专业性，并能提供专家级的思考、分析、迭代、推理等能力，最终实现多步专家级分析和回答。针对各种开放问题，新智 AI 党建专精模型应用通过多 Agent 组合，以及多步（三轮）分析推理，实现最终的解答。

三、延伸阅读

专精模型的训练和微调

结合最新的自然语言处理（NLP）技术和大模型概念，来优化和提升党建工作内容的生成、处理和分析能力。以下是基于给定内容的一个操作框架。

一是语义结构化标注：使用大模型语义结构化标注技术，将文本转化为结构化数据。进行主题、实体、关系和事件等层面的标注，提高信息的利用效率和可读性。通过主题标注，将文本分类到不同的主题标签下。通过实体标注，识别人名、组织名、行业、领域等关键实体。通过关系标注，分析实体之间的关联关系。通过事件标注，提取描述的事件，包括事件类型、参与者、时间等信息。获取与整理：开发获取能力，能够根据用户需要搜索并整理资讯。利用搜索引擎API获取实时或历史数据。对数据进行简单的筛选、去重和排序，确保用户获取到高质量的内容。

二是大模型处理模型选择与构建：根据处理的需求选择合适的模型架构，如Transformer、BERT、GPT等。基于数据进行模型训练，构建党建专精模型。通过微调预训练模型，使其适应特定的处理任务。（1）摘要与解读：利用党建专精模型自动生成摘要，为用户提供简洁明了的要点。通过模型分析中的关键词、主题和实体，对进行深度解读和分类。（2）深度解析：基于原文和关键词检索，进行更全面的分析结构化解读。利用知识图谱、实体链接等技术，构建知识库，为用户提供更丰富的背景信息。通过对比不同党建来源做客观性评价。

三是实施与优化数据准备与标注：准备大量高质量的数据，并进行数据清洗和标注工作。利用标注数据对模型进行训练和优化，提高模型的性能和准确性。（1）模型评估与调优：在验证集和测试集上评估模型的性能，包括准确率、召回率等指标。根据评估结果对模型进行微调，优化模型的参数和结构。（2）硬件资源与效率：根据模型大小和训练数据量选择合适的硬件资源，如GPU、TPU等专用硬件加速器。采用模型压缩和加速技术，提高模型的推理效率，降低计算成本。（3）安全与隐私：遵守相关法律法规和伦理规范，确保用户数据的隐私和安全。采取数据脱敏、模型加密等措施，防止数据泄露和模型被滥用。通过以上操作框架，可以实现内容的自动化处理、智能化分析和高效利用，为用户提供更加便捷、准确和丰富的党建内容服务。

四、案例启示

通过多种方法组合实现党建业务要求的特殊性。党建AI专精模型面向党建领域，对内容的正确性、敏感性、实效性的高标准要求，通过对党建业务的深刻理解，结合人工智能的前沿技术，给出最佳解决路径与启示。

1. 采用 RAG + 知识图谱实现党建知识的专业性

检索增强生成（retrieval-augmented generation，RAG）是一种结合检索和生成技术的方法，它能够通过检索相关的文档来增强生成的内容。在党建领域应用 RAG 技术，可以确保所生成的内容不仅基于大量的历史资料和政策文件，而且还能保持高度的专业性和准确性。通过构建党建领域的知识图谱，我们可以整合党章党规、重要会议决议、领导人讲话等多种类型的数据资源，形成一个结构化、语义化的知识网络。当用户询问特定问题时，RAG 系统能够从构建的专业数据库中快速检索到最相关的信息片段，并结合这些信息生成答案。这种方式不仅提高了信息的可靠性和权威性，也能解决大模型时效性的问题，使得最新党建知识的学习和传播更加高效。

2. 多跳思维链实现党建问题专家级推理

多跳思维链是指在处理复杂问题时，AI 系统能够通过多个逻辑步骤进行推理和决策。在党建领域，这意味着 AI 模型需要能够理解问题背景、分析问题中的关键因素、识别问题之间的关联，并最终得出合理结论。例如，在分析党的某个方针政策的历史演变过程时，AI 可以通过一系列的逻辑推理来展示这一演变是如何发生的，包括各个时期的关键事件、影响因素以及决策者的考量。这种能力对于理解和解释复杂的党建议题至关重要，可以帮助党员和群众更好地理解党的决策依据和发展方向，从而提高其参与党建活动的积极性和有效性。

3. 监督微调强制对齐消除幻觉实现生成准确度

监督微调是指在预训练的基础上，通过引入有标注的数据集来进一步调整模型的参数，使其更加贴合特定任务的需求。在新智 AI 党建专精模型中，为了消除"幻觉"现象——模型生成与事实不符的内容，我们会使用大量经过验证的正确示例来进行监督学习。通过这种方式，模型在生成内容时会更倾向于遵循已知的事实和逻辑，减少错误信息的产生。此外，我们还会利用人工审核的方式对模型输出进行检查，确保生成的内容既符合党的方针政策，又能够准确反映实际情况。这种方法不仅提高了模型的准确性，也增强了党建 AI 大模型的可靠性，使其能够在各种场景下为用户提供可信的信息和服务。

4. 新智 AI 党建专精模型应用一体机本地部署，定制基层党建专有知识库

借助党建 AI 一体机，本地部署新智 AI 党建专精模型及应用，赋能基层党建，可以私有化部署到基层组织，为基层定制部署党建知识库，实现按需定制的一体机 AIGC 和推理生成服务。党建专精模型驱动一体机，为基层应用提供了本地部署方式，具有如下优势：一是可以为基层实现本地知识库定制和部署，解决数据安全顾虑；二是可以为基层解决党建 AI 领域应用涉及的算力、网络、安全、设备等技术和人才门槛，将以上要素打包集成在一体机上，实现即插即用，简单培训即可快速应

用于实际业务中，为建设基层党员人人AI生态提供便利。

5. 党建AI培训实验箱应用党建培训实现党员人人AI应用生态

本地部署新智AI党建专精模型，实现AIGC内容生成，组合党建AI赋能应用服务平台+设施设备，构建党员人人AI生态系统，可以在数字空间和物理空间实现双向交汇的融合应用：借助党建专精模型AI箱设备和配套培训课程，助手机器人辅助和互动，在党建培训中快速应用和推广，让广大党员迅速掌握人工智能相关技术、技能。以人工智能大模型技术为核心，内部集成100+开源模型，如语言大模型、图片大模型、情感分析等，可支持在离线状态下，轻松体验、测试、训练不同的大语言模型为党员提供通用AI培训；集成以新AI党建专精模型为代表的垂域模型（如社区、工会等），为不同党员群体所属行业，专业进行针对性培训。

（本案例由杨瑞勇、骆国正、佟萌负责调研，并参与指导或撰写）

案例 21

AI 技术让机器人"脑""眼""手"精准配合

——长木谷数智骨科完整解决方案探索与实践

一、案例概述

随着人口老龄化日益加深，关节疾病患者发病率将不断升高。据了解，中国关节疾病患者已超过人口总数的 10%。以人工关节置换手术为例，人工关节置换手术作为关节疾病的终极治疗手段，在治疗关节疾病中具有无可替代的重要价值。在中国，该手术量每年以 20% 左右的增长率高速增长。2018 年我国人工关节置换手术量近 70 万台，2020 年已超过 100 万台。一方面，中国的人工关节置换从治疗理念、制作材料、工艺设计和手术工具、技术都有了突破；但另一方面，由于关节置换手术要求高、医生学习曲线长，阻碍了我国青年医生和基层医生顺利开展关节置换手术。技术在不断进步，AI 技术也给骨科手术带来了新的助力。

北京长木谷医疗科技股份有限公司（简称"长木谷®"）是一家专注于骨科人工智能与手术机器人解决方案的国家级高新技术企业、国家级专精特新"小巨人"企业，面向医疗机构提供人工智能辅助诊断、个体化三维医学手术计划、手术机器人、术后康复等全流程数字化解决方案；拥有中国第一张人工智能辅助治疗类创新医疗器械三类注册证，是全球领先的数智骨科完整解决方案提供商。

长木谷®作为研发驱动的全球智慧骨科创新领航者，授权 300 余项国内外发明专利与软件著作权等科技成果，获评国家级博士后科研工作站、中关村高新技术企业等荣誉。已经完成七轮融资（B + 轮）。

长木谷布局人工智能辅助评估与治疗、手术机器人的科创型企业，覆盖骨科关节、脊柱、创伤及运动医学领域，领跑中国骨科数字化与智能化行业。长木谷以科技赋能骨科数智化升级，让科技造福于民。

AIJOINT 由中国自主研发的骨科人工智能创新技术，将以"软硬一体化"的人工智能骨科手术机器人完整解决方案全面展现。自主研发基于人工智能深度学习的智能三维重建手术辅助系统，该技术获批国家药监局创新医疗器械特别审查"绿色通道"，5~10 分钟即可帮助医生精准地定制出一套个体化的手术方案，与传统手术相比避免了手术的盲目性和不确定性，将手术的精准度提升至 96.7% 以上，此项成果极大填补了国内骨科在关节置换领域的技术空白，推动了中国骨科领域智能化和精准化的全面发展，同时该技术已覆盖全国 30 个省份落地 700 余家三甲医院，让县域级的医生通过人工智能技术也可以快速获得大专家的手术经验，解决了偏远地区医疗技术水平不高、医生学习曲线长等热点问题，实现精准医疗下沉。红点奖至尊奖获奖的 ROPA 人工智能关节置换手术机器人，通过 AI + 手术机器人的方式重塑骨科医疗，改变传统骨科手术的诊疗模式，辅助医生高效、精准、安全地完成每一台手术，自主研发的 AI 技术让机器人"脑""眼""手"精准配合，AI + 手术机器人成为骨科医生的"超级助手"。

2020 年 8 月，长木谷荣获 2020 年度北京市专精特新"小巨人"企业认证。体现了其在行业内的领先地位和卓越贡献。作为国家级高新技术企业，国家级博士后科研工作站长木谷还获得了"知识产权示范单位""中国医疗人工智能企业 TOP50""胡润全球瞪羚企业"等多项荣誉，这些荣誉进一步证明了公司在科技创新、知识产权保护和市场竞争力方面的卓越表现。

二、案例剖析

（一）创新技术研发

长木谷医疗科技有限公司广泛开展了医、工、企联合攻关，在国家自然科学基金重点项目以及北京市科委重点课题项目"AI + 健康协同创新培育"的支持下，历经 5 年时间，研发出了中国原创且具有自主知识产权的人工智能骨科手术模拟软件——AIJOINT ®。

AIJOINT ®系统采用了国内首创的深度学习技术，对符合格式的 CT 图像进行三维重建、分割，自动识别解剖位点，辅助医生进行成人髋关节、全膝关节置换手术模拟。该系统不仅具备高效、精准、智能、定制、安全、微创等优势，还能根据患者的个体情况在术前就给出完美的人工智能骨科手术方案，为骨科手术的全流程提供了精确的实施标准。

AIJOINT ®系统的技术特点主要体现在以下几个方面。

（1）三维重建与分割：系统能够对患者的 CT 图像进行三维重建和分割，生成逼真的三维模型，使医生能够直观地了解患者的解剖结构。

（2）自动识别解剖位点：利用深度学习技术，系统能够自动识别患者的解剖位点，如股骨头旋转中心、股骨小转子等，为手术规划提供精确的数据支持。

（3）个体化手术规划：系统能够根据患者的个体情况，为医生提供个性化的手术规划，包括假体的选择、截骨量的确定等，从而提高手术的精准度和安全性。

（4）智能模拟与评估：系统能够模拟手术过程，评估手术方案的效果，帮助医生在术前进行充分的评估和准备。

AIJOINT ®系统在临床应用中取得了显著的效果。医生利用该系统可以大幅提高手术的精准性和安全性，减少术后并发症，缩短患者住院时间，提高患者满意度和预后生活质量。同时，该系统还能帮助年轻医生和基层医生提高手术技能，缩短学习曲线，推动骨科手术的标准化和统一化。

长木谷医疗科技有限公司通过自主研发和创新，成功推出了 AIJOINT ®人工智能骨科手术模拟软件，填补了国内外人工智能三维手术模拟在骨科治疗领域的技术空白，标志着人工智能在骨科手术领域的临床应用获得了革命性突破。未来，长木谷将继续加大研发投入，推动骨科手术的智能化和精准化发展，为更多患者带来高质量的医疗服务。

（二）智能化解决方案

ROPA ®是长木谷医疗科技有限公司自主研发的一款融合了深度学习、机器视觉及精准导航等核心技术的骨科手术机器人。该机器人由"数智脑""数智眼""数智手"三部分精妙融合而成，能够在手术前对患者骨骼结构进行三维重建，制订个性化手术方案。

（1）数智脑：搭载了获工业和信息化部"国际领先"认证的人工智能深度学习技术，能够模拟骨科专家思维，精准规划手术路径。术前，仅需患者 CT 影像，即可在 5~10 分钟内为每位患者量身定制最优手术方案。

（2）数智眼：采用亚毫米级精准光学定位技术，实时监测并追踪患者术中体位变化，确保手术过程中每一个关键步骤的精确执行。

（3）数智手：拥有 3D 空间扫描技术，能够扫描重建手术区域，实现全自动高效定位，以亚毫米级的精度执行操作，无论是复杂的骨折修复还是精细的关节置换，都能游刃有余。

智能化解决方案还能帮助年轻医生和基层医生提高手术技能，缩短学习曲线，推动骨科手术的标准化和统一化。长木谷医疗科技有限公司的智能化解决方案不仅提升了骨科手术的整体水平，还为患者带来了更好的治疗效果和康复体验。

（三）临床应用成效

近年来，随着人口老龄化的加剧，骨科疾病患者数量不断增加，对骨科手术的需求也日益增长。然而，传统骨科手术存在手术时间长、风险高、恢复慢等问题，难以满足患者的需求。长木谷医疗科技有限公司针对这一问题，研发了 AI + ROBOT 骨科手术机器人 ROPA ®及 AIJOINT ®人工智能关节置换手术模拟软件，旨在提高骨科手术的精准度、安全性和效率。

通过 AIJOINT ®人工智能关节置换手术模拟软件，医生为患者的 CT 影像进行了三维重建，并制订了个性化的手术方案。在手术过程中，医生利用 ROPA Ⓡ 骨科手术机器人进行精准定位和操作，成功完成了全髋关节置换手术。

（1）精准度高：AIJOINT Ⓡ 软件能够自动识别患者的解剖位点，并精准匹配假体的规格型号，规划出最佳的假体安放位置和截骨厚度。ROPA Ⓡ 机器人则能够按照规划方案进行精准操作，大大提高了手术的精准度。

（2）安全性高：ROPA Ⓡ 机器人搭载的 AI 深度学习技术能够实时监测手术过程中的各种参数，确保手术安全。同时，机器人操作能够减少医生手术过程中的体力消耗和疲劳，降低手术风险。

（3）恢复快：由于手术精准度高，创伤小，张女士在术后第一天即可下地行走，大大缩短了恢复时间。此外，术后并发症发生率也显著降低。

（4）个性化治疗：AIJOINT Ⓡ 软件能够根据患者的个体情况制订个性化的手术方案，确保每位患者都能得到最适合自己的治疗。

长木谷医疗科技有限公司的智能化解决方案在临床应用中取得了显著成效，不仅提高了骨科手术的精准度和安全性，还缩短了患者恢复时间，降低了并发症发生率。这一创新成果对于推动骨科手术的智能化、精准化发展具有重要意义。同时，它也为广大骨科疾病患者带来了福音，让他们能够享受到更加安全、高效、个性化的医疗服务。

（四）优质医疗资源下沉

在医疗资源分布不均的背景下，大城市的大医院往往集中了大量的优质医疗资源，而基层医疗机构则相对匮乏。这不仅导致患者看病难、看病贵的问题，也加剧了医疗资源的浪费。为了解决这一问题，长木谷医疗科技有限公司凭借其自主研发的 AI + ROBOT 骨科手术机器人 ROPA Ⓡ 及 AIJOINT Ⓡ 人工智能关节置换手术模拟软件，致力于将优质医疗资源下沉到基层，让更多患者受益。

1. 智能化解决方案助力下沉

（1）精准手术规划与导航：AIJOINT Ⓡ 软件能够基于患者的 CT 影像进行三维重建，为每位患者量身定制手术方案。这一功能不仅提高了手术的精准度，还为基层医生提供了专家级的手术指导。通过 AIJOINT Ⓡ，基层医生可以学习到先进的手术规划方法，从而提升自身的手术技能。

（2）手术机器人辅助：ROPA Ⓡ 骨科手术机器人具备高度的精准性和安全性，能够按照术前规划进行精确操作。在基层医疗机构中，手术机器人的引入可以显著提升手术的成功率，降低手术风险。同时，机器人操作还能够减少医生的体力消耗，使医生能够更专注于手术本身，提高手术质量。

（3）远程医疗支持：长木谷的智能化解决方案还支持远程医疗咨询和手术指

导。通过与大医院的专家建立合作关系，基层医疗机构可以获取到专家的远程支持，从而提高诊疗水平。此外，患者也可以通过远程医疗平台享受到大医院的专家服务，减轻就医负担。

2. 下沉成效与影响

（1）提升基层医疗水平：长木谷的智能化解决方案为基层医疗机构提供了先进的手术技术和设备支持，使基层医生能够学习到最新的手术方法和理念。这不仅提升了基层医疗机构的手术水平，还增强了其对复杂疾病的处理能力。

（2）减轻患者就医负担：优质医疗资源的下沉使得患者无须再长途跋涉到大城市的大医院就医，从而减轻了患者的就医负担。同时，基层医疗机构通过引入先进的手术技术和设备，提高了诊疗水平，使患者能够在当地获得更好的医疗服务。

（3）促进医疗资源均衡分布：长木谷的智能化解决方案有助于推动医疗资源的均衡分布。通过提升基层医疗机构的手术水平和诊疗能力，可以引导患者向基层医疗机构分流，减轻大医院的压力，实现医疗资源的优化配置。

综上所述，长木谷医疗科技有限公司通过其创新性的智能化解决方案，成功地将优质医疗资源下沉到基层，为基层医疗机构和患者带来了实实在在的改变。这一举措不仅提升了基层医疗水平，减轻了患者就医负担，还促进了医疗资源的均衡分布，为构建更加公平、高效的医疗服务体系作出了积极贡献。

三、延伸阅读

数智骨科的完整解决方案需要积累大量经验

要做骨科人工智能与手术机器人解决方案，必然要在医院各种临床手术当中走一圈，长木谷的骨科人工智能与手术机器人解决方案也在与各大医院的合作中积累了大量经验。

此前，北京协和医院骨科主任医师、教授钱文伟及其团队凭着上千例髋、膝关节置换手术经验，借助长木谷 AIJOINT ® 系统个体化、定制化的三维医学影像重建技术，成功为先天性髋关节发育不良的患者实施全髋关节置换手术。

上述病例患者是一位 31 岁的女性，先天性髋关节发育不良，理想的术前规划应该是个体化的，在充分了解患者髋关节解剖结构的基础上，判断假体的大小及位置，恢复患者髋臼旋转中心以及下肢偏心距。

借助 AIJOINT ® 系统中 AIHIP 人工智能髋关节置换解决方案，钱文伟医疗团队快速对 CT 数据进行三维重建，以此来观察患者髋关节形态，智能识别股骨头旋转中心、股骨小转子、股骨髓腔形态等并进行测量。

值得注意的是，在三维重建观察患者髋关节基础上智能匹配人工关节假体，恢复股骨头的旋转中心，恢复髋臼的前倾角、外展角，并最优地恢复患者双下肢腿长和联合偏心距，更好地了解髋臼缺损情况，提前进行髋臼杯摆放位置、假体植入髓腔形态、股骨柄植入深度等多项"彩排"，对医生术前评估帮助巨大。

钱文伟主刀为该患者进行了全髋关节置换，手术过程顺利，患者术后第 1 天即可下地行走。患者及其家属对手术效果十分满意，术前活动受限的关节变得接近正常，双下肢基本等长。

近十几年来，关节置换术前规划系统不断完善，从第一代基于胶片模板的手工测量，到第二代的基于数字模板的二维规划，发展到第三代基于 CT 影像三维重建处理后的三维手术规划。但由于传统二维规划的准确性受限，传统三维规划的操作复杂，目前中国有 90% 以上的医院仍停留在最原始的传统胶片模板法，测量误差大，手术风险高，医生对于精准手术的追求与传统落后的技术矛盾急需解决。

钱文伟表示："AI Joint 系统是新时代的得力助手，是我们很好的老师，AI 术前规划可以把关口前置，防患于未然。"

四、案例启示

长木谷医疗科技有限公司在推动优质医疗资源下沉、利用智能化解决方案革新骨科手术领域的实践，为我们提供了深刻的案例启示。

1. 创新驱动，技术引领

长木谷的成功首先在于其持续的创新精神和技术领导力。面对医疗资源分布不均、手术精准度要求高等挑战，长木谷没有局限于传统医疗手段，而是积极拥抱新技术，研发出 AI + ROBOT 骨科手术机器人 ROPA ® 及 AIJOINT ® 人工智能关节置换手术模拟软件等创新产品。这些产品不仅提高了手术的精准度和安全性，还降低了手术风险，为医生和患者带来了显著的益处。因此，在医疗健康领域，只有不断创新，才能引领行业发展，满足人民群众日益增长的健康需求。

2. 精准定位，满足需求

长木谷项目的成功还在于其精准的市场定位和对患者需求的深刻理解。通过调研和分析，长木谷发现基层医疗机构在手术技术和设备方面存在短板，而患者对高质量医疗服务的需求日益增强。因此，长木谷将智能化解决方案定位于解决这些痛点，致力于将优质医疗资源下沉到基层。这一精准定位不仅满足了患者的需求，也提升了基层医疗机构的诊疗水平，实现了双赢。因此，在医疗健康领域，要深入了解市场需求，精准定位，才能开发出真正符合市场需求的产品和服务。

3. 跨界融合，协同创新

长木谷项目的成功还体现在其跨界融合和协同创新的能力上。长木谷不仅整合了人工智能、机器人、医学影像等多领域的技术资源，还与医疗机构、科研机构等建立了紧密的合作关系，共同推动医疗技术的创新与发展。这种跨界融合和协同创新的方式，不仅加速了新技术的研发和应用，还促进了医疗资源的优化配置和共享。因此，在医疗健康领域，要打破行业壁垒，加强跨领域、跨行业的合作与交流，才能推动医疗技术的快速发展和普及。

4. 以人为本，服务至上

长木谷项目的成功还离不开其以人为本、服务至上的理念。长木谷始终将患者的利益放在首位，致力于提供安全、高效、个性化的医疗服务。通过智能化解决方案，长木谷不仅提高了手术的精准度和安全性，还降低了患者的就医成本和负担。同时，长木谷还注重与患者的沟通和交流，及时了解患者的需求和反馈，不断优化产品和服务。这种以人为本、服务至上的理念，不仅赢得了患者的信任和好评，也提升了长木谷的品牌形象和市场竞争力。

5. 展望未来，持续创新

长木谷项目的成功为我们提供了宝贵的经验和启示。然而，面对日益复杂的医疗环境和不断变化的市场需求，长木谷仍需保持持续创新的精神和动力。未来，长木谷可以进一步拓展智能化解决方案的应用领域和范围，加强与国内外医疗机构的合作与交流，推动医疗技术的国际化和标准化发展。同时，长木谷还可以关注新兴技术的发展趋势和动态，积极探索新技术在医疗健康领域的应用和前景。

（本案例由金东、王艳、于景瑞负责调研，并参与指导或撰写）

案例 22

BIM 信息化 + AI 技术

——鲁班智联引领建筑行业数字化转型和智慧升级

一、案例概述

在数字化转型的浪潮中，建筑行业正经历着前所未有的变革。浙江鲁班智联工程科技有限公司（以下简称"鲁班智联"），作为专注于建筑工程领域数字化转型与智能化服务的先锋企业，积极响应国家关于"专精特新"中小企业发展的号召，通过深耕 BIM（建筑信息模型）信息化和 AI（人工智能）技术，为区域建筑业的高质量发展注入了强劲动力。

鲁班智联自成立以来，始终坚持以技术创新为核心驱动力，致力于打破国际技术壁垒，实现关键技术的国产替代。公司依托 BIM、云计算、大数据及物联网等先进技术，构建了"智慧工程全生命周期管理平台"与"工程智能决策支持系统"，为建筑企业、设计单位、施工单位、监理单位以及政府机构等用户提供了全链条智能化解决方案。通过不断优化和提升技术实力，鲁班智联已成为建筑行业数字化转型和智慧升级的引领者。

在浙江省丽水市委、市政府的大力支持下，生态经济数字化工程（丽水）研究院联合多家单位共同打造了中国（丽水）"专精特新"数创营。该数创营旨在加速构建丽水优质中小企业梯度培育体系，助推一批优质的丽水中小企业在技术创新、市场开拓、上市培育、数字化转型、智能化改造等方面实现高质量发展。

鲁班智联凭借其在 BIM 信息化和 AI 技术领域的行业成就，成功入选中国（丽水）"专精特新"数创营。在数创营的赋能下，鲁班智联进一步加速了技术创新和市场拓展的步伐。通过与其他优质企业的交流与合作，鲁班智联不仅拓宽了业务渠道，还提升了品牌影响力，为公司的持续发展奠定了坚实基础。

作为中国（丽水）"专精特新"数创营的一员，鲁班智联积极融入数创营，与营员企业深度交流合作；专注于企业增长和资源对接。在数创营的助力下，鲁班智联不断推动技术创新与升级，深化全过程咨询与 BIM 融合应用，拓展市场份额与品牌影响力。

在技术创新方面，鲁班智联持续加大在 BIM 技术、AI 智写等领域的资源投入，不断优化和提升平台功能和性能。公司研发的智能标书撰写系统、BIM 视频展示系统、资源库信息管理系统、标书任务派单系统等创新产品，不仅提高了标书编制效率和竞争力，还为用户提供了更加便捷、智能的工程管理体验。

在全过程咨询与 BIM 融合应用方面，鲁班智联通过构建全过程咨询云平台，整合设计、施工、造价、监理等多方资源，实现了项目的精准管理和高效协同。同时，公司还利用 BIM 技术进行项目模拟和优化，为客户提供更加科学、合理的决策支持。

在市场拓展与品牌影响力提升方面，鲁班智联积极参与数创营组织的各类交流活动和技术研讨会，加强与政府机构、设计单位、施工单位等多方的合作与交流。通过不断拓展市场份额和提升品牌影响力，鲁班智联已成为地方建筑行业数字化转型和智慧升级的领军企业之一。

展望未来，鲁班智联将继续坚持技术创新和服务升级双轮驱动的发展战略，不断拓展服务领域、提升服务质量。同时，公司还将积极履行社会责任，加强与政府机构、设计单位、施工单位等多方的合作与交流，共同推动建筑行业的可持续发展和绿色生产。

在中国（丽水）"专精特新"数创营的助力下，鲁班智联将继续深耕 BIM 信息化和 AI 技术领域，为区域建筑业的高质量发展贡献更多力量。同时，公司也将不断提升自身核心竞争力，努力成为建筑行业数字化转型与智慧化发展的领军企业。

二、案例剖析

1. 构建完善的增长训练体系，填补技术壁垒空白

面对国际领先企业在 BIM 软件及 AI 辅助工具方面的技术壁垒，鲁班智联通过自主研发和引进，参与技术革新，成功推出了适应本土需求的 BIM 平台与 AI 标书生成系统，实现了关键技术的国产替代。公司不仅注重技术创新，还建立了完善的增长训练体系，通过组织技术研讨会、培训班等活动，提升行业内外人员的专业技能和数字化应用水平，有效填补了当地建筑业数字化转型所紧缺的技术壁垒空白。

鲁班智联团队大部分均来自工程管理一线技术人员、资深的高级工程师组成，具有较强的项目实操经验，凭借团队 BIM 技术的优势，在项目方案设计优化、项目前期策划的方案直观呈现和实景 1∶1 展示方面具有独特的竞争优势；在高大难项目的施工投标、EPC 项目投标的技术方案呈现方面具有直观、生动的特点；在异型曲面等实景放样和方案比选等具有不可替代的价值；其三维立体展示，让建筑物提前呈现，可以做到所见即所得；以上无不展现出 BIM 的价值。

2. 组建高质量的技术与服务团队，形成创新驱动力量

鲁班智联汇聚了一支来自浙江大学、上海同济大学、苏州大学等国内顶尖学府的专家团队，以及来自大型建筑企业的资深项目经理和技术顾问，组建了高素质的专业服务团队。这些专家和技术人员不仅具备深厚的理论功底，还拥有丰富的实践经验，能够为客户提供高效、专业的技术支持和服务。同时，鲁班智联还注重与产业链上下游企业的合作，共同推动建筑行业的数字化转型和智能化升级。

3. 整合行业资源，推动产业链协同发展

鲁班智联积极整合行业资源，与政府机构、设计单位、施工单位、监理单位等多方合作，共同推动建筑行业的数字化转型和智慧升级。公司通过构建智慧化服务生态体系，加强与产业链上下游企业的互动与合作，实现资源共享和优势互补。与中国信息协会、中国建设教育协会等国家级行业协会打造教学培训机构，共建 BIM 应用技术考试点；此外，鲁班智联还积极参与行业标准和规范的制定工作，推动建筑行业的规范化和标准化发展。

4. 成果展示与未来展望

通过一系列创新实践，鲁班智联在建筑行业数字化转型和智慧升级方面取得了显著成果。公司先后荣获"浙江省行业创新创优示范单位"等多项荣誉，并于2022年、2023 年在丽水飞机场、中国移动通信产业园等多个项目团体赛事参赛中斩获"中国信息协会举办的 BIM 大赛一、二、三等奖"，成为 BIM 技术在智慧工程领域应用的标杆企业。在 2023 年底，公司成功获得《BIM 模型资源库信息管理系统 V1.0》《可视化 BIM 模型设计框架系统 V1.0》《BIM 智慧社区设计模型展示系统 V1.0》《BIM 汇报视频样本展示系统 V1.0》《基于 BIM 的城市规划设计仿真系统 V1.0》《基于 BIM 的施工方案模拟智能分析系统 V1.0》《基于 BIM 的施工项目质量管理系统 V1.0》《基于 BIM 技术的标书编制辅助系统 V1.0》《基于 BIM 的全过程造价管理控制系统 V1.0》共 9 项计算机软件著作权，涵盖了 BIM 视频展示系统、资源库信息管理、智慧社区设计、城市规划仿真等多个方面。

展望未来，鲁班智联将继续坚持技术创新和服务升级双轮驱动的发展战略，不断拓展服务领域、提升服务质量。公司将进一步加强与政府机构、设计单位、施工单位等多方的合作与交流，共同推动建筑行业的可持续发展和绿色生产。同时，鲁班智联还将积极履行社会责任，参与公益事业和慈善活动，为社会作出积极贡献。

我们有理由相信，在不久的将来，浙江鲁班智联工程科技有限公司将成为建筑行业数字化转型与智慧化发展的领军企业，为推动建筑行业的转型升级和高质量发展作出更加积极的贡献。

三、延伸阅读

智能科技引领建筑业发展新趋势

在当今全球局势复杂多变，经济格局深刻调整的背景下，中国传统建筑业正面临前所未有的挑战与机遇。为了实现行业的可持续发展，构建具有国际竞争力的现代化建筑产业体系已成为当务之急。产业的繁荣不仅关乎经济的增长，更是推动社会进步、增强民众获得感、幸福感与安全感的重要基石。

在历史悠久、文化底蕴深厚的中国大地上，鲁班智联作为建筑业数字化转型的先锋，正以其独特的地理位置和深厚的行业积累，探索着一条融合智能科技与传统建筑技艺的新路径。与此同时，随着全球数字化浪潮的兴起，建筑业对智能化、信息化的需求日益迫切，为鲁班智联的发展提供了广阔的空间。

1. 智能科技的深度应用

鲁班智联，作为建筑业数字化转型的佼佼者，正站在企业发展的关键转折点上，寻求通过创新产品与服务，引领行业变革。在深入调研市场需求与消费趋势后，鲁班智联决定携手国内外顶尖科技企业，共同开拓智能建筑解决方案的新赛道，将服务范围从传统建筑施工拓展至智能化、绿色化的建筑全生命周期管理。

在这一进程中，鲁班智联得到了多方力量的支持与赋能。从智能算法的引入到物联网技术的应用，从绿色建筑材料的研发到智慧运维系统的建立，每一步都凝聚着行业专家与科研团队的智慧与汗水。特别是在产学研合作方面，鲁班智联与知名高校及研究机构建立了紧密的合作关系，共同研发具有自主知识产权的智能建筑技术，推动科技成果转化与产业升级。

目前，鲁班智联已联手同行成功推出了一系列智能建筑解决方案，包括智能安防系统、能耗管理系统、环境监测系统等，为众多建筑项目提供了高效、便捷、绿色的服务。这些解决方案的应用不仅提升了建筑项目的整体品质，还为用户带来了更加安全、舒适、环保的居住和工作环境。

2. 建筑行业的绿色转型

在推动建筑行业的数字化转型的同时，鲁班智联还积极倡导和实践绿色建筑理念。公司致力于通过技术创新和服务升级，推动建筑行业向绿色、低碳、环保方向发展。例如，在建筑材料的选择上，鲁班智联优先选用环保、可再生材料；在建筑设计上，注重节能、节材、节水等方面的优化；在施工过程中，加强废弃物管理和资源回收利用。

此外，鲁班智联还积极参与绿色建筑的认证和评估工作，为用户提供绿色建筑相关的咨询和认证服务。通过这些努力，鲁班智联不仅为建筑行业的绿色发展树立了典范，还促进了社会经济的可持续发展。

3. 智能化与信息化的未来趋势

随着科技的不断进步和建筑行业的不断发展，智能化和信息化将成为建筑行业的重要趋势。未来，建筑项目将更加注重数据的收集、分析和应用，通过数字化手段提高项目管理的效率和质量。同时，智能化技术的应用也将进一步提升建筑项目的安全性和舒适度。

在这个过程中，鲁班智联将继续发挥其在 BIM 信息化和 AI 技术领域的优势，不断推出创新产品和服务。公司将继续深化与国家级协会、学会、高校及科研机构的合作，推动产学研深度融合发展；同时加强与产业链上下游企业的合作与交流，共同推动建筑行业的智能化和信息化进程。

四、案例启示

鲁班智联作为建筑业数字化转型的先锋企业，其成功经验为基础薄弱地区发展新质生产力提供了宝贵的启示。结合鲁班智联的实际案例和"专精特新"数创营的实践经验，我们可以提炼出以下更具针对性和实操性的发展策略，以助力基础薄弱地区有效弥补资源短板，推动新质生产力的发展。

1. 构建精准的企业孵化与加速机制

借鉴鲁班智联与数创营模式：鲁班智联在数创营的赋能下，实现了技术创新和市场拓展的双重飞跃。基础薄弱地区应借鉴此模式，构建以企业实际需求为导向的孵化与加速机制，重点支持中小企业在技术创新、市场开拓、资源对接等方面的成长。

提供定制化服务：针对不同成长阶段的企业，提供从创业辅导、技术研发、市场开拓到融资服务的全方位、个性化支持，确保企业在各个阶段都能获得精准助力。

2. 强化政策引导与自主创新能力

优化政策环境：政府应制定更具针对性和吸引力的政策措施，简化政策申报流程，降低企业获取政策红利的成本和时间。同时，加强政策解读和申报指导，提高企业自主申报的成功率。

激发自主创新能力：鼓励企业加大研发投入，支持企业与高校、科研机构等开展产学研合作，共同攻克技术难题，推动科技成果转化和产业升级。

3. 促进区域协同与开放合作

加强跨区域合作：基础薄弱地区应主动寻求与周边发达地区的合作，通过共建产业园区、产业合作示范区等形式，吸引外部资金、技术、人才等生产要素流入，促进产业链上下游协同发展。

构建开放创新生态：鼓励和支持各类创新主体之间的交流与合作，构建开放共享的创新资源平台，促进知识、技术、信息的自由流动和高效配置，为新质生产力的培育提供良好环境。

4. 深化数字化转型与智能化应用

借鉴鲁班智联数字化经验：鲁班智联在 BIM 信息化和 AI 技术领域的成功应用，为基础薄弱地区企业的数字化转型提供了借鉴。企业应积极引入数字化技术，提升生产效率和管理水平。

推动智能化升级：鼓励企业探索智能化解决方案，如智能安防、能耗管理、环境监测等系统的应用，提升建筑项目的整体品质和用户体验。

5. 注重绿色发展与社会责任

推动绿色建筑：借鉴鲁班智联在绿色建筑方面的实践，鼓励企业选用环保、可再生材料，注重节能、节材、节水等方面的优化，推动建筑行业向绿色、低碳、环保方向发展。

履行社会责任：鼓励企业积极履行社会责任，参与公益事业和慈善活动，为社会作出积极贡献，同时树立良好的企业形象和品牌价值。

（本案例由刘春晓负责调研，并参与指导或撰写）

案例 23

培育"高科技、高效能、高质量"新质生产力

——中建八局上海人工智能实验室科研实验楼
项目助力服务国家战略工程

一、案例概述

我们要坚持人民城市人民建、人民城市为人民的重要理念，培育新质生产力，推动城市高质量发展。上海人工智能实验室，致力于解决人工智能领域的"卡脖子"技术，是人工智能领域国家战略的重要科技力量。中建八局承接了上海人工智能实验室科研实验楼项目，该项目建设过程中积极探索培育"高科技、高效能、高质量"的新质生产力，统筹考虑科研人员工作、社交、生活等多重功能，全力为科技人员工作生活创造良好科研生活环境。中建八局积极以高标准服务国家战略、着力建造精品工程，为上海国际科创中心建设贡献力量。

上海人工智能实验室科研实验楼项目位于世界级滨水商业区、人工智能产业聚集地——徐汇滨江，总建筑面积约17.6万平方米，是有助于上海加快建设全球科创中心、形成人工智能高地的重要项目。上海人工智能实验室科研实验楼项目的目标是建成国际一流的人工智能实验室、成为享誉全球的人工智能原创理论和技术的策源地。项目现有总包建设管理人员35人，党员11人，团员14人，本科以上学历占比80%，党员占比34%，35岁以下青年占比65%，管理团队人员整体相对年轻。

上海人工智能实验室科研实验楼项目工程，荣获上海市文明工地，成功举办上海市质量月综合观摩优秀观摩项目，策划创优上海市白玉兰奖、绿建二星等荣誉。项目截至2024年12月，已完成双优化立项6项，已申请并受理发明专利3项，实用新型专利3项，录用论文2篇，获批公司级工法1项。申请立项总承包公司课题《双碳背景下大型科研实验室数字化建造关键技术研究》，完成上海市级QC成果1项，获评2024年度总承包公司级QC成果三等奖1项。

二、案例剖析

1. 数智"破题"，打造智慧场景展区

项目科技攻坚小组充分利用人工智能实验室的技术优势、人才优势，研究打造智慧场景展区——书生·万象工业安全多模态大模型，采用最新的大模型技术和多模态数据处理方法。尤其在处理复杂场景中，能有效地处理传统系统难以识别的稀缺数据，与传统深度学习模型相比，书生·万象工业安全大模型在准确率上提升了25%，并在面对复杂场景时比 GPT-4o 提升了 10%。同时，此模型能在有限的数据输入下迅速进行学习与适应，即使是在数据量极小的场景中也能维持高性能，从而减少了数据准备的工作量和时间成本，推动了施工行业的智能化转型与升级。

2. 科学管理，保障项目施工安全、高效

为降低与市中心地铁线路同步施工带来的安全风险，提高工友的安全意识及安全技能，项目部通过无人机无线巡航系统实现科学高效的管理。施工无人机无线巡航系统是一种集成了先进飞行控制、传感器技术、无线通信技术和数据分析能力的智能巡检系统，专门应用于施工现场的巡检、监测与管理。系统能够实现自动飞行任务，通过预先设定的飞行路线进行巡检，具有速度快、覆盖面广的优势，同时可以减少人员在危险或难以到达区域的巡检风险，提高施工过程中的安全性。通过高清摄像头和三维建模技术，实现施工现场的全景可视化展示，同时无线通信系统确保数据能够实时传输到地面控制站和数据分析平台。通过科技手段，对于工作人员进场未戴安全帽、高空作业未佩戴安全绳等不规范操作均能自动识别，作出警示预警，有效保障人员安全，守住安全底线。

在大型机械方面，项目部采取塔吊智能化管理，系统集成了先进的信息技术、物联网技术、大数据分析及人工智能算法，旨在全面提升塔吊作业的安全性、效率与合规性。不仅能提供全天候、全方位的实时监控功能，并能在发现异常或潜在风险时立即发出预警。不仅如此，项目部还利用雷达、激光测距等先进技术，实时监测塔吊与其他物体（如其他塔吊、建筑物、电线等）的距离，避免碰撞事故。同时通过云端平台，实现塔吊作业的远程可视化监控。在现实运用中，系统能自动检测塔吊的倾斜、超载、风速超限等安全隐患，并立即触发警报或采取紧急制动措施，有效避免了因人为疏忽或环境因素导致的安全事故，显著提升了塔吊作业的安全性能。

3. "黑科技"登场，推动绿色低碳发展

"黑科技"已经成为项目建设的新法宝，而项目部也依托"金国栋工匠人才创新工作室"开展深基坑、绿色低碳建造施工技术等课题研究，积极响应国家绿色低碳发展战略，结合项目建筑功能和结构特点，通过加强与院校、科研机构合作，为

绿色建造提供了众多的科技支撑，研发沿海地区大型综合研究基地低碳建造关键技术，推动绿色技术不断创新与升级，形成了绿色建造领域的先进经验，有效地提升了人均效能和施工质量。

在此基础上，运用项目载体，项目部培育出了一批高端技术人才。项目部培育的青年人才先后荣获公司技术质量交底大赛三等奖、公司创效创新达人奖；项目培育的钢筋工在全国住房城乡建设行业职业技能大赛上海市选拔赛荣获第一名等荣誉。

4. 党建为舵，擦亮"浦江红潮"党建品牌

上海人工智能实验室科研实验楼项目部成立之初便以"浦江红潮"党建品牌为平台，高标准开展党建策划，明确了"服务国家战略、共建精品工程、共育一流人才"的建设理念，融合"强优高大"新八局建设目标，依托"建证·军魂匠心·浦江红潮"党建品牌，打造智慧党建"五维"模型，构建项目"党建＋"融合新载体。

上海人工智能实验室科研实验楼项目地处上海核心区域，周边道路同期施工，项目出入受限；并且项目结构复杂，机电、幕墙、精装等各专业立体交叉作业，总承包管理面临巨大挑战。为解决这些难题，中建八局在项目策划阶段，就明确了以党建为引领，全面推动项目进度，统筹各方资源，助力实现项目完美履约。截至目前，项目底板节点、正负零节点均提前完成，产值按时完成率100％。

三、延伸阅读

数智驱动赋能高品质

低碳建造：中建八局上海人工智能实验室科研实验楼项目地上地下结构形式不同，地下室为混凝土框剪结构，地上为钢结构。为满足地上地下施工垂直运输要求，常规项目为根据不同运输要求取大值进行塔吊的安装或分别设置地上地下塔吊位置及基础。本项目创新采用同一基础预埋两套塔吊埋件，实现一基两用，可用于不同施工阶段、不同型号塔吊的转换。且塔吊转换与普通塔吊安拆一致，施工简单。同时格构柱间距与基础埋件间距基本一致，格构柱通过钢板与塔吊基础埋件连接，可使混凝土基础减小，节省桩基、格构柱、混凝土基础等材料。

这样不仅有效提高现场塔吊转换时间，加快现场地下转地上结构施工速度，转换地上塔吊时无须再次进行塔吊基础施工，还能有效节约施工材料及劳动力，加快现场施工，减少了塔吊基础拆除带来的建筑垃圾、噪音及环境污染，低碳环保。

匠心工艺：综合考虑现场施工道路条件及缩短工期的目的，该项目采用溜管法进行混凝土浇筑施工。溜管法浇筑是利用重力直接将混凝土运送至浇筑面的一种施工方法，现场于基坑边主要交通干线布置两处干卸料口，设置竖向、斜向溜管、支撑架体、分支溜管等，分支溜管底部设360°旋转装置与溜槽结合。溜槽底部设集束

串筒，降低混凝土下落高度。溜管从中心向四周推浇，根据混凝土的流淌范围和初凝情况拆除分支斜向溜管，实现覆盖无盲区。

利用溜管法浇筑技术，混凝土可以快速、高效地输送和浇筑，极大地提高了施工效率，适用于大型工程、大面积混凝土的浇筑等领域。此种工艺的自流性能和饱满度好，能够有效避免混凝土分层现象的发生，从而提高了施工质量。相较于传统浇筑技术，溜管法浇筑技术更加简便，其施工难度相对较低。

见过会自愈合的防水剂吗？本工程地下室外墙防水采用抗渗混凝土中添加自愈型无机增殖防水剂，成为不依赖于外设防水层的混凝土自防水系统，使混凝土的后期裂缝能够自修复，从而达到了永久性的防水抗裂的效果。

机器人控制：在这个项目中，工人也成了技术操作人员。钢筋绑扎机器人通过自动化和智能化技术，实现钢筋绑扎的自动化作业，避免了传统人工绑扎方式劳动强度大、作业效率低下，存在较大安全隐患等问题，促进建造业新质生产力的发展。

在技术方面，钢筋绑扎机器人移动灵活，适用场景多，可在施工现场的普通现浇混凝土楼板、地下室大底板和钢筋桁架楼承板等不同场景的水平钢筋网上前进、后退和横移，可适应钢筋摆放的容许间距误差，并自动完成水平钢筋绑扎。能做到智能识别，末端采用六自由度超轻量、高负载的仿人机械臂执行绑扎动作，并配有视觉识别系统，植入机器学习算法，可一次识别多个钢筋绑扎点，可适应不同场景下钢筋绑扎的动作要求。而在移动端操作方面，机器人设置简便，配有移动端操控系统，设置钢筋规格参数后，机器人可自主规划行走路径和执行绑扎，易于使用，操作简便。结合搭载的监控摄像头，可观察和记录机器人绑扎工作情况。通过农民工技能提升站的培训学习，工人也能掌握要领控制机器人，在助力产改上开展实践与探索。

四、案例启示

1. 抢抓科技创新赛道，推动科技创新赋能实体经济

融合的关键是强化企业科技创新主体地位。当前，全国各大城市都在大力发展科技创新，优质项目落地的竞争趋于白热化。北京、深圳等城市也不断发力，老牌国有企业更要勇担重任，助力上海全面实施创新驱动发展战略，向具有全球影响力的科技创新中心进军。企业要在研发与运用技术的过程中，注重科研成果的转化，加强对过程中研发机构、市场主体等的现实需求的了解，积极争取更多科技创新试点落地，加快形成一批创新性强、应用性广、示范性好的科技创新项目，为加速培育和集聚一批科技创新核心领域的项目创造条件、营造氛围，以新质生产力推动高质量发展，助力上海打造成为科技创新生态要素集聚地、核心技术策源地、重点场景承载地。

2. 吸引高水平科技人才，提供坚强有力的保障服务

企业完善引进科技人才相关政策，争取市、区层面支持，为高水平科技人才提供包括境外工作经历视同境内工作经历，人才引进落户、来华工作许可、签证、职称评审绿色通道等便利保障服务，招引全球高端科技创新人才。优化科技人才服务，进一步完善科技人才就医、子女就学的平台和通道，为科技人才打造服务完善、价格优惠的人才公寓。组织开展校招，推动科技人才的加快集聚，加强企业科技人才的培育、培训，为企业科技创新项目建设提供智力支持。

3. 坚持党建引领整合资源，促进党务业务协同发展

党的二十大报告明确指出，要确保发挥党总揽全局、协调各方的领导核心作用。一方面要继续发挥好"浦江红潮"等党建品牌的重要功能，不断深化并优化党建融合模式，通过高质量的党建工作激发履约效能与创新活力，充分发挥企业各级党组织的优势、功能和力量；另一方面党建工作还要充分结合企业自身业务特点、功能定位和文化底蕴，通过凝心聚力、整合资源，形成优势互补、需求对接，更好地服务企业员工，助推高层次产业发展，从而促进区域范围内各类企业协同发展。

（本案例由张琳、黎明琳负责调研，并参与指导或撰写）

案例 24

零碳微单元碳中和小屋

——四川碳拾光科技发展有限公司引领零碳城市建设

一、案例概述

当前，应对全球气候变暖、推进绿色可持续发展成为国际社会共识，我国已成为全球绿色低碳技术创新的重要贡献者，以新型能源开发利用、智能微网多能互补、资源循环利用为代表的绿色低碳新技术、新模式、新业态不断涌现，深刻影响城乡居民衣食住行方式，加速了经济社会的绿色低碳转型。

四川碳拾光科技发展有限公司牢牢把握碳达峰碳中和等国家战略部署，围绕零碳微网、再生资源循环利用和数字碳汇开发，打造以碳拾光碳中和小屋为代表的绿色综合体。"碳中和小屋"于 2019 年正式上线，理念上以"让碳中和行动惠及每一个人"为目标，技术上以新一代信息技术和绿色低碳先进技术为引领，功能上以可再生资源回收和处置为核心，运营上以垃圾分类等降碳行动换取碳汇奖励为路径，致力于成为"碳中和""循环经济""新质生产力"结合的典范。

2020 年 12 月，首个碳拾光碳中和小屋落地。2024 年碳中和小屋进入快速增长期，现已投建运营小屋 70 座，目前已经完成成都锦江区、青羊区、金牛区、武侯区、成华区、天府新区、龙泉驿区、温江区、双流区、郫都区、新津区、都江堰市、重庆渝北区、昆明市、西安市等重点区域的进驻。3 月，碳拾光与成都碳惠天府绿色公益平台正式完成联网接通、数据共享互联。4 月，碳拾光携手中建材潘锦功博士推出全国首个绿色自循环体系"碲化镉绿电小屋"。碳中和小屋平均面积约 25 平方米，服务范围 1~1.5 公里，服务人数约 2 万人。小屋的核心目标是引导居民主动分类，实现可回收物全品类应收尽收，并通过碳中和计量仪、软件助手等支持"收荒匠"等从业人员规范操作。（碳中和）小屋能够回收纺织、金属、玻璃、废纸、塑料 5 大类可回收物，根据目前碳拾光开发的方法学预算，一座小屋每年能为社区减碳 200~300 吨；居民通过参与垃圾分类碳中和行动，可获得现金收益和碳积分，碳积分可通过碳拾光平台和碳惠天府平台兑换商品。碳拾光科技发展公司 2023 年由中国质量认证监督管理中心荣选为"绿色供应链管理企业""中国 3.15 诚信企业"

和"质量·服务·诚信 AAA 企业",2024 年四川省循环经济协会授予碳拾光协会会员证书,并获得 9 项专利证书。

二、案例剖析

1. 发电玻璃打造自发自用零碳微单元

碲化镉发电玻璃是一种新型能源型建筑材料,在玻璃衬底上依次沉积 5 层半导体薄膜,使玻璃从绝缘体变成导体,并且具有发电功能。每生产一度电,碲化镉所排放的二氧化碳仅 11 克,相比传统热电厂、晶硅材料更低,是绿色低碳、环境友好的发电材料。碳拾光与成都中建材光电材料有限公司联合推出,装有 1.6 米 × 1.2 米大尺寸碲化镉发电玻璃的平急两用碳中和绿电小屋,能把光变成电,将屋顶变成电站,实现电力自给自足,余电储存,在小屋内形成完整的绿色环保自循环体系。未来随着碳拾光绿电小屋越来越多,绿电小屋储备的电能,除了日常为小屋提供电能,还能供给社区应急使用,在突发情况下,为应急设施设备提供电能,在自然灾害或者战时转变成可独立运行的"庇护所"。

2. 碳中和计量体系支撑循环经济行业标准化

传统回收行业存在价格不透明、缺斤少两的问题。为解决此问题,碳拾光小屋都配有碳中和计量仪,具备多维度功能集成。其中,精准称重模块采用高精度传感器技术,确保可回收物称重数据精确到克,为碳计量提供基础数据支撑,可回收物现金价值精确到分,有效解决传统称重缺斤少两、价格不透明的问题。视频存证子系统通过高清摄像头对回收全过程进行实时录制,并利用区块链的不可篡改特性对视频数据进行加密存证。这一举措不仅保障了交易过程的真实性与可追溯性,还为可能出现的纠纷提供了有力的证据链。回收物溯源系统依托分布式账本技术,为每一笔回收交易生成唯一的数字身份标识,并记录其从源头收集到最终处置的全生命周期信息。包括回收物的种类、重量、来源地、运输路径以及再生利用情况等详细数据,实现了回收物信息的透明化与可溯源管理。

通过上述功能模块的协同运作,碳中和计量仪将所有回收交易信息实时上传至网络,形成不可篡改且可公开验证的可信交易记录。这些记录不仅为回收企业与消费者之间搭建了信任桥梁,也为下一步碳交易市场中的碳减排量核算、认证与交易提供了坚实的数据基础,能建立行业诚信基础,促进行业规范化、标准化。

3. 碳拾光小程序与"碳惠天府"平台联动

碳拾光小屋通过"互联网＋回收"的模式,将垃圾分类回收折算成减排数据,进行"碳汇"交易换取生活用品,将市民日常节能降碳的行为与城市碳达峰碳中和目标结合起来。用户到碳拾光小屋进行再生资源回收,使用碳中和计量仪分类称重后，用户使用微信扫码便可实时获得现金收益与碳积分收益。碳拾光还与成都绿色公益平台"碳惠天府"完成数据互通，用户参与回收，可以同时获得碳拾光和碳惠天府的碳积分奖励，在碳拾光小程序积分商城及"碳惠天府"商城均可进行积分兑换，给居民提供了更便捷的碳普惠参与途径，正向反馈的激励机制也将鼓励更多居民主动参与再生资源分类和回收，提高居民低碳环保意识，减少资源浪费。

据测算，每座碳中和小屋建设落成后，经过 1~3 个月运营，日均用户参与回收150 单以上，日均再生资源回收量 1.2~1.8 吨，碳减排量 0.6~0.9 吨，每月可为参与用户增加 300~500 元的现金收益。随着碳中和小屋建设落成越来越多，居民知晓度越来越高，参与度也会进一步提高，进而实现垃圾分类及再生资源减量化、资源化、无害化、全民化。小屋每回收 1 吨可回收物综合碳减排量约为 0.52 吨。

4. 智能车联网系统赋能绿色再生资源回收清运

绿色再生资源回收清运智能车联网系统，是推动再生资源回收行业高效、可持续发展的关键创新。该系统依托先进的物联网、大数据与人工智能技术，实现了车辆的自动调度、能耗精准管理以及智能充放电控制。自动调度方面，系统根据回收任务分布、车辆位置与载重量等实时数据，运用智能算法规划最优清运路线，大幅提高清运效率，降低运营成本。能耗管理方面，通过对车辆行驶数据、电池电量消耗的持续监测与分析，为不同车型在清运不同再生资源时的能耗表现建立精准模型，从而清晰计算出清运每一公斤不同再生资源的能耗成本。同时，结合充放电管理功能，依据车辆作业计划与电池状态，合理安排充电时间与功率，延长电池使用寿命，进一步优化能源利用效率。此智能车联网系统全面提升了绿色再生资源回收清运的智能化水平与经济效益，有力促进了再生资源行业的绿色低碳发展。

三、延伸阅读

碳中和愿景下的零碳微单元

零碳微单元是一种创新型的碳中和解决方案，它利用太阳能、风能等可再生能源，转化为可用于供电、供热或其他能源需求的微型单元。这种单元可以独立运行，无须外部能源供应，且产生的废物和排放极少或为零。零碳微单元的建设强调培育生产和消费一元化的参与主体、塑造适应环境的生产布局、构建多样选择的合作机制、加强"储""智"联合的系统建设。它是碳中和能源解决方案的一种创新，不仅将引致能源组织方式的革新，更将带来发展范式的升级和社会福祉的提升，以及超越零碳的经济社会多赢效应。借助分布式能源、储能和新一代信息技术，当前大批自给自足、生产消费一体化的零碳微单元应运而生。例如，集成光伏发电、智能网络和储能技术的建筑光伏一体化模式，使建筑可以因地制宜利用自身的零碳资源，自产自用，实现能源从生产到消费的自我零碳循环。多个独立零碳微单元相连可构建规模化的零碳微系统，形成局部能源互通互补的架构。

碳拾光碳中和小屋所做的，是在零碳微单元之上搭建循环经济功能载体，通过提高资源利用效率，充分发挥减少资源消耗和降碳的协同作用。可以看到，近年来以节能降碳为目标的资源循环利用相关科技创新和成果转化不断涌现。在工业领域，炼化企业余热制氢、二氧化碳制燃料等碳捕集与利用技术已逐步突破技术障碍，既具备绿色减排的生态效益，又可实现资源循环利用的经济价值。在社会生活领域，循环经济与互联网、大数据等数字化技术相融合。通过智能终端，居民的资源回收行为可直接折算成碳减排数据，通过国家核证自愿减排（CCER）等模式由碳减排企业付费购买，有效提升了居民参与资源再利用和碳减排的积极性。为此，发展改革委、工业和信息化部等九部门于 2023 年出台《国家发展改革委等部门关于统筹节能降碳和回收利用　加快重点领域产品设备更新改造的指导意见》，2024 年发布的《国务院办公厅关于加快构建废弃物循环利用体系的意见》等文件，力图将再生资源高水平循环利用与碳达峰碳中和战略打通。地方实践亦在积极跟进，成都市生活垃圾分类工作推进领导小组于 2023 年 10 月 24 日印发的《成都市深入推进生活垃圾分类工作攻坚行动方案（2023—2025 年）》通知中，明确要求加大智能回收箱布局或"碳中和"小屋建设力度，计划 2024 年底，智能回收箱或"碳中和"小屋覆盖全市 40% 以上的居民小区和单位；2025 年底，智能回收箱或"碳中和"小屋覆盖全市 60% 以上的居民小区和单位。以碳拾光碳中和小屋为代表的零碳循环微单元的探索为其他同类型社区碳中和实践提供了很好的借鉴。

四、案例启示

1. 以可持续商业模式形成收益闭环

要想实现循环经济可持续发展，关键在于，能否探索出可持续的商业模式，逐步摆脱对政府财政的高度依赖。以城市生活垃圾回收为例，目前国内大多数地区仍采用政府补贴和政府采购的模式。东部沿海某城市街道每年采购垃圾分类服务的费用达到 3000 万元，西部某县级市在垃圾分类收集设施更新投入达到 4000 万元，西部某"无废城市"每年给可再生资源分拣企业千万元级别的政府补贴，给每个街道百万元级别的垃圾回收宣传费用，给每个家庭几百元的回收补贴，对地方财政造成较大负担。事实上，在循环经济领域已经衍生出不少具备自负盈亏能力的市场主体，碳拾光碳中和小屋是积极探索者之一。通过打通"前端回收服务—中端分拣加工—后端出售变现"的产业链各个环节，形成可盈利的商业闭环，这将极大地节省政府开支。应在政策上鼓励这类市场化的运营模式，在用地等要素保障给予支持，在项目运营审批上推动跨部门协同，积极探索各类型政府与社会资本合作特许经营模式，形成可复制、可推广的模式，助力我国资源循环利用效率的提升。

2. 解决资源循环经济的行业痛点

传统再生资源循环利用行业有诸多的痛点。居民参与方面居民没有有效途径参与碳中和行动，碳惠天府平台无法普惠给居民，降低了部分居民通过参与垃圾分类获取价值反馈的积极性。管理技术方面，传统废品回收属于粗放式经营管理方式，存在回收产品单一、打包加工技术差、产业链短、同质化严重、服务质量低等问题。此外，传统回收行业回收标准不统一，价格混乱，行业不规范，没有有效的交易监管机制，导致双方交易诚信度低。城市治理方面，由于缺乏科学的管理数据来源，不利于建立健全的生活垃圾全生命周期管理体系和核定碳减排成效。碳拾光碳中和小屋通过构建指挥管理系统，将碳中和计量仪获取的前端分类回收数据实时汇入到后端碳大脑平台，后端平台可实时查看选定区域内再生资源分类回收情况、碳减排量、居民参与量，解决了传统回收行业数据统计难度大的问题。后端数据可为政府监管提供数据来源，支持建立健全的再生资源全生命周期管理体系，核定地区碳减排成效。这不仅有利于促进源头减量化、数据信息化、可视化，也将促进可再生资源行业管理和监管上的智能化、便捷化。

3. 兼顾人文关怀与社会责任

碳拾光碳中和小屋在运营过程中十分注重为本地居民提供人文关怀，体现应有的社会责任。一是提供多元化的社区便民服务。配置爱心驿站等便民休息点，配置微波炉、饮水机、手机充电等，并提供家政，大件垃圾、装修垃圾、绿化垃圾清运等多元化社区便民服务。二是组织研学活动，参与碳中和的理念传播。小屋通过学校对学生开展"参与碳中和垃圾分类"实践、研学类活动，普及碳中和、垃圾分类的重要性。碳拾光还设计开发一系列适合儿童阅读的科普读物、桌游。三是参与碳中和理念的传播。小屋配置垃圾分类宣传室、陈列各项分类展示物品、宣传手册，供居民、学生等群众免费参观学习，提高居民垃圾分类意识。四是缓解街道垃圾清运压力，协助街道完成"近零碳社区"建设工作。五是创造新的就业岗位。每个小屋配置 2~3 名工作人员，解决部分就业问题。

（本案例由张惠强、靳力飞负责调研，并参与指导或撰写）

案例 25

"虚拟电厂"点亮韧性安全城市"智慧之光"

——上海黄浦打造全国首个商业建筑及居民虚拟电厂

一、案例概述

党的十八大以来，我国能源进入高质量发展新阶段。2021 年 3 月，习近平总书记在中央财经委第九次会议上对碳达峰、碳中和作出重要部署，强调要构建以新能源为主体的新型电力系统，明确了"双碳"背景下我国能源电力转型发展的方向。2024 年 2 月，习近平在主持中共中央政治局第十二次集体学习时强调，"要瞄准世界能源科技前沿，聚焦能源关键领域和重大需求，合理选择技术路线，发挥新型举国体制优势，加强关键核心技术联合攻关，强化科研成果转化运用，把能源技术及其关联产业培育成带动我国产业升级的新增长点，促进新质生产力发展。"① 能源的高质量转型不仅是实现碳达峰、碳中和目标的关键路径，也是构建韧性安全城市的重要基石。党的二十大报告明确提出："坚持人民城市人民建、人民城市为人民，提高城市规划、建设、治理水平，加快转变超大特大城市发展方式，实施城市更新行动，加强城市基础设施建设，打造宜居、韧性、智慧城市。"② 虚拟电厂的打造与韧性安全城市的建设目标高度契合。

虚拟电厂是一种通过先进信息通信技术和软件系统，实现分布式能源资源的聚合和协调优化，作为一个特殊电厂参与电力市场和电网运行的电源协调管理数字化技术应用。虚拟电厂的核心价值在于能够平衡电力的供需关系，优化能源的供给结构，减少能耗浪费，以此响应能源消费侧的绿色变革，推动绿色能源转型，提高整个城市的能源韧性。虚拟电厂作为一项创新技术，为城市提供了更加灵活、可靠和可持续的能源解决方案，成为实现韧性安全城市发展的重要工具和手段。

随着双碳背景下新型电力系统建设推进，源荷波动性逐步加强，同时考虑上海

---

① 《大力推动我国新能源高质量发展　为共建清洁美丽世界作出更大贡献》，载于《人民日报》，2024 年 3 月 2 日 01 版。
② 《高举中国特色社会主义伟大旗帜　为全面建设社会主义现代化国家而团结奋斗——在中国共产党第二十次全国代表大会上的报告》，载于《人民日报》，2022 年 10 月 26 日 01 版。

电网每年呈现用电负荷峰谷差大的特点，对电力系统调节能力提出了更高要求。一方面，上海土地资源十分宝贵，若为短时尖峰负荷调节而建设发输变电设施，不仅成本高昂且设备利用率低。另一方面，上海拥有大量的需求侧柔性可调负荷，例如商业建筑中央空调、照明、充电桩等，调节潜力巨大。因此，亟须推动虚拟电厂技术及其商业模式发展，对需求侧分布式调节资源进行聚合、优化控制和管理，为电网提供调峰调频、可再生能源消纳等电力安全保障辅助服务。黄浦区在"十三五"时期，依据 2016 年发布的《国家发展改革委办公厅关于上海市城区（黄浦）商业建筑需求侧管理示范项目的复函》批复同意，率先开展实施商业建筑需求侧管理示范项目。采用、研究具有创新性的虚拟电厂技术，利用数字化手段有效聚合、协调控制各类分布式资源形成具备常规电厂外特性且可被常态化调度的特殊电厂，并于 2019 年成功建成全国首个商业建筑虚拟电厂，运营至今聚合了超过 150 幢商业建筑约 60 兆瓦的柔性响应资源，并接入了 6 个居民社区和 3 个电动车充电平台，实现了规模化需求侧可调资源与发电侧互动响应的全国首个典型示范，累计调度超 3000 幢次/60 万千瓦时，单次最大削减负荷达到 50.5 兆瓦时，资源柔性负荷调度能力超过 10%。黄浦区同步尝试将居民小区纳入区域虚拟电厂覆盖范围，辅以"碳普惠"形式激励居民参与节能降碳行动，从而促进社区用能和碳排放管理。截至目前，居民虚拟电厂已累计接入用户超 300 户，接入用电设备超过 900 个，总接入容量超 600 千瓦，在夏季高温天实施的需求响应试验中成功调节电力负荷超过 100 千瓦。

二、案例剖析

黄浦区积极推进虚拟电厂试点示范，充分结合已有的节能降碳工作基础，确定目标，虚拟电厂运营拓展对象以公共建筑为主，居民建筑为辅，注重建筑需求响应能力提升和高效运营，在操作实施层面主要从数据汇集、数字化平台、市场交易机制、标准政策以及科研创新体系等方面提供持续投入。

1. 坚持有序规划，筑牢双向互动能源数治根基

黄浦区是上海乃至全国商业建筑较为集中的区域，也是最早开展建筑能耗数字化管理的区域。黄浦区商业建筑能源精细化管理起步较早，于 2012 年开始建设区域商业建筑能耗监测系统，已累计接入大型商业建筑数量超过 250 幢，面积超过 1000 万平方米，可监测楼宇能耗占全区总能耗的 65% 以上，年耗电量超过 10 亿千瓦时，峰值负荷近 500 兆瓦。在此基础上，编制上海市城区（黄浦）商业建筑需求侧管理示范项目方案，经国家发展改革委批复同意。聚焦电量和电力精细化管理能力双提升，实现从"数字化"到"数治化"管理转变，强化跨领域、跨部门、跨界的协同协作，形成"三个一"的顶层设计规划。推进"一批资源"整合。定制一楼一册标准化操作手册，发掘区内幢商业建筑需求侧柔性负荷响应资源能力，覆盖办公建筑、

商场、宾馆酒店、文化教育、医疗卫生、体育建筑、综合体等不同负荷类型建筑。围绕低碳社区建设，推广负荷调节管理意识。建设"一个平台"。充分利用物联网、大数据、人工智能等数字化手段，建立数智化技术平台，注册可调负荷资源，验证各种组合策略与虚拟发电响应模式，支持各类业务管理和用户互动，以及电力公司业务、电力市场对接以及各类数据资源的整合等。突出"一些亮点"。通过先行先试，建立开放式项目联合试点机制，与国家电网、交通大学、东南大学等行业研究联调建立项目联动合作，积极开展研究，深化项目技术理论体系，推进科研成果创新实践与验证。2014 年启动全国首个需求响应试点，2016 年启动全国首个商业建筑虚拟电厂创新实践，2019 年虚拟电厂开展电力市场交易试点，2021 年开展国家电网电力调度生产大区虚拟电厂安全接入试点。通过不断更新融合物联采集、负荷大数据预测，人工智能流程自动化等技术，黄浦建筑能耗绿色低碳管理之路经历了从建立数据监测网的基础设施、定位用户互联网能源互联网的应用构建、拓展创新负荷调控网的过程。

2. 保持创新定力，打造虚拟电厂节能降碳范式

黄浦区虚拟电厂从十几个楼宇资源建设开始，迄今已构建了一套规模化节能降碳方案体系，形成了降碳集聚效应。坚持技术理论、工程实施、市场机制相关可行性研究，落实商业建筑虚拟电厂规范化建设方法，黄浦区电力需求响应参与电力市场交易机制，启动虚拟电厂建设导则标准编制。依托区域建筑能耗监测平台数据和用户基础，制定三年行动计划，滚动推进关键技术、关键要素、关键机制试点，总结形成常态化项目推进机制。落实政策和资金配套，不断完善节能减排专项资金管理办法，持续开展企业宣贯与培训。目前，入驻虚拟电厂的商业建筑已经达到 155 幢，覆盖黄浦区重点用能商业建筑面积 70% 以上，并拓展了 6 个居民社区，3 个电动车充电平台多元化响应资源；按虚拟发电机资源模型注册了 550 个可调资源，315 种组合策略，4 种发电模式；总计实现约 60 兆瓦商业建筑需求响应资源开发，其中 20% 的商业建筑具备分钟级自动需求响应能力。作为上海电力需求响应日常调度常规资源，累计调度超过 3000 幢次，已虚拟发电量超 60 万千瓦时，年度二氧化碳累计减排超 1000 吨；峰值负荷管理调节能力大于 20%。创新示范成果总体达到国际领先水平。

3. 积极参与市场，开展虚拟电厂电力交易实践

黄浦区紧跟国家层面加快推进电力市场化改革的步伐，在商业建筑虚拟电厂初步建成投运后，积极探索虚拟电厂市场化运营模式，尝试性地对用户侧电力负荷在电力现货市场中的交易机制和模式进行探索。在考虑技术可行性、市场可行性和用户期望值，兼顾公益性和市场性基础上，设计了符合上海本地特色的虚拟电厂交易

框架方案，并以区域商业建筑虚拟电厂示范为应用验证对象逐步开展尝试。2019 年12 月，该示范作为商业建筑虚拟发电资源参与上海电力交易中心首次虚拟电厂交易试点，2020 年开始作为上海电力交易中心虚拟电厂交易的重要资源，注册市场化资源 27.4 兆瓦，开展市场化交易数十次。在常规电力调度紧张且负荷峰谷差较大的2022 年 7 ~ 8 月夏季，被上海电网连续调用次数达 13 次，参与保障城市用电平稳可靠，为全面推进建筑参与城市用电调峰方面作出了重要探索。

4. 完善项目机制，夯实虚拟电厂示范成效

一是建立开放式项目联合科研机制。与国家电网建立项目联动合作试点机制，在国内完成首次国家电网调度安全接入虚拟电厂试点、首次虚拟电厂电力市场交易试点、虚拟电厂（负荷聚合商）运行管理模式试点，同步参与国家电网各类科研项目，深化项目技术理论体系。二是注重项目规模化普及。在常规项目监理机制上拓展第三方项目服务质量监理、项目执行数据认定、专项项目沙龙等机制，开展全过程标准化管理。三是完成商业建筑虚拟电厂生产、运营调度应用开发与上线运行，完成《黄浦区商业建筑虚拟电厂规范化建设方法研究》《黄浦区电力需求响应参与电力市场交易研究项目》等研究，完成《联合国开发计划署/全球环境基金——中国公共建筑能效提升智能用电类市场机制类项目》。四是发挥区节能减排降碳资金效能，持续落实示范项目市场化试点资金。2023 年编制完成并发布区级指导文件《商业建筑虚拟电厂建设和运营导则》，在此基础上，又于 2024 年启动上海市地方标准立项工作，行业影响力能级稳步提升。积累的技术成果应用获得上海市科技进步奖、中国电力科技奖、电力创新奖等多个奖项。虚拟电厂创新实践成果推陈出新，成功亮相首届世界人工智能大会、首届上海国际碳中和博览会。

5. 践行为民宗旨，虚拟电厂普惠居民

以引导市民参与绿色消费，践行为民宗旨为工作方向，推进虚拟电厂普惠为民，积极探索社区低碳新途径及居民虚拟电厂新模式，于 2023 年建成全国首个居民虚拟电厂 2.0。通过集合对汇龙新城等低碳社区开展居民智慧低碳用电提升工作，聚焦空调、热水器等高耗能家用电器，搭建针对居民用能的智慧管理平台，目前共计接入用户超 300 户，接入用电设备超过 900 个，总接入容量达 600 千瓦。平台与智能控制器通过无线网络实现数据联通，实现对居民能耗数据全方位监控、社区碳排放管理等模块功能；并创新低碳积分、谷电补贴等低碳激励机制，激发居民节约用电、绿色用电意识；同时平台实现与区需求响应平台的互联互通，能够接收上级区需求响应平台的控制指令，实现居民的自动需求响应流程，促进居民与电网友好互动，在 2023 年夏季高温天气共计实施 5 次需求响应试验。实现居民多种负荷资源参与电网互动的协调优化，丰富了虚拟电厂的可调控资源种类，形成以社区为单位可复制

的成熟居民侧虚拟电厂应用方案，有效激发居民绿色生活意识，助力黄浦区碳普惠体系建设工作，推进黄浦区绿色低碳高质量发展。

三、延伸阅读

虚拟电厂引领绿色能源新风尚

上海市黄浦区是高端产业集聚、经济能级领先的超大型城市中心城区，经济密度始终保持全市第一，呈现"高能级、高产出、低能耗"的高质量发展典型特征，并且拥有国内最密集的商业建筑群，也拥有国内最大的城市电网，庞大的商业建筑群承载着城市经济活力造血功能的同时也产生了相应的能耗，节能增效成为贯穿建筑运营生命周期的追求。2022年，国家《"十四五"现代能源体系规划》提出，大力提升电力负荷弹性，需加强电力需求侧响应能力建设。《上海市能源发展"十四五"规划》指出，提升需求侧调节能力是优化能源结构的重要举措，通过政策、技术和市场机制等多种手段，加强能源需求侧调节能力建设，提高系统能效。2023年，《电力需求侧管理办法（2023年版）》明确提出提升需求响应能力，到2025年，各省需求响应能力达到最大用电负荷的3%~5%，其中年度最大用电负荷峰谷差率超过40%的省份达到5%或以上的指标要求。黄浦区积极探索区域需求侧管理节能降碳新模式，从单纯电量管理到融合实时电力的管理、从单向的指标下达到双向互动用户服务、从行政管理到帮助用户能力建设、从能源数字监测到能源数治管理，做好"数治"大文章，优化布局新型电力系统，引领实现区域商业建筑规模化减排降碳成效。

黄浦区商业建筑虚拟电厂启动于2016年，是全国首家商业建筑虚拟电厂。截至目前，虚拟电厂入驻商业建筑达130幢，总计实现了约60兆瓦商业建筑需求响应资源开发，具备10%区域峰值负荷柔性调度能力，"发电"规模相当于一座中型发电厂。商业建筑虚拟电厂本质是一个用电消费控制能力的特殊虚拟公共设施，依托"物联网通信"＋"互联网聚合"，将能耗指标分解为每小时精细管理，分发给各个商业楼宇；再将各楼宇碎片化的节能行为聚合成"发电"资源，虚拟平衡"发电"，从而实现系统性节能。

距离外滩2公里的创兴金融中心，是虚拟电厂的130个节点之一，曾23次参与虚拟电厂的调度运行。在接受虚拟电厂调度时，大楼可自主判断选择关闭部分设备，这样一来，大楼的用电负荷就可以在两小时内下降600多千瓦，削减下来的电能就是虚拟电厂所发的电。值得注意的是，这种规模化的对用户用电行为的精细化调节，是一种非常"柔性"的控制手段，一方面体现在商业楼宇可以自愿选择接入虚拟电厂和响应需求行动；另一方面，对于接入的楼宇来说，每次需求响应行动都会推送至他们的手机客户端，楼宇可以根据自己的实际情况选择是否响应、响应多少。虚拟电厂为楼宇制定了"一幢一策"的需求响应指南手册。2019 年起还启动建设自动化需求响应，为用户装上自动需求响应系统，用户只需按下确认参与，后续相应设备就会自动调节关闭。无论是手册还是自动需求响应方式，都是让商业楼宇更方便快捷地响应需求。上海有近 3000 栋商业楼宇，如果将这些楼宇的可调节电能集中起来，相当于新建一台 100 万千瓦容量的火电机组，用这样一个看不见的超级电厂参与电力调度和市场交易，相当于节省发输变电建设投资 110 亿元，减少占地 2000 公顷。既能减少电源建设，得到一个稳定、可控的大电厂，还能为上海实现"双碳"目标作贡献。

四、案例启示

虚拟电厂，促进了新型电力系统建设与节能消费转型，在推动双碳目标实现和建设韧性安全城市中意义逐渐显现。虚拟电厂通过聚合和优化分布式能源资源，提高了城市能源供应的多样性和冗余性，增强了能源供应的安全性和韧性。

1. 构建政府引导与多元主体协同发力的创新生态体系

在新技术新模式的创新与发展过程中，政府的积极引导和优质服务至关重要。政府应通过制定科学合理的政策框架、提供高效便捷的行政服务、搭建开放共享的创新平台、构建多元主体协同参与的创新体系等措施，为技术创新营造良好的生态环境。具体而言，政府应加强政策制定与优化，确保政策的前瞻性和适应性。密切关注技术发展趋势和市场需求变化，及时调整和优化相关政策，为技术创新提供明确的导向和支持。同时，政府还应搭建开放共享的创新平台，促进产学研用的深度融合。积极引导企业、高校、研究机构、社会组织及公众等各方力量的共同参与和协作，通过这种协同，实现资源共享、优势互补，进而形成强大的创新合力，推动技术创新向更深层次和更广领域发展。此外，建立健全风险防控机制和监管体系，确保技术创新在安全可控的范围内进行，保护创新者的合法权益，激发全社会的创新热情和创造力。

2. 坚持小规模试验先行与标准体系建设，有序推动创新工作实施

在执行项目的过程中，应秉持循序渐进的原则，即先以小规模试验为先导，再逐步扩展至大规模实施，以此确保项目的可行性和有效性。这一策略的核心在于通过初始的小规模试验，对项目的设计、技术和管理等方面进行全面而深入的测试与验证，从而及时发现并解决潜在的问题和挑战。在此基础上，积极围绕建立健全的标准体系展开工作，确保项目的每一个环节都有章可循、有据可依，进而保障项目的质量和安全性。有序实施创新工作是项目成功的关键，这要求在项目的各个阶段，

都应遵循科学的方法论和严谨的工作流程,确保创新活动的系统性和连贯性。同时,应注重创新工作的可持续性,通过持续的监测、评估和反馈,不断优化项目的实施策略和方法,以适应不断变化的环境和需求。此外,还应加强跨部门、跨领域的协作与沟通,形成合力,共同推动项目的创新与发展。

3. 建立项目持续发展机制,确保长期规划与常态化支持的有机结合

在开展项目建设规划时,必须高度重视项目的持续性和长期性,为此,需要建立健全一系列常态化机制,以确保项目的持久活力和影响力。首先,持续的用户培训和意识培育是项目持续发展的基石。通过定期举办培训活动、开展在线学习等方式,不断提升用户的知识水平和使用技能,增强他们对项目价值和目标的认识和理解,从而形成广泛的用户基础和支持网络。其次,持续的应用建设是项目保持生命力的关键。这包括不断地优化和升级项目的技术架构、功能模块和服务内容,以适应不断变化的用户需求和技术环境。同时,还需要加强项目的可扩展性和灵活性,以便在未来能够轻松地添加新的功能或集成新的技术。最后,持续的资金政策支持是项目持续运行的保障。这要求建立健全的财务管理和资金筹措机制,确保项目的资金来源稳定和充足。此外,还需要制定科学合理的预算分配和使用计划,以提高资金的使用效率和效益。

(本案例由武瑞烜、黎明琳负责调研,并参与指导或撰写)

案例 26

分级诊疗体系破局医改"难题"

——山东第一医科大学第一附属医院切实推进医联体建设

一、案例概述

分级诊疗体系建设是党的二十届三中全会关于深化医药卫生体制改革的一项重要部署，是满足人民群众看病就医需求的治本之策。习近平总书记 2021 年在福建考察时强调要"做到大病不出省，一般病在市县解决，日常疾病在基层解决"。[①] 党的二十届三中全会通过的《中共中央关于进一步全面深化改革、推进中国式现代化的决定》提出，"促进优质医疗资源扩容下沉和区域均衡布局，加快建设分级诊疗体系，推进紧密型医联体建设，强化基层医疗卫生服务"，为进一步推进分级诊疗体系建设指明了方向、提出了明确要求。

2024 年 11 月 27 日，国家卫生健康委、国家中医药局、国家疾控局 3 部门联合印发了《关于加强首诊和转诊服务，提升医疗服务连续性的通知》，提出到 2025 年底，紧密型医联体（包括城市医疗集团和县域医共体）内建立顺畅的双向转诊制度；以地级市为单位，建立医疗机构间转诊制度，方便患者在市域内转诊。到 2027 年，在省域内建立医疗机构间顺畅的转诊制度，畅通患者省域内转诊。到 2030 年，分级诊疗体系发挥有效作用，为患者提供系统连续、公平可及的医疗服务，形成规范有序的就医格局。

国家卫生健康委与国家中医药管理局于 2018 年联合印发的《关于印发医疗联合体综合绩效考核工作方案（试行）的通知》和《关于进一步做好分级诊疗制度建设有关重点工作的通知》指出，要力推医联体建设，实现分级诊疗强基层，推动形成基层首诊、双向转诊、急慢分治、上下联动的分级诊疗模式。新医改的目标很明确，通过推进医联体建设和发展为重要抓手，实现分级诊疗强基层的目标，希望破局医改"难题"。2020 年 7 月，国家卫生健康委与国家中医药管理局联合印发的《医疗联合体管理办法（试行）》，提出加快推进医联体建设，逐步实现医联体网格化布局

---

① 《习近平：健康是幸福生活最重要的指标》，载于《新华社"新华视点"微博》，2021 年 03 月 24 日。

管理。2021 年 6 月，国家卫健委印发《关于成立推进分级诊疗与医疗联合体建设工作专家组的通知》，对于医联体建设的跨越式推进已是矢在弦上。2023 年 12 月，国家卫生健康委等十部门联合发布了《关于全面推进紧密型县域医疗卫生共同体建设的指导意见》，明确了县域医共体建设的总体要求、主要任务和支持政策。标志着紧密型县域医共体建设由试点阶段正式进入了全面的推进阶段，为各地规范稳健地开展紧密型县域医共体建设提供了遵循和指南。2024 年 11 月，国家卫健委等四部门又发布了《紧密型县域医疗卫生共同体监测指标体系（2024 版）》，指标体系供县级开展自评和省市两级开展监测评价，国家对各省份建设情况进行动态监测，加强工作指导，强化结果运用，确保县域医共体建设扎实推进，取得实效。未来 5 年是加快建设分级诊疗体系的关键期，我们要围绕习近平总书记提出的省、市县、基层三方面目标，落实新时代党的卫生与健康工作方针，以基层为重点，加快推进优质医疗资源扩容下沉和区域均衡布局，提升基层医疗卫生服务能力。

开展医联体建设，是深化医改的重要步骤和制度创新，有利于调整优化医疗资源结构布局，促进医疗卫生工作重心下移和资源下沉，提升基层服务能力；有利于医疗资源上下贯通，提升医疗服务体系整体效能，更好实施分级诊疗和满足群众健康需求。2015 年发布的《国务院办公厅关于推进分级诊疗制度建设的指导意见》和 2017 年发布的《国务院办公厅关于推进医疗联合体建设和发展的指导意见》明确提出，到 2020 年，在总结试点经验的基础上，全面推进医联体建设，形成较为完善的医联体政策体系。

山东第一医科大学第一附属医院（以下简称山一大一附院）与合作医院武城县人民医院在全面合作的基础上，共建了武城县人民医院肺结节筛查基地，通过在基层筛查首诊，我院与武城县人民医院联合分诊，针对筛查中发现的重点患者，我院田辉院长团队组织肺外科、肿瘤微创科、呼吸与危重症医学科、影像科等科室专家进行多学科会诊，确保为每名患者提供专属的个性化诊疗方案。近期，我院成功为一名前期筛查发现的肺结节患者实施了胸腔镜手术，术后患者恢复良好，目前已返回武城县人民医院进行后续康复期管理。展现了医联体建设过程中绿色转诊通道的高效与便捷。

推进医联体建设主要目的在于加强大医院与基层医院之间人才、利益、内涵建设的一体化，让二者各司其职，互动、共享，为老百姓提供全方位、全周期的健康服务。所谓各司其职，即大医院发挥医疗优势，以疑难杂症、住院诊疗、人才培养、帮扶指导为主；基层医院解决力所能及的常见病、多发病、慢性病，并结合诊疗开展预防保健。

二、案例剖析

（一）山一大一附院医联体建设的有关背景

2009年，国家新医改方案出台，"强基层"成为医改的重点工作。同年，山东省卫生厅发文实施"卫生强基"工程，要求省级医院积极对口支援基层医疗卫生机构。在此背景下，我院积极响应号召，按照卫生厅部署，先后与齐河县人民医院、高密市市立医院、定陶县人民医院等多家县级医院建立了对口帮扶及技术协作关系，奠定了我院医联体发展的雏形。

2010年，我院建院50周年，广大干部职工凝心聚力谋求发展的热情空前高涨。但我院与同为省级医院的齐鲁医院、省立医院相比，影响力还有较大差距。

2011年，时任院长孙洪军带领的院领导班子面对基层医疗机构的发展困境、职工的迫切希望以及我院目前的发展现状，将发展合作医院确立为我院一项重要发展战略。同年与定陶县人民医院等13家医院签订了全面合作协议，拉开了我院医联体建设的序幕。

后期，国家出台多项政策，推动分级诊疗体系建设、鼓励医联体发展，加上历任领导班子都十分重视和支持医联体建设，山一大一附院医联体的发展进入了快车道。经过多年发展，目前，医院医联体合作单位已达130家，覆盖山东省16地市，在落实国家分级诊疗政策，缓解基层群众看病难等方面起到积极作用，形成了具有鲜明特色的医联体品牌，形成了惠及全省基层百姓的健康服务链，优质医疗资源得到有效扩容增容。

（二）山一大一附院医联体建设的工作实践

在具体的工作实践中，我院围绕"下沉""贯通""提升"三个关键词，以管理、技术、人才、文化、信息等为切入点，采取院级层面全面合作、科室层面专科联盟、组团式对口帮扶、远程医疗协作网四种方式开展医联体工作，积极发挥省级医院优势医疗资源，促进优质资源下沉，不断提升基层医疗机构服务能力，将医联体建设成为目标明确、分工协作的发展共同体。

1. 开展全面合作，多措并举促提升

我院与基层医院签署全面合作协议书，基层医院挂牌我院合作医院，在技术、人才、管理等方面给予合作单位全方位的帮扶与指导。

针对医联体单位技术力量薄弱，山一大一附院实施"两固定一轮换"科室共建模式（医院临床科室固定几家合作医院、固定时间、副高以上人员轮换到医联体单位开展临床带教、业务指导、教学查房等技术服务活动），真正让专家"沉下去"，帮助合作单位快速提升技术服务水平，让老百姓不出家门，就能享受到省级专家的诊疗服务。目前，山一大一附院共有 35 个临床医技科室与 50 余家合作单位开展"两固定一轮换"模式，平均每年派驻专家 4000 余人次。

针对医联体单位人才力量薄弱，提出"两免一补"人才进修政策（针对医联体单位来山一大一附院进修的临床医师，免进修费、免住宿费、补助生活费），帮助合作单位"人才造血"，同时，对临床科主任、管理中层等业务繁忙，无法长时间外出进修，实施"短期轮训"和参观政策，通过一个月以内的灵活进修，学习科室管理理念或者医疗新技术、新项目。近 5 年，山一大一附院累计接受医联体各类进修人员累计 4000 余人次，减免医师进修费 270 余万元，发放生活补贴 260 万元。

针对医联体单位管理理念落后，采取"沉下去"与"请上来"的方式，实施"院领导、管理中层提升计划"。"沉下去"是指根据医联体单位需求，采取专家个人授课和管理团队现场指导的方式，下沉至医联体单位，指导绩效考核、质控管理、等级医院复审工作。"请上来"是指每年定期召开合作医院院长培训班，邀请国内知名医院管理学者或者院长授课，邀请合作单位院领导和管理中层参加，提升管理水平；定期举办质控、院感、绩效、编码等专题培训班，邀请合作医院相关科室参加，提升管理能力。

2. 深化专科联盟建设，助推诊疗同质化发展

2022 年，山东省卫健委出台《关于发挥优质医疗资源作用，统筹推进专科联盟建设发展的通知》，要求省级及国家级临床重点专科全部牵头组建医联体。我院积极响应卫健委号召，协助医院重点专科组建专科联盟，鼓励科室通过学术交流、疑难病例讨论、高级研修班、远程诊疗等形式，加强联盟内各成员的沟通与合作，促进医疗同质化水平发展，提升基层医疗机构的技术水平和诊疗规范。目前，我院心血管内科、神经内科、消化内科、泌尿外科、骨科等 47 个临床科室及亚专业牵头成立了专科联盟。

以消化内镜科为例，该科室在山东省内建立了近 30 家消化内镜工作站，并采取一系列措施促进联盟单位诊疗同质化：总结科室经验，在科室规划布局、医护配比、诊疗流程等方面制定了详细的标准，联盟单位结合自身情况进行因地制宜的调整，提升同质化水平；定期举办座谈会、研讨会、学术交流会，聚焦消化内镜技术和消化疾病诊治前沿，进行主题报告、专题研讨和内镜操作直播演示，提升联盟单位技术水平；专家利用周末时间分组赴联盟单位进行技术指导，发现问题，并将合作单位的共性问题进行分享，提出解决方案，互相交流提升。以济阳区中医院为例，自2011 年两院消化内镜科合作以来，经过帮扶指导，中医院消化内镜诊疗数量由每年2000 例增长到 7000 例，并且仍保持着上升的势头，合作以来发现并成功切除消化道早期癌 243 例，息肉检出率也从原来的 15% 提升到 40%。

3. 组团式对口帮扶，赋能基层技术提升

医院按照省卫健委"万名医护进乡村"城乡对口支援活动部署，积极对接受援医院学科发展及人才培养的需求，选派我院相应科室的主治医师赴受援医院进行驻点帮扶指导工作，走出了一条独具特色的"千医帮扶模式"。

帮扶积极融入基层，深入科室调研，掌握科室发展现状，倾听科室发展心声，为科室提供发展的建议与意见；常态化坐诊、查房、手术，引入医疗新技术、新项目，帮助受援医院提升技术服务水平；坚持授人以鱼，不如授人以"渔"，通过开展多样化、多层次的培训讲座和授课指导，打造"带不走"的高素质人才队伍；积极携手受援医院开展乡村巡诊义诊活动，提升医院影响力，提高优质医疗服务的可及性、增强公众健康意识；搭建院际沟通桥梁，开展双向转诊、进修培训、疑难病例讨论等工作，拓宽合作领域。

4. 搭建远程医疗协作网，促进信息互联互通

为了提高优质医疗资源可及性和医疗服务整体效率，我院通过开展远程会诊、远程培训等形式，与各级医疗机构协同开展医疗服务：病理科作为山东省远程病理质控中心，依托这一平台优势，成立远程病理诊断中心，与20多家成员医院实现病理远程会诊，每年为医联体成员单位进行疑难病理会诊2000余例；与多家基层医院影像系统连接，通过共享影像资源，为其出具影像诊断报告，实现了"基层检查、上级诊断"；与70余家基层医院进行远程心电诊断服务，每年完成各类高危心血管疾病患者的远程监测9000余例；面向基层医院每两周一次举办"千医大讲堂"活动，通过线上案例分享，提高基层医院诊断能力。通过构建远程网络系统，真正实现了"让数据多跑路，让患者少跑腿"，提高了患者满意度，提升了疑难危重病人救治能力，推进了分级诊疗制度的落实。

三、延伸阅读

山一大一附院医联体建设的成效

通过多年医联体工作的探索与实践，我院影响力得到大幅度提升、三四级手术占比逐年提高；医联体单位医疗技术服务水平大幅增强、县域就诊率稳步提升；患者家门口就能享受到省级医院的优质、高效的医疗服务，分级诊疗政策得到有效落实，实现了合作多赢的良好局面。

1. 医联体单位

帮助8家二级医院升级为三级医院；帮助30家二级医院顺利通过医院复审。协助50家医联体成员单位新建科室69个；协助24家医联体成员单位建设市级临床重

点专科 81 个；60 家医院已能够独立完成泌尿外科腔镜诊疗、普外科腹腔镜、妇科腔镜、心脏介入、神经介入等手术；帮助 4 家医院填补了区域内先天性心脏病的手术治疗空白。医联体成员单位门诊人次和出院人次大幅增加（见表 1），群众的信任度明显提升。

表 1 某县级医院门诊、住院人次增长示意

时间	门诊人次	住院人次
2017 年 1~9 月（万人）	22.8	1.6
2018 年 1~9 月（万人）	28.7	2.5
增长率（%）	25.91	57.16

2. 医联体牵头单位

通过医联体建设，我院社会影响力也不断提升，医院学科、专家辐射力明显增强，疑难危重病人数量不断增加，出院病人数由 2012 年的 3.67 万人增长到 2023 年的 14.85 万人，三四级手术占比由 2012 年的 31.23% 增长到 2023 年的 83.94%。

我院医联体扶贫成效也得到了社会的广泛认可。在"全国对口支援医疗扶贫交流会"大会发言，得到了国家卫健委领导的充分认可；被国家卫健委医政医管局和健康报社评为对口支援"医疗扶贫贡献奖"和"扶贫榜样奖"；以"优质医疗资源就在家门口"为题，在健康报整版报道，展示了我院的"医疗联合体"经验和做法。由中国医院协会医疗联合体分会和健康界主办的全国医院医联体建设实践案例征集活动中，我院提交的远程医疗及医联体案例连续两年（2021 年和 2022 年）荣获典范单位。在第十八届中国医院院长年会上，我院提交的医联体案例，获评"2024 公立医院高质量发展标杆实践案例奖·体系创新类"奖项。

3. 医联体内双向转诊体系日趋完善

通过医联体建设，畅通了基层医院到省级医院急诊的双向转诊渠道，提高了县域就诊率，方便了群众就近就医，使老百姓花更少的钱完成救治，提高了群众的就医满意度。

四、案例启示

1. 探索多形式资源集成，助推分级诊疗格局构建

近年来，公立医院积极组建医联体，探索多形式资源集成，共建及合理分配，满足群众"在家门口看得好病"的实际需求，助推分级诊疗格局构建。基层是分级诊疗体系的网底，始终是解决群众看病就医问题的重中之重。党的十八大以来，卫

生健康系统进一步树立大抓基层的鲜明导向。

2. 相关医疗机构间医疗服务和管理要上下协同联动、一体化运作

推进紧密型医联体建设的目标是实现一定区域内相关医疗机构间医疗服务和管理的上下协同联动、一体化运作，每个基层医疗卫生机构都要有上级医院医师派驻，固定服务周期，通过机制化保障努力使基层医疗卫生服务能力持续提升。

3. 广泛试点和不断经验总结，快速全面推开

在广泛试点和经验总结的基础上，2024年全面推开县域紧密型医联体建设。力争到2025年底，全国90%以上的县基本建成布局合理、人财物统一管理、权责清晰、运行高效、分工协作、服务连续、信息共享的县域医联体。到2027年底，紧密型医联体基本实现县（市、区）全覆盖。

4. 统筹服务资源和发挥龙头作用，提升基层中医药服务能力

强基层是一项长期艰巨的任务，我国优质医疗资源总量不足、结构不合理、分布不均衡，特别是仍面临基层人才缺乏的短板，已成为保障人民健康和深化医改的重要制约。要科学统筹县域中医药服务资源，充分发挥县级中医医院龙头作用，不断提升基层中医药服务能力。

5. 着力解决好人民群众急难愁盼问题，不断健全医疗服务体系

我们要紧紧抓住人民最关心最直接最现实的利益问题，不断健全医疗服务体系，提高公共服务水平，增强均衡性和可及性。新征程上，要更加聚焦人民群众普遍关心关注的民生问题，撸起袖子加油干，在为人民服务中不断创造新的业绩，让人民群众获得感、幸福感、安全感更加充实、更有保障、更可持续。健康是人类永恒的追求，连着千家万户的幸福，关系国家和民族的未来。医联体建设是一项长期而艰巨的任务，目前仍处于探索与总结循环往复的阶段，道阻且长，行则将至，唯有不忘初心，方能砥砺前行。

（本案例由金东、王艳、于景瑞负责调研，并参与指导或撰写）

案例 27

以"智慧"力筑农业之本

——湖南力本农装以科技创新助力乡村振兴

一、案例概述

民以食为天，国以农为本。种子，是我国农业的核心根基所在。其品质的优劣直接关乎农作物的产量丰歉与质量高低，于农业生产进程中占据着不可替代的关键地位。我国长期以来对种子工作予以高度重视，相继出台诸多具有深远影响力的政策举措。2021 年 7 月中央全面深化改革委员会第二十次会议审议通过的《种业振兴行动方案》，明确种业科技自立自强、种源自主可控的目标任务，为种业长远发展谋篇布局。2022 年中央一号文件着重提出要大力推进种源等农业关键核心技术攻关，全面实施种业振兴行动方案，进一步强调了种业在农业科技突破中的核心地位。

新质生产力战略深度重塑种子行业链路。在生产上，现代生物技术等渗透，基因编辑赋能育良种，实现了提效能稳质量；在运输中，物联网与智能仓储物流的应用，实现了可视化监管与智能调配，保障了种子安全准时运输；在销售上，电商和数字营销的拓展，大数据剖析偏好的应用，通过精准匹配产品，提升销售质效与客户认可度，推动种子行业升级，助力农业现代化与强国建设。

湖南力本农业装备股份有限公司（以下简称"湖南力本"）以此为契机深度剖析新质生产力对于种业生产、运输、销售、安全的重大影响，在自主科技创新的相关领域紧跟国家战略步伐，依托国内外多所科研院所和高等院校的技术支持，多年扎根于智能农业装备及农业信息化自动化整体解决方案的研究，专业提供从智能农业装备—农业信息化、自动化—农业物联网及大数据云平台—农业服务全方位产品及服务。公司积极推进战略转型，至今，湖南力本在助力全国各地农村实行种业智能物流，电商平台建设以及种业生产基地企业实行智能化生产转型方面作出了显著的成绩。

公司注重技术积累，现有发明专利 2 项、实用新型专利 13 项、外观设计专利 4 项、著作权 23 项、商标 2 项。《经济日报》头版发表了"工业结构从'一家独大'转向'多点支撑'"的文章：2024 年，长沙产业升级如火如荼，好戏连台。9 月初，国内第一台带包衣剂预混料功能的批量连续式包衣机在湖南力本的生产工厂成功下线，国外设备厂商在种业行业长期垄断的局面宣告结束。

二、案例剖析

湖南力本作为中国智能化农业服务运营商的中坚力量，熟知行业整体业务，结合客户需求和技术优势，定制了一系列个性化产品。对工厂内所有业务环节进行充分的整合并纳入统一的平台进行管理，使工厂的生产过程更加自动化、高效化、精确化，并具有可控性及可视性。基于加工工艺流程，使生产内部人员改变过去复杂、低效的手工办公方式，方便快捷地共享信息，高效地协同工作，实现迅速、全方位的信息采集、信息处理，为企业的管理和决策提供可靠的科学依据，为种子质量追溯提供可靠的信息查询平台。

1. 生产设备网络化，实现车间"物联网"

通过各种信息传感设备，实时采集任何需要监控、连接、互动的物体或过程等各种需要的信息，实现所有的设备与网络的连接，方便识别、管理和控制。实现了设备与设备间的通信，通过物联网实现了人、设备和系统三者之间的智能化、交互式无缝连接。在生产过程中，将所有的设备及工位统一联网管理，使设备与设备之间、设备与计算机之间能够联网通信，设备与工位人员紧密关联。使整个生产过程实现网络化、追溯化管理。

2. 生产数据可视化，利用大数据分析进行生产决策

信息技术已渗透到种子加工各个环节，广泛应用条形码、二维码、RFID、工业传感器、工业物联网、ERP等技术。在生产现场，每隔几秒就收集一次数据，利用这些数据可以实现很多形式的分析，包括设备开机率、主轴运转率、主轴负载率、运行率、故障率、生产率、设备综合利用率、零部件合格率、质量百分比等。在生产过程中使用这些大数据，就能分析整个生产流程，了解每个工段是如何执行的，从而改进生产工艺。一旦某个流程偏离了标准工艺，就会产生一个报警信号，能更快速地发现错误或者瓶颈所在，也就能更容易解决问题。利用大数据技术，还可以对产品的生产过程建立虚拟模型，仿真并优化生产流程，当所有流程和绩效数据都能在系统中重建时，这种透明度将有助于改进其生产流程。在能耗分析方面，在设备生产过程中利用传感器集中监控所有的生产流程，能够发现能耗的异常或峰值情形，由此便可在生产过程中优化能源的消耗，对所有流程进行分析将会大大降低能耗。

3. 生产过程透明化，实现全过程智能管控

通过建设智能工厂，促进加工工艺的仿真优化、数字化控制、状态信息实时监测和自适应控制，进而实现整个过程的智能管控。企业发展智能制造的核心目的是

拓展产品价值空间，侧重从单台设备自动化和产品智能化入手，基于生产效率和产品效能的提升实现价值增长。因此其智能工厂建设模式为推进生产设备（生产线）智能化，通过引进各类符合生产所需的智能装备，建立基于制造执行系统 MES 的车间级智能生产单元，提高精准制造、敏捷制造、透明制造的能力。种子加工生产现场，MES 在实现生产过程的自动化、智能化、数字化等方面发挥着巨大作用。首先，MES 借助信息传递对从订单下达到产品完成的整个生产过程进行优化管理，减少企业内部无附加值活动，有效地指导工厂生产运作过程，提高企业及时交货能力。其次，MES 在企业和供应链间以双向交互的形式提供生产活动的基础信息，使计划、生产、资源三者密切配合，从而确保决策者和各级管理者可以在最短的时间内掌握生产现场的变化，作出准确的判断并制定快速的应对措施，保证生产计划得到合理而快速的修正、生产流程畅通、资源得到充分有效的利用，进而最大限度地发挥生产效率。

4. 质量大数据分析技术体系，实现全周期质量追溯

在传统质量管理理论的基础上，更为全面地将生产、环境、设备、检测等环节的数据纳入质量分析范畴，形成面向全信息表达关键指标数据的质量大数据分析技术体系，对质量问题进行分类分析，找出质量问题的影响因素及关联关系，实现质量问题、质量预测与控制，最终实现基于大数据分析的全面质量管理。通过质量大数据分析，一方面能够将各类测试中的问题及解决方法固化为知识，提高解决问题的效率；另一方面将各类质量问题定位到相关工段后，通过对加工工段的监控，可以大大减少各类质量问题发生的概率。

5. 生产文档无纸化，实现高效、绿色制造

构建绿色制造体系，建设绿色工厂，实现生产洁净化、废物资源化、能源低碳化是中国制造的重要战略之一。种子加工企业在项目实施前，会产生数量繁多的纸质文件，如工艺过程卡片、零件蓝图、三维数模、设备清单、质量文件、数控程序等，这些纸质文件大多分散管理，不便于快速查找、集中共享和实时追踪，而且易产生大量的纸张浪费、丢失等。生产文档进行无纸化管理后，工作人员在生产现场即可快速查询、浏览、下载所需要的生产信息，生产过程中产生的资料能够即时进行归档保存，大幅降低基于纸质文档的人工传递及流转，从而杜绝了文件、数据丢失，进一步提高了生产准备效率和生产作业效率，实现绿色、无纸化生产。

该系统具有较高的开放性和集成性，通过开发人员对各个接口的设置能够与企业其他管理系统进行对接，将原本分布于企业内部的各个"信息孤岛"连在了一起，在不额外增加企业运营成本的前提之下增强了系统间的协作，使企业信息化达到了一个新的高度。

该系统各项指标均达到设计要求，已投入使用并正常运行多个生产季。系统使种子种植、收获、加工、销售等过程更加规范、高效，使数据传递、共享更加便捷。

该系统能帮助确切掌握生产状况，提高交货准确率，理顺物料流程，减少产能产出的时间。正确掌握在制品数量及不良品之追踪，降低在制品成本。以条形码追踪产品序号，收集完整资料，提高产品之服务水准。

该系统能提高企业品质形象以获取客户信心。能正确快速制定生产决策，提升公司竞争力。

三、延伸阅读

发展新质生产力　推动农业高质量发展[*]

进入新时代，我党高度重视"三农"工作，在新中国成立后特别是改革开放以来，通过开展脱贫攻坚、实施乡村振兴战略等，用有限资源稳定解决 14 亿多人口的吃饭问题，全体农民摆脱绝对贫困、同步进入全面小康社会，"三农"工作成就之巨大举世公认。当前，我国农业已进入高质量发展阶段。发展新质生产力是推动高质量发展的内在要求和重要着力点。因此，以发展新质生产力为重要着力点推动农业高质量发展，推动农业生产力不断进步，对于加快推进农业现代化具有重要意义。

1. 农业领域的劳动者、劳动资料、劳动对象正在发生深刻变化

农业现代化是一个动态演进的过程，本质上是农业生产力的不断发展和提高。伴随新一轮科技革命和产业变革深入发展，我国农业领域的劳动者、劳动资料、劳动对象正在发生深刻变化。

在劳动者方面，随着信息技术、生物技术等与农业生产深度融合，能够熟练运用手机、智能设备等"新农具"的农业劳动者正在成为推动农业现代化最活跃、最能动的因素。他们越来越多地运用智能化农业装备，改变着传统的农业劳动形态，推动农业生产由劳动密集型向技术密集型转变。

在劳动资料方面，以无人机、农业机械、现代设施农业等为代表的新型农业劳动工具快速发展，推动农业生产管理更加智能化，使农业劳动资料不再局限于传统的农具和简单的生物材料；生物饲料、生物肥药、农业疫苗、可降解农膜等正在逐步取代传统的饲料、化肥、农药、农膜等，在降低农业生产对生态环境负面影响的同时，提高了农产品质量和竞争力。

在劳动对象方面，通过生物育种技术对常规动植物品种进行改良和培育，推动作物种源不断向高产、优质、耐逆的方向跃升；依托智能装备开展农业生产，使

---

[*] 摘于《人民日报》2024 年 5 月 31 日 09 版，作者为湖南师范大学中国乡村振兴研究院院长陈文胜。

土地等自然资源的约束不断降低，拓展农业生产空间和技术边界，催生了新的劳动对象。

新的劳动者、新的劳动资料、新的劳动对象及其优化组合的跃升，不仅能够大幅提高作物单位面积产量、提高农业全要素生产率，而且能够催生农业发展的新产业、新模式、新动能，为农业高质量发展提供强劲推动力、支撑力。

2. 发展新质生产力、推动农业高质量发展的基础和条件不断完善

目前，我国发展新质生产力、推动农业高质量发展的基础和条件正在不断完善。

数字乡村战略深入实施。我国深入把握信息技术在农业农村经济社会发展中的应用以及农民现代信息技能提高的大趋势，大力实施数字乡村战略，加快物联网、地理信息、智能设备等现代信息技术与农村生产生活深度融合，深化农业农村大数据创新应用，建立空间化、智能化的新型农村统计信息系统，等等。在这一过程中，我们坚持城乡融合，创新城乡信息化融合发展体制机制，引导城市网络、信息、技术和人才等资源向乡村流动，促进城乡要素合理配置。当前，我国农村信息基础设施加快建设，线上线下融合的现代农业加快推进，农村信息服务体系加快完善。

人工智能技术广泛应用。人工智能是引领这一轮科技革命和产业变革的战略性技术，具有溢出带动性很强的"头雁"效应。加快人工智能在农业生产经营管理中的运用，能够推动整个农业生产过程实现自动化和智能化，拓展发展的空间与可能性。在实践中，人工智能技术在我国农业生产领域得到广泛应用，农产品质量检测与控制更加精准和高效，极大地提升了农业生产效率与农产品质量。特别是智能农业机器人的应用，不仅能准确识别作物病虫害并及时采取相应的防治措施，还能精准施肥、除草，显著优化农业生产过程。

市场需求更加多元多样。随着我国经济社会发展和城乡居民收入水平的提高，农产品消费呈现个性化、多样化的特点，特别是老百姓的食物需求更加多元多样。牢牢把握这一发展趋势，我国不断深化农业供给侧结构性改革，树立和践行大食物观，构建多元化食物供给体系，优化农产品结构，着力推进农业提质增效，全方位多途径开发食物资源。这也推动我国农业质量和效益不断提高，全方位拓宽了农业生产空间领域。

3. 围绕提升全要素生产率加快推动农业高质量发展

面向未来，要进一步深化农业供给侧结构性改革，围绕提升农业生产的全要素生产率，不断提高农业生产的质量、效益和可持续性。当前可在以下几个方面着力。

一是围绕形成同市场需求相适应、同资源环境承载力相匹配的现代农业生产结构和区域布局加强科技创新，加大种源关键核心技术攻关，加快选育推广生产急需的自主优良品种，推动生物育种产业化扩面提速，从根本上确保国家粮食安全。二

是加快绿色适用技术在农业生产领域推广应用，加快发展农业循环经济，推广应用新型肥料，推进绿肥种植和秸秆多样化还田，减少化肥用量，实现农业生产、农村建设、乡村生活生态良性循环。三是聚焦产业基础高级化、产业链现代化，推动一产往后延、二产两头连、三产走高端，补齐产业链短板，锻造产业链长板，促进全环节提升、全链条增值、全产业融合，提升整个农业产业链的价值。四是以提高科技素质、职业技能、经营能力为核心，加大各类农村人才培养计划实施力度，加快培养农业科技领军人才和创新团队。五是紧紧围绕市场需求变化，以增加农民收入、保障有效供给为主要目标，推动有效市场和有为政府更好结合。

发展新质生产力，推动农业高质量发展，必须坚持党的农村政策，首要的就是坚持农村基本经营制度。要坚持农村土地农民集体所有，坚持家庭经营基础性地位，坚持稳定土地承包关系。同时，立足国情农情特点、农业产业特性和乡村地域特征，坚持先立后破、分类施策，循序渐进、久久为功。

四、案例启示

在当今科技飞速发展的时代，人工智能与农业的结合催生出的"智慧农业"，将逐渐成为推动我国农业转型升级的关键力量。在种业领域，将对种子的生产、加工、运输、销售以及保障种子安全等多方面展现出极为广阔的应用前景。

1. 在种业生产环节制订个性化种植方案，大幅提高种子产量与质量的稳定性

我国地域辽阔，不同地区的土壤、气候、光照等自然条件差异显著。"智慧农业"以人工智能图像解析，整合各地的气象数据、土壤监测数据以及作物生长周期数据等信息，通过大模型运算为不同地域的种子生产制订个性化的种植方案。例如在干旱的西北地区，人工智能能依据当地有限的水资源状况，精确计算灌溉水量与时间，确保种子在萌芽与生长阶段获得恰到好处的水分供给。在种子培育过程中，利用图像识别技术可以及时发现作物的病虫害迹象或营养缺乏症状，即便在地形复杂、种植分散的山区也能快速定位问题区域并给出精准的应对措施，大幅提高种子的产量与质量稳定性。

2. 在种业加工环节通过智能调节加工参数，有效提升种子加工的效率与精度

"智慧农业"运用人工智能强大的数据处理能力驱动的自动化设备能够依据不同种子的品种特性与质量标准，智能调节加工参数。无论是北方大规模种植的玉米、小麦种子，还是南方特色的水稻、蔬菜种子，都能实现精准去杂、分级、包衣等处理，有效提升种子加工的效率与精度，保证每一批次种子的品质均匀一致。

3. 在种业物流环节通过实时定位与环境监控，保障种子安全、快速抵达目的地

考虑到我国从东到西、从南到北的广袤地域跨度，"智慧农业"以人工智能手段结合物联网技术可对种子运输车辆进行实时定位与环境监控。在高温的南方夏季或者寒冷的东北冬季，确保运输过程中的种子始终处于适宜的温湿度环境中，同时优化运输路线规划，减少运输时间与成本，保障种子安全、快速地抵达目的地。

4. 在种业销售领域通过大数据分析，拓宽市场销售渠道

"智慧农业"利用人工智能借助大数据分析消费者的购买偏好、地域种植习惯以及市场需求趋势，能够为不同地区的农户或经销商精准推荐适合的种子品种。通过电商平台与数字营销手段，打破地域限制，拓宽种子的销售渠道，让优质种子能够更高效地流通到全国各地的田间地头。

5. 在种业安全领域通过种子追溯体系，全过程保障种子质量和安全

在保障种子安全领域，人工智能建立的种子追溯体系尤为重要。从种子的选育源头开始，记录每一个环节的详细信息，包括亲本来源、生产地点、加工过程、运输路径等。一旦出现种子质量问题或者假冒伪劣现象，能够迅速在全国范围内定位问题根源并采取相应措施，无论是在人口密集的东部沿海地区还是地广人稀的西部边疆地区，都能有效维护种业市场的正常秩序，保障农业生产的稳定与安全。

总之，通过人工智能与我国种业全链路的深度结合，"智慧农业"将充分适应地域差异带来的各种挑战与机遇，为我国种业的现代化发展注入强大动力，助力我国从种业大国迈向种业强国的宏伟目标。

（本案例由何磊、杨瑞勇负责调研，并参与指导或撰写）

案例 28

"披绿重生" + "生态底色"

——中化明达东北地质矿业有限公司矿山生态修复探索与实践

一、案例概述

吉林省辽源市是因矿而兴的城市，具有悠久的矿业开发历史。在新中国成立之初，辽源煤炭总产量曾占全国总产量的 1/29，为共和国建设初期做过巨大贡献，并逐渐成为吉林省重要的老工业基地。但是矿山开发在为地方经济社会发展提供坚实的矿产资源保障的同时，也造成了矿区表土裸露、边坡高陡、荒漠化、大气污染、生物群落多样性降低等严重生态环境问题，特别是遇到强降雨时，还存在边坡崩塌、滑坡、水土流失等地质灾害隐患。20 世纪下半叶的 50 年间，东辽河上游沼泽面积减少 95%，草原湿地基本消失，涵养水源能力严重下降，生态空间萎缩 7.95%，区域内森林覆盖率仅为 32.24%，低于全省 12 个百分点。日趋严重的水土流失使得当地黑土资源面临严重威胁，黑土层变薄，以每年 0.3~0.7 厘米的速度消失，土壤肥力下降，有机质含量从 20 世纪 80 年代的 4.23% 下降到目前的 2.68%，严重影响了当地群众的生产生活和生命财产安全。

党的十八大以来，习近平总书记就生态文明建设提出一系列新理念、新思想和新战略，形成了系统完整的习近平生态文明思想，成为新时代生态文明建设的行动指南。党的二十大报告指出，"中国式现代化是人与自然和谐共生的现代化"，[①] 明确了我国新时代生态文明建设的战略任务，总基调是推动绿色发展，促进人与自然和谐共生。近年来，吉林省坚定不移贯彻落实习近平总书记重要指示，以习近平生态文明思想为重要引领，推进历史遗留废弃矿山系统修复。为贯彻落实习近平总书记对吉林省辽河流域治理问题的重要批示和到辽河流域视察时对生态文明建设的系列指示精神，中化明达东北地质矿业有限公司牢固树立"绿水青山就是金山银山"理念，2023 年启动实施历史遗留废弃矿山生态修复示范工程，按照《吉林省辽源市

---

① 《习近平：高举中国特色社会主义伟大旗帜、为全面建设社会主义现代化国家而团结奋斗——在中国共产党第二十次全国代表大会上的报告》，新华网（www.xinhuanet.com），2022 – 10 – 25。

东辽河上游历史遗留废弃矿山生态修复示范工程实施方案》要求，全面系统地修复矿区各类被破坏的土地和环境，通过实施开展地质灾害隐患消除、地形地貌重塑、土地综合整治、植被修复、北斗地形监测等5类工程，预计能够新增林地面积29.36公顷，林地提质改造154.86公顷、新增耕地面积31.13公顷、转型利用土地123.43公顷，推动矿山生态环境持续好转，绘就了"远处重峦叠嶂，近处湖光潋滟，空中鸟鸣啾啾"的人与自然和谐共生新画卷，达到了生态效益、经济效益和社会效益的有效统一，实现了绿水青山向金山银山的转化。

二、案例剖析

辽源市是国务院确定的第一批12个资源枯竭城市之一，也是5个资源型城市经济转型试点城市之一。辽源在经过百年的开采后，煤炭资源已经枯竭，大量废弃无主矿山导致景观破坏、土地损毁、植被破坏和水环境质量下降等一系列生态问题，崩塌、塌陷、地裂缝等地质灾害隐患严重威胁当地居民的生命财产安全，阻碍地方经济转型发展。实施历史遗留废弃矿山生态修复示范工程，从根本上改善了矿区群众的生活条件和质量，达到了经济效益、社会效益和生态效益的同步提高，促进了采煤沉陷区的生态、环境、资源、人口和谐发展，将东北振兴与生态文明建设有机结合，是振兴辽源老工业基地的重要步骤，也是坚持辽源市国家级农产品主产区主体功能定位的明确体现。为了做好历史遗留废弃矿山生态修复工程，中化明达东北地质矿业有限公司探索和推行一套科学化治理的矿山生态修复模式，从整体上提升区域可持续发展能力，助力辽源这座资源枯竭型城市的转型发展。

1. 深化"高"字引领，扛牢修复治理责任

一是高站位谋划。以习近平生态文明思想为指导，坚持山水林田湖草一体化保护与修复的思路，明确统筹推进土地植被资源损毁、地形地貌景观破坏、矿山地质灾害等生态修复的实施路径，努力实现矿山生态修复与资源环境、经济环境和人文环境相结合的目标。二是高效率推动。中化明达东北地质矿业有限公司通过实地勘查走访，对历史遗留废弃矿山生态修复区的植被、土地等进行分析，系统诊断了修复区域生态系统存在的问题。并聚焦重点区域和突出问题，派遣相关领域的专业团队和专家进行项目整体研究及方案编制，科学统筹，确定生态保护修复目标，制定实施方案。三是高技术要求。组建高水平、专业化的技术团队，负责修复工程实施过程中的技术指导工作，全程跟踪项目实施，确保工程建设达到预期效果。建立与科研机构、高等院校长期合作机制，构建产学研创新平台。通过横向合作，整合科技资源，加强重点生态环境治理与修复领域的科学研究和技术攻关，提高综合集成创新能力，全面提升科技支撑水平。加大科技成果和适用技术的推广及应用，形成一批低成本、高效率、易维护的生态环境保护实用技术成果，为废弃矿山生态修复

系统治理提供坚强有力的技术支撑。

2. 突出"专"字支撑，筑牢修复治理保障

一是专项排查明任务。采用专业技术人员对历史遗留矿山进行野外实地调查，明确区域内实际涉及未治理 50 个图斑需生态修复，总面积 875.65 公顷。同时系统地对修复区域的地形地貌、气候条件、水文特征、土壤植被、地质条件、生物多样性情况等进行了调查分析，为历史遗留废弃矿山图斑的生态环境问题分类施策、一矿一策提供了技术保障。二是专项规划定路径。依据历史遗留矿山核查成果，综合考虑历史遗留矿山区域生态安全重要性和生态修复实施可行性，科学编制《辽源市历史遗留矿山生态修复实施方案（2022－2025 年)》，明确分年度、分片区、分类型推进历史遗留矿山生态修复，通过实施地灾隐患消除工程、地形地貌重塑工程、土地综合整治工程、植被修复工程、北斗防灾监测工程 5 类工程，完成历史遗留废弃矿山生态修复总面积 875.65 公顷，修复露天矿山图斑 42 个，采煤沉陷区图斑 8 个（12 块）；新增林地面积 29.36 公顷，林地提质改造 154.86 公顷、新增耕地面积 31.13 公顷、转型利用土地 123.43 公顷。三是专项资金强保障。中化明达东北地质矿业有限公司与东辽市签署战略合作协议，通过前期基础调查、土地清查等一系列工作，编制了项目可行性研究报告，对历史遗留废弃矿山生态提出了可行的治理方案，最终经过自然资源部审批，成功申请到了辽源市东辽河上游历史遗留废弃矿山生态修复示范工程（东辽县子项目）专项资金，通过实施历史遗留废弃矿山生态修复工程，可以消除地质灾害隐患，彻底解决居民生存环境问题，逐步恢复生态环境，保护人民生命财产安全，提高人民的幸福指数。

3. 坚持"实"字当头，提升修复治理成效

一是压实责任。对生态保护与修复工程的目标和任务进行考核，实行一把手亲自抓、负总责。通过采取自然恢复、辅助再生、生态重建、转型利用等方式进行生态修复，改善历史遗留废弃矿山生态环境和地质环境，增强生态系统稳定性，减少水土流失，降低由于地质灾害造成的损失。二是创新模式。中化明达东北地质矿业有限公司结合辽源市自身区位优势及全域旅游等优势特点，坚持整体推进和重点突破有机结合，积极构建"政府主导、政策扶持、社会参与、开放式治理、市场化运作"的矿山生态修复新模式，共同推进生态修复工作分类实施生态修复工程，促使修复区域与周边生态环境相协调，完善生态系统功能。制定《吉林省辽源市东辽河上游历史遗留废弃矿山生态修复示范工程后期管护办法》，遵循建管并重、权责明确、政府主导、社会参与的原则，明确项目后期管护责任主体单位，规范历史遗留废弃矿山生态修复项目后期管护工作，确保生态修复项目正常运转和长效使用，充分发挥生态修复项目的经济效益、生态效益和社会效益。三是优化实施。项目按照

"宜耕则耕、宜林则林、宜建则建、宜水则水、宜草则草、宜景则景"原则，因地制宜编制"一矿一策"生态修复方案，通过使用新技术、新方法来修复受损的自然环境，既促进了生态保护，又带动了相关产业的发展，水土流失得到明显控制，生态系统稳定性显著提升，生物多样性保护得到明显增强。这种发展模式不仅提升了产业链的技术含量和知识密集度，还符合低碳、环保、可持续的产业发展趋势，体现了新质生产力所倡导的智能化、绿色化生产新引擎。

三、延伸阅读

全面推进东辽河上游辽源段生态环境治理工作

2018 年 4 月 4 日，习近平总书记对吉林省辽河流域水污染问题做出重要批示后，吉林省委、省政府从政治和全局高度充分认识到辽河污染问题的严重危害性，坚持省级统筹、高位推进，全面推进辽河流域污染治理与生态修复工作。2018 年 9 月，完成了《吉林省辽河流域水污染治理与生态修复综合规划（2018－2035 年)》，确定了统筹共治的总体思路，明确提出要"举全省之力，坚决打赢辽河流域水污染治理攻坚战，尽快还辽河一片碧水清波"。辽源市委、市政府为落实习近平总书记重要批示精神和省委、省政府的决策部署，以高度的政治自觉、扎实的工作举措，举全市之力，全面推进东辽河上游辽源段生态环境治理工作，实施"三百工程"，初步遏制了流域水环境质量恶化趋势，在流域环境污染治理方面取得了成效。

中化明达东北地质矿业有限公司始终贯彻落实中央要求和习近平总书记重要讲话精神，推进生态文明建设，遵循"创新、协调、绿色、开放、共享的新发展理念"，坚持"节约优先、保护优先、自然恢复为主"的方针，统筹推进吉林省辽源市东辽河上游历史遗留的废弃矿山生态修复示范工程，通过生态环境修复，增加资源蓄积能力，提高资源利用效率，促进矿山地质环境与经济建设协调发展。着力把生态优势转化为经济优势，大力发展绿色经济，培育壮大新产业、新业态、新模式，以破解辽源市的发展困局，建设生态文明，再造山川秀美，从而实现辽源市可持续、绿色、高质量发展。

四、案例启示

发展是第一要务，生态保护需要发展来提供持续的保障。"坚持生态优先"并不意味着要放弃发展，而是要找到生态保护与发展的平衡点，实现利长远、利未来的绿色发展。吉林省辽源市东辽河上游历史遗留废弃矿山生态修复示范工程，按照矿山生态修复中的整体性、稳定性、协调性原则，通过对辽河流域源头区域的 50 个历史遗留废弃矿山图斑进行综合治理，消除地质环境隐患点 52 处，增加的植被覆盖率大于21%，水土流失面积减少率大于58%，减少泥沙和污染物进入河流，改良白浆土等典型土壤遏制黑土地退化，增加固碳能力，有效涵养水源，保护生物多样性，优化区域生态结构，提升生态系统功能。

1. 坚持政策引领，做生态文明的守护者

中化明达东北地质矿业有限公司践行"两山"理念，紧跟国家政策导向，积极投身生态文明建设，参与山水林田湖草沙一体化保护和修复工程及历史遗留废弃矿山生态修复示范工程。充分利用掌握的技术资料和前期工作成果，超前谋划，做好项目的立项、设计、施工、监理、后期运营等工作，同时积极与政府沟通协调，由传统勘查技术"服务商"向一体化"运营商"转变，全力做好历史遗留废弃矿山生态修复示范工程，做好生态文明的守护者。

2. 强化周期治理，做生态安全的保护者

中化明达东北地质矿业有限公司坚持为矿山企业做"管家式"服务，以生态屏障保护为核心，以区域地质灾害治理和土地综合整治为重点，以地形地貌整治和植被修复为支撑，实现"山、水、林、田、湖、草、沙"多要素联动，带动矿区复合生态系统一体化修复和功能提升，提升碳汇能力，维护其生态安全屏障地位。原来点多面广、支离破碎的地块得到恢复，动植物栖息地和生态廊道得以联通，生物多样性得以提升；通过露天采场和采煤沉陷区进行生态修复，减少水土流失，改善黑土地质量退化状况，提高抵御自然灾害能力和涵养水源能力；区域生态系统结构的进一步优化，使得生态系统功能稳步提升，持续改善了东辽河上游的生态环境质量，减轻了对辽河中下游流域的生态环境污染，使得流域水环境质量得到巩固提升，维护了吉林中南部城市群水源涵养和生态安全屏障功能，保障了辽河流域的生态安全。

3. 助力"双碳"战略，做生态系统的提升者

针对治理区存在的主要生态环境问题，结合当地生态条件，因地制宜地开展修复工作，采用低碳环保的理念开展设计工作，施工中，选用节能减排的工程机械和施工技术，减少治理过程中的碳排放；通过改变微地形、增加地面植被、改良土壤性质、增加土壤入渗、减轻土壤侵蚀，产生明显的水土保持效益。修复后，水土流失状况大大减轻，森林覆盖率明显提升，增加林地、园地和耕地的固碳能力，提高碳汇，助力国家"双碳"战略。

4. 联动统筹共治，做生态修复的参与者

中化明达东北地质矿业有限公司除争取中央专项资金外，还积极与辐射区域内各级政府针对生态修复类项目进行沟通，打破政府"一肩挑"的局面，探索引导社会组织、个人等参与生态保护修复项目。在广泛征求社会意见的基础上，鼓励包括社会资本、当地居民、各利益相关方、政府部门、公益组织等在内的各类社会主体

参与生态保护修复方案设计，通过汇聚众智、凝聚众识，制定出符合客观规律、满足实际需求、科学合理可行的生态保护修复方案。按照"谁保护谁受益、谁修复谁受益"原则，推动投资模式、运营模式、利益分享模式等机制创新，提高社会资本参与生态修复投入的积极性。

5. 聚力生态赋能，做生态经济开发者

中化明达东北地质矿业有限公司所提出的生态修复理念和项目实施工程，已走出一条"生态+"的治理发展道路，推动了辽源市将生态包袱转化为生态价值，实现了生态产品价值。一是"生态+农业"，通过土地整治，新增复垦耕地31.13公顷，修复耕地570.82公顷。耕地数量和质量的提高，能有效提升土地生产能力，优化土地投入与产出结构，增加农民收入，提高农民耕作积极性，助力全市耕地和基本农田的保护及建设。二是"生态+林业"，通过增加森林覆盖率，提升生态碳汇能力，有效发挥森林固碳能力，该项目的建设可以有效地保持水土、涵养水源、防风固沙、吸收有毒有害物质、提高森林的稳定性。通过成功治理新增林地面积29.36公顷，林地提质改造154.86公顷，一般地，生态修复30年左右，生态系统基本达到稳定，森林碳汇按乔木林地、灌木林地、草地等碳库碳储量计算，每年碳汇储量总计为243.85吨，按现市场碳汇量每吨60元/年计算，预计每年产出14631元。三是"生态+文旅"。项目以矿区生态修复为依托、以美丽乡村建设为载体，统筹推进矿山遗迹、休闲观光等文旅项目建设，北部新区采煤沉陷区凤鸣湖湿地公园每天接待游客数量约200人，人均消费约50元，项目实施后，游客数量增加约15%，人均消费增加约20%，全年景观游憩收入增加约127.75万元。逐步实现生态效益和经济社会效益的有机统一。

6. 增强民生福祉，做生态城市的建设者

中化明达东北地质矿业有限公司在推动历史遗留废弃矿山生态修复示范工程中，始终坚持综合治理、系统治理、源头治理的原则，立足于辽源市的生态区位，准确识别和诊断生态问题，依据生态系统内在逻辑和演替规律，结合辽源市本地实际和项目区发展规划，从全局和整体出发，按照国家相关技术规范，制定了切实可行的生态修复方案，分区分类统筹推进，让矿山"披绿重生"，擦亮了"生态底色"。项目的实施，能有效地改善矿区周边30多个社区村落30000多人的生产生活条件和农业生产条件，明显改善当地人居环境，有利于构建和谐社会和实现社会可持续良性发展，增进人民群众的福祉，提升当地居民的获得感和幸福感，可为全省乃至全国废弃矿区生态修复和资源枯竭城市转型树立典范。

（本案例由刘兴旺、赵静、孔令辉负责调研，并参与指导或撰写）

案例 29

因地制宜 + 科学施策

——安徽铜陵枞阳县义津等 6 个乡镇污水处理厂站
提质增效探索与实践

一、案例概述

近年来，村镇生活污水治理已然成为提升村镇生态环境质量、推动乡村振兴战略实施的关键环节。村镇生活污水治理不仅关乎村镇的生态宜居水平，更与广大农民群众的生活质量和健康福祉紧密相连。

"长江万里此咽喉，吴楚分疆第一州"的枞阳，是全省美丽乡村建设先进县，是引江济淮渠首、新运河长江入口。初冬时节，阳光温暖和煦，贯通村庄的沟渠流水清澈，白荡湖的水面随着微寒的朔风波光闪烁。在义津镇污水处理厂，约 920 户的生活污水通过改造及新铺设的管道汇入污水厂，通过生化、泥水分离及过滤等一系列处理后，变成汩汩清流回归自然生态。这是枞阳县义津等 6 个乡镇美好生态的剪影，切实反映了乡镇生活污水治理这一惠及千家万户的民生项目对人居环境的有效改善。

在和美乡村建设中，枞阳县聚焦群众关心的重点难点问题，加强基础设施建设，着力绘就村容整洁、环境优美、乡风文明的和美乡村新画卷。在村镇生活污水和黑臭水体治理方面，从生活污水收集、处理等"小切口"入手，"内外兼治"提升美丽乡村"大面貌"。

作为以生态振兴推动乡村振兴的重要项目，由安徽省通源环境节能股份有限公司实施的枞阳县义津等 6 个乡镇污水处理厂站提质增效工程（枞阳县人居环境改善——乡镇排污提标一期工程）总投资金额 1.8 亿元，覆盖枞阳县义津镇、雨坛镇、白柳镇、会宫镇、金社镇、项铺镇 6 个污水处理厂站提质增效工程，项目建设的内容主要是各厂站已建配套管网施工、厂站土建工程、设备安装等问题排查及修复、新建配套管网工程施工、厂站新增污水处理设备采购安装及厂站污水处理工艺优化提升等（见图 1）。

图 1　枞阳县义津等 6 个乡镇污水处理厂站提质增效项目之一

随着一期工程项目的全面运营以及二期项目紧锣密鼓地实施建设，区域内 62.2 千米主管网全线贯通，13 个自然村及 2 个开发区完成治理，项目服务人口 48200 人，乡镇面貌和生活品质得到极大提升，为美好乡村建设、发展打下了坚实基础，为白荡湖流域、菜子湖流域以及长江水系的水生态环境助力添彩。

本项目实施前，枞阳县义津镇、雨坛镇、白柳镇、会宫镇、金社镇、项铺镇 6 个镇均已建设配套的污水处理设施及污水主干管，但前期建设过程中污水支管及出户管建设不全，导致生活污水收集和处理未能实现全覆盖，造成区域内雨污水混流严重。另外由于管网建设标准低等原因，现有污水管道还存在严重形变、破裂、橡胶圈脱落、渗漏、管道错位等质量问题。周边大部分乡镇村居民生活污水仍直排入附近水体，城镇生活污水配套管网建设滞后。

原建成后的污水处理厂虽托管给相关环保公司运营，但整体处于管理缺失状态，部分污水厂处于停运状态，工艺设备损坏严重，出水水质较差，水质超标现象频出，严重影响了白荡湖、菜子湖流域水环境，对长江流域环境乃至长江经济带的生态文明建设产生了负面影响。

本项目技术改造思路从乡镇的可持续发展角度出发，通过消除排水系统混接错接等污染源，完善老旧排水管网系统改造，建成完善的排水管网系统，提高污水厂进水量与进水浓度，对污水厂进行提质增效，减少水污染，改善乡镇水环境（见图2）。

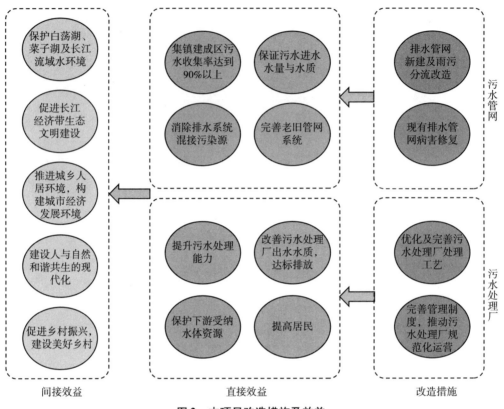

图2　本项目改造措施及效益

二、案例剖析

1. 主要做法

一是采用分流制排水，对收水范围内的错接混接现象进行整改，确保雨污分流。对老旧排水管网进行全面评估，在缺失区域新建排水管道，修复老旧破损管道，将分散的排水管网进行整合，形成一个完整的排水系统。

二是完善污水处理厂处理工艺，采用 A^2/O 处理工艺，由管网送来的污水首先进入污水厂内粗格栅拦截水中大块漂浮物后进入污水调节池，进行水质水量均化。污水经均化后用潜污泵提升至细格栅，进一步去除污水中细小悬浮物、软塑料片、毛发等杂物后进入沉砂池，分离掉污水中砂粒后进入组合生化池，污水在生化池内进行生化处理，通过降解有机物、去除氮、磷等污染物后进入组合池内的平流式沉淀池进行泥水分离，进一步去除悬浮物及胶体。然后污水进入中间水池，由提升泵提升至滤池进一步处理，达到去除有机物和 SS 的目的，污水最终达到一级 A 的处理标准要求。

生化池排出的剩余污泥用污泥泵提升至储泥池进行储存，定期由污泥泵房提升至污泥脱水系统脱水后外运处置；储泥池上清液通过厂区排水管道自流入粗格栅前的溢流井内进入处理系统进行二次处理。生化池需要的氧气由鼓风机供给，预处理设施产生的栅渣等杂物外运填埋处置（见图3）。

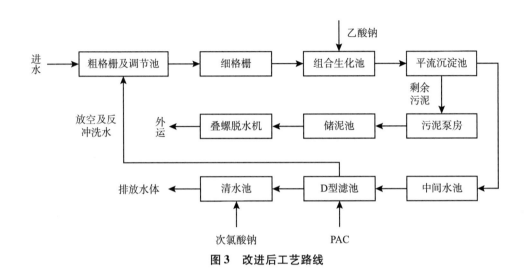

图3　改进后工艺路线

三是建立健全污水处理厂的运营管理制度，明确各方责任和义务。制定详细的污水处理流程和操作规范，确保污水处理过程科学，规范。制订污水处理厂停运应急预案，确保在停运情况下能够及时采取有效措施减少环境污染。建立与周边企业和居民的沟通机制，及时通报停运情况和处理进展。加强对污水处理技术人员的培训和管理，确保科学规范化运营。

2. 主要成效

一是本项目实施后，可以较大幅度减少雨污混接污水通过雨水排口直排、提升市政主管转输能力、减少污水渗漏，进一步削减入河污水量，污染物（COD）年入河削减量为130.5吨，氨氮年入河削减量为14.92吨，总氮（TN）年入河削减量为21.81吨，总磷（TP）年入河削减量为1.44吨。

二是实施污水处理提质增效工程，推进乡镇生活污水收集和处理，推进建成区污水管网全覆盖，生活污水全收集、全处理。加快补齐生活污水收集处理设施短板，消除生活污水处理设施收集空白区，建立健全管护机制，对提升区域污水收集处理率、改善区域水环境有着积极的作用。

三是有效改善枞阳县境内白荡湖、菜子湖流域水环境，不仅全面落实党中央关于水环境保护和水污染防治的各项决策部署，而且有助于提升整个长江经济带的水环境质量，为打造水清岸绿、产业优美的长江经济带提供有力支撑，是打造水清岸绿产业优的美丽长江（安徽）经济带的必然之举，一体推进大保护、大治理、大修复，真正还一江碧水、保两岸青山。

四是切实有效地改善建成区内的黑臭水体现象，深化环境污染防治工作，不仅推进生态文明建设、推动绿色发展，更在于推动乡村地区的环境治理与生态保护，促进乡村居民环保意识的觉醒与积极参与，形成全社会共建、共治、共享的良好生态格局。努力建设人与自然和谐共生的现代化，推进城乡人居环境整治，促进乡村振兴，建设美好乡村。

五是进一步完善当地的基础设施建设，吸引更多投资者前来投资，势必促使区域周边土地熟化，增强土地升值潜力，获得较高社会效益。同时使招商引资的规模与水平都会得到大幅提高，促进经济快速发展，使地区间经济可接近性得以提高（见图4）。

图4　枞阳县义津等6个乡镇污水处理厂站提质增效项目之二

三、延伸阅读

通源方（TYF）系列工艺包＋ABVC泥膜共生处理技术

在村镇污水处理领域，通源环境坚持因地制宜、科学施策，针对如何收集、如何建设、如何合理规划，如何科学运营等难题，公司采用自主研发的通源方（TYF）系列工艺包，结合农村、景区、特色小镇等多种场景，单个设备定制化外观，封闭式设计，可防止气味挥发；采用集中与分散处理相结合的方式，模块化组装，不仅占地面积少，而且运输、安装更高效；同时结合使用通源污泥处理设备，使得干化炭化后污泥被资源化利用后，剩余活性污泥少，杜绝二次污染。

作为一站式环境整体解决方案提供商，通源环境坚持以生态振兴带动乡村振兴，在解决农村生活污水污染问题道路上蹄疾步稳、成效显现，先后在淮南凤台、铜陵枞阳、蚌埠淮上等区域实施村镇生活污水生态治理项目并实现良好的生态效益（见图5）。

图5　淮南市凤台县乡镇水环境综合治理提质增效项目

通源环境对凤台县15个乡镇污水处理厂站及污水管网系统进行集中运营维护管理，可以实现乡镇污水收集、处理系统的全面建设，全面推进强化乡镇厂网一体化运行维护管理。其中12个乡镇污水处理厂站采用我司自主研发的ABVC泥膜共生处理技术，是以A^2/O与生物接触氧化技术为基础的复合工艺，结合活性污泥法与生物膜法的优势，以生物反应动力学原理及合理的水力条件为基础，智能控制系统为辅，强化污水的生物处理效果。该技术采用泥膜共生复合工艺，提高了生物处理效率，强化了生物脱氮除磷，出水水质好；采用渐进式分段独立曝气控制技术，大幅降低曝气量，节能降耗；采用模块化装配式设计，布局紧凑、规整，大幅缩小占地面积；采用模块集成装配施工，快速搭建，大幅缩短施工周期（见图6）。

该技术通过投加的改性填料，并配备先进的智能控制系统，有效地提高了生化反应传质条件及分离效果，具有高效的生物脱氮功能、占地面积小、土建要求低、安装周期短、调试达标时间短、投资和运行费用少、处理效率高、无二次污染等特点。为用地紧张的小中大型规模的排口应急处理、黑臭水体治理及生活污水处理厂提供了标准化的解决方案（见图7）。

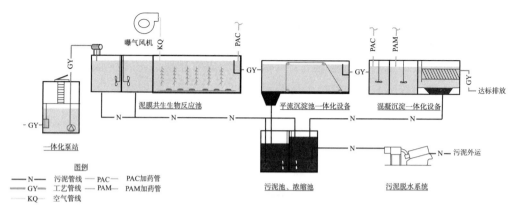

图6　ABVC 工艺流程

图7　通源环境自主研发泥膜共生生物反应器

其中，凤台村镇水治理项目被评为"安徽省海绵城市建设成果奖""全国村镇污水治理优秀案例"。未来，通源环境将不遗余力为污水与水环境综合治理提供更优质的方案设计、装备研制、投资建设、运营等服务，打造"污水有效收集、处理高效运行、生态环境改善、村容整洁有序"的宜居乡村，推动村镇污水治理与生态修复深度融合，奋力实现水环境质量提升与经济可持续发展相辅相成、相得益彰，为实现绿水青山与乡村振兴齐头并进提供坚实支撑，助力描绘美丽中国的新画卷。

四、案例启示

本项目亮点在于采用了 PC + O（施工采购运维一体化）模式，实现了项目全生命周期的高效管理。在这种模式下，业主无须在不同阶段与不同主体进行烦琐的协调，减少了管理界面和协调成本。同时，各环节无缝衔接，设计充分考虑施工可行性和运营需求，避免了传统模式下因阶段割裂而产生的设计不合理、施工难度大、运营不顺畅等问题，确保了项目在运维阶段的稳定性和可持续性。

1. 运营思维引领的 "PC + O" 是未来乡村建设的发展趋势

通过这一模式的应用和推广，可以避免建设的无效投资、实现运营实际要求的无缝对接、发挥乡村建设的市场价值、推动乡村产业振兴，并最终实现政府、村民和社会资本的多方共赢。

2. 乡镇污水处理工艺需要综合考虑乡镇特点与需求、后期运维与管理等多方面因素

因地制宜选择乡镇污水处理工艺需要综合考虑乡镇特点与需求、选择适宜的污水处理工艺、考虑后期运维与管理以及示范与推广等方面因素。通过科学合理的选择和实施，选择性价比高、易于操作和维护管理的工艺，确保污水处理效果、提高资源利用效率并降低运营成本，保障乡镇污水处理设施能够长期稳定运行。

3. 加强乡镇污水处理厂的监督与评估

建立健全乡镇污水处理厂的监管体系，加强对污水处理厂运行情况的监督和检查。建立评估机制，定期对处理厂的运行效果进行评估和考核，确保其达到预期的处理效果。加强社会监督力度，鼓励公众参与污水处理厂的监督和管理，提高透明度和社会认可度。

4. 加强设施建设与管理

乡镇地区由于地势复杂、人口分散，配套管网的建设往往存在不足。因此，需要加强对配套管网的建设和改造，提高污水收集率，确保污水能够顺利进入处理厂进行处理。应定期对处理设施进行维护、检修和保养，确保其正常运行。同时，还需要建立完善的运行管理制度和应急预案，以应对突发情况。

5. 大力推动技术创新与应用

积极引进国内外先进技术，加大对污水处理技术研发的投入，鼓励科研机构和高校进行自主研发，推动技术创新和应用。推广智慧水务，利用物联网、大数据等信息技术手段，建立智慧水务管理系统，实现污水处理的智能化、自动化和远程监控。

（本案例由卢召义、杨瑞勇负责调研，并参与指导或撰写）

案例 30

各方面全过程贯彻绿色发展理念

——山东中医药大学附属医院西院区综合楼
多措并举筑牢绿色建筑之基

一、案例概述

党和国家高度重视中医药工作，明确提出传承创新发展中医药是新时代中国特色社会主义事业的重要内容，是中华民族伟大复兴的大事，标明了中医药在中华民族伟大复兴中的坐标方位。

党的二十大报告中强调，高质量发展是全面建设社会主义现代化国家的首要任务。党的二十届三中全会提出"完善中医药传承创新发展机制"，对中医药全面深化改革提出明确要求。要全面深刻领悟"创新成为第一动力、协调成为内生特点、绿色成为普遍形态、开放成为必由之路、共享成为根本目的"的高质量发展核心要义，切实把推动高质量发展的要求贯彻到中医院发展的全过程各领域。

习近平总书记关于新质生产力的重要论述，为我们准确把握新质生产力的科学内涵提供了根本遵循。发展新质生产力是推动高质量发展的内在要求和重要着力点。面对新一轮科技革命和产业变革，要抢抓机遇，加大创新力度，增强发展新动能，塑造发展新优势，把发展主动权牢牢握在手中。同时，发展新质生产力既包括技术和业态模式层面的创新，也包括管理和制度层面的创新，涉及医院发展方方面面，需要科学谋划、统筹兼顾、稳中求进。

山东中医药大学附属医院西院区综合楼建设项目（以下简称"本项目"）位于济南市历下区。本项目承担国家中医药传承创新工程的建设任务，是山东省"十三五"重点民生工程。本项目于 2019 年 12 月正式开工建设，于 2022 年 6 月开始门诊试运行。

新建综合楼建筑高度 66.6 米，地上主楼 15 层，裙楼 5 层，地下 3 层，总建筑面积 109987.11 平方米，其中地上建筑面积为 75656.16 平方米，地下建筑面积为 34330.95 平方米。新建综合楼主要包括门诊、检验、药房、标准病房等功能。

本项目将中医文化、区位特点、医院发展历程等与绿色建筑完美融合，既实现了中华优秀传统文化、泉城济南地域特点的表达，又使医疗功能与绿色建筑相契合。包括建设单位、总包单位、设计单位等在内的各方采用多种方法将绿色发展理念落到实处，为患者、医护、职工等提供一个安全、舒适、可持续的诊疗及工作环境。本项目荣获"2023 年度国家优质工程奖""2023 年人文医疗营造奖""2023 年千兆城市示范商务楼宇"等荣誉。

二、案例剖析

本项目按照绿色建筑设计要求，以《绿色建筑评价标准》（GB/T 50378—2019）评价细则对本工程加以量化后，最终评价得分 Q = 72.2 分，达到二星级绿色建筑标准。

1. 绿色设计

一是选用具有安全防护功能的玻璃、耐久性好的内外饰面材料及高耐久混凝土。采取人车分流措施，最大程度保障"人"的安全。二是直饮水、集中生活热水、采暖空调系统用水、景观水体、生活饮用水水池、水箱等储水设施采取措施以满足卫生要求。优化主要功能房间的室内声环境，减少管道等产生的噪声。充分利用天然光，具有良好的室内热湿环境。优化建筑空间和平面布局，改善自然通风效果。三是建筑室内外公共区域满足全龄化要求。设置分类、分级用能自动远传计量、PM10、PM2.5 浓度的空气质量监测系统、用水远传计量系统、水质在线监测等系统。制定节能、节水、节材、绿化的操作规程，实施能源资源管理激励机制。建立绿色教育宣传和实践机制，形成良好的绿色氛围。四是合理开发利用地下空间，一期采用机械式停车设施＋普通地下停车位的方式，最大程度满足规划的停车配建要求。采用节能型电气设备及节能控制措施。结合雨水综合利用设施营造室外景观水体，并采用保障水体水质的生态水处理技术。五是合理利用绿植和庭院景观，减少环境噪声及光污染。

2. 绿色施工

一是现场的围挡、钢板道路、钢结构马道、栈道平台等全部采用标准化可周转定制，提高了现场工具化使用率和周转率。二是严格执行钢筋放样审批制度，钢筋按照料单尺寸进行加工制作，减少绑扎接头的使用，达到节约材料的目的。采用再生覆塑模板，可将废旧模板回收利用、重新加工，表面覆盖塑料层，可实现模板的再生利用。三是施工现场、生活区、办公区采用节水系统和节水器具，利用雨水收集处理技术，将雨水用于降尘与绿化用水，做到节约用水。混凝土养护采用雾化节水型养护，采用先进的自动加压供水与雾化节水施工工艺。四是场区扬尘监测系统与基坑喷淋系统、围挡喷雾系统、楼层喷雾系统、雾炮、洗车台等联动控制降尘，形成了多角度、全方位的立体防扬尘喷洒系统，有效减少施工现场扬尘。五是工地四周设置仿真绿植围挡起到降尘隔噪的作用。在混凝土浇筑过程中，泵车周围设置隔音板，有效降低噪声污染。六是塔吊照明灯采用时钟控制器，定时启闭塔吊照明灯，加灯罩定向照明；焊接作业采取无烟焊条，并设置工具化钢结构焊接操作棚，避免焊接弧光外泄，有效减少光污染。

3. 绿色管理

一是秉承"整理、整顿、清洁、规范、安全、素养"的6S精神，在工程建设管理过程中严格遵循"6S"管理理念，利用PDCA循环管理方法、鱼骨分析图等管理工具，对工程管理中遇到的问题进行科学分析、解决，建立有序、绿色、高效的工程管理流程。二是项目采用BIM作为工具优化实际施工过程中产生的图纸、机电管线综合排布、装饰标高等问题，以提高图纸和施工质量，完成各科室功能需求交互。三是工程共实施了8项建筑业新技术，包括共计28个分项，实施效果良好（见表1）。

表1　　　　　　　　　　建筑业新技术实施项与分项

序号	实施项	分项	备注
1	地基基础与地下空间工程技术	型钢水泥土复合搅拌桩支护结构技术	基坑支护体系采用SWM工法桩支护形式
2-1	钢筋与混凝土技术	高强混凝土技术	主楼结构地下三层至三层墙柱采用C60混凝土
2-2		高强钢筋应用技术	本工程钢筋混凝土结构全部采用HRB400钢筋
2-3		高强钢筋直螺纹连接技术	直径超过16钢筋连接形式全部采用机械连接
3	装配式混凝土结构技术	预制构件工厂化生产加工技术	管沟盖板采用场外预制加工
4-1	机电安装工程技术	基于BIM管线综合技术	安装管线采用BIM技术管线综合
4-2		工业化成品支吊架技术	水平消防、给排水管道全部采用抗震支架
4-3		薄壁金属管道新型连接安装施工	室内给水管全部采用薄壁不锈钢管
4-4		金属风管预制安装技术	金属风管全部预制安装
4-5		机电消声减振综合施工技术	所有设备全部采用减振支架
5-1	工期技术	封闭降水及水收集综合利用技术	基坑降水补给临时用水用于灌溉、喷淋降尘、冲洗设备、混凝土养护等
5-2		建筑垃圾减量化与资源化利用技术	可利用建筑垃圾用于基坑回填、室内回填

序号	实施项	分项	备注
5-3	工期技术	施工现场太阳能、空气能利用技术	太阳能、风能互补路灯
5-4		施工扬尘控制技术	定时喷淋系统，扬尘感应自动喷雾系统，楼层、塔吊喷淋系统
5-5		施工噪声控制技术	木工加工棚降噪、低频静音振动棒
5-6		工期在线监测评价技术	渣土运输监控、环境监控系统
5-7		工具式定型化临时设施技术	标准化基坑防护、临边防护、楼梯防护、围挡等
5-8		垃圾管道垂直运输技术	管道井改造竖向垃圾通道
5-9		透水混凝土与植生混凝土应用技术	临建采用透水砖与植草砖地面
5-10		混凝土楼地面一次成型技术	结构混凝土楼面一次成型
5-11		建筑物墙体免抹灰技术	地下室采用免抹灰天然石粉墙面
6	防水技术	种植屋面防水施工技术	屋面采用种植屋面防水技术
7-1	抗震加固与监测技术	深基坑施工监测技术	基坑施工期间至回填完成按照方案进行监测
7-2		受周边施工影响的建筑物检测监控技术	周边建筑物按方案定期进行沉降观测
8-1	信息化技术	基于BIM的现场施工管理信息技术	平面布置BIM管理；施工过程、安全教育BIM模拟
8-2		基于云计算的电子商务采购技术	通过云筑网招标采购
8-3		基于物联网的工程总承包项目物资全过程监管技术	通过云筑网招标采购
8-4		基于物联网的劳务管理信息技术	劳务实名制管理系统、门禁管理系统

4. 绿色节能

一是外围护结构墙体采用250厚装配式CF蒸压瓷粉加气混凝土墙板，具有节能、利废、环保、隔热、保温、防火、隔声、造价低等诸多优点，较好解决了保温体系与建筑的同寿命问题。外窗采用LOW-E中空玻璃（低反射玻璃）幕墙、三元乙丙胶条密封，降低对周围环境的光污染，空腹型材采用增强板或局部加强板的铰链连接技术，增强了外幕墙的使用寿命。二是采用节水节能型卫生洁具，给水、热水计量设计，太阳能和空气能热泵供水设备，喷灌和微灌等高效节水绿化浇灌，脚踏式蹲便器冲洗阀，可开式密闭地漏等工艺，达到节水与环保要求。三是选用带热回收的新风机组，回收排风中显热，最大利用能源回收效率大于 60%。所有空调末端设备均设置静态平衡阀，风机盘管设置动态平衡电动两通阀。空气源热泵机组及空气源冷水机组 COP 值均超过节能规范要求，属于一级能效。四是 EPS 和 UPS 电源装置，选用全封闭免维护蓄电池，避免有害液体泄漏对环境和人身造成危害。公共区域内照明，节能照明灯具的比率大于 80%；万元产值综合能耗不能高于 0.18 吨标准煤，并逐年降低。五是对通风、空调、给排水等有关设备，采用集中控制与管理，通过楼宇自动化（BA）系统自动调节降低冷热源消耗，实现各系统的节能运行，并可经通信接口与其他系统联网，全面实现建筑的智能化。

三、延伸阅读

山东全面推进绿色建筑高质量发展

绿色建筑是在全生命期内节约资源、保护环境、减少污染、为人们提供健康、适用、高效的使用空间，最大限度地实现人与自然和谐共生的民用建筑。

目前对绿色建筑的评价主要采用由住建部颁发的《绿色建筑评价标准》（GB/T 50378 - 2019），该标准在 2024 年进行了局部修订。根据该标准，绿色建筑等级由高到低划分为三星级、二星级、一星级和基本级，评价指标体系主要由安全耐久、健康舒适、生活便利、资源节约、环境宜居 5 类指标组成。

山东省人民政府于 2019 年 1 月通过了《山东省绿色建筑促进办法》（以下简称《办法》）。《办法》对规划建设、运营管理、技术推广应用、法律责任等方面作出规定。《办法》的颁布实施，填补了山东省专项绿色建筑地方性规章的空白，是推进生态文明建设、践行绿色发展理念的重要举措，对改善人民群众生产生活条件，提高绿色建筑发展质量和效益，促进城乡建设模式转型升级，都具有重要意义。

山东省住建厅在 2024 年 7 月发布了《山东省绿色建筑高质量发展工作方案》。该方案指出，发展绿色建筑是落实国家"双碳"重大战略决策、建设绿色低碳高质量发展先行区的重要内容。该方案部署了"全面推广绿色建筑""发展星级绿色建筑""推动新建建筑节能降碳"等十二个方面的重点任务，并提出了"健全工作推进机制""强化法规政策支持""加大宣传引导力度"的保障措施。

济南市人民政府于 2024 年 10 月发布了《全面推进绿色建筑高质量发展的实施意见》。该意见部署了"推广绿色建筑""提升建筑绿色性能""推动装配式建筑发展"等六个方面的重点任务，并提出了十二项支持政策。该意见对全面推进绿色建筑产业发展，建设功能完善、绿色宜居、健康安全的高品质建筑，不断改善城乡居住环境，提升居民居住体验具有指导作用。

四、案例启示

本项目的落成使用，不仅有利于进一步改善群众看病就医条件，而且对于绿色发展理念的落实以及山东省中医药事业的高质量发展具有十分重要的意义。本项目主要有以下几个方面的启示。

1. 从实际情况出发，将城市规划、地域性指标、街区风貌等规定与医院发展规划有机融合，合理确定建设方案

本项目位于大明湖—千佛山"佛山倒影"景观风貌带的中心位置。因位置特殊，规划部门对该区域的建筑高度、地下挖深和整体建筑风格均有严格的限制和要求。医院邀请程泰宁院士及其团队对西院区进行整体规划及建筑设计，在保证院区医疗业务正常开展的前提下，综合院区现有建筑功能布局，最终决定按照"整体规划、分期实施"进行建设。西院区共分为三期进行建设，本项目为一期工程。西院区整体建成后，将达到总建筑面积 21 万平方米、停车位 1500 辆、床位数 1700 张的建设规模。

2. 调动医院业务科室积极性，严把设计关

医院基础设施建设的特点，决定了必须将医疗科室的需求和建议纳入设计的全过程。医院将项目的方案论证阶段、施工图设计阶段、内装设计阶段的下科室讨论工作列入工作制度，要求分管设计的人员必须分阶段组织门诊部、医务处、护理部、药学部、有关医技科室进行不低于三次的下科室讨论，并及时将科室意见落实到图纸上，反馈到施工中，真正做到为临床服务。

3. 扎实推进建设手续办理工作，提高工作效率

以济南市为例，根据现有工程手续办理要求，医院基础建设工程施工许可前各项手续办理的时间约为 11~15 个月。要理顺办理流程，明确前后顺序、必要条件；积极与有关主管部门沟通，根据其意见与建议对建设内容优化调整；可以同步办理的手续尽量同步办理，节约时间。

4. 严格把控施工质量与时间节点，确保保质保量完成

一要统筹考虑，统一部署。为有效推进建设工作，医院成立工程建设指挥部，指挥部每月进行两次调度，按照医院发展规划与临床科室需求，明确功能定位、科室布局等内容并严格落实"确认签字"程序。二要抓住重点，做好安排。在招标采购过程中采购性价比高的标的物，监督、管控总承包单位做好招标采购工作，如有需要，直达企业、直达工程现场，掌握第一手真实情况。同时，为保证后续安装、精装修、专项设计等专业工作的无缝衔接，在主体施工阶段即进行后续工作的招标采购工作。三要制订计划，全力推进。要求总包单位、监理单位和跟踪审计单位根

据工程和各自负责的工作制定三级（总、年度、月度）计划表，与各单位签订承诺书，确定责任人，挂图作战。根据不同情况采用监理例会、现场专题会、节点考核会、综合推进会等形式进行工作推进。

（本案例由金东、王艳、杜艳云、尚进负责调研，并参与指导或撰写）

案例 31

"链式融合"推动"产学研用"

——江西科技师范大学破解职业教育发展"中梗阻"

一、案例概述

党的二十大报告中指出:"统筹职业教育、高等教育、继续教育协同创新,推进职普融通、产教融合、科教融汇,优化职业教育类型定位"。[1] 为了进一步提升职业教育的质量和效益,推动产教深度融合,国家发展改革委等部门于 2023 年印发的《职业教育产教融合赋能提升行动实施方案(2023 – 2025 年)》围绕"赋能"和"提升"两大核心目标,提出包括 5 个方面、19 条具体政策措施在内的系统方案,旨在加快形成产教良性互动、校企优势互补的产教深度融合发展格局,持续优化人力资源供给结构,为经济社会发展提供更加有力的人才支撑。[2] 江西科技师范大学积极贯彻国家政策,通过"链式融合"推动"产学研用"一体化,取得显著成就,荣获了 2022 世界 VR 产业大会 VR/AR 创新奖,获批 19 项 VR 专利,并成功研发 78 项 VR 应用项目,为江西 VR 产业链发展提供科技支撑,成为职业教育发展的典范。

江西科技师范大学是教育部重点建设的培养职业教育师资的公办本科院校、全国最早独立设置的职业技术师范院校、"老八所"之一、全国职业教育研究的重要基地、全国职业教育师资培养培训重点建设基地、江西省唯一一所以职教师资培养为特色的本科高校,是江西省公费师范生培养高校。主要培养职教师资、普教师资和其他应用型高级专门人才。学校在培养职教师资方面具有鲜明特色,积极推进产学研用一体化,充分利用在职教师资培养方面的独特优势,依托南昌国家高新技术产业开发区管委会,以及省委教育工委、省教育厅等省级部门的支持与指导,积极调动政府、高校、企业以及科研院所的各方作用。通过联合开展"联学联建联动融通融合融汇"(以下简称"三联三融")活动,致力于解决职业教育发展中的瓶颈问题,并推动"产学研用"更深层次地融合,打造光电产业产教联合体。江西省委第

---

① 《中国共产党第二十次全国代表大会文件汇编》,人民出版社 2022 年版第 28 页。

② 《职业教育产教融合赋能提升行动实施方案(2023 – 2025 年)》,中国政府网,2023 年 6 月 8 日,https://www.gov.cn/zhengce/zhengceku/202306/content_6886061.htm。

九巡回指导组评价江西科技师范大学在主题教育中，联合全省 22 所院校共同开展的"三联三融"活动，是推进江西高质量发展的一个生动实践。通过对接南昌高新区产业发展需求，推动产学研用一体化、政校企研齐聚力，体现了江西高质量发展进程中的高校使命、职教作为。

教育不是孤立的，而应与产业发展、社会需求紧密相连。针对江西校企合作松散、单一，企业技术输出教育动力不足，毕业生定向就业人数低，职业教育数字平台共建共享不足，区域发展不平衡，职业技能人才供给布局错配等问题，江西科技师范大学精准锚定，定位职业教育，紧密对接发展需求，将教育链巧妙地融入人才链、产业链、创新链之中，致力于打造南昌市光电产业产教联合体，并完善合作机制，形成企业技术与教育领域的双向互动。在江西科技师范大学的引领下，人才链、产业链、创新链、教育链实现了深度融合，形成了一种全新的职教生态。《半月谈》以"链式融合：一所大学的职教新路"为题对其进行了报道，《新华每日电讯》赞誉其为"来自南昌高新区的产教融合新探索"，并高度评价其开创了人才链、产业链、创新链式融合的职教新模式。学校先后获批教育部职业教育"双师型"虚拟教研室、国家级职业教育"双师型"教师培训基地，并承担了教育部教师司《新时代职业教育教师职业标准研究》课题，体现了教育部对我校职教师资培养的充分肯定。

二、案例剖析

1. 以教育链为基础，构建完善高效教育体系

作为江西省唯一一所以职教师资培养为特色的本科高校，江西科技师范大学承担着高等教育和职业教育发展的双重使命。一是学校积极发挥自身优势，联合全省 15 个厅局所属的 22 所院校开展"三联三融"活动。参与的院校涵盖了从本科到高职、中职的各个层次，包括民办院校，形成了一个上下衔接、类型丰富的立体教育体系，打破了传统教育的界限，推动资源共用和优势互补。在此基础上，学校积极参与国家职业教育虚拟仿真示范基地建设，成效显著，获得党和国家领导人的高度肯定。本校作为国家级虚拟仿真示范实训基地，要加快标准制定，积极搭建技术创新平台。二是建立校企联合的"双师型"导师队伍，包含 2661 名导师，其中企业导师占比 88.65%，学校导师中，正高职称 49 人，学术技术带头人及奖章获得者若干，科研机构导师含院士 1 名。三是开发了一批面向生产一线的实训技能课程。江西科技师范大学秉持着"贴近生产一线""与时俱进"原则，收集 438 门课程、28 部教材和工程案例集，整理成 44 个实训模块，370 门课程，总课时超 3000 学时。已完成了 15 本活页式教材，正在开发共性课程 10 门及相应教材。由此，既明确了专业岗位的技能要求，同时也解决了内容陈旧、缺少新技术实训内容，与企业生产一线脱节等问题。

2. 以人才链为资源，引才引智汇聚发展活力

在推动光电信息产业高质量发展的基础上，联盟内的"三联三融"合作院校将立德树人作为核心使命，以学生的发展为核心，不断深化产教融合，提升专业优势和特色，完善人才培养的协同机制。一是致力于探索现代产业学院的建设模式，设立包括卓越工程师学院、现场工程师学院在内的 10 余个二级学院和企业实践教学基地。例如，江西现代职业技术学院与南昌沪航工业有限公司共同打造了"南昌沪航产业学院"，江西制造职业技术学院与比亚迪股份有限公司共同建立了"比亚迪产业学院"，江西省电子信息工程学校与南昌华勤电子科技有限公司联合成立了高技能人才培养基地，江西工业职业技术学院与江西璞晶新材料股份有限公司联合建设了新型建筑材料产学研用中心，江西机电职业技术学院与南昌轨道交通集团签订了订单班联合培养协议。二是构建灵活的教师引进机制。提出了"院校提供编制＋企业提供待遇"的双岗互聘模式，旨在联合引进和培育海内外的高层次人才及领军团队。为此，启动了高层次人才培养计划，江西科技师范大学已经聘请了华勤、中微、兆驰等头部企业的骨干博士担任学院研究生导师，并安排研究生进入企业进行跟班培养。为了更好地满足产业需求，江西科技师范大学启动了高层次人才培养计划，并与华勤、中微、兆驰等头部企业合作，聘请了企业的骨干博士担任学院研究生导师。通过实施"导师学徒制""订单班"培养模式，学校与企业实现了标准、课程、教材开发以及教学活动组织等方面的深度对接。此外，学校还建设了以岗位需求为导向、以班级为单位安排课程的全生命周期人才培养体系，从而培养出大量符合产业需求的高素质应用型、复合型、创新型人才。研究生们将进入企业进行跟班培养，以确保他们能够获得实际工作经验，并与企业需求保持一致。

3. 以创新链为主线，驱动产业链蓄势升级

一是创新产学研的协同供给。2023 年，江西省印发《关于推进市域产教联合体建设的实施方案》，探索省域现代职业教育体系建设。围绕"1269"行动计划和区域产业结构布局，江西省教育厅联合省发改委、省工信厅深入 11 个设区市和 30 余所学校，推进市域产教联合体建设工作。江西科技师范大学打破传统的界限，将产业界、学术界和研究机构紧密结合起来，形成一个有机的整体。联合体采取"1＋N＋N＋N"模式，联合 28 家省内院校、华勤等 125 家光电企业、南昌实验室等 107 家科研机构打造政企校研四方合作的联合体，其中"N1"包括教育部直属国家级职业教育示范实训基地项目——国家职业教育虚拟仿真示范实训基地，这是教育信息化的关键突破，基地平台助力新技术与教学、生产、研发等融合，为经济发展注入新动力。具体来说，企业可以提供实际需求和应用场景，高校和研究机构则可以发挥其科研优势，共同开展项目研究和人才培养。这种协同模式不仅能够提高研发效率，

还能促进资源的优化配置。二是创新推进职业教育科研及其成果转化。南昌高新区依托电子信息产业链，联合125家电子信息企业、23所大中专院校和99个科研平台，推动产教联合体发展，促进产业、资金、人才集聚。通过南昌实验室、北京大学南昌创新研究院等机构，进行技术攻关、产品研发、成果转化，提升产业竞争力。同时建立仪器共享机制，深化科研机构合作，推动原创性研究。

4. 以产业链为根本，聚焦创新补链强链

一是全面推行现代学徒制和企业新型学徒制。将企业生产线班组长、技术人员、工程师、高技能人才、管理人员，学校相关专业优秀教师以及科研机构骨干研发人员全部作为导师进入师资库。发挥职教集团推进企业参与职业教育办学的纽带作用，推动建设具有辐射引领作用的高水平专业化产教融合实训基地。二是实现了联合体内供需对接的订单式培养模式。该联合体汇聚了13家企业的需求，覆盖了高新区LED和移动智能终端产业链超过80%的领域，共计73个班级，30875名学生。2023年9月，开设了四个校企合作的示范班级，包括江西现代学院与欧菲光合作的"微电子智能制造工程师示范班"、科师大与华勤合作的"智能终端青苗实训班"、江西制造学院与龙旗合作的"智能终端小太阳班"，以及南昌工程学院开设的"鸿蒙系统开发微专业班"，共涉及200多名学生，并已顺利完成学业。这种由政府、学校和企业三方合作的模式，旨在培养出符合产业实际需求的专业人才。

同时，积极争取和承接国家和江西省重大职教研究项目。围绕教育部职教教师专业发展、数字化职业教育以及江西省职业教育发展需求，开展深入的调研和政策咨询工作。充分利用全国职业教育重要影响力期刊《职教论坛》，为江西职业教育政策实践提供坚实的理论研究支撑，助力江西职业教育的高质量发展。

三、延伸阅读

美晨"厂中校"，破解"和而不融"难题

在促进职业教育与产业人才培养的融合过程中，存在学校教授的技能与企业需求不相适应的问题。为了解决这一"结合而不融合"的难题，南昌高新区采取了创新措施，邀请教师深入车间生产现场，并将生产线引入校园，从而将教学内容和方法的决定权交由教师和企业共同掌握。在联合体建设的过程中，得益于南昌高新区的精心规划和积极推动，成功实现了从理论到实践、学校到企业，以及"校中厂"到"厂中校"的运行模式。与此同时，江西美晨通讯有限公司将产教融合纳入企业战略发展目标，勇于尝试和投资，使得联合体人才培养的运行模式得以实际应用。这不仅促进了联合体内产教的良性互动，还形成了可持续的人才培养模式，为南昌高新区光电产业的高质量发展提供了强大动力。其中，"厂中校"模式是高等职业

教育工学结合人才培养模式的重要体现，也是推进校企合作深入开展与提高办学综合实力的重要途径。美晨公司"厂中校"办学模式正是进一步推进校企合作，培养对口人才，服务地方发展探索的结果。这种独特的办学模式将教育与产业紧密结合，旨在培养学生的实践能力和职业技能。通过这种方式，学生们可以在真实的工作环境中学习和成长，而不仅仅是停留在理论知识的学习上。

2024 年 3 月，江西美晨通讯有限公司将一条手机组装测试生产线搬进了江西现代职业技术学院产教融合中心，学生在学习完理论课后进行实操，推进"理论与实践一体化"教学。江西现代职业技术学院产教融合中心主任周学军介绍："一条生产线有 20 多台设备，每位学生都必须熟练掌握全部设备的使用功能和技巧。"[①] 这样的"校中厂"模式让学生提前掌握设备实操技能、企业管理要素等，能更早适应企业专业技术及管理岗位。杨庆华是江西制造职业技术学院"订单班"的一名学员，入职江西美晨通讯后，他成为 SMT 事业部生产技术三部的储备技术员，凭借扎实的技术功底，同年 4 月，他晋升为 PE 技术员，负责生产线的一些重要工作。"校中厂""厂中校"的发展模式有效解决了"学校一头热，企业一头冷，学生一头雾水"的难题。在这一模式下，学生毕业即可对口就业，顺利完成从学校走向社会的角色转换，这正是发展职业教育的目的和未来发展方向。这种模式的优势显而易见：首先，学生们能够获得宝贵的实践经验，为将来的就业打下坚实的基础。其次，工厂也能从中受益，通过与学校的合作培养出符合企业需求的技术人才。最后，这种模式还有助于缩短学生从学校到职场的过渡期，提高他们的就业竞争力。

四、案例启示

1. 围绕产业链和创新链布局教育链，增强职业教育的市场适应性

首先，要充分发挥政府、学校、企业、科研平台各自的功能，采用"生态性协作""规模化定制""政校企联动"的产教融合发展新模式。以江西科技师范大学与南昌市共建的光电产业产教联合体为例，这种模式有效地促进了科研平台、企业设备、技术研发、师资力量等资源的深度融合与共享，为职业教育改革和产教科融合协同育人提供了有力支持，构建了一个创新链、产业链、资金链、人才链深度融合的教育新生态。其次，教育必须紧跟产业发展的步伐，将产业需求深度整合到职业教育的各个教学环节中。为了加强教育链与创新链的融合，必须提升科研成果的转化效率和应用范围，通过校企合作促进科技成果有效地转化为产业生产力。最后，面对技术革命所催生的教育新形态，要致力于构建新型学习场景和创新学习生态体系。大数据、人工智能、VR/MR（虚拟现实/混合现实）等前沿技术已经突破了传

---

① 教师进车间，产线入校园 [N]. 新华每日电讯，2024 - 07 - 11（006）.

统学习的时空限制，构建了一个线上线下相结合、现实与虚拟相融合、物理空间与数字空间互动的学习体系，从而根据企业提供的实际需求和应用场景进行数字化学习，以满足企业在不断变化的市场环境中对技能培训和提升的迫切需求。

2. 优化教育链部署人才链，推动职业教育人才培养适应产业发展需求

第一，要完善现代职业教育体系。应依据技术技能人才、能工巧匠以及大国工匠的成长规律，构建相应的人才培养进阶体系。必须统筹协调中职、高职与本科课程的专业教学标准，解决职业教育不同层级间存在的"专业断层"问题，江西科技师范大学打造的产教联合体就起到了示范作用，通过积极开展"三联三融"活动，参与的院校涵盖了各层次，形成了一个上下衔接、类型丰富的立体教育体系。同时，应强化中高职与本科课程的衔接机制和学分互换机制的探索，以推动普通教育与职业教育、职业教育与本科教育之间的融通。第二，教育体系应强化实践教学，积极推动与产业界的深度融合。通过与企业的紧密协作，学生有机会在真实的工作场景中学习和掌握新知识与新技术，进而显著提升解决实际问题的能力。通过开办校企合作培训班，类似江西现代学院和欧菲光合作的"微电子智能制造工程师示范班"、江西科技师范大学和华勤合作的"智能终端青苗实训班"等与企业进行联合培养。通过积极参与科研项目和技术开发活动，有效增强学生的创新意识和研发能力。

3. 强化技术创新与成果转化，提升职业教育服务产业能力

学校需要依托自身的科研优势，与企业紧密合作，共同开展技术研发和项目攻关，推动科技成果的有效转化。在服务乡村振兴方面，深化创新创业教育改革，通过"意识培养—能力提升—实践转化"的专创教育路径与"思创、赛创、产教"融合的创新创业教育生态体系，引导学生发挥学科专业优势，对接革命老区基层需求，孵化红色帮扶创新创业项目。同时，结合产业需求和科技前沿，解决乡村振兴的痛点，推动双创成果落地转化。强化技术创新方面，学校应持续加大科研投入，鼓励教师和企业技术人员开展联合研发，推动前沿技术的突破和应用。同时，建立完善的技术创新激励机制，激发科研人员的积极性和创造力。在成果转化方面，学校应加强与企业的沟通和协作，了解企业的实际需求，推动科技成果的精准转化。此外，学校还可以通过建立技术转移中心、成果转化基金等机制，为科技成果转化提供全方位的支持和服务。

4. 构建多元化评价体系，促进职业教育质量持续提升

在推动职业教育高质量发展的过程中，构建多元化评价体系是至关重要的一环。江西科技师范大学注重构建包括政府、学校、企业、行业组织和社会等多方参与的多元化评价体系，以促进职业教育质量的持续提升。政府方面，应加强对职业教育的政策支持和监管力度，推动职业教育与产业发展的深度融合。学校方面，应建立

完善的教学质量监控和评估机制，加强对教师教学和学生学习的全过程管理。企业方面，应积极参与职业教育的质量评价和人才培养过程，为职业教育提供实践基地和就业机会。行业组织方面，应发挥其在行业标准和人才培养方面的引领作用，推动职业教育与行业发展的紧密对接。社会方面，应加强对职业教育的关注和支持，形成全社会共同关心、支持职业教育的良好氛围。通过构建多元化评价体系，江西科技师范大学不仅能够全面了解职业教育的发展状况和问题所在，还能够根据评价结果及时调整和优化人才培养方案和教学计划，推动职业教育质量的持续提升。同时，这种评价体系还能够促进政府、学校、企业、行业组织和社会等多方之间的沟通和协作，形成共同推动职业教育高质量发展的合力。

（本案例由梁小军、徐诺负责调研，并参与指导或撰写）

案例 32

"1+6"模式实现建筑固废资源化高效利用

——浙江天造环保科技有限公司聚集技术与模式 创新推动高质量发展

一、案例概况

在新时代背景下，面对资源环境约束加剧、产业结构转型升级的迫切需求，大力发展新质生产力成为推动经济高质量发展的关键。作为建筑固废资源化利用领域的典范，天造环保通过技术创新和模式创新，实现了建筑固废资源化利用的闭环管理，为建筑固废资源化利用绿色低碳发展提供了宝贵的经验和案例。

浙江天造环保科技有限公司是一家从事建筑固废循环处理的企业，在行业内位于前列，提供的服务全面涵盖了从建筑垃圾回收到环保建筑材料再生产的整条产业链。公司通过"1+6"模式实现了建筑固废资源化高效利用。公司先后获得国家专精特新"小巨人"企业、高新技术企业、浙江省首批建筑垃圾资源化利用典型案例企业、浙江省绿色低碳工厂、浙江省无废工厂、浙江省服务业领跑者和浙江省第一批绿色产品（服务）认证"领跑者"等荣誉。

公司致力于绿色生态产品的研发，积极推广绿色建材，建立绿色建材联合研究院和省级博士创新站，通过了高新技术企业研究开发中心认定，以推动建筑固废循环产业园关键技术与减碳项目研究，创新再生混凝土服役效能提升关键技术及应用，于2023年获得中国循环经济协会科技进步二等奖。目前再生骨料已入选丽水市住建局公布的第一批市区建筑垃圾资源化利用产品推广使用目录。砂浆产品获得浙江制造品字标认证。

信息化建设方面，公司自主开发了一套完善的 ERP 管理系统，从原材料的入场到产品生产及后续服务跟踪均实现在线监控，生产采用了分布式控制系统（DCS），设置集中控制室，在破碎、筛分、输送等关键环节采用自动化控制技术；配备高效除尘设施，高能效设备的选择，能显著降低单位产品能耗，减少碳排放。从而实现了信息化和工业化的深度融合以及绿色供应链管理，获得两化融合管理体系评定证书。

在节能节水方面，厂房屋顶已建成投运3.6兆瓦光伏电站，节约用电180万度/年；积极推行清洁生产，获得浙江省预拌干混砂浆行业清洁生产创新中心和示范企业。节约用水方面，通过雨水收集回用、车间喷淋用水、绿化用水共用、建设生产工艺用水中水回收系统以及安装智慧水表，使用智慧用水管理系统，节约水资源，实现生产工艺用水100%回用，获得浙江省节水标杆企业。

二、案例剖析

1. 夯实精细管理，走持续发展绿色低碳之路

随着城市化进程的加快，建筑固废产量不断增长。据统计，2023年我国建筑垃圾占城市垃圾总量的40%以上，建筑垃圾年产生量超过30亿吨，预计2025年将达到40亿吨，然而综合利用率尚不足15%，建筑固废的低碳再生利用任重道远。经过长达13年的技术开发和应用实践，公司在行业内率先提出并建立了建筑固废资源化高效全利用的"1+6"路径，即1个建筑固废处理项目以及6个建筑固废综合利用项目。涵盖城市建设、市政、交通领域的建筑固废、装修垃圾、工程渣土等建筑垃圾，将各类建筑垃圾处理成符合资源化利用要求的再生骨料，优质再生骨料用于再生混凝土、环保干混砂浆，次级再生骨料用于沥青混凝土、海绵城市各类用砖，低级再生骨料用于水稳混合料等产品形式满足建设需求。该技术将传统经济"资源—产品—废弃物"的直线过程有效地转化为"资源—产品—再生资源"的循环过程。目前公司已拥有建设规模：年处理100万吨建筑垃圾、60万立方米再生混凝土、60万吨再生水稳无机料、40万吨再生沥青混凝土、30万吨再生干混砂浆、8000万块再生砖等再生绿色建材。通过"1+6"建筑固废资源化高效全利用技术形成了建筑固废循环利用的产业链闭环，实现了建筑固废资源化利用率100%。

公司建成了专业化的综合一体性产业园模式，企业的发展定位为：以建筑垃圾资源化为核心，打造"绿色固废""绿色矿山""绿色建材""绿色建设"的四绿模式，构建建筑垃圾固废资源化利用生态链。公司目前拥有标准的规范化管理、ERP系统、自动化生产线，标准的试验室配备管理，全面实行清洁环保绿色生产和先进的管理体制，发布《绿色低碳发展工作激励制度》，明确提出绿色低碳工厂管理机构和制度建设、实施、考核及奖励等工作，建立了目标责任制。制定了符合企业实际的碳排放管理制度，确定基本任务和工作原则，将碳排放工作纳入公司考核体系，激励各部门为碳减排作贡献。同时推动清洁可再生能源、落实低碳生产，推动建筑行业绿色低碳发展。

天造环保得益于科学的产品设计、严谨的产品制造、完善的售后服务，在采购、生产、销售、回收上打通全产业链，形成闭环，并以此良性循环，不断精进和优化，向智能化、绿色化、高端化、链条化方向发展。公司高度重视企业走可持续发展绿

色低碳之路，先后通过了 ISO9001 质量管理体系认证、ISO14001 环境管理体系认证、ISO45001 职业健康安全管理体系认证、ISO50001 能源管理体系认证及 GB/T 29490 – 2013 知识产权管理体系认证，同时对公司产品进行了碳足迹认证，是全国节能减排环保领域碳中和承诺示范单位。

2. 推进协同降碳，践行节能绿色低碳发展理念

2023 年天造循环产业园利用该"1 + 6"路径处理建筑固废 253 万吨，产值达到 12011 万元，实现固废资源综合利用。目前，该技术已在浙江开展示范，具有较大的推广潜力。可年处理 100 万吨建筑垃圾，减少了 100 万吨的建筑垃圾的排放，如果以传统填埋方式处理，按平均堆高 5 米计，相当于每年需要 150 亩土地填埋，有效减轻了区域固废消纳能力。同时，通过再生骨料的利用，可以减少近 50 万立方米的天然骨料资源的开采，使得每年 150 亩土地生态环境免受严重破坏。通过"1 + 6"资源化高效全利用的路径，可以生产再生砖 2.43 亿块，混合料 36 万吨，节约标煤 2.7 万吨，减排二氧化碳量 3000 吨。

在二氧化碳减排上，公司通过清洁生产审核，再生骨料生产工艺单位产品电耗为 2.90kW·h/t，远小于《浙江省预拌干混砂浆清洁生产实施方案验收细则》的清洁生产标准要求，公司单位产品综合能耗达到行业先进值。经过统计测算行业内再生骨料生产碳排放均值为 2.35kgCO$_2$eq/t，公司再生骨料生产碳排放量为 2.04kgCO$_2$eq/t，经计算，再生骨料生产碳排放较行业平均水平的下降比例为 13.2%。普通干混砂浆生产碳排放量为 140.93kgCO$_2$eq/t，公司干混砂浆生产碳排放量为 20kgCO$_2$eq/t，经计算，干混砂浆生产碳排放较行业平均水平的下降比例为 85.8%。

以再生骨料与砂浆为例年碳减排量合计共 10229.87tCO$_2$，详情如表 1 所示。

表 1   项目碳减排量计算表

类别	行业平均单位产品排放量（kgCO$_2$e/t）	公司生产单位产品碳排放量（kgCO$_2$e/t）	公司单位产品碳减排量（kgCO$_2$e/t）	产品年产量（t）	年碳减排量（tCO$_2$）
再生骨料	2.35	2.04	0.31	1114648.9	345.54
干混砂浆	140.93	20	120.93	81736	9884.33
合计					10229.87

3. 提高创新能力，深化产学研协同发展

为积极响应国家双碳政策，与学院合作进行建筑固废循环产业园关键技术与减碳项目研究，积极探索 3D 打印建造技术在建筑行业中的应用，首创固废资源利用于钢纤维增强再生混凝土和纤维增强再生混凝土 3D 打印。应用浙江山口建筑工程

有限公司等项目,获得国家发明专利,填补了国内在节能绿色结构功能一体化建材领域的空白和短板,推动建筑业双碳目标实现。公司已获得国家授权专利27项,其中发明专利7项,实用新型专利17项,软件著作权3项。在标准建设中主导或参与《建筑垃圾处理工厂项目规范》等7项国家或行业标准的编制工作。发布了一项国家标准《绿色产品评价装饰装修用预拌砂浆》(GB/T44177-2024),二项地方标准《城镇道路用建筑废弃物再生集料应用技术规程》(DBJ33/T1303-2023)和《预拌砂浆应用技术规程》(DBJ33/T1095-2024),与同济大学联合发布5项企业标准,主导地方标准《再生细骨料应用技术规程》(DB33/T 1326-2024)目前已在发布公示中,下一步准备部署主导国家级标准,推进企业在标准创新上发展。

三、延伸阅读

政策支持、标准与规范指导、示范引领三者并重

1. 政策支持

随着中国建筑业的高速发展,建筑垃圾也随之增加,建筑垃圾处理行业的技术含量也在不断提高,为了达成建筑垃圾综合利用产品生产、质量提升和推广应用的目标,要强化政策支持,完善标准体系,打通建筑垃圾产生、资源化利用、产品应用的各个环节,积极构建建筑垃圾资源化利用产业体系,不断提高建筑垃圾资源化处理水平,促进经济社会可持续发展。各级政府相继出台了一系列政策文件,鼓励和支持建筑固废资源化利用。为进一步规范丽水市建筑垃圾资源化利用管理,推动建筑垃圾综合利用产品应用,促进生态文明和绿色发展,推进"无废城市"建设和"双碳"工作,根据《中华人民共和国固体废物污染环境防治法》《浙江省固体废物污染环境防治条例》《浙江省绿色建筑条例》《浙江省住房和城乡建设厅关于浙江省建筑垃圾综合利用产品推广应用的实施意见》等有关规定,结合丽水市实际,出台了《丽水市建筑垃圾资源化利用产业发展及再生产品推广应用实施意见》。

2. 标准与规范的制定

建筑固废资源化利用是一项涉及多个环节的技术活动,从建筑固废的收集、运输、处理到资源化利用产品的生产与应用,都需要有一套完整的标准和技术规范来指导。这些标准和技术规范对于确保建筑固废资源化利用的安全性、有效性以及促进整个行业的健康发展至关重要。通过这些标准和技术规范的制定和完善,可以为建筑固废资源化利用行业提供明确的指导方向和技术支持,确保资源化利用过程的安全可控,促进整个行业的健康、可持续发展。同时,这些标准和技术规范也为政府部门的监管提供了依据,帮助企业提高技术水平和管理水平,推动建筑固废资源

化利用技术的不断进步。

3. 项目示范的经验

各地政府和企业积极响应国家政策号召，积极开展建筑固废资源化利用示范项目，旨在探索可行的模式和技术路径，为建筑固废资源化利用提供实践经验和技术支持。这些示范项目涵盖了建筑固废的收集、运输、处理以及资源化利用产品的生产与应用等多个环节，不仅有助于解决建筑固废处理难题，而且通过技术创新和模式创新，为建筑固废资源化利用提供了宝贵的经验和案例。这些示范项目的成功实施，对于推动我国建筑固废资源化利用行业的发展具有重要意义。

四、案例启示

1. 数字化转型势在必行

构建建筑固废资源循环利用数字化生产管理系统。通过全面的数据采集，涵盖企业运营的各个环节，采用云计算、大数据存储技术确保海量数据的可靠存储和高效访问，利用数据分析工具（如 BI 工具、数据挖掘算法）对数据进行深度分析，识别趋势、模式、异常值等关键信息，将提炼出的业务知识和数据特征用于训练 AI 模型，将 AI 技术深度融合到企业的各个业务场景中。将内部验证成功的智能化解决方案和 AI 技术产品化，形成标准化的服务或产品，向外部市场推出，与产业链上下游企业、行业伙伴建立合作关系，共同探索智能化转型的新模式。通过技术共享、资源互补，实现共赢发展。为企业提供智能化转型的咨询服务和培训支持，帮助企业理解智能化管理的价值、掌握 AI 技术的应用方法，加速其智能化进程。

2. 标准化生产确保高效、规范发展

标准化生产包含标准化体系建设、质量控制、标准化流程。建立和完善建筑固废资源化利用的标准体系，不仅能够确保资源化利用过程的安全性、有效性和资源化利用产品的质量，还能促进整个行业的规范化发展，提高市场竞争力，推动建筑固废资源化利用行业的健康发展。这些标准的制定对于促进建筑固废资源化利用行业的可持续发展具有重要意义。通过标准化生产，建筑固废资源化利用行业能够实现高效、规范的发展，确保产品质量符合标准，提高生产效率和资源利用率，为行业的可持续发展奠定坚实的基础。

3. 绿色金融支持促进快速发展

绿色金融支持对于推动建筑固废资源化利用行业的发展具有重要意义，不仅可以为企业提供资金支持，促进技术创新和行业规范化发展，还可以为社会带来环境保护和经济效益，推动绿色经济的发展。通过这些绿色金融支持措施，建筑固废资源化利用项目可以获得更多的资金支持，降低项目实施的成本和风险，促进项目的

快速发展，为实现绿色低碳发展目标贡献力量。

　　通过数字化转型、标准化生产和绿色金融支持，建筑固废资源化利用行业将迎来新的发展机遇，实现高效、规范和可持续的发展。大力发展新质生产力，可以有效推动经济高质量发展，实现经济结构优化升级、提高全要素生产率、促进可持续发展。未来，随着科技创新的不断推进和绿色低碳理念的深入人心，新质生产力将在推动经济高质量发展中发挥更加重要的作用。

（本案例由刘春晓负责调研，并参与指导或撰写）

案例 33

新型组合式表面工程技术在矿山
机械领域的创新应用

——北京理工大学校地合作发展新质生产力助推乡村振兴

一、案例概述

随着我国工业、经济的飞速发展，对各类矿产的需求也越来越迫切。目前，我国已成为世界上最大的矿产品生产国，对全球矿业发展举足轻重。尽管全球矿业形势呈现下行趋势，但中国矿业依然有较好的发展趋势，为经济社会发展提供能源和原材料保障。然而，中国矿业也面临着一些挑战，如科技创新支撑能力不足、绿色低碳发展任务艰巨，尤其是安全高效煤矿建设还需加强。因此，如何发展新质生产力成为工矿领域关注的最大焦点和必须深入思考的问题。

液压支架是用来控制采煤工作面矿山压力的结构物，是现代煤矿生产中不可或缺的关键设备，它对煤矿的安全和正常生产具有重大意义。由于服役环境恶劣，液压支架的承载件、作动件会产生腐蚀与磨损现象，不仅大大缩短有效寿命，而且成为矿业生产安全的重大隐患，对生产进程、生产成本产生严重的负面影响。因此，提升防腐耐磨性能、实现低成本快速修复是新型液压支架亟待解决的"瓶颈"问题，也是新技术、新工艺创生的沃土。

新型组合式表面工程技术包含了表面清洁技术、表面粗糙化技术、电镀技术、表面堆焊熔覆技术以及表面封孔技术等。新型组合式表面工程技术突破了传统单一表面技术的缺点和限制，实现防护层多功能耦合，显著提升防护层的防护能力和效果，大幅延长液压支架系统的指标和寿命。另外，组合工艺的低成本、绿色的特点符合工矿企业的发展需求和环境要求。

山西庞泉重型机械制造有限公司和北京理工大学材料学院针对新型表面工程技术开展了长期的合作。提出了新型组合式表面工程技术并且进行了模式设计。对防护层的性能进行了表征和验证，建立了防护层性能随主要影响因素演化的规律。在组合模式、工艺参数、组织结构等不同层面进行了优化。相关成果申报了国家发明专利并且获得授权。参加研发工作的研究生组成的参赛团队，在第七届中国国际"互联网"大学生创新创业大赛北京赛区竞赛中获得二等奖。

北京理工大学马壮教授团队长期以来从事功能材料及涂层的研发工作。从材料、涂层设计出发，经过材料合成、粉体制备、涂层沉积、性能表征、规模化应用等阶段，实现多项新材料新技术的应用，获得了丰硕的成果。包括×材料国防科技创新团队奖；×种材料、结构设计及其应用国防技术发明二等奖；×种涂层材料国防科技进步二等奖；×种新型陶瓷涂层材料，中央军委科技委"源创杯"创新大赛中部赛区优胜奖等。

二、案例剖析

1. 悟精神

2023 年 9 月 7 日下午，中共中央总书记、国家主席、中央军委主席习近平在黑龙江省哈尔滨市主持召开新时代推动东北全面振兴座谈会，发表重要讲话时提到"要以科技创新推动产业创新，特别是以颠覆性技术和前沿技术催生新产业、新模式、新动能，发展新质生产力"。① 在参加 2024 年 3 月 5 日的十四届全国人大二次会议江苏代表团审议时，习近平总书记再次谈到新质生产力。

山西庞泉重型机械制造有限公司（以下简称庞泉公司）随时关注国家政府对于工业、科研领域的政策方针，并通过地方政府领导的讲话、指示深切感受到新质生产力对于行业、工业乃至国家发展的重要性，积极开展相关文件与精神的学习和体会，感受到新质生产力是相对于传统生产力而言的，它不再简单地依赖于传统的生产要素，如劳动力、资本和土地，而是更多地依赖于科技创新、知识创新以及管理创新。这些创新活动通过提高生产效率、优化资源配置、降低成本等方式，推动着生产力的快速发展。新质生产力强调可持续发展，注重在保护环境、节约资源的前提下推动经济增长。它是传统生产力的继承与发展，保留了传统生产力中积极合理的因素，并克服了其消极腐朽的部分，同时增添了传统生产力所不能容纳的内容。

从企业角度出发，对新质生产力的体会是深刻的。例如，在工业生产以及科研的案例中，可以明显感受到科技进步对生产力的巨大推动作用。企业通过引进行业先进技术、招纳领军人才、引入先进设备等方式，实现了生产力升级。

2. 寻牵引

新型组合式表面工程技术的开发与创新首先开始于市场、生产活动需求。庞泉公司作为市场竞争的参与者以及产品的实际生产者，深刻认识到实践不仅是检验真

---

① 《牢牢把握东北的重要使命　奋力谱写东北全面振兴新篇章》，载于《人民日报》2023 年 09 月 10 日 01 版。

理的唯一标准，而且是创新、需求的真正来源；既是新质生产力催生的原动力，也是其成败判定的"检验员"。庞泉公司与国内各省市用户以及国外用户保持着紧密的联系，对液压支架产品开展了全周期、多维度的贴近跟踪。细致全面地掌握了各个产品的服役环境、技术指标、维修模式、失效判据等要求，辨析出各个产品的技术瓶颈、发展趋势、未来前沿等。为新质生产力的创生明确了服务对象、落实了需求牵引，并且凝聚出宏大的驱动力。为其他环节、领域新质生产力科学技术的发现与提出提供了有力的借鉴和宝贵的经验。

梳理目前主要的问题可以发现，由于服役环境中存在腐蚀性介质（气体、液体），而且会受到撞击、冲刷等各种作用，导致液压支架作动件表层极易发生锈蚀与磨损，是造成零部件寿命下降、安全性不足的主要原因。进行整体报废更换不仅成本过高而且周期太长，会造成巨大的经济、生产压力，因此亟待进行技术与工艺创新实现低成本、短周期、环境友好的零部件制造与修复。

3. 建团队

庞泉公司长期从事液压支架的生产与修复，在工程化和市场营销方面积累了丰富的经验，早已认识到传统技术革新以及新技术研发对于产品质量、市场竞争的重要性。但是，我国大多数企业构架以及运行模式决定了自身研发能力存在不足，甚至缺失专职的研发部门和团队。庞泉公司一直以来明确科技是振兴企业、推动企业上升式发展的核心动力，积极与院校以及科研院所开展合作。

北京理工大学作为中国共产党创办的第一所理工科大学，隶属于工业和信息化部，是新中国成立以来国家历批次重点建设的高校，首批进入国家"211 工程"和"985 工程"，首批进入"世界一流大学"建设高校 A 类行列。学校坚决执行党中央的政策方针，大力促进、开展校地合作。应地方发展的需求投入了大量的人力、资金和技术，对各个企业开展全方位的帮扶，包括现场指导、培训教育、技术研发、知识产权顾问、协助开拓市场等。北京理工大学在表面工程领域长期开展研发工作，有着丰富的经验和深厚的技术积累，服务于应用领域，实行了前沿探索、技术创新、工艺催熟、落地应用的全链条式研发方式。

上述两家单位坚决执行 2024 年 7 月 18 日中国共产党第二十届中央委员会第三次全体会议通过的《中共中央关于进一步全面深化改革　推进中国式现代化的决定》以及 2024 年政府工作报告提出的"深化产学研用结合""制定促进科技成果转化应用的政策举措"等政策。在多个领域开展了长期合作，组建了信息共享、分工明确、无缝衔接、沟通顺畅的团队，为新技术的创生与开发提供了全方位的有力保障。

4. 抓科研

任何新材料、新技术以及新工艺的创生都需要以实际需求作为牵引，通过科研以及工程化最终应用于工业生产、实现多种价值。由庞泉公司与北京理工大学组成的新型表面技术研发团队明确了各自的任务与角色，由北京理工大学开展前期技术、材料的设计和开发；庞泉公司作为新技术的用户以及实际市场参与者负责对新技术的条件输入以及评价，并且派专员参与试验与研究活动，为新技术的工程化应用以及转化做好准备。

北京理工大学梳理国内外关于矿山环境防腐耐磨的科研成果，明确现有材料以及工艺技术的特点及其与实际应用要求的差距，结合材料领域研究的前沿，设计提出新的防腐耐磨防护层材料，并且对材料的性能进行了考核、表征，评价其性能以及应用前景。通过实践与调研掌握了各类传统表面工程技术的特点、不足以及适用条件。首次提出采用复合表面技术进行防护涂层的制备。针对工艺成员、组合方式进行了设计。在学校实验室进行各种复合表面技术的验证工作，对制备的样品进行基本特征表征以及性能考核，分析各种防护层的演化规律与失效机理，进行方案、参数优选的同时实现防护层服役性能、寿命的有效预测。相关成果已经申报了四项国家发明专利，其中两项已经获得授权，包括《一种液压支架表面损伤修复的方法》《一种可进出循环的缩缸装置及油缸缸筒修复工艺》。

5. 促应用

所谓检验真理的唯一标准是实践，对新质生产力的验证与认可也必须体现在实际生产活动中。北京理工大学与庞泉公司紧密配合，大力促进新技术的工程化应用，加速实现进军市场、实现经济效益。首先根据新型组合式表面工程技术的实施模式和条件进行生产线的调整与重新组合。进行生产线接续方式的设计与调整，从空间和时间上实现产品在各工序间的高效流转，明确并设定检验环节，避免在多工序、长周期情况下出现质量问题。其次，根据新技术的要求，对吹砂设备、抛磨组件、内孔焊枪等核心关键部件进行重新设计制造，在硬件上实现创新，赋予生产线新的能力并大幅提高技术含量、质量稳定性。尽管智能化、无人化是新质生产力的主要特征和趋势之一，但是人的作用仍然是各个领域不可或缺的。对于新型组合式表面技术而言，工程人员仍然发挥着极其重要的作用。为此，北京理工大学和庞泉公司对基层管理人员和一线工程人员开展了多轮次、由浅入深的培训，涵盖了基础理论、实际操作、故障查排等内容，为新技术的落地、应用提供了有力的保障。最终，在双方共同努力下，庞泉公司建立了多条液压支架制造、修复的生产线，根据不同的客户要求进行工艺技术的柔性、快速匹配，各种产品大量销售，不仅质量稳定而且寿命大幅延长，提升市场占比的同时获得用户的一致好评。在提升企业行业内地位、知名度的同时，大幅提高了企业的产值数百万元。

6. 拓领域

新材料、新技术的开发从来不是只针对一个领域或产品，必然会不断开拓新的市场和用户。出于技术发展以及企业进步的需求，庞泉公司大力进行新技术应用领域和市场的拓展。对相近领域的防护需求进行了调研和梳理，对行业现状、经济效益等进行了分析和评价。最终发现防腐耐磨防护是众多领域亟待解决的难题，以至于对新型表面工程技术有着迫切的需求。2017年10月18日习近平总书记在党的十九大报告中指出："坚持富国和强军相统一，强化统一领导、顶层设计、改革创新和重大项目落实，深化国防科技工业改革，形成军民融合深度发展格局，构建一体化的国家战略体系和能力"。因此，"军民融合"是以习近平同志为核心的党中央着眼新时代坚持和发展中国特色社会主义，着眼国家发展和安全全局作出的重大战略部署。为此，庞泉公司首先将桥梁防腐延寿以及军品易磨损件作为突破对象，继续与北理工开展产学研合作，延续新材料、新技术的创生模式，分别提出了材料和技术方案，并且已经实现了技术验证与评价。为新质生产力自我更新提供需求、依据的同时，不断拓展应用空间，最大化实现生产力价值。

三、延伸阅读

表面工程技术是表面工程的核心和实质

采矿业指对固体（如煤和矿物）、液体（如原油）或气体（如天然气）等自然产生的矿物的采掘。包括地下或地上采掘、矿井的运行，以及一般在矿址或矿址附近从事的旨在加工原材料的所有辅助性工作，例如破磨、选矿和处理，均属本类活动，还包括使原料得以销售所需的准备工作。但不包括水的蓄集、净化和分配，以及地质勘查、建筑工程活动。

2024年1月，据国家统计局消息，2023年采矿业投资增长2.1%。2024年2月29日，国家统计局发布《中华人民共和国2023年国民经济和社会发展统计公报》，工业和建筑业采矿业增长2.3%。

表面工程是表面经过预处理后，通过表面涂覆、表面改性或多种表面技术复合处理，改变固体金属表面或非金属表面的形态、化学成分、组织结构和应力状况，以获得表面所需性能的系统工程。表面工程技术是表面工程的核心和实质。表面工程技术可分为表面改性、表面处理、表面涂覆、复合表面工程、纳米表面工程技术。表面工程与人们的生产、生活息息相关。

腐蚀磨损（Corrosive Wear）是指摩擦副对偶表面在相对滑动过程中，表面材料与周围介质发生化学或电化学反应，并伴随机械作用而引起的材料损失现象。腐蚀磨损通常是一种轻微磨损，但在一定条件下也可能转变为严重磨损。常见的腐蚀磨损有氧化磨损和特殊介质腐蚀磨损。

腐蚀磨损是一种以化学腐蚀作用为主，并伴有机械磨损的损伤型式。一般来说，在腐蚀过程中磨损是中等程度的。但是，由于有腐蚀作用，可以产生很严重的后果，特别是在高温或潮湿的环境中。在有些情况下，首先产生化学反应，然后才因机械磨损的作用而使被腐蚀的物质脱离本体。另外一些情况则相反，先产生机械磨损，生成磨损颗粒以后紧接着产生化学反应。

功能涂层根据其所提供的特定功能可以分为多种分类。以下是一些常见的功能涂层分类：

防腐涂层：防腐涂层用于保护金属表面免受腐蚀和氧化的影响，可以延长材料的使用寿命。

硬质涂层：硬质涂层能够增加材料的硬度和耐磨性，常用于工具、刀具、机械零件等。

防反射涂层：防反射涂层可以减少表面反射，提高透过率，用于太阳能电池板、眼镜镜片等。

导电涂层：导电涂层可以赋予非导电材料导电性能，广泛应用于电子器件、触摸屏等领域。

绝缘涂层：绝缘涂层可以增强材料的电绝缘性能，用于电子元件的绝缘保护。

耐高温涂层：耐高温涂层能够保护材料在高温环境下不被熔化、变形或氧化。

导热涂层：导热涂层具有良好的导热性能，用于增强材料的散热能力，如散热器。

防护涂层：防护涂层用于保护材料免受化学物质、气候变化等影响，如建筑涂料。

抗菌/防污涂层：这种涂层可以抑制细菌滋生，防止表面污染和生物生长，常用于医疗设备、食品包装等。

光学涂层：光学涂层可以调节光线的透过、反射和吸收特性，常用于光学元件、镜片等。

自润滑涂层：自润滑涂层可以降低材料之间的摩擦，延长设备的使用寿命。

四、案例启示

庞泉公司与北京理工大学团队获得新材料、新技术的突破，实现工程化应用的同时产生显著经济效益，核心关键有二：一是形成新技术是企业乃至整个行业发展革新根本动力的意识，对新技术的正确认识是一个企业乃至行业创新的精神土壤，贫瘠的土壤不可能生长出参天大树。同时明确高校等科研机构对于新材料、新技术的研发具有明显的优势和丰富的经验，就如同面向用户、参与市场的企业对于实际需求有着最为清醒、深刻的认识。从新技术整个生命周期来看，企业与高校形成高度共识、组成高校团队是催生新技术的必要条件。二是合作单位分工明确，各自发挥特长。北京理工大学以材料、技术研发为主要目标，探索前沿、设计规划方案，充分重视庞泉公司的实际应用经验，以庞泉公司的最终评价作为主要的判据。庞泉公司则以北理工前期试验结果为主要依据，开展生产线调整以及工程化应用验证，从基础理论出发，结合产业与企业实际，快速实现新型产品的规模化生产，大力开拓市场、推动新领域试用，提升企业科技水平的同时获得用户的高度认可。

1. 需要有高校坚定执行校地合作的方针政策，并且通过长期的摸索、广泛的合作形成有效的机制

高校能够急企业之所急，想企业之所想，对企业开展全方位的支持，包括资金投入、人员参与、技术转化、市场推广等。另外，帮扶企业也需要长期参与一个或几个固定行业的生产活动，通过用户反馈以及市场运营深刻了解到产品的不足之处、企业与行业发展的痛点。能够将宏观问题解析至具体的技术问题，辨析出技术瓶颈的同时明确技术难点，为后续的技术创新提供有力的需求牵引。

2. 需要建立企业与高校等研发单位的紧密联系，其关键是企业与研发单位都需要建立相应的外联机制和外联部门

广泛而深刻的交流是各单位之间擦出创新火花的必要条件。企业能够清晰而充分地表达技术需求与关键难点，而研发单位则需要系统地展示已有成果、科研能力、研发水平等信息。良好、充分且清晰的沟通，为后续团队建立、研发推进、工程化应用奠定扎实的基础。

3. 新材料、新技术研发过程中尽管以科研单位为主体，但是企业作为技术的最终出口需要深度参与整个研发活动

在充分尊重科研模式、规律的前提下，企业单位需要向科研单位提供详细而系统的技术要求，以确保整个科研活动目标明确、贴近实用；同时作为技术需求方对研发结果给予评判，明确结果的不足之处，为新技术的自我完善、提升提供切实的依据。

4. 新技术的成熟与推广主题不能只是企业与科研单位，还需要各级领导部门的切实指导和支持

在我国各行各业日趋成熟的情况下，行业的运行与发展呈现整体性、规模化、多协调的特点，各级领导部门发挥着关键的作用。新技术创生后，如何能够尽快地实现行业推广并加快见效，往往是需要整个行业、多个地域的密切配合的。因此，参与新质生产力创生的企业、科研单位需要与领导部门及时汇报、密切沟通，在各级领导部门的宏观调控下实现高效创新与快速应用。

（本案例由陈飞负责调研，并参与指导或撰写）

案例 34

构建自主可控核心技术体系

——西安大医集团引领国产放疗设备产业高质量发展

一、案例概述

西安大医集团股份有限公司（以下简称大医集团）以科技创新为引擎，构建自主可控的核心技术体系和产品集群，赋能新质生产力，在高端放疗设备领域实现了从技术突破到行业引领的跨越，推动国产放疗设备迈向高质量发展新阶段。

放射治疗是癌症治疗的重要手段之一。然而我国放疗设备整体数量不足，导致放疗应用率偏低，而且国内放疗市场长期以来被国外品牌垄断，治疗费用高昂，患者负担沉重。因此，实现放疗设备"进口替代""自主可控"，已成为近年来国家战略支持的趋势和方向。

大医集团积极响应国家政策，立足自主创新，并通过产学研医用的合作模式，成功突破核心技术壁垒，研发出国际首款多模式一体化放射治疗系统——TAICHI RT。该项目不仅获得了"十三五"国家重点研发计划的支持，还以优异的成绩通过了最终验收，标志着中国在高端医疗设备领域取得了重大进展，实现了从"进口依赖"到"产业升级"的转变。

以患者利益为中心的核心技术创新包括以下几个方面。

（1）X 射线、γ 射线一体化。TAICHI RT 系统最显著的特点在于它首次在同一平台上融合了医用直线加速器（X 射线）与伽马刀（γ 射线）的优势，实现了适形调强放疗与立体定向放疗的一体化。这一创新不仅提升了治疗精度，也扩展了临床应用范围，使得医生可以根据患者的病情选择最适合的治疗方式，从而提高治疗效果。

（2）智能化与简易化。为了更好地服务患者，TAICHI RT 系统集成了多项智能化技术和简易化的操作界面。智能控制系统能够根据患者的具体情况进行自动调整，确保每次治疗的最佳参数设置；同时，简化的用户界面让医护人员可以更快速地完成治疗准备，减少了等待时间和误操作的风险，提高了治疗效率和服务质量。

（3）时空放疗功能。TAICHI RT 引入了先进的时空放疗技术，能够调整辐射剂量分布，更有效地治疗肿瘤区域，最大限度地保护周围健康组织。这种时空同步的技术应用，不仅增强了治疗的安全性和有效性，还为复杂病例提供了更多的治疗选择，使个性化治疗成为可能。

（4）低剂量实时影像引导。采用国际首创的影像系统与治疗系统同轴共面同中心设计，确保了治疗过程中的低剂量实时影像引导，减少了对患者的身体负担。实时影像引导有助于精准定位肿瘤位置，进一步提高了治疗的准确性。

（5）整体智能控制。集成智能控制系统、放疗计划系统和肿瘤信息管理系统，实现了从诊断到治疗全流程的整体智能化管理。这些系统的协同工作，不仅简化了治疗流程，还提供了全面的数据支持，帮助医生做出更加科学合理的治疗决策。

凭借卓越的技术水平和临床价值，TAICHI RT 系列产品已经获得了多项国内外权威认证和奖项，包括但不限于：① FDA 突破性医疗器械认定：体现了产品在全球范围首创并受到认可；②创新医疗器械特别审批：证明了产品在国内市场的独特地位；③ NMPA 注册证：获得 3 张国家药品监督管理局颁发的医疗器械注册证书；④ FDA 上市许可：获得 3 个美国食品药品监督管理局的上市批准；⑤中国工业大奖：标志着中国制造业最高荣誉的认可；⑥优秀国产医疗设备：进一步确认了大医集团在推动中国高端医疗设备自主研发方面的重要贡献，标志着我国创新型高端放疗设备的水平，实现了从"跟跑"、"并跑"真正进入"领跑"的新阶段。

二、案例剖析

1. 理念创新

大医集团国际独创多模式一体化放射治疗系统取名 TAICHI RT，即太极。太极是中国古代哲学思想和哲学文化的代表之一，始于中华，扬于四海。

太极放射治疗系统，融合了中国古代哲学中的阴阳概念。该系统结合了基于 γ 射线的聚焦照射（阳）和基于 X 射线的适形照射（阴），集两种主要放疗形式于一体。TAICHI RT 不仅提供单一模式的产品（TAICHI A 为适形，TAICHI C 为聚焦），还有多模式一体化产品（TAICHI B），象征着"二生三，三生万物"。

TAICHI RT 系统通过 X 射线、γ 射线及影像引导、剂量引导功能集支持门控、追踪等先进技术融合于一身，开创了"时空放疗"的新治疗模式。这种模式在时间和空间上优化了放射治疗的分割方式，不仅提升了物理定位的精准度，更迈向了生物精准治疗的新阶段，从而显著改善治疗效果。

凭借其创新设计和智能化控制系统，TAICHI RT 既能满足顶级医疗机构开展前沿研究的需求，也适用于基层医疗单位，推动了从理论探索到临床实践的全面应用。

2. 技术创新

一是全球首创 X 射线及 γ 射线一体化放疗技术。大医集团国际首创的 TAICHI

RT 系统整合了 X 射线适形治疗头和 γ 射线聚焦治疗头，实现了在同一设备上进行适形旋转调强和多源聚焦立体定向放疗。这种方式只需一次摆位即可完成对肿瘤原发灶和转移灶的精准照射，显著提高了治疗效率和效果，并解决了常规放疗中局部剂量不足的问题。

二是同轴共面一体化的低剂量实时影像引导技术。TAICHI RT 内置了一体化的影像系统，确保治疗位置与成像位置重合，支持治疗过程中的实时影像引导。该系统内嵌低剂量处理模块，大幅降低成像辐射剂量，同时保证影像质量，尤其适合辐射敏感器官或人群。

三是可多圈连续旋转的滚筒机架技术。采用摩擦驱动的滚筒机架设计，使用导电滑环实现无限制的 360 度连续旋转，增加了治疗计划的灵活性，减少了治疗停顿时间，提升了治疗效率。

3. 产品创新

TAICHI RT 系统不仅融合了中国古代哲学中的阴阳概念，更以其独特的多模式一体化设计，不仅开创了多个全球首创的治疗场景，还显著提升了治疗的有效性和精确度，为全球医疗机构提供了前所未有的解决方案，推动了肿瘤放射治疗领域的进步，以下是其核心的创新点。

一是多治疗场景与新治疗模式。实时图像引导自动 VMAT 治疗：采用最先进的 X 射线直线加速器技术，提供实时图像引导下的容积调强放疗（VMAT），确保高精度和高效能。全身立体定向 SBRT 治疗：利用最前沿的 γ 射线直线加速器，实现全身范围内的立体定向放射治疗（SBRT），即伽马刀治疗，为患者提供无创、精准的治疗选择。

二是全球独有的新治疗场景。（1）同机一次摆位空间分割（SFRT）治疗：在同一设备上，仅需一次患者摆位即可完成 X 射线和 γ 射线的空间分割治疗，优化了复杂病例的处理效率。（2）同机一次摆位序贯治疗：通过同一设备，实现 X 射线和 γ 射线的序贯治疗，减少了患者在不同设备间转换的时间和误差，提高了治疗连续性和效果。（3）同机一次摆位同步补量治疗：在同一设备中结合 X 射线和 γ 射线，进行同步补量治疗，解决了常规放疗中局部剂量不足的问题，增强了治疗的针对性和有效性。

三是未来可升级的融合治疗。X 射线/γ 射线融合治疗：未来版本将支持 X 射线和 γ 射线的融合治疗，进一步提升治疗的灵活性和适应性，满足更多复杂的临床需求。

4. 管理创新

大医集团以"创新、奋斗、客户至上、合作多赢"为核心价值观，通过独特的激励机制和组织架构实现了快速发展。其核心管理创新体现在以下几个方面。

一是战争机制。大医集团建立了面向客户的三个军团（营销、交付、火箭），将组织能力快速转化为最小作战单元，通过复制作战单元加速组织成长。

二是M模型与三台逻辑。采用"小而精"的架构，70%的人员在前线贴近客户需求，中台20%提供支持，后台10%负责战略决策，确保高效资源利用和快速响应市场变化。

三是"271"考评机制。实施"271"绩效评估体系（T20、M70、B10），强调以人为本，通过薪酬结构调整激励优秀人才，促进内部竞争和成长。

5. 模式创新

在模式创新方面，大医集团结合云技术、大数据及人工智能等新技术，开发基于云端的放射治疗服务模式，推动医疗资源下沉至县级医疗机构，实现"大病不出县"。同时，构建产、学、研、医、用的闭环生态系统，致力于高端放疗设备领域的进口替代和自主可控发展。

三、延伸阅读

放疗设备产业具备极高的技术、人才、资金壁垒

恶性肿瘤（癌症）已经成为严重威胁中国乃至全球人口健康的主要公共卫生问题之一。世界卫生组织报告显示，2020年全球新增癌症病例1930万，癌症死亡病例996万，其中，中国新增癌症病例457万，占全球总数23.7%，癌症死亡病例300万，占全球总数的30.1%。

放疗在癌症治疗中具有重要地位，但放疗设备数量整体不足导致我国放疗应用率偏低。放疗是癌症治疗的三大传统手段之一，约70%的肿瘤患者在治疗的不同阶段都需要使用到放疗。世界卫生组织数据显示，目前约67%的癌症患者可治愈，其中手术贡献30%，放疗贡献30%，化疗及其他手段贡献7%，放疗的贡献与手术相同。2023年我国每百万人配置的放疗设备数约2.7台，刚刚达到世界卫生组织推荐的2~4台标准的中位，低于日本、欧洲等国5~7台的水平，更远低于美国超过12台的水平。我国实际接受放疗的肿瘤患者比例不足30%，低于全世界平均40%的比例，更远低于美国接近70%的水平。

放疗设备产业具备极高的技术壁垒、人才壁垒以及资金壁垒。相较于国际同行，国内放疗设备产业的起步较晚，发展水平尚有差距。因此国内市场，尤其是高端放疗设备市场，长期以来一直处于被进口品牌高度垄断的状态，一定程度上造成放疗设备价格和治疗价格居高不下。

外照射放疗设备主要可分成两大类：一是以医用直线加速器为代表的常规放疗设备，可用于大部分肿瘤治疗；二是以伽马刀为代表的立体定向放疗设备，主要用

于头部或体内小肿瘤的立体定向放射手术或大分割立体定向放疗。在治疗不同肿瘤时，这两类设备各有所长，呈互补关系。

加速器和伽马刀联合治疗是发展趋势。20 世纪 90 年代开始，国内外许多机构进行了加速器和伽马刀联合治疗的临床研究，结果表明两种治疗模式的结合可提高肿瘤局部控制率，并降低放射副反应，临床效果优于单治疗模式。因此，多治疗模式的融合成为放疗领域发展新趋势。

多模式一体化放疗设备是临床的迫切需要。长期以来，加速器和伽马刀联合治疗的临床研究都是使用不同设备分机治疗，存在误差大、效率低的缺点，因此有研究人员提出了同机多治疗模式的设想。不过这些设想仅仅停留在概念设计阶段，后期也没有人员或机构进行深入的应用转化研究。放疗领域需要真正的多治疗模式一体化放疗设备。

四、案例启示

1. 自主创新推动医疗进步

大医集团在放疗领域通过坚持自主创新，成功打破国际技术壁垒，实现了核心技术自主可控。这一成就不仅提升了国内医疗水平，还为全球肿瘤治疗提供了新的解决方案。

2. 全球视野及知识产权保护

大医集团积极拓展国际合作，携手全球知名机构共同研发，确保了技术创新的同时，也注重知识产权保护，累计申请专利超过 1192 件，其中发明专利占比显著，彰显其在全球市场的竞争力。

3. 坚持以患者利益为中心的服务模式创新

大医集团始终将患者的需求放在首位，创造性地提出多模式一体化放疗技术，集成伽马刀和加速器的优势，提供更为精准、高效的治疗选择。TAICHI RT 产品的推出，解决了临床应用中的痛点，是放疗行业的颠覆性创新。这种以用户需求为导向的研发理念值得其他医疗机构和企业学习。

4. 自主创新与产学研医开放合作并重的技术突破

大医集团深知"卡脖子"技术的危害，因此不断加大研发投入，特别是在"十三五""十四五"期间，牵头完成了多项国家重点研发计划项目，并积极参与国内外的合作研究。这不仅促进了科技成果的转化，也为培养本土高端人才和技术积累奠定了坚实基础。对于全国各区域而言，建立类似的合作机制有助于提升整体科研实力和产业竞争力。

5. 系统性整体解决方案的集成创新能力

大医集团通过对放疗产业核心技术领域的全面布局，从束流发生到影像引导等模块均实现了自主研发，形成了完整的产业链条。同时，根据临床反馈持续优化产品线，确保提供的不仅是单一设备，而是一整套解决方案。这种系统性的集成创新能力，为同行业树立了典范，强调了掌握核心技术的重要性以及供应链成本优势对保持高毛利的关键作用。

6. 文化引领下的管理创新与全球化视野

大医集团的文化建设以其核心价值观为基础，强调创新、奋斗和服务意识。内部推行的"战争机制""M模型""271考评机制"，既保证了组织灵活性又增强了执行力。更重要的是，大医集团有着明确的国际化战略目标，在加强自身知识产权保护的同时，积极开拓海外市场，成为中国企业走向世界的标杆之一。这对于希望扩展国际业务的企业来说，具有重要的参考价值。

综上所述，大医集团的成功经验表明，只有坚持以患者利益为核心，坚定不移地走自主创新之路，积极开展产学研医合作，构建系统性的解决方案，并且拥有前瞻性的企业文化与全球化视野，才能在激烈的市场竞争中脱颖而出，为中国乃至世界医疗事业的发展贡献更多力量。

（本案例由金东、王艳负责调研，并参与指导或撰写）

案例 35

实施创新导师团"双百行动"

——江苏泰州姜堰区推进科技领军人才资源共享路径探索与实践

一、案例概述

长三角一体化发展是国家战略，要推进这一战略，人才一体化是关键，尤其是要关注科技领军人才这支重要队伍。江苏省泰州市姜堰区立足县域层面，通过实施创新导师团"双百行动"——引进高等院校、科研院所100名以上拥有高级专业技术职称或博士研究生以上学历的专家，分行业组建"产业集群创新导师团"，每年服务重点产业集群骨干企业100家以上，打破区域人才流通壁垒、建立人才交流机制、提高人才使用效率，为长三角地区科技领军人才一体化发展提供了有益探索。

作为县域城市，姜堰区产业结构整体呈现出劳动密集型发展特点，以传统行业为主，战略性新兴产业体量偏小。就企业维度看，中小型企业占比较高，不少企业仍处于价值链中低端，科技含量和产品附加值较低，企业高端人才承载力弱，对于长三角先进地区的高端院校、科研院所"望而却步"，技术难题破解渠道不畅。区内企业自身定位和创新发展需求不清晰，从近三年市"双创"来看，全职创新类项目数量年均下降30%，从企业高端人才引进需求来看，74.5%的企业提出不需要博士以上人才，从校企产学研合作来看，符合国家层面"卡脖子"清单问题的，占比不足12%，整体表现出本地产业对领军人才的需求迫切度不高，对于人才引领发展的战略地位不够明确。同时，囿于熟人引荐、部门牵线等传统模式，对于高层次人才智力共享、"人才飞地"、离岸创新等聚智引才模式缺乏认识和探索，且效率低、范围窄、达成率差。

为此，姜堰区结合产业发展实际，系统布局产才工作路径，紧盯解决制约产业集群发展的"卡脖子"难题，探索采取"柔性合作、为我所用"的思路，统筹产业集群牵头部门、镇街（园区）、科技镇长团、驻外人才科技专员和产业集群骨干企业等资源，通过引进高等院校、科研院所专家，分行业组建"产业集群创新导师团"，以抱团发展、靶向合作的模式集聚科技领军人才、降低引才成本、解决技术难题、助推产业发展。

二、案例剖析

1. 梳理产业技术短板，解决好"需要什么人才"的问题

一是做实产业需求调研。组织科技、工信、人社、镇街园区以及科技镇长团、人才科技专员、科技副总、产业教授等产才融合四支队伍，常态化开展企业人才和科技需求调研，重点加强与企业科技负责人对接联系，了解企业在产学研合作、核心技术瓶颈、人才引进培育等方面的情况和问题，全面摸排重点企业关键技术、急需人才等切实需求。

二是梳理"卡脖子"技术清单。建立"企业出题、政府立题、揭榜挂帅、协同创新"的工作体系，政府牵头行业专家围绕调研中发现的产业集群需求开展技术评估，筛选形成产业关键环节技术短板，并分类建立全区重点产业集群"卡脖子"技术清单，优选重点需求作为"揭榜挂帅"项目榜单，定期更新完善，为下一步合力攻坚找准方向和突破点。

三是绘制紧缺人才目录。聚焦提高引才聚才精准性，以全区重点产业集群"卡脖子"技术清单为载体，系统梳理企业相对应的专业技术人才缺口情况，从数量性紧缺、质量性紧缺和稳定性紧缺等关键性维度进行综合研判，细分不同领域，编制全区产业集群发展紧缺人才目录。2024年以来，摸排梳理以7名姜堰籍院士领衔的高校院所专家教授类在外能人374人，专业领域基本涵盖全区"1+4"产业体系，按照城市区域、专业类型、"卡脖子"技术需求进行匹配，推动"供给侧"和"需求侧"有效协同。

2. 组建创新导师团，解决"人才从哪里来"的问题

一是强化以才引才。依托来姜创新创业的新姜堰人和姜堰籍在外能人人才资源，绘制在外能人与本土人才"图谱"，发挥高端人才"影响力"，打造"地缘""业缘""学缘"等人才引进链，重点邀请长三角区域内与我区产业集群需求对应程度高、研究成果突出的高校院所专家担任导师团成员。

二是强化以赛引才。将招商与招才联动布置、统筹推进，重点围绕全区重点产业集群"卡脖子"技术清单需求，科学设计、常态举办年度高层次人才创新创业联赛，推动招商与招才部门资源整合、信息共享、渠道共用，做实"以大赛选项目，以项目引人才"工作机制，拓宽集聚解决"卡脖子"难题领军人才的渠道，在更广范围、更大领域网罗优质项目和高端人才。2023年以来，通过借力姜堰籍院士资源"引"、依托离岸创新中心"孵"、联合湖北青创园共办大赛"选"、借助"堰才投"基金"推"等方式，落地转化科创人才项目216个；全市首家举办梧桐专项"路演日"活动，参赛项目获评全市一等奖、二等奖。

三是强化平台引才。在跟进服务既有平台和总结既有经验做法的基础上，鼓励镇街（园区）、产业集群骨干企业与上海、南京等长三角第一梯队城市的高等院校、科研院所联合组建产业集群公共研发平台、企业研发中心、离岸创新中心等创新载体平台，支持、吸引人才开展科技创新，积极发挥上海临港、南京离岸创新中心的作用，依托两地科技人才优势，借智借力，储备一批优质人才和项目。充分发挥"创新导师团"智囊团作用，新增科技型中小企业 475 家、产学研项目 75 项，载体平台的辐射带动效应不断提升，成功入选江苏县域科创增速 30 强。

3. 搭建"三个一"平台，解决"人才如何用好"的问题

一是每月开展一次技术巡诊。以产业集群创新导师团"双百行动"科技人才巡诊为载体，根据企业技术需求类别，每月定向邀请同领域的创新导师团专家教授，来姜堰深入企业一线开展技术巡诊活动，与企业研发人员、负责人，开展面对面交流，针对企业在研发、生产中存在的问题提供个性化诊断与技术支持，进一步挖掘提升企业产品技术研发和创新能力。

二是每季度组织一场校企对接。坚持"请进来"与"走出去"相结合，科学设计"泰州日"活动路线、"堰归来"招才引智专列，深化与上海大学、南京工业大学，以及哈尔滨工业大学、西北工业大学、哈尔滨工程大学等高校的人才引进、科技合作，做实与驻泰高校，以及常州、镇江、合肥等地高职院校的常态化联系，按季度策划举办校企对接活动，推动高校创新资源与企业发展需求精准对接、高效匹配。在哈工大、哈工程、西工大、南工大、华科大、武科大等"工字头""科字头"名校主办"泰州日"7 场，在"家门口"6 所驻泰高校开展校招 4 场次，与全国 20 多所高校达成新的校地合作。

三是每年实施一次"揭榜挂帅"。将摸排梳理出来的"卡脖子"技术清单转化为产业创新发展攻坚清单，每年面向创新导师团、在外能人等海内外高端人才，以"揭榜挂帅"形式组织开展产业关键核心技术攻关，推动破解企业技术难题与高校科技成果转化"同向发力"，高质量撬动人才资源、创新成果批量式集聚。

三、延伸阅读

武汉高校专家"姜堰行"赋能产业集群创新发展

搭建校地企产学研合作交流平台，促进科技创新与产业创新相互交融、协同发力。"泰智汇"武汉高校专家"姜堰行"暨姜堰区油气及特种装备产业"联盟日"活动举办，依托泰州姜堰（武汉）离岸创新中心，邀请武汉高校科发院领导及与产业相匹配的专家教授来姜开展产学研对接活动，推动区域油气及特种装备产业集群党建链、人才链、产业链融合发展，致力在产业强链壮群上迈出新步伐。

姜堰和武汉人缘相亲、商缘相融，2024 年以来，两地交往联系日益紧密。"泰州日"活动走进武汉高校、姜堰特色产业产创融合"武汉行"活动、武汉离岸创新中心正式揭牌启动、武汉高校专家作为科技镇长团成员挂钩联系姜堰……两地高频次的互动交流，促成了校企合作向纵深延展。武汉科技大学与蒋垛镇高温耐火新材料产业园区的合作成为"产学研用"成功典范，武汉大学、华中科技大学等高校与双登集团、太平洋精锻等姜堰区龙头企业，在人才联合培养、创新平台共建方面开展深入合作，实现了校企共赢。

活动现场，武汉科技大学机械工程学院与姜堰区油气及特种装备产业联盟就强链兴企、产教融合项目签订战略合作协议；武汉大学、江汉大学、湖北大学三所高校就产学研合作、成果转化、平台建设等方面作交流分享；中部知光技术转移公司副总经理迟峰推介了泰州姜堰（武汉）离岸创新中心建设情况；武汉科技大学专家、教授就油气及特种装备产业研究成果进行项目路演。

近年来，姜堰区大力实施工业强区战略，重点培育"1+4"产业集群发展，其中油气及特种装备产业集群是姜堰重点打造的四大主导产业之一，集群下有油气装备集群、高温耐火材料集群、热处理装备集群、波纹管集群四个子集群，2023 年，四个子集群实现工业开票销售近 150 亿元，成为推动姜堰经济社会高质量发展的"强引擎"。

在校地企互动交流环节，油气及特种装备产业集群企业围绕自身创新发展、产品转型升级与专家教授现场进行深入探讨，寻求合作路径。当天下午，20 余位专家教授深入企业开展"技术专家巡诊活动"，共为 20 多家企业解决 10 多条技术难题，提出 30 余条意见、建议。

"作为科技部门，要当好'红娘'，促成高校技术与企业需求双向奔赴，加快构建与新质生产力相适应的产业新体系。"姜堰区科技局局长、油气及特种装备产业联盟的领导表示，下一步，姜堰区油气及特种装备产业联盟党委将统筹推进与武汉科技大学的多维度、深层次、全方位战略合作，以党建为引领促进产教融合，实现党建链、人才链、产业链协同发展。

四、案例启示

1. 发展新质生产力要推动引人才与引项目的"同频共振"

姜堰区加强与高校院所的联系合作，遴选中科院、南工大、东南、南航、清华、哈工大等 23 家高校院所各领域的专家教授 208 人，实现产业集群专业领域全覆盖。整合"创新导师团"资源力量，2024 年全区入选国家重点人才计划 14 人、省重点人才计划 13 人、市重点人才计划 16 人，均居全市前列。

2. 发展新质生产力要推动引人才向引技术的"战术切换"

成功举办产业集群创新导师团"双百行动"启动仪式暨科技人才对接会，先后邀请南京大学、南京航空航天大学、南京工业大学等11家高校院所专家、教授来姜开展技术巡诊活动，走访双登、中来、太平洋、苏中、华芯、衡川等企业79次，挖掘企业需求81项，诊断技术问题52项，签订高质量产业合作协议57项。

3. 发展新质生产力要推动引人才和建平台的"双向奔赴"

组织产业集群企业带问题、带需求，走进创新导师团成员所在高校院所，开展"泰州日"系列活动，联动开展城市人才推介会、专场招聘会和产学研对接会，新建校企联盟15家、就业实践基地5家，充分发挥"创新导师团"智囊团作用，指导企业与高校共建企业研发机构，推荐新建省市企业工程技术研究中心9家、工程研究中心7家、企业技术中心21个。

（本案例由华仲麟负责调研，并参与指导或撰写）

案例 36

围绕玫瑰发展农文旅产业

——江苏宜兴徐舍美栖村引智求同共富花开振兴路

一、案例概述

美栖村位于江苏省宜兴市徐舍镇东北角，区域面积 4.4 平方公里，耕地面积 3973.21 亩，现有农户 1145 户，户籍人口 3600 多人，是典型的江南农村，区域内没有鲜明的农业特色、资源特色以及人才优势，缺乏天然的发展优势，村民们主要以种粮和养鱼为生，发展途径及产业后劲不足，无法与宜兴本地及周边具有明显优势的乡村竞争，村经济发展长期困顿，经济基础相对薄弱，在寻求产业发展的道路上更是如履薄冰（见图 1 和图 2）。

图 1　美栖村远景图之一

图2　美栖村远景图之二

为脱贫摘帽、富民强村，美栖村根据村情实际谋划布局，无中生有打造了以玫瑰种植为主线，研发加工、电商营销、文旅研学等为支线的三产融合发展体系，形成"产供销服"一体协同、"农文旅教"有机结合的农业产业化"一条龙"模式。党的二十大以来，美栖村坚持围绕发展乡村特色产业，努力做好做大"花文章"，建设玫瑰深加工观光工厂，改善研发条件，提高生产质效；在深耕玫瑰种植业的同时不断开拓玫瑰产品市场销售，通过网络营销、建设"花田见·美栖里"乡村数字直播孵化基地推动农村电商高质量发展。

主要特色包括：一是"花田见"通过沉浸式数字乡村主播孵化，培养农民助播，参与到数字直播中。二是为"美栖"花田农产品走向全国，"花田见"以短视频和数字直播为载体，通过以播带训的方式，搭建直播带货平台，实施直播助农行动，助力乡村产业振兴。三是利用"流量效应"为本土农特产品架起销售"快车道"，以"小屏幕"打开"大市场"，让老百姓的共富路越走越踏实。

自村党总支决定引进食用玫瑰种植产业、食用玫瑰深加工企业，以及围绕玫瑰发展农文旅产业以来，美栖村逐渐完善自身乡村产业体系，打造乡村特色品牌，并且通过商业运作逐渐延长产业链、提升价值链，为带动农民就业、促进农民增收提供了坚实的产业支撑。随着美栖村第一二三产业的高速融合发展，截至2023年底，食用玫瑰产业实现村级总收入945万元，稳定性收入261万元。全村共招待游客25万人次，为村民提供了200多个工作岗位，实现农民每年人均增收2.4

万余元。

其中"美栖花田"特色品牌被评为第三届"无锡市十大农产品品牌","美栖花田"玫瑰花茶获评为江苏休闲旅游农业创意精品金奖,美栖食用玫瑰发酵红茶获得国家发明专利证书,并走上央视舞台,在大型国际文化交流节目《美美与共》播出。

美栖村先后获得生态环境部颁发的"绿水青山就是金山银山实践创新基地""江苏省最美乡村""江苏省特色田园村""江苏省文明村""江苏省高素质农民培育实训基地""江苏省创业示范基地""无锡市农村一二三产业融合发展示范点"等荣誉,现任村书记宗华东也荣获全国新时代"百姓学习之星""江苏省脱贫攻坚先进个人""江苏省农村基层党建工作突出贡献奖""江苏省百名示范村(社区)书记"等荣誉。

二、案例解剖

1. 深挖文化,找到美栖村的独特之美

为脱贫摘帽、富民强村,美栖村党总支深挖本村文化,希望能在美栖村本身的特色中找寻发展机会。从美栖村的村名就能发现,在美栖村的历史脉络里就离不开"美",继承并发扬本村自古以来扎花灯、闹灯会的传统,恢复美栖村曾经的花海美景,美栖村党总支决定改造150多亩荒田为七彩花田,创新打造了"美栖花田"特色品牌基地,打造了盛况空前的"花田灯海"景观,丰富了周边村民、市民的休闲生活,为宜兴市的"夜经济"增添了色彩,"花田灯海"刷爆了朋友圈。首月接待游客15万人次,门票收入220多万元。"花田灯海"的成功,坚定了美栖村做大"花"文章的决心。但是,"花景观"总有后继乏力的时候,没有产业支撑终究只是昙花一现,"花产业"才是做大"花文章"的必由之路。由此,美栖村踏上了探索花卉产业强村之路(见图3)。

2. 引进人才,为美栖村的"美"找到突破点

以调查研究、求贤若渴为切入点,美栖村党总支书记宗华东带领党支部成员前后四次去云南考察调研,主动联系云南十大玫瑰花种植"大咖",锲而不舍地邀请专家落户美栖开展技术指导,并以"玫瑰苗＋技术入股"合作的形式固定了合作伙伴关系。面对转型初期技术人才缺失、建设资金匮乏的困境,美栖村以人才引进、乡贤回归为突破点,一方面引进具有先进农业技术和管理经验的专家,使美栖得以掌握科学规范的玫瑰种植方法,走上产业发展的"快速路";另一方面与在外乡贤实行"项目化"大合作,通过积极争取、让利激励等有效措施,成功获得了玫瑰产业民间启动资金500多万元。

图3 美栖村远景图之三

3. 科技兴农，为美栖村的"美"夯实一二三产融合发展基石

一产可溯源。引入物联网管理技术，实现食品安全溯源。运用新质生产力带动农业发展：美栖村联合福州大学在1000余亩花田应用了物联网管理技术，通过174个传感器、77个控制器、100多个高清探头捕捉千亩花田的实时状态信息，推动整个生产管理数字化，实现食品的安全溯源。

二产品牌化。产业融合推陈出新，打造品牌化产品体系。以产业融合、技术创新为立足点，探索玫瑰经济的新技术、新模式、新业态，通过"技术方＋投资方＋村集体"的三方合作，成立混合所有制企业宜兴市淳美文化发展有限公司，实施千亩食用玫瑰全产业链项目，协调土地流转1000余亩，投资2000多万元实施了一万余平方米的GMP标准现代化食用玫瑰深加工厂房建设，打造高标准十万级净化加工厂房，实现产地深加工基地（见图4）。

与花田见文旅深度合作，深挖产业特色，以提高产品附加价值为目标，以品牌思维、高效传播为目的进行衍生产品打造。通过花田见与李宁投资的十二阅黄酒品牌战略合作，联名打造花田见玫瑰黄酒系列，与德国贝罗娜共同研发玫瑰啤酒，与各大茶山合作，创作国潮茶饮，促进了鲜花二产的市场辐射面。

图4 美栖村主题文创产品展示

与江南大学食品学院、扬州大学、云南省农业科学院花卉研究所等科研合作单位开展产学研合作，持续生产和研发食用玫瑰花美妆系列、芳香系列、饮品系列、烘焙系列等产品。研发生产的玫瑰发酵茶、花苞水等多种系列产品，获得4项国家级专利。

三产特色化。乡村农文旅全域开发，打造乡村消费新场景（见图5）。

图5 美栖村远景图之四

美栖村将玫瑰花产业园融入乡村全域旅游加以开发，成立宜兴市美栖花田文化旅游发展有限公司，探索农旅融合发展新路径。玫瑰深加工厂建成后将成为美栖村开展研学历学活动、工业观光旅游的一大亮点，吸引更多地区中小学生及教培学校学员来到美栖，新观光工厂一次可接待1000人，全年可接待约10万人次，预计带动产品消费约500万元。以香荷苑生态农庄为基础启动农家乐餐饮项目，以波波家庭农场为平台开启水果采摘亲子游，以千亩玫瑰花田为窗口体验花海观光游，以宗益寿事迹展陈馆为载体开展红色研学项目，以直升机飞行营地为基地开辟"云游美栖"低空航线。

在以上常规乡村文旅项目的基础上，引入花田见·美栖里乡村数字直播孵化基地，在培育数智产业人才、为农村电商提供了更多创新与活力，拓宽电子商务销售渠道之外，花田见深入打造花田见茶咖，将"村咖"＋"大咖"进行组合，让基地充当好乡村创业平台的资源对接作用，不断深化创新服务范围，延伸创业服务链，让"村咖"不只是乡村里的咖啡店，而是融合成"花田＋咖啡""民宿＋咖啡""文创＋咖啡"等模式，进一步推进"百千万工程"下城乡，促进消费融合、产业融合和创业就业市场融合。村咖这一业态，是花田见助力乡村振兴场景化实践的重要一环，访客在品花、赏花的同时，能饮花、食花、带走花产品，同时还能体验到美栖村的乡村文化底蕴和生活方式，这种场景化营销不仅增强了访客的参与感和体验感，也提高了美栖村的吸引力和竞争力。花田见茶咖，催生出"村咖"的新业态，丰富了美栖村农文旅业态，也为美栖村增添了"新风景"，同时为当地村民的就业提供了新出路。

4. 引智共美，让美栖村之"美"搭乘数字快车

以借助外脑、问策专家为发力点，为打造"美栖花田"特色品牌，美栖村先后与北京千百度传播集团、花田见文旅等确立了合作关系，并从实效出发，与智脑公司深度捆绑进行深入合作，为村庄规划、品牌塑造到村庄特色产业的持续运营带来更为专业的建议、更实效的运营示范，为美栖村带来更为广阔的视野、更丰富的资源、更细致的服务。

通过举办"五月花开，香约美栖"、"丰收节"、江苏省第十届农民运动会开幕式等形式多样的大型活动，推出特色田园乡村、一二三产融合发展新模式等观光套餐，展现花田美景，传播美栖文化，拓展产品销路（见图6）。与永联干部学院、无锡市新吴区行政学校、红豆集团等培训单位签订共建协议，与无锡市大桥中小学校、宜兴市常青外国语学校、宜兴市实验幼儿园等知名学校签约成为校外社会实践基地，做大做强研学经济、培训经济、会务经济、党建团建经济，不断提高村级品牌知名度，壮大村集体经济。

图 6　美栖村远景图之五

　　"花田见·美栖里"乡村数字直播孵化基地的落成运营，不仅能够借助品牌公司的专业力量，为乡村产业 IP 提供营销策略，同时孵化基地利用 5G + AI 技术为乡村新农人提供培训、培育服务。为农业产品销售提供了便捷的短视频创推和直播电商的数字化工具；培育了数智产业人才，为农村电商提供了更多创新与活力，拓宽了电子商务销售渠道。

　　花田见文旅为美栖村延伸打造休闲农业、观光旅游等产业链，发展乡村文旅，提供的策略服务及运营示范，为进一步带动乡村发展，村民共富提供了更多的机会。稻旅文化产业园项目建成后将大大改善村间道路质量，平整地块；同时形成沉浸式农趣体验研学新场景，实现农业和教育的深度融合，丰富乡村文旅体验，填补秋冬淡季客流量。

　　5. 党建引领，为美栖村的"美"行稳正舵

　　美栖村"两委"班子不断强化村党组织核心作用，持续提升村党组织政治牵引力、思想凝聚力、组织战斗力。让广大村民主动参与村级管理事务，提升村级组织的公信力和号召力，把农村民主落到实处。充分发挥基层党组织在基层治理中的引领作用，注重发挥党员结对帮扶、共同致富的带动作用，初步营造了"有困难找党员、有矛盾党员管"的良好局面，吸引了许多优秀青年积极向党组织靠拢。并且积极向外看，加入百村共富书记联盟平台，这一联结乡村、各领域专家、目标企业的合作平台，不仅能够促进其他乡村学习互助，也能为村庄整合先进理论、实践经验、人力资源、投资资源、商业机会，帮助美栖村破解乡村发展难题，寻找解决方案。提供政策解读，为村庄精准把握发展方向指明道路，为美栖村的持久发展行稳正舵。

三、延伸阅读

乡村振兴不是"千村一面"

乡村产业高质量发展是乡村振兴的关键环节，是提升乡村产业竞争力、实现可持续发展的必然要求。高质量发展强调乡村产业的素质提升和可持续发展，要求我们在推进乡村产业发展过程中，必须注重产业升级、产品创新、市场拓展等方面，以实现乡村产业的全面进步。

乡村振兴，不是"千村一面"；乡村发展，也不是复制粘贴。找特色，创优势，因地制宜，才能发挥乡村发展的最大潜力，才能让我们的乡村振兴事业形成"一花独放不是春，百花齐放春满园"的盛况。

在探讨如何大力发展新质生产力以推动高质量发展的议题时，我们从具体的实践案例中寻找启示和借鉴。

浙江省安吉县在乡村振兴方面，注重传承与创新，致力于推动生态农业、乡村旅游等产业的协同发展。该县以"五彩共富路"为引领，通过拓宽农村公路、建设驿站、配置充电设备、Wi-Fi、旅游导航等功能，提升了农村公路的自驾游服务能力。安吉县还深入挖掘"五彩共富路"内涵，做好"五彩共富路＋"的文章，在扩大农村公路知名度和美誉度的同时，真正把农村公路打造成为产业路、致富路、人气路。这一举措促进了生态农业和乡村旅游产业的发展，带动了当地经济的繁荣。

江苏省扬州市江都区则以农业现代化为引领，推动乡村产业融合发展。该区注重创新乡村振兴模式，通过发展农村电商、乡村旅游等产业，拓宽了农民增收渠道。例如，大桥镇波斯村凭借悠久的历史文化和独特的异域风情脱颖而出，成为江都荞麦种植第一村。波斯村不仅保留了浓厚的异域风情，还大力发展特色农业，形成了独具特色的乡村风貌。丁伙镇新庄村则以竹元素打造景观节点，同时大力发展花木、水粉等特色产业，展现出另一番风采。这些特色田园乡村的成功打造，不仅提升了乡村形象，还为当地农民带来了实实在在的经济效益。

江苏省无锡市黄土塘村，以传统"西瓜"产业为特色，推动"农业非遗"的复原落实，响应国家对地区性种业的保护政策，积极和农科院所合作，从复原水土出发，深挖当地西瓜文化，复原当地西瓜品种。种子是农业的"芯片"，在农业增产农民增收中具有前端性，以及高市场价值的特性。围绕西瓜做文章，西瓜不仅是农田里的"土特产"，更是承载700年中国西瓜记忆的文化符号。当地政府围绕"西瓜"做文章，形成独特的乡村风貌，根据地形特色引进特色体育项目，与西瓜文化相结合，赋予了黄土塘村区别于其他乡村的独特个性，不仅为当地乡村增色，同时带动了周边乡村共同致富。

四、案例启示

1. 基于自身文化底蕴和自然禀赋差异规划先行策略发展

美栖村做的"花"文章，不是无的放矢的，而是基于美栖村自身文化底蕴，基于区别周边产业差异化的规划先行的策略发展的思考。我们都知道，每个乡村都有其独特的自然资源、历史文化和社会风貌，这些都是品牌建设的重要素材。通过深入挖掘地方特色，打造具有地域标识和文化内涵的品牌，可以有效提升农产品的辨识度和市场竞争力。这也使美栖村的"花事业"得到了村总支全体成员思想统一、行动一致的支持，也得到了村民的拥护。正是这种劲儿往一处使的合力，让美栖村的乡村振兴事业收获了花香四溢。

2. 通过品牌建设有效提升农产品附加值与推动农村经济转型升级

当前经济环境下一个基本的共识是：在乡村振兴的语境下，品牌不仅是农产品市场竞争力的体现，更是乡村文化传承与创新的重要载体。通过品牌建设，可以有效提升农产品的附加值，增强乡村产业的自我发展能力，推动农村经济的转型升级。美栖村的党总支正是有着这样一种共识，能够先人一步，知道市场对乡村产业发展的重要性；知道"品牌"在市场中能起到的重要作用；知道成熟的运营方式在乡村产业持续发力中的重要作用。能够兼容并蓄，广纳谏言，能够与时俱进地吸纳新思想、新技术，能够积极响应国家对乡村的政策指导，只要能为美栖村的"花事业"添砖加瓦，美栖村的党总支总会想尽办法地寻找外脑的策略支持。

3. 挖掘地域特色打造乡村特色产业

要想让乡村产业可持续发展，必须以乡村产业为第一核心要素，要有全产业链发展的基本思维，因地制宜、因势制宜地形成自身的生态联动。党的二十大报告提出"发展乡村特色产业，拓宽农民增收致富渠道。"挖掘地域特色，我们要相信，特色产业才能更节省各方资源打造出具有市场差异化的品牌、产品，只有这样，这个品牌、产品才具有更强的市场竞争力，才能更好地为乡村创造持续的经济价值。这不仅有助于提升农产品的附加值，还能满足消费者对地方特色和文化的需求，也能为乡村带来更多的知名度和美誉度。

4. 积极响应国家政策和适时顺应科技潮流

2024年3月5日发布的《商务部等9部门关于推动农村电商高质量发展的实施意见》提出：发展农村电商，是创新商业模式、建设农村现代流通体系的重要举措，是转变农业发展方式、带动农民增收的有效抓手，是促进农村消费、满足人民对美好生活的向往的有力支撑。美栖村全力打造的"花田见乡村数字直播孵化基地"就是在这一政策引领下引进的合作项目，以数字赋能乡村，大幅提升了农产品的附加值与品牌影响力，同时为美栖村带来了品牌打造团队、特色产品研发人才。为美栖村未来的发展拓宽了新市场，带来了新机会。

美栖村玫瑰花产业的变革，是乡村振兴的一个缩影。在这片充满希望的土地上，玫瑰花产业正在焕发出新的生机，美栖村的未来，正如那盛开的玫瑰，绚烂而耀眼（见图7）。

图7 美栖村远景图之六

（本案例由欧建国、花香、郭来升负责调研，并参与指导或撰写）

案例 37

健康医疗"新硅谷"助力产业创新转化

——上海广慈－思南国家转化医学创新产业园区
实现产学研用高效集成

一、案例概述

党的十八大以来，以习近平同志为核心的党中央把保障人民健康放在优先发展的战略位置，提出要坚持政府主导，发挥市场机制作用，加快关键环节改革步伐，发挥科技创新和信息化的引领支撑作用，形成具有中国特色、促进全民健康的制度体系。

生物医药产业与人民日常生活及个人健康的直接关系最为紧密，为健康中国建设提供了基本保障，因此一直以来该领域的创新发展备受社会各界的关注。上海市在"十四五"规划中也将生物医药确定为上海市三大先导产业，强调生物技术、医药制造等产业的发展，不仅是推动上海经济高质量发展的关键，也是构筑上海未来竞争优势的重要基石。在此背景下，2017年10月，上海广慈－思南国家转化医学创新产业园区正式成立。

上海广慈－思南国家转化医学创新产业园区依托上海著名的三甲医院——瑞金医院丰富的临床资源和科研能力，围绕"生物医药、医疗器械、数字医疗、医疗服务及高端非公医疗"五大产业赛道，重点开展以临床科研转化为切入点的医疗产业化探索。

作为国内首家由三甲医院发起并主导，聚焦于临床科研转化产业化集聚的"赋能型"园区，上海广慈－思南国家转化医学创新产业园区充分发挥瑞金医院、国家级转化医学大设施和上海市数字医学创新中心对生命健康产业的辐射带动作用，持续增强专业服务能力，推动转化医学创新和创新成果转化。园区建设中坚持以临床科研转化赋能为使命，推进"始于临床，用于临床"的产业化、商业化探索，重点聚焦以肿瘤、代谢病等与人民群众健康息息相关的五大病种、46个临床医学创新赛道，为临床研究和企业科研提供以"科研＋投资"相结合的组合式赋能体系。

自2017年建成至今，园区已聚集了循源医疗、微医集团、瀚林汇医疗、医润博康、沛嘉医疗、沃复生医、上海市数字医学创新中心等一批优秀医疗科技企业和创新团队。截至 2024 年 4 月，园区已引入企业 170 余家，累计注册资本 17 亿元，集聚和示范效应初步显现，并已初步形成了集技术研发、临床试验、转化产业、配套服务为一体的转化医学集聚区，实现了生物医药产业的产学研用的高效集成。

二、案例剖析

经过近 6 年的发展探索，上海广慈 – 思南国家转化医学创新产业园区现已初具规模，园区打造的平台，犹如一块"磁铁"，把医疗机构、研发企业、产业资本、市场规模等医药产业链中的各个要素带入这里，形成了一套赋能式孵化发展新模式，为医药产业的进一步集聚转化奠定了扎实基础。

1. 跳出地域限制，构建网络化、组合式园区空间布局

和传统的产业园区布局不同，上海广慈 – 思南国家转化医学创新产业园区没有明确的物理边界，而是以瑞金医院为中心，在周边 3~5 公里辐射范围以点、网的形式形成不同物理载体的组合。园区规划以瑞金医院为核心、以上海思南路为轴线、以环瑞金高端非公医疗和世博环滨江医学科技创新中心为重点，形成"一核、两中心、多基地、广联动"的网络化、组合式园区发展空间布局体系。

2. 打破传统管理模式，构建多方合作组织管理架构

为充分整合和利用多方资源形成发展合力，园区构建了医院、政府和企业多方合作，决策层、执行层和运营层三位一体、职责明确、高效联动的组织管理架构。决策层由政府、瑞金医院、国有企业领导层构成决策委员会，负责对园区发展的战略布局、整体指导、重大决策和运行监管，定期召开园区联席会议，听取阶段性建设成果，协调工作推进中的重大问题和重大事项。执行层由政府相关部门、国有企业和医院相关处室组成，作为工作机构，负责对园区产业专项研究的辅导、对重大或优质项目的筛选，以及对自有项目转化和孵化项目的收购评估，定期召开工作推进例会，确保决策部署得到落实。运营层由医院、国有企业共同组建广慈新医创公司作为园区运营平台，负责按照决策层意图具体落实推进园区建设和日常运营管理，包括园区招商、企业服务、人才服务、项目孵化、创业投资、融资服务、物业管理等全方位、一站式服务。此外，园区充分依托瑞金医院获得"产医融合示范基地"的先导政策，与瑞金医院同步成立"瑞金医院科技成果转化办公室""广慈 – 思南产医融合技术转化服务中心"，采用一套班子、两块牌子的模式，由医院相关处室、园区运营平台公司合署办公，为入驻园区的企业提供全周期、全流程、全领域、一站式的科研成果创新转化的服务和支持，为临床医学科技创新转化助力。

3. 创新体制机制，建设高质量孵化基地

除了作为一个转化医学平台，园区还积极搭建医药企业孵化服务基地，从不同

维度为入驻企业赋能。在机制上，孵化基地在政府帮助下，提供与企业经营相关的各种市场信息及政策法规等，引入科研成果转化咨询公司、专利申请管理公司、专利律师行等，避免创业过程中"盲人摸象""瞎子过河"的现象与风险，提高自创企业的存活率。在资源上，孵化基地将为入孵项目提供专业的技术平台和配套服务，转化医学大科学设施包含的医药研发平台、临床研究床位、生物样本库等科研资源将为入孵企业提供一流的共享设施；医药研发外包服务公司（CRO）、现场管理组织公司（SMO）、生物医药产业临床试验服务公司、生物医药产业中介等公司的引入将为入孵企业提供充足的配套服务保障。在资金上，孵化基地通过整合风险投资、成立产业促进基金以及政府扶持基金等投资资源，可以帮助入孵项目快速成长。

4. 开拓发展思路，形成全链条服务机制

在积极开展招商引资的同时，园区围绕六大病种42个创新医疗领域，辅助以瑞金医院为代表的三甲医院临床专家，结合基础研究、临床研究、转化研究和科研商业化的需求，初步构建了以产业研究体系、培训体系、顾问体系、转化辅助体系四大体系为核心的服务体系，并通过"开展前期评估、规划商业模式、制订融资方案、设计专利矩阵、搭建产销平台"等一整套全链条科研转化服务机制，辅助完成SPARC协同化躯体机能康复项目等多个医学转化研究项目的商业化落地。与此同时，园区与宾夕法尼亚大学艾布拉姆（Abramson）家族癌症研究所转化医学中心、美国斯坦福大学医学院肿瘤中心等海外知名科研机构建立联合科研合作关系。与多家国内外医疗科研机构及知名企业达成深度合作，初步形成了科研资源共享联盟，其成员包括：转化医学网、动脉网、DANAHER集团（丹纳赫集团）、菲鹏集团、STEMCELL集团（加拿大干细胞技术集团）、医渡集团、微医集团等。

5. 打响园区品牌，营造良好创新氛围

为形成以临床需求为导向的医产学研生态融合，打响园区品牌知名度，园区自2019年至今已成功举办五届"健康中国—思南峰会"、两届"广慈思南—产医融合国际创新大赛"和一系列"广慈思南产医融合系列论坛"，参与企业500余家，参与规模达到3000余人次。这些品牌活动的持续举办，有力吸引更多资本关注生物医药创新领域，积极引导更多转化医学高新企业入驻园区，有效激发了临床科研人员创新创业热情，也为园区打造具有世界影响力的转化医学创新产业园区营造了良好氛围。

三、延伸阅读

破解医学创新成果转化"最后一公里"难题

科技成果只有转化才能真正实现创新价值，不转化将造成极大损失。众所周知，生物医药创新成果转化是一个周期漫长、投入巨大的系统性工程，从初期的科学构想，到实验室研究成果，再到技术转化为成熟产品，进而实现产业化落地等一系列环节中，涉及政策、资金、人才、市场等多方面的问题，科研院校、医疗机构、企业在生物医药科技创新中作用日益凸显，但其科技成果转化要真正实现与市场接轨仍存在较多现实阻碍。

长期以来，在医学成果转化过程中，因为缺乏转化动力、转化过程缺少中间平台、缺乏有效的创新资金扶持、缺乏成熟的商业模式等原因，导致我国大部分医学科技创新基础研究与专利技术仅停留于实验室阶段，未实现产业化，如何从实验室"跑"到病房，一直是医学创新成果转化的"最后一公里"难题。为此，近年来国家出台了一系列推进医药生物科技创新成果转化的政策，加快医药科技成果转化，建设多样化且符合我国医药市场的专业成果转化机构已是大势所趋。随着国家科技创新成果转化相关政策的落地，我国医药领域科技创新和成果转化工作取得了长足进展，一些地方也依据各自的实际探索出适合我国医药科技创新成果转化路径，医药科技成果转化的数量和质量不断提升。

例如，2023 年 5 月，北京首个医学创新成果转化推动项目"首都医学科技创新成果转化优促计划"启动。该优促计划是北京市卫生健康委积极响应并落实国家及北京市相关文件要求的项目，是全国唯一、全程孵化培育式、卫生健康系统主导的医学科技创新成果转化类项目。优促计划旨在以临床需求为导向构建有组织的医学科技创新转化生态体系，全面培育多元融合的卫生健康系统创新转化新模式，推动北京医药健康产业高质量发展。除孵化培育创新项目外，优促计划还将着力搭建首都地区医学创新项目交流合作平台。截至目前，该计划累计助力 46 个项目转化，转化金额 4.15 亿元。2024 年北京市进一步发布了《北京市加快医药健康协同创新行动计划（2024 - 2026 年)》，提出要强化创新策源，加快前沿技术成果转化，要推动临床需求和市场导向的创新转化。支持医疗机构与国家实验室、新型研发机构、高校院所、企业合作，整合基础和临床研究优势，支持提前谋划科技成果转化的功能布局。

四、案例启示

1. 在创新与成果转化中要充分发挥政府的链接能力

医药创新与成果转化是一项系统工程，从顶层设计到具体实施应该是一个有机整体、共同推进的过程。按医药行业内的说法，一个创新药需要"三个 10"，即用 10 年的时间、10 亿美元的投入，但成功率只有 10%。这对所有从事新药研发的个人和公司来说，都是一个巨大的挑战。因此，培育生物医药创新转化生态环境，需要充分发挥政府的链接能力，推动产业链、资金链、人才链、服务链的深度融合，为科研人员、生物医药企业等设计和打造出生物医药创新转化专业服务合作平台，协同政府部门、医疗机构院校、生物医药企业、风险投资基金、金融机构等多方共同参与。

生物医药行业的发展涉及区内市场监管、发改、商委、科委、卫生、医保等各政府主管部门，需要政府牵头抓总，发挥政策供给的策源功能，协同相关政策的讨论、制定、执行、落实。可通过相关主管部门牵头组织成立多方合作管理机构，明确行业发展的服务职能部门，简化企业办事程序，提高行政工作效率，提升政府综合服务能力和管理水平，积极破解制度层面的困境，完善和优化产业发展的多方位服务机制，推动出台专项扶持政策，定期沟通协调重大问题咨询和重大项目对接。

2. 在产业园区设立上可打破空间界限

传统的产业园区往往有明确的地理界限，需要一定的空间载体支撑，但在交通发达、配套完善、发展充分的城市中心区，往往不具备大面积重新开发建设的基础，难以打造大面积的具有固定四至边界的物理概念园区。因此，在城市中心区打造创新成果转化园区，会面临产业企业集聚不足、商务成本较高且载体空间支撑不够的问题，如何解决企业入驻的空间载体问题，一直是创新产业园区设立中首先考虑的问题。但随着信息科技的发展和理念的更新，传统园区"围墙式"集中统一布局的固有范式获得突破。产业园区的设立不应只局限于传统地理空间界限，同样可以通过围绕核心资源，形成网络状、组合式、聚点成面的新型空间布局，通过市场拓展、空间改造、战略合作等方式，充分挖掘存量载体资源，有序推进空间布局优化，来积极探索产城融合发展模式。

3. 通过体制机制的创新为科技成果转化提供保障

加强政策的制定与落实，让科技成果转化的管理力度上升到更高的水准，需要构建科学规范的管理制度，明确成果转化路径。一是要规范科技成果转化服务管理、厘清科技成果转化审批程序，使得成果转化合理合法合规地进行。二是体制机制的创新既要聚焦创新主体需求和产业发展要求，通过打造覆盖全转化链和各环节价值支持的孵化机制，持续提升服务标准化水平和高附加值，助力生物医药科研成果转化和产业化。三是要通过体制机制的创新不断提升政府、企业、机构和媒体等各方资源的整合能力，统筹串联市场、技术、客户、资金等资源的链接渠道，要充分发挥医院学科、人才等创新资源优势，激发内在创新动力和发展动能，推动科研创新与产业发展深度融合，构建以创新驱动为主导的内生增长模式。

（本案例由杨萍、黎明琳负责调研，并参与指导或撰写）

案例 38

标准化 + 流程化 + 数字化 + 智能化

——唐人神以科技创新引领生猪全产业链经营高质量发展

一、案例概述

民以食为天，猪粮安天下。

2024 年政府工作报告明确，将"大力推进现代化产业体系建设，加快发展新质生产力"作为今年的首要工作任务。

生猪产业一头连着农民、一头连着市民，是乡村振兴的重要产业，是居民的"肉盘子""菜篮子"的坚实基础，是农牧行业新质生产力的重要承载。连续多年，湖南生猪出栏、存栏数均居全国前三，具备了打造特色、做大做强的基础。唐人神集团（以下简称"唐人神"）作为湖南最大的农牧企业，坚持产业创新，坚持绿色生态，坚持可持续发展，用标准化、流程化、数字化、智能化的工业化思维来做农业。集团克服了近几年来农牧企业面临的疫情、猪周期等严峻挑战，营业收入在过去五年翻了一倍，从 2018 年的 158 亿元增长到 2023 年的 300 多亿元。

唐人神集团 1988 年开始创业，36 年来始终不忘"致力农家富裕、打造绿色食品、创造美好生活"的初心使命，从一家地方小饲料厂创业开始，逐步发展成为国内最早集饲料营养—生猪养猪—肉品加工于一体的生猪全产业链上市公司，在全国建立了 80 多家饲料厂，50 多家规模猪场，5 家肉品加工厂，员工超过 10000 名。公司创立的《顾客价值服务营销》荣获国家创新成果一等奖。

唐人神生猪全产业链经营模式，为中国农牧行业的可持续发展做出了积极有益的创新探索。在饲料、养殖、肉品加工的生猪产业链三大主业中，唐人神从研发产品创新到工艺技术创新，从管理模式创新到数字化变革创新，持续探索，为农牧行业的新质生产力发展树立了标杆。公司创研的《猪健康养殖的营养调控技术研究与示范推广》以及《传统特色肉制品现代化加工关键技术及产业化》技术荣获国家科学技术进步二等奖，养殖企业首创了山地楼房智能养殖之先河。

二、案例剖析

唐人神生猪全产业链经营模式的构建，是农牧畜禽行业新质生产力发展模式的有效探索，是建设中国式现代农业的积极先锋。该经营模式从科技创新、产品创新到管理创新，都有成功的实践，成熟的经验，良好的业绩表现。

1. 香乡猪优质猪新品种设计与培育的新质生产力创新

生猪全产业链的科技创新中，生猪的育种技术创新被摆在首位。唐人神集团于2024年12月成功发布"香乡猪·生态肉"品牌。该品牌猪肉是"科技创新2030——重大项目"之农业生物育种重大项目"优质猪新品种设计与培育"的成果之一。

"优质猪新品种设计与培育"项目旨在构建猪优质高产分子设计育种技术体系，将多基因编辑、全基因组选择等前沿生物育种技术和常规育种技术结合，创制优质、高产猪育种新材料，培育兼具肉质优良、性能高产特性的优质猪新品种（系）并示范推广。项目由中国科学院亚热带农业生态研究所、中国农业大学、唐人神集团等高校、科研院所和企业共同完成。

唐人神集团与有关科研单位承担了"猪全产业链表型数据智能采集技术研发及应用"课题，针对目前生猪全产业链表型数据智能采集技术缺乏等问题，研究猪的活体表型数据智能采集技术，建立以自动化测定为核心的猪全产业链表型数据智能采集技术体系，研发猪个体身份识别等技术，实现了猪性能测定数据数字化，利用大数据技术实现了全产业链价值育种。

目前猪的肉质研究，肌内脂肪含量测定主要通过屠宰后测定，无法对优秀个体直接留种，该课题研究成功突破了传统肉质测定技术，实现了肌内脂肪含量的B超活体测定，使性状较好的种猪可直接进行选留并培养后代。

基于系列研究成果，唐人神集团联合中国工程院院士、中国科学院亚热带农业生态研究所首席研究员印遇龙院士科研团队，开展"猪禽动态营养需求与营养精准供给技术研究"项目研究，通过精准把握消费者对猪肉安全、肌内脂肪、口感及色泽的四大需求，集成遗传育种技术、营养调控技术以及绿色生态养殖环境技术，打造出唐人神香乡猪生态肉。香乡猪凭借卓越品种与全面均衡的营养方案，全方位塑造了高品质猪肉产品，不仅口感更为香醇、肉质细腻，而且色泽红润诱人，完美契合了消费者对于风味、便捷及营养的多元化需求。特别是梅肉、五花等部位，肌内脂肪含量高达2.8%，嫩度远超目前的同类产品。

2. 唐人神山地楼房（多层）智能养殖技术创新

在养殖技术创新的新质生产力发展探索方面，唐人神集团投资超过30亿元的茶陵香乡猪山地楼房（多层）养猪技术，可节约80%的土地面积，可年出栏生猪超过180万头。该山地楼房规模养猪技术融合生产工艺技术创新，生物安全及健康营养养殖技术创新，工程及饲养管理创新，其突出的创新表现和成果体现在以下方面。

一是山地楼房规模养殖生产工艺技术的集成式智能创新。该山地楼房规模养猪技术融合了先进的建筑热环境与通风调控技术、环境参数自动采集与远程监控技术、自动饲喂技术、排风空气集中净化技术、智能环控系统、远程监控设备,通过物联网平台整合数据,实现全场景的信息智能数字高效可视化管控。这些技术的应用提升了养殖效率,显著降低了饲养员的工作量、有效降低了养猪成本,体现了唐人神在智能养猪领域的技术积累和创新能力。

二是生物安全及健康营养养殖技术创新。该楼房养猪技术对于生物安全管理,环境保护净化有独特的解决方案,大大提升了环保处理的便捷性,并且通过"一区两点三段"模式与"仔猪—保育—育肥"三段式生产,加强了生物安全防护,提高了生产经营效率,确保了生猪养殖全程的安全防控。在安全可控的情况下,种猪选育与健康营养技术得到保障,唐人神通过香乡猪核心育种技术,匹配了系统的健康养殖营养调控技术,能够动态调整饲料配方,实现精准营养,提高种猪的遗传性能和仔猪的成活率,提高了育肥猪的养殖效率。

三是工程及饲养管理的创新。山地楼房(多层)养殖技术能大幅度有效节约土地与提高土地利用率。楼房养猪模式通过多层立体猪舍的设计,能够节约 80% 以上的土地,突破了传统平房养殖模式对土地的限制,特别适合南方丘陵地带的土地利用需求,有助于突破区域土地限制因素。楼房养猪模式通过规模化、集约化生产,提升了人均效率,降低了单头人力成本,并通过精准营养调控和优化饲料配方进一步降低了养殖成本。

唐人神集团通过楼房养猪项目的建设,实现了产能的逆周期扩张,在猪周期底部稳步推进生猪产能建设。这种逆市扩产的策略显示了公司对于市场长期趋势的判断和对行业未来发展的信心。山地楼房多层养殖不仅在技术上领先,也在行业趋势上起到了引领作用。随着越来越多的企业开始布局楼房猪场,养殖领域的新质生产力发展也得到了更科学、更有深度的有力推广。

3. 唐人神口口乳饲料产品创新

在生猪产业链饲料环节的新质生产力发展方面,唐人神口口乳产品创新具有典型的经验意义:唐人神口口乳是全世界仅有的液体发酵乳猪饲料,它改变了传统固体饲料为液体生物饲料,这种创新在行业内具有革命性,获得了国家专利(专利号:201810023036X)。

产品实现了两大突破,一是改传统固体饲料为液体生物饲料;二是在液体生物饲料中既保证了高营养成分,又保证了营养物质高消化率。其包含了口口乳发酵技术、酶解技术、发芽技术三大技术,这些技术使得产品具有提高断奶采食量、减少断奶应激、促进肠道健康、提高仔猪成活率四大功能。

猪场实测数据显示,乳猪成活率提高了两个百分点,没有应激反应,断奶仔猪体重增加 1 千克,且后期未发生仔猪常见疾病。口口乳成本低,可降低 0.2 个料肉比，每头猪节省成本 60 元，且成活率高，每头母猪每年多提供 2 头活仔。口口乳具有很好的适口性，仔猪采食量高，有利于仔猪的消化吸收，能有效改善仔猪肠道健康和机体免疫力，降低仔猪发病率。对于肥猪来说，口口乳能提供良好的肉质，肥猪身体健康、肉质鲜美。口口乳 PLUS 能满足补奶增重、教槽伴侣、救护弱仔这 3 大应用模式，通过试验数据，可以达到提高断奶重 1 斤、提高断奶成活率 10%，提高正品率 20%，激发生长潜力提早 10 天出栏、促进肠道发育降低料肉比 0.1。

口口乳产品技术研发属于湖南省高新技术产业科技创新引领计划，显示了其在科技创新方面的领先地位。

4. 传统特色肉制品现代化加工关键技术及产业化

2019 年，《唐人神传统特色肉制品现代化加工关键技术及产业化》获得国家科学技术进步奖二等奖。主要成果表现在：

一是该技术安全风险快速识别、高效控制技术，攻克了安全控制技术瓶颈，阐明了传统特色肉制品加工和贮存过程关键化学、生物危害物变化规律和抑制机制，为安全控制提供理论支撑；开发了加工过程苯并芘"多级吸附过滤"减控技术，残留量显著降低；阐明了成熟过程脂质变化规律及风味前体脂肪酸对产品呈味的贡献；完善了腌腊肉制品安全评价及控制体系并完成国家标准修订。

二是建立了传统特色肉制品风味、质构定量调控技术，突破了工业生产"原味化"和"标准化"难题。阐明了传统特色肉制品风味和质构品质形成机理及关键控制因素。建立基于色泽、滋味、香气、质构和感官的数字化评价体系，奠定了标准化生产基础；建立"芽孢诱导—杀灭—靶向抑菌"高效中温杀菌技术体系，解决了杀菌和贮藏风味和质构劣变难题，保证了传统产品"原汁原味"。

三是创制了传统特色肉制品加工自动化配套装备及生产线，实现了节能减排和综合效益提升。创制脂肪预处理、烘干成熟一体化、自然气候模拟等装备，解决了原料工业预处理与成熟精准控制难题。创新腌腊、酱卤、发酵等肉制品现代化生产线，实现湖南腊肉一季生产转变为四季生产，显著提升了综合效益。

《传统腊肉制品绿色加工关键技术创新与装备研发》成果于 2021 年 8 月被评定为国际先进水平，传统腊肉风味品质调控技术与真空冷却装备处于国际领先水平。

三、延伸阅读

更科学、更高效、更健康、更智能的产业发展之路

中国是生猪第一大国，生猪产量及猪肉消费量均居世界第一。生猪产业链的新质生产力发展承载了从生猪育种、饲料营养、屠宰加工、安全健康的全环节产业创新升级和需求，对于农民增收、乡村振兴、市民肉蛋白健康消费具有现实的长效的

经济意义和社会意义。如何把传统意义上的种植、养殖、加工产业链接起来，开创更科学、更高效、更健康、更智能的产业发展之路，是畜牧业新质生产力发展的方向。唐人神生猪全产业链经营模式对于探索畜牧业新质生产力发展的实践道路具有开创性意义。

湖南是生猪养殖大省。根据国家统计局数据，2023年湖南全省生猪出栏6286.3万头，比上年增长0.6%，出栏量位居全国第二。猪肉产量461.8万吨，增长0.9%。目前全省有万头以上规模猪场800个，其中年出栏100万头以上的大型企业5个。2023年湖南规模以上集中屠宰生猪2302.8万头，屠宰量全国排名第五位。湖南的猪肉制品加工率低于全国平均水平。湖南腊肉是用猪肉为原料加工而成的，在我国具有一定知名度的产品，全省年腌腊肉制品销售60万吨以上，是我国的主要腌腊肉加工省份。

唐人神生猪全产业链发展模式，把养殖的新质生产力、肉品加工的新质生产力、饲料生产的新质生产力整合成一个现代产业链发展模式。

在养殖产业，唐人神以自建大型山地楼房（多层）规模猪场为中轴，实施"公司+农户"的养殖致富模式，向农民提供饲料营养、种苗育种、动保防疫、培训管理、技术服务、信贷担保、生猪收购等服务，农民不承担市场风险，提供栏舍和人工即可获得养殖收入，带动越来越多的农户养殖致富。

在肉制品加工方面，湖南存在小作坊加工腊肉一般都是在冬季，还有很多农民自己烟熏加工，存在有害物质，产品品质不稳定，缺乏规模化智能化的加工装备等问题，严重制约了湖南腌腊肉制品产业的发展。《传统特色肉制品现代化加工关键技术及产业化》则首先解决了腌腊肉制品中苯并芘等致癌物可能超标的问题。风味及质构定向调控技术保障了产品的"本味化"、稳定性。自然烘干成熟一体化装备中将传统腌腊肉制品加工过程中的温度、风速、湿度、烘烤及打烟时间等参数固化，并集成到同一台装备中，结合数字化技术，实现了工艺参数的自动化，极大地提升了产业产能，在降低污染物排放的同时，保障了腌腊肉制品产品的质量。

四、案例启示

1. 具有示范性的社会效益

生猪全产业链通过养殖带动农民致富，通过饲料产业关联种植业和养殖业，通过安全肉品造福市民和丰富百姓的餐桌，真正践行了"致力农家富裕，打造绿色食品，创造美好生活"，以经营模式的创新打造农牧企业的新质生产力，构筑了畜牧业企业的长期主义发展之路，发挥了企业在乡村振兴、致富"三农"、建设新时代社会主义农业农村经济方面的社会带头作用和核心凝聚力，打造了示范性的社会效益。在唐人神实践生猪全产业链的发展历程中，通过"公司+农户"的养殖致富模式每年带动上亿家庭农场增收增利。由养殖源头到饲料健康的产业链保障，唐人神肉品能够真正实现安全健康放心的绿色肉品消费，从而为市民的"放心肉"和"菜篮子"保驾护航，产业链实现了"从农场到餐桌"的安全放心。

2. 具有借鉴性的管理效应

打造畜牧业的新质生产力，唐人神生猪全产业链经营模式为行业提供了借鉴性的管理范本，发挥了龙头企业的管理效应。在研发科技创新、产品创新、工艺技术创新、数字化管理变革创新等方面为同行企业树立了标杆。

尤其在数字化技术导入生猪全产业链经营的过程中，唐人神开创性导入高铁发展模式，创立了"业务牵引动力系统 + 人才内生动力系统 + 数字化管理营运系统"的三大系统数智化经营管理体系，支撑产业链中不同产业板块的管理需求：在肉品、饲料的加工产业中，数字化引导产业以客户为中心，以组织变革为切入口，以产品 + 服务为抓手，为客户创造价值，为公司创造盈利，为员工创造收入。在养殖产业中，数字化技术支撑养殖业务以低成本为中心，以"人猪物事"为抓手，打造低成本领先的生产体系。数字化变革引领产业链以组织创新为突破，实施项目管理，流程驱动，为传统的农牧行业开创新质生产力之路奠定数字化的发展基础和科技"底座"。

人才内生动力系统就是以奋斗者为本的"高目标、高效率、高收入"来达成公司的"高增长、低成本、高回报"的人才内生动力系统。以奋斗者为本构建唐人神新质生产力打造的内生动力系统。

数字化管理营运系统是以规则流程为基础，以数字化为驱动的管理营运系统。通过技术创新和信息化互联平台，公司以唐人神协同云技术为基础搭建个人专属管理驾驶舱，所有业务流程在唐人神线上平台运行。数字化营运管理系统为唐人神新质生产力的持续良性建设提供了科技保障。

3. 坚持基于客户价值和市场需求的战略定位

生猪全产业链经营的发展模式是唐人神基于客户价值创造和市场需求的战略定位。农民需要科学养殖带动致富，乡村需要产业牵引持续振兴，市民需要安全放心肉提升生活品质，这是最大的市场需求，这是最持续的客户价值满足，生猪全产业链构建了从养殖源头到餐桌的闭环安全，这样的战略定位精准，可持续，具有无限的发展空间。

4. 致力基于系统创新和持续变革的管理迭代

唐人神集团在生猪全产业链的战略加持下，变革不息，创新不止，持续推进管理变革，经营迭代，打造了企业的经营管理可持续发展力。这也是农牧企业新质生产力的内涵和核心所在。系统创新，指的唐人神围绕生猪全产业链经营，不仅是产品创新，还是从研发到产品，从技术到工艺，从战略到实施，从经营到管理进行全方位、全系统、全过程的与时俱进和企业创新，直到引领数字化变革的未来趋势。从而为生猪全产业链打造的各个环节注入新力量、新动能。

5. 打造基于商业变化和竞争趋势的独特优势

唐人神生猪全产业链经营，在战略定力、管理迭代的同时，基于商业变化和竞争势态，进行了各个构成链条环节的独特优势打造，也就是链条的每个组成部分，都根据各自的业务特点、行业趋势、竞争格局进行对应的竞争力打造，形成每个环节的独特优势构筑，做强每一环，铸牢产业链。

（本案例由杨瑞勇、张莉、邓一心、
于红清负责调研，并参与指导或撰写）

案例 39

大力引进高校创新成果和人才智力资源

——河北威县借助高校力量发展新质生产力助推高质量发展

一、案例概述

郡县治则天下安，县域强则中国强。县域是国家经济的基础单元，是经济社会发展的重要载体。推动县域经济的高质量发展，对于社会主义现代化国家建设具有重大的现实意义。习近平总书记关于新质生产力的系列重要论述，为我们提供了科学指南。

威县隶属河北省邢台市，位于冀东南平原。作为传统农业大县，威县的基本县情是"四不靠两没有（不靠山、不靠海、不靠铁路、不靠大城市，地下没矿藏、地上没资源）"，工业近乎空白，农业"一棉独大"，经济社会发展长期落后。2012年，威县被认定为国家扶贫开发工作重点县，同年被教育部确定为定点帮扶县。在教育部的高度重视和倾力帮扶下，威县于 2018 年高标准退出贫困县序列。

"摘帽不摘责任"，教育部深入贯彻落实习近平总书记关于全面推进乡村振兴和深入开展定点帮扶的重要指示精神，积极发挥教育系统资源优势，特别是大力度引进高校创新成果和人才智力资源，推动高校知识成果与县域特色产业相结合，积极探索发展新质生产力，全力助推威县经济社会高质量发展。

教育部驻威县挂职团队牵头成立威县高校知识成果转化中心和产业技术研究院，旨在加强与高校及科研院所、县内企业的沟通协调，服务科技成果供需对接和校地合作科技创新项目，着力构建"基础研究—成果转化—产业发展"联动体系，打造科技成果、科研人才、科创资源集聚的创新高地。截至目前，推动威县政府与高校和科研院所签订了 30 余份校地战略合作协议，威县企业与高校和科研院所签订了 146 份校企技术合作协议，合作高校与科研院所达 88 家，举办汽车零部件产业、农业产业高校知识成果路演两场。全县共培育国家科技型中小企业 81 家、高新技术企业 68 家、"专精特新"中小企业 47 家，纳税超百万元企业达到 130 家，县域科技创新由 C 类县跃升为 A 类县。

二、案例剖析

1. 坚守"三农"阵地，帮助增收致富

要围绕建设农业强国目标，加大种业、农机等科技创新和创新成果应用，用创新科技推进现代农业发展。近年来，威县针对传统农业低产低效的问题，突破"地下没矿藏、地上没资源"的环境制约，不仅通过实地检测、试种试产、专家论证等方式综合研判调整农业产业布局，还不断加大了生产过程的"科技含量"。

以威梨为例，威县高校知识成果转化中心积极帮助对接河北农业大学等高校，支持建设梨产业技术教育部工程研究中心威县试验站，助力威县成为全国增长速度最快的梨产业新兴县。梨产业技术教育部工程研究中心帮助威县探索省力密植、双臂顺行等多种栽培模式，转化高光效树形、地力培肥等技术成果13项，推广避障式果园割草机等新型农机设备7项，有效解决了生产中土壤有机质低肥力差等技术难题，有力助推了梨产业创新升级。在梨产业技术教育部工程研究中心指导下，威县高标准科技扶贫示范园平均增产32%，亩增收1200～1600元，入选教育部省属高校精准帮扶典型项目。

此外，河北省农林科学院帮助威县西梨园村实现了"葡萄家族"的更新换代，并为西梨园村培育了100余人的葡萄种植管理能手，推动葡萄亩均收益从0.8万余元增长到4万余元；帮助打造富锌硒水果西红柿生产基地，在大棚内实施石墨烯智能电加热系统成果转化，推动富锌硒水果西红柿亩产达到1.5万斤，比普通西红柿亩均增产2000斤，每斤价格提高7元，亩均增产9万元，等等。

2024年，"秋月""新梨七号""雪青""红香酥"四大品种梨果总产量达到20万吨，产值超23亿元；全县共种植维多利亚、阳光玫瑰、夏黑等10余个葡萄品种，年产量15.6万吨，总产值达到13亿元。

2. 立足主导产业，服务提档升级

要及时将科技创新成果应用到具体产业和产业链上，改造提升传统产业，培育壮大新兴产业。威县高校知识成果转化中心聚焦县域特色产业，帮助引进行业特色高校和科研院所，直面生产瓶颈制约，助力企业提档升级。

以农产品深加工及乳业产业集群为例，高校知识成果转化中心帮助君乐宝乳业集团（威县基地）引进西北农林科技大学等高校专家资源，帮助解决技术难题、改善管理模式。一方面，通过对奶牛血液营养物质、牛胃微生物、粪便消化率等方面的深入分析，帮助解决了奶牛腹泻问题，降低了奶牛发病率。另一方面，在日产鲜奶200吨左右的万头奶牛管理中，帮助给每头奶牛建立电子档案，通过"千里眼"随时监测奶牛体温，通过奶牛腿上安装的计步器监测并"报警"提示活动量出现异

常的奶牛，保障万头牧场只需少量员工即可实现高效运转。

又如，支持根力多公司坚持走产学研结合、校企合作发展之路，为威县乡村产业、人才、生态振兴作出了积极贡献。在高校知识成果转化中心协调下，根力多公司与中国农业大学、南京农业大学等 10 余所院校建立战略合作关系，组建涵盖 65 人的专业研发中心，取得自主知识产权、国家发明专利及重点新产品转化科技成果等 26 项。仅与南京农业大学沈其荣院士团队合作的木霉真菌一项，就能实现年利润 5600 万元，消纳周边玉米秸秆、畜禽粪便、菇渣等固体有机废弃物 50 万吨，处理废弃蛋白 5000 吨，帮助试验示范区内土壤有机质增加 0.1 个百分点，创造就业岗位 200 个，真正实现经济效益、生态效益、社会效益多赢。同时，积极协助高校开展"田秀才、土专家"等各类人才培养培训，先后培训 5000 余人次，有力支撑了乡村人才振兴工作。

3. 支持成果转化，增进民生福祉

今年政府工作报告强调，坚持在发展中保障和改善民生，注重以发展思维看待补民生短板问题，在解决人民群众急难愁盼中培育新的经济增长点。注重以发展思维补民生短板，为我们发展新质生产力指明了大方向、提供了新引擎。威县在发展中始终坚持用好"加减法"，乘高质量发展之势，集攻坚克难之智，让改革发展成果更多更公平惠及全体人民。

在解决农村冬季清洁取暖问题时，推动道荣新能源与清华大学、北京大学、中国科学院等高校、科研院所紧密合作，先后成立光热研究院、地热能技术研究中心、专业检测中心等，组建了涵盖热能与动力工程、机械设计制造及其自动化、凝聚态物理等专业的科研团队，提出"光热＋"清洁采暖模式，并依托云平台技术实现单户或分布式"光热＋"清洁能源户用采暖系统的远程监测和控制，达到因地制宜、精准供热、精准服务、精准运营的目的。

"光热＋"清洁采暖系统主要亮点在于：一是低碳环保，以清洁能源互补方式解决大规模"电代煤""气代煤"面临的电网负荷高、燃气供应难等问题，与"气代煤""电代煤"相比，天然气与电能消耗量、污染物排放量均减少 60% 以上，空气质量大幅改善。二是惠民便民。经专门测算和群众实际使用，"光热＋"清洁取暖较烧煤取暖和纯"电/气代煤"取暖，每户平均可节省使用费用 30% ~ 50%；同时，设备可充分满足群众四季热水、冬季取暖需求，"光热＋气"用户还可以清洁做饭，使用安全可靠、方便快捷。威县累计完成改造 6.4 万余户，实现了财政综合投资少、能源保供压力小、群众使用成本低、企业薄利有效益的"四方收益"。

目前该项目已在河北威县、山西大同、黑龙江亚布力、吉林延边等地推广应用，运行稳定可靠（新华社等媒体做过专题报道），且入选国家能源局《全国可再生能源供暖典型案例》，河北省发展改革委专程到威县实地调研，并与国家发展改革委、威县地

方政府召开了专题视频研讨会，充分肯定了"光热＋"模式。

三、延伸阅读

校企合作帮扶成果斐然

1. 创新方式强化校企对接，提升产教融合意识

2024 年 3 月 29 日，由威县高校知识成果转化中心牵头，在邢台应用技术职业学院举办了威县首届高校知识成果路演（汽车零部件产业专场）活动，主要目的是促进科技创新的"最先一公里"和"最后一公里"有效有机衔接，服务科学家和企业家双向奔赴、协同创新，加快先进知识成果精准对接、落地生金。东南大学庄伟超教授、河北科技工程职业技术大学于万海教授团队、浙江大学能源工程学院动力机械及车辆工程研究所黄钰期教授团队、燕山大学车辆与能源学院车辆工程系主任李学良教授通过线上线下等方式介绍了课题组最新研究成果，并为参会的 100 余家汽车零部件相关企业技术负责人答疑解惑。会上，教育部在威县挂职副县长高云结合小米汽车"27 分钟大定破五万"的新闻，呼吁全县企业牢牢掌握发展主动权，加快融入产学研合作浪潮，不断增强产业发展的接续力和竞争力。同时，她向威县企业家们表示，高校知识成果转化中心将从校企合作模式、资金投入渠道、信息平台建设等方面着手，解决企业后顾之忧。在随后召开的"企业创新能力提升政企恳谈会"上，许多企业表示深受触动，希望能在高校知识成果转化中心的帮助下与高校有更多接触和项目合作。

2. 深化人才工作机制创新，激发人才创新活力

我们要健全要素参与收入分配机制，激发劳动、知识、技术、管理、资本和数据等生产要素活力，更好体现知识、技术、人才的市场价值，营造鼓励创新、宽容失败的良好氛围。近年来，威县致力于优化人才发展环境，提出打造"人到威县'才'有为"的服务品牌，研究制定了《威县人才政策十条（试行）》，完善了人才服务机制体系，健全了多元化人才发展投入机制，取得了丰硕成果。一方面，加大资金支持力度，"干货"助力人才引进。对全职到威县工作的院士，给予 1000 万元科研经费和 200 万元安家费；对全职到威县工作的高端人才，一次性给予 200 万元至 1000 万元科研经费和 100 万元安家费。另一方面，统筹协调政策落地，关心关爱人才发展。建立县级领导干部联系服务人才专家制度，落实好人才住房保障、配偶就业、子女上学等政策，对做出突出贡献的优秀人才，纳入评优评先、奖项申报范围，积极协调各部门在服务人才上提供"一站式"服务，消除后顾之忧，激发人才创新创业动力。

威县"人才十条"发布以来，引进院士团队 2 个、其他国家高端人才 6 人、高层次人才 429 人；建成院士重点合作单位 1 个、国家重点实验室 1 个、省级平台 4 个、省级创新驿站 8 个。

2024 年 5 月 31 日，威县举办"人才日"暨"招商引资、招才引智"活动，为 10 名人才代表发放"威才卡"，为 10 名科技人才颁发"威县最美科技工作者"称号证书，为新获得高技能和专业技术人才的 7 人颁发人才政策奖金，为年缴税额超 1000 万元以上的 3 家科技型企业颁发政策奖励资金。

四、案例启示

1. 增强工作主动性，发挥地方高校资源优势

威县借助高校力量发展新质生产力得益于教育部帮扶的先天优势，教育部领导每年亲自赴威县调研定点帮扶工作，帮助联系高校资源，见证并推动校地校企签约合作等。

威县的发展离不开教育部的帮扶，但也不能以缺乏教育部帮扶、地方无高校资源为托词。以河北省为例，全省拥有本专科院校 129 所，既有河北工程大学、河北农业大学、河北医科大学、河北师范大学等行业特色类高校，也有邢台学院、邯郸学院、衡水学院等一批位于市区的高等院校，可以为县域发展提供技术指导、人才培训等多方面合作帮扶。以邢台学院为例，该校在威县实施协同提质计划仅半年，就为威县培训各类教师 610 人次、学生心理辅导 1640 人次，还组织开展艺术墙绘活动，为乡村增添了一道靓丽的风景等。

地方孕育高校，高校反哺地方。社会服务是现代大学的功能之一，为地方经济社会发展服务，是高校义不容辞的责任。但是高校反哺社会需要地方增强工作主动性，不能坐等"高校上门"，而要主动出击，综合研判己方需求和高校优势，这样才能让高校知识成果"有的放矢"、落地见效。

2. 政府高度重视，打造全县上下创新合力

威县高校知识成果转化中心成绩的取得有赖于县委、县政府的高度重视和全县上下的齐心协力。一是县委、县政府将高校知识成果转化工作列入全县高质量发展"十大战役"之一、企业服务 110 改革重要内容，设立工作专班，并选派县直各单位和乡镇负责人参与专班工作，全力支持高校知识成果在威县的转移转化。二是县委书记、县长多次专门召开"高校知识成果转化及科技创新"政企恳谈会，经常深入包联企业宣讲校企合作案例和成果，并亲自联系接待来访高校，为企业承接高校知识成果打下了坚实基础。

3. 强化宣传力度，推动企业管理思维革新

企业作为科研任务"出题人"和创新风险承担者，对于引领产业创新、形成核

心竞争力的技术需求不够清晰，创新的主动性不强，对高校偏基础、前沿的研发成果缺乏消化吸收的能力，不愿意承接风险较高、不确定性较大的早期科技成果，对于科技成果转化前期投入的态度普遍较为审慎，这些都极大制约了高校的知识成果的转移转化。其实，高校知识成果转化在经济基础较好的城市也绝非易事，何况在曾经的国家级贫困县。但是，只要宣传力度够大，帮助企业算明白长远账，总会有人想站出来做第一个吃螃蟹的人。例如，威县魏家寨村的河北飞顺焊接设备有限公司，在五任教育部驻村第一书记的积极推动下，初中学历的企业负责人敢于迈进天津大学、河北科技大学、河北科技工程职业大学等高校寻求技术支持，研发出汽车变速箱换油机、防冻液刹车油智能换油机等新产品，年产值拉升至近300万元，先后申请到16项国家专利，并获得"国家级高新技术企业""河北省科技型中小企业""河北省创新型中小企业"等称号，中国教育电视台先后2次到企业宣传报道。同时，依托公司的部分厂区和订单，村里还规划建设了就业帮扶车间和直播培训帮扶工作室，带动建档立卡户在内的近20位村民就近就业，切实提高了本村村民收入。

（本案例由郝亚辉负责调研，并参与指导或撰写）

案例 40

实现会种菇到"慧"种菇转变

——江苏泰州姜堰三水街道小杨社区以科技
创新赋能小菌菇撑起致富伞

一、案例概述

江苏省泰州市姜堰区三水街道小杨社区地处里下河水乡,位于三水街道北部,交通便捷,水网密布,紧邻国家 5A 级溱湖旅游度假区,S29、S610 省道穿村而过,北有宁靖盐高速溱潼出口,东有启扬高速姜堰北出口。社区辖 2 个自然村,19 个村民小组,现有农户 932 户,总人口 3139 人,行政区划面积 6.04 平方公里,耕地总面积 4330 亩,水域面积 3200 亩。2023 年村集体经营性收入 461 万元,农民年人均可支配收入 3.92 万元。小杨社区坚持党建引领,开辟数字强农,科技助农,构建种产销研一体化发展模式,多措并举、持续发力,绘就出一幅产业兴、群众富的和美乡村新画卷。先后创建成江苏省特色田园乡村、国家森林乡村、中国美丽休闲乡村、全国乡村旅游重点村。

近年来,三水街道大力发展香菇产业,目前桥头社区已成为全省最大的香菇生产基地,种植面积 1500 亩,年产香菇 1.2 万吨,年产值 1.2 亿元,也创成全国"一村一品"示范村。小杨社区也是在此基础上求新求变,2022 年打造"两社联动"项目——"菇菇部落",2023 年打造"小杨生态循环农业项目",从无到有,建立珍稀菌菇数智农业技术示范种植基地,创新孕育"三水状元菇"这一产业品牌,引入后台 LED 主控大屏和智能监控终端平台软件等设备,安装控温、控湿以及自动喷淋系统,实现实时监测、智能控制、数据记录等种植过程的全自动化,实现会种菇到"慧"种菇的转变,构建集种植、生产、销售、研学为一体的发展模式,大力推进一二三产融合,通过抓产业来促进共同富裕,用"小菌菇"撬动"大产业",实现数字强农,科技助农,促进村集体增收,同时带动群众就业。

二、案例剖析

1. 会种菇到"慧"种菇，开辟数字强农，科技助农新路径

小杨社区创新探索"村企联建"模式，与小杨人家民俗文化发展（泰州）有限公司联建，打造集研学体验、科普教育、食用菌销售、状元菇宴为一体的菇类主题体验科普园区——"菇菇部落"，园区搭建层架种植基地、爱尔兰式数智恒温集约化养菌大棚、多层架高效出菇棚、智慧连栋温室大棚及智慧方舱大棚，这些现代化种植设备将有效提高复种指数、延长种植时间，适用于菌菇反季种植，助力菌菇产量和品质"双提升"，将增加每亩纯收益。

2. 建立珍稀菌菇数智农业技术示范种植基地

在小杨家庭农场服务联盟西侧搭建 6 个普通大棚和 1 个连栋大棚，建立珍稀菌菇数智农业技术示范种植基地，邀请省农科院、区农业农村局、能人乡贤、产业大户等农技方面的专家，通过讲座、访谈、情景模拟等形式，在田间地头、项目一线，开展"三农"政策解读、农业技能培训、菌菇种植专题讲座等活动，形成了一套完整的菌种培育、菌菇种植、采摘销售全流程培训体系，全面提升党员群众的专业技术水平。

3. 推广生态绿色种植新模式

菌菇大棚引入后台 LED 主控大屏和智能监控终端平台软件等设备，安装控温、控湿以及自动喷淋系统，实现实时监测、智能控制、数据记录等种植过程的全自动化，打造田间生态田埂，提高农业生产数字化水平，让游客能够零距离看到绿色、近距离看到新鲜。新建农产品产销大厅，打造"共富小杨"直播间，将钢板仓、米厂、烘干房等现有农业基础设施串联起来，实施"秸秆＋基料＋食用菌"生态循环农业项目，推动稻米支柱产业和菌菇特色产业优势互补、相融相促，全方位提升大米、菌菇等产业的市场竞争力，"三水香菇""三水双孢菇"成功入选全国"名特优新"农产品。

4. 菌菇科技成果以文化传承为魂

将本土"一门五督都，三科两状元"的状元文化和菌菇特色产业嫁接起来，充分挖掘本地优质菌菇类农产品，以状元文化为精神内核，打造状元文化品牌 IP，发展延伸产业链，建立状元文化研学基地，发动乡贤名人捐赠石门打造状元长廊，大力推广状元好菇等"状元好礼"，推出状元笔等系列文创产品，与泰州市餐饮协会共同开发打造状元全菇宴，进一步增强吃喝游玩的趣味性。

5. 党群携手推动增收致富

通过"菇菇部落"和"生态循环农业项目"的建立，打造了菌菇种植基地，培

育了乡土人才，借助"放亮"项目，通过"社区主导、专家培训、党员带头、群众参与"的技术服务方式，开展菌菇种植技术培训、技术指导等 100 余次，培育了一批懂技术、善管理、会经营的新型职业菇农，用"小菌菇"撬动"大产业"，带动 900 多名群众增收就业，人均增收 0.6 万元。

6. 延伸产业链构建种产销研一体化发展

构建并擦亮"三水状元菇"的品牌效应，联合企业开展深加工、产品销售等合作，探索市场化运营合作，制作各类菌菇干品、预制菜品，形成了集种植、生产、销售于一体的经营化模式。围绕 20 亩的菌菇种植项目，打造亲子采摘研学基地，开展课外劳动研学活动，可组织学生进行劳动课程培训，学习了解食用菌的生长，切身体验菌类的培育种植过程，感受采摘和烘干的乐趣。充分利用原服务联盟的各类设施，形成参观农机农具、观看稻米烘干设备和稻米加工厂，感受稻米加工的全过程，发展壮大了村级特色产业。

三、延伸阅读

"旅游兴区" 助力乡村振兴

小杨积极策应地方"旅游兴区"战略，因地制宜发展乡村旅游，包括小杨人家、溱湖蟹村、菇菇部落三个板块，主要涵盖研学、科普、采摘、餐饮、民宿等业态，年均接待游客人数达 20 万人次。

第一，挖掘资源，丰富业态。"三科两状元，一门五都督"，三水街道状元故事广为流传。小杨充分挖掘本地状元文化资源，打造状元长廊，探索出骑状元马、行状元礼、击状元鼓、敲状元锣、走状元道、圆状元梦的独特乡村旅游文化之路。以状元文化为精神内核，充分挖掘本地优质香菇农产品，开发系列"状元好礼"，不断擦亮"三水状元菇"品牌效应。

第二，特色民宿，助民增收。鼓励周边村民"靠山吃山、靠水吃水"，因地制宜发展乡村民宿，共筑小杨人家民宿品牌。小杨村罗家舍农房改造，从墙面、色彩、风格等方面制定了样式标准，确保单体建筑和整个村落的建筑形态互为融合、相得益彰，不仅满足了住房需求，典型的传统风貌格局，更吸引游客留宿，近两年完成改造 10 户，每年为农户增加民宿收入 3 万元。

第三，村企共建，合作共赢。采取村企合作共建模式，小杨村与小杨人家民俗文化发展（泰州）有限公司村企联建，打造集研学体验、科普教育、食用菌销售、状元菇宴为一体的菇类主题体验科普园区——"菇菇部落"，构建"保底收入 + 利润分红"的收益模式，促进村集体经济增收。

第四，多元推广，扩大影响。依托丰富的自然资源、文化资源，小杨村不仅承办了 2022 年江苏省第二十届运动会射箭比赛，2023 年和 2024 年中国箭王争霸赛（分站赛）泰州站等大型赛事，还通过举办樱花节、簖蟹开市节等节庆活动，提升乡村旅游产业效能和影响力。近年来，央视"味道""我的美丽乡村""和美乡村新春会"等栏目组的专题报道，更是进一步提高了小杨的知名度。

四、案例启示

1. 推动科技助力乡村振兴必须以党组织引领，打下坚实基础

小杨社区党委在乡村产业发展中探索农文旅融合的发展模式，加强对乡村产业的重视程度，将支部建到产业线上，按照"突出产业特色，主攻种产销研"的思路，扎实推进体制机制创新，以党组织为发展核心，用党组织的影响力和号召力助推乡村产业发展，积极探索建立开放、共享、共赢、合作的发展模式，着力培育出大批新型职业菇农，鼓励党员群众创新创业，敢于发展新业态，抓住新机遇。

2. 推动科技助力乡村振兴探索村企共建，助力产业发展

小杨社区与小杨人家民俗文化发展（泰州）有限公司村企联建，打造"两社联动"项目——"菇菇部落"，引入智能监控终端平台，控温控湿高效管理，打造"三水状元菇"品牌与"渔窑耕读"研学主题路线，与各学校合作，提高研学教育品质。"菇菇部落"被评为 2022 年江苏省中小学生劳动教育与综合实践优秀基地。

3. 推动科技助力乡村振兴必须以项目互动，开辟增收途径

小杨立足状元文化和菌菇特色农产品，打造产业项目集群，着力推动菌菇产业在加工和品牌营销环节的发展，提高菇类产品精深加工水平，延伸产业链条，加快全产业链建设，拓展农业功能，培育新产业新业态，把农业和乡村旅游、农产品电商作为农业"接二连三"的连接点，通过打造乡村旅游精品线路，将产业融合起来，通过发展农产品电商，将产业基地与终端市场连起来，打造种产销研融合有机整体。将小杨作为活动基地，以状元文化为精神内核，以菌菇为主要发展媒介，打造产学研基地，加强社区与学校联建，组织学生进行劳动课程培训，开阔了学生的眼界，丰富了情操，增加了自身的劳动意识，了解种植菌类的不易。

4. 推动科技助力乡村振兴必须以生态绿色，助力可持续发展

小杨社区在谋划乡村经济发展的同时，坚持以保护环境、绿色发展、建设生态文明为重点，把握和处理好生产、生态与资源开发利用的关系，通过"绿化""美化""规划"等措施，努力实现乡村特色文化与绿色生态建设的有机结合，实现乡村经济社会的永续发展。

（本案例由华仲麟负责调研，并参与指导或撰写）

案例 41

"党建领航" + "六擎驱动"

——广东佛山市第一人民医院以新质生产力引领高质量发展

一、案例概述

当前，全球科技革命和产业变革加速演进，新质生产力蓬勃发展，以前所未有的态势深刻重塑各行业格局。新质生产力以创新为核心驱动力，融合前沿科技与先进理念，催生出智能化、精准化、高效化的医疗服务模式，成为推动医疗行业发展的关键力量。佛山市第一人民医院始建于 1881 年，作为全国首批、广东省首家三级甲等综合性医院，深入贯彻习近平新时代中国特色社会主义思想，全面落实党委领导下的院长负责制，将"六个必须坚持"全方位融入医院发展的各个环节，坚守"安全、优质、创新、发展"管理理念，以医疗进步、科研创新和精细管理为抓手发展新质生产力，走出了一条高质量发展的创新之路。

医疗服务方面，医院借助新质生产力大力推进胸痛、创伤、卒中、重症孕产妇、危重儿童和新生儿救治"五大中心"建设，利用 5G 技术搭建"上车即入院"急救高速通道，实现患者生命体征信息的实时回传与智能分诊，为抢救赢得宝贵时间。2024 年，胸痛中心成功救治 10561 例，卒中中心收治 1556 例，2023 年佛山市卒中急救地图工作总成绩全国排名第一。医院基于新质生产力创新推出"智慧化自助入院服务"和"一体化"检查自助预约集成平台，极大地优化了就医流程，使自助预约率高达 85.37%，入院等候时间大幅缩短 58 分钟，患者满意度持续稳定在 90% 以上，连续十年荣获佛山市公共服务最佳口碑单位。

学科建设方面，医院以新质生产力为驱动，围绕心血管病、脑血管病、肿瘤精准治疗等方向，打造特色优势学科群，已拥有 2 个国家级临床重点专科建设项目、18 个广东省临床重点专科，麻醉科入选国家临床重点专科建设项目，烧伤外科学在 2023 年中国医院科技量值排名中位列第 25 位。2024 年科研项目立项 140 项，其中国家自然科学基金 4 项；以第一作者、通讯作者发表 SCI 论文 119 篇，其中 IF > 10 论文 11 篇，首次在《LANCET》《GUT》等顶刊发表论文；授权发明专利 16 件，创历史新高；入选 2024 年"科创中国"先导技术榜 1 项，获得 2024 年省科技进步一等奖 1 项,省精准医学科学技术奖二等奖 1 项;新增 GCP 临床试验项目 66 项,合同金额同比增长 135%,有力地提升了医院的科研水平和学术影响力。

凭借在多方面的突出表现,医院被评为全国文明单位、全国改革创新医院、全国医疗质量持续改进示范单位、广东省公立医院改革与高质量发展示范医院,连续五年在三级公立医院绩效考核中位居全国百强(A+),并入选 2024 年高质量党建促进高质量发展全国典型案例,成为医疗行业高质量发展的标杆,充分彰显了新质生产力在医疗领域的强大引领作用。

二、案例剖析

佛山市第一人民医院积极响应发展新质生产力的时代号召,整合各类创新资源与发展要素,引入新理念、新技术和新管理模式,推动医疗服务全方位变革,致力于为群众提供更便捷、更快速、更精准的医疗服务。

1. 急危救治"加速度",构筑生命守护立体防线

生命健康保障是医疗服务的核心使命。面对危重疑难疾病患者的复杂诊疗需求,医院主动出击,以新质生产力为引领,打破学科壁垒,突破传统发展路径,构建以疾病为中心的诊疗模式。一是"上车即入院",争分夺秒的生命极速通道。对于急危重症患者而言,时间就是生命。整合完善"五大中心",打造"5G+急诊急救"一体化信息平台,患者接受治疗后,各项生命体征信息会被自动采集,"电子医师"根据患者症状表现智能分诊。尤其是借助 5G 技术打造移动生命中心,患者被抬上救护车,生命体征信息即刻回传医院,医院可提前安排紧急处理,真正实现"上车即入院、边走边诊治",极大提高了急危重症患者的抢救成功率。二是专科重症监护,精准定制的生命呵护舱。在急诊科、麻醉科、感染科、呼吸与危重症医学科等多个科室均设置重症监护病房,为不同类型的危重患者提供针对性治疗和护理,全面提升了医院对危重患者的救治能力,实现从"患者围着专家跑"到"专家围着患者转"的服务模式转变,真正将以患者为中心的理念落到实处。三是一体化诊疗,一站式的生命康复站。积极探索创新,将许多疾病类型从独立专科门诊升级到多专科一体化的诊疗模式,建立了呼吸与肺结节、心脏医学、儿童医学等多个诊疗中心,设有专家门诊,配备独立 B 超室、胃肠镜室等齐全的检查设施。患者从初步诊断、检查检验到制定治疗方案、后续治疗等系列流程,在一个区域内即可全部完成,减少了来回奔波,提高了就医效率。

2. 前沿科技"赋能术",点燃医疗变革创新引擎

科技创新是医疗服务新质生产力发展的核心动力。医院积极作为,大力推动科技在医疗领域的深度应用,不断探索创新医疗技术,驱动医疗变革持续升级。一是

智能设备赋能，提升医疗精准度。发展新质生产力过程中，着眼于医疗设施智慧化升级，积极引入前沿技术。物联网系统实时收集患者生命体征数据，有力支持医护人员及时掌握病情；引进佛山首台达芬奇手术机器人，成功完成超过 500 例机器人手术；医疗信息管理系统实现医疗信息无缝流转，为多学科会诊提供了便利；智能辅助诊断系统借助大数据和人工智能算法辅助复杂疾病诊断，极大地提升了医疗精准度。二是远程医疗拓展，延伸医疗服务半径。与周边基层医疗机构建立广泛协作网络，搭建远程会诊中心，建立病区"互联网＋"延续护理互联互通平台。目前线上复诊医师 111 人、开诊专业 50 个，2024 年在线复诊累计服务 30898 人次、同比增长 61.1%。推出家庭远程医疗监测服务，为慢性病患者配备便携式设备，实时监测病情并及时调整治疗方案，实现了医疗服务从医院到家庭的有效延伸。

3. 质量管控"紧箍咒"，夯实医疗服务坚实底盘

医疗质量是医院发展的生命线。医院通过倡导质量文化、加强考核监督，构建起全方位、多层次的医疗质量保障机制，为医疗服务筑牢坚实根基。一是质量文化引领，医疗品质提升的内驱动力。倡导"生命高于一切，安全在于细节，优质源于改进"的质量观，相关党总支开展党建研究课题，如"基于循证降低围术期患者低体温发生率的临床实践"，推动医疗质量提升。严格落实质量控制会议和制度，运用信息化手段监测医疗质量指标，近 3 年疑难危重患者收治率达 56.17%，危重患者抢救成功率达 93.61%，护理团队入选广东省临床重点专科建设项目，2023 年护理门诊量达 4 万余人次。二是严格考核监督，筑牢医疗质量稳定的坚固盾牌。将"三甲"要求深度融入日常管理，落实全面从严治党主体责任，充分发挥绩效考核指挥棒作用，建立健全考核体系，纳入季度交叉检查，完善内部监督机制，确保为患者提供稳定、可靠的高质量医疗服务。还引进医患体验的 AI 系统，建立一站式投诉机制，提升普惠医疗服务体验，曾连续三年位居广东省公立医院满意度评价第一名，获评广东省公立医院改革与高质量发展示范医院。

4. 就医体验"焕新篇"，解锁患者服务满意密码

满足人民群众日益增长的医疗服务需求是医院一切工作的出发点和落脚点。医院大力运用新一代信息技术，聚焦群众求医问诊急难愁盼问题，探索创新服务模式，致力于提升患者就医体验。一是便捷服务举措，模范精简就医流程。始终以患者需求为导向，借助新质生产力推出系列便民服务，"智慧化自助入院服务"使入院等候时间大幅缩短 58 分钟，"一体化"检查自助预约集成平台将预约流程由 6 步精简至 1 步，2024 年门诊和住院患者满意度均达 90% 以上。二是定制服务供给，贴心回应个性需求。针对不同患者群体推出定制化服务，为肿瘤患者探索专业日间诊疗模

式、组建安宁疗护团队，为慢性病患者提供远程医疗监测服务，为高端商务人士推出"快速医疗通道"套餐，为老年患者推出"老年关怀套餐"，满足患者多样化需求，提高患者满意度。

5. 协同发展"组合拳"，凝聚医院前行强大合力

协同发展是医院持续进步的关键驱动力。医院通过加强内部协同和区域协同，不断完善工作机制，凝聚起推动医院发展的强大合力。一是内部协同作战，增强救治效能。医院党委通过组建多个党总支，完善相关制度，优化专业衔接联动。在"五大中心"建设和急危重症患者救治过程中，多科室紧密配合，实现信息共享和流程优化。推动党建与业务深度融合，各党支部充分发挥战斗堡垒作用，如急诊科党支部成立先锋队，有力推动了学科建设和新技术发展，凝聚起医院发展的强大合力。二是区域协同发展，助力基层提升。作为区域龙头医院，全面托管基层医院，创新"一科两区"管理方案，构建紧密型医疗帮扶协助体系，向高明、乐平医院派出管理团队和专家团队，输出优质医疗资源，提升基层医院急危重症诊疗能力和管理服务水平，促进区域医疗均衡发展。2024年，高明区人民医院门急诊量同比增长8.86%、四级手术同比增长27.5%，乐平镇人民医院2024年门急诊人次同比增长28.83%、出院人次同比增长17.15%。

6. 人才培育"孵化营"，打造医院发展的精锐梯队

人才是医院发展的核心资源。医院通过内外兼修的人才引育策略和完善的激励机制，打造高素质人才梯队，为高质量发展奠定坚实基础。一是内外兼修引育，打造人才梯队。高水平的医疗人才是高水平医院的关键。加大高层次人才引进力度，近三年来全职引进学科带头人4人、高层次人才7人、高级职称专业技术人员12人、博士（后）93人，队伍整体素质得到大幅跃升。实施"青苗计划"，在院内筛选综合素质强的人才，公费派他们到国内外进修，4名医师入选"广东省第二期粤港医生交流计划"，占全省1/9。医院作为中山大学、南方医科大学等高校的研究生培养基地和全国住院医师规范化培训基地，拥有23个专业，近三年培养了约130名全科医生，全科医学科成为"全国十佳全科医学科优秀基地"和"广东省住培重点专业基地"。二是完善激励机制，激发人才活力。不断完善人才评价和激励机制，大力实施绩效奖励和科研奖励，鼓励医疗技术、科研、服务和管理创新，充分激发医务人员的积极性。通过搭建科研平台、提供培训机会等方式，鼓励医务人员开展科研创新，提升业务能力，为医院发展提供了坚实的人才支撑。近年来，在学科建设、科研成果、新技术应用等方面成果丰硕，成功入选广东省高水平医院重点建设名单，累计拥有2项国家科学技术进步奖二等奖，1项国家教学成果奖，22项省部级科技成果奖，新技术不断涌现。

三、延伸阅读

切实推动党委领导下的院长负责制落地落实

实行党委领导下的院长负责制，是坚持和加强党对公立医院的全面领导的必然要求，是推动公立医院和卫生健康事业高质量发展的组织保障和制度保障。佛山市第一人民医院正确处理党委领导同院长负责之间的关系，党委书记高瞻远瞩统筹全局，院长脚踏实地推动各项工作实施，推动党委领导下的院长负责制落地落实，保障医院大力发展新质生产力，推动高质量发展。

一是党委领航：稳固医院发展的"定盘星"。医院党委肩负起党建工作主体责任，围绕中心抓党建，抓好党建促发展。在把方向上，深入贯彻落实新时代党的卫生与健康工作方针，始终坚持公立医院公益性，确保医院发展方向契合党和国家的根本要求。在管大局上，把医疗卫生服务能力建设摆到更加突出位置，牢牢掌控医院发展全局。在做决策上，坚持科学决策、民主决策、依法决策，敢于领导、大胆决策，确保各项决策合理、合法、合规。在促改革上，积极稳妥推进一体化管理，全方位提升医院管理水平和医疗服务质量。在保落实上，定期召开党政联席会议，协调解决工作中的问题，把党的意志转化为实际行动。

二是书记统筹：引领医院前行的"掌舵人"。医院党委书记登高望远，切实履行第一责任人的责任。在领导方式上，坚决贯彻民主集中制，坚持目标导向，明确医院发展方向与工作重点，引领全院职工坚定不移听党话、跟党走。在领导思路上，扎实推进干部人才队伍建设，大力推进文化建设，塑造共同使命愿景，增强医院的凝聚力和向心力。在领导艺术上，善于倾听不同的声音和意见，统筹协调不同利益群体的关系，以格局、感情化解矛盾冲突，努力寻求最大公约数。

三是院长执行：推动医院发展的"加速器"。院长脚踏实地，将党委决策转化为具体行动和实际成效。建立健全医疗质量管理控制体系，推动技术创新与服务优化。完善教学管理制度，搭建科研平台，促进科研成果转化。制定并实施发展规划和年度工作计划，加强科室建设和管理，合理调配资源，提高资金使用效益，增强运营管理效能，为医院高质量发展筑牢坚实基础。

四、案例启示

佛山市第一人民医院在发展新质生产力、推动高质量发展的征程中，呈现出党建引领与业务深度融合、创新驱动与人文关怀并重的鲜明特征。医院党委将"六个必须坚持"贯穿于医疗服务、学科建设、人才培养等各个环节，为医院发展指明方向、凝聚力量。积极引入前沿技术，发展新质生产力，推动医疗服务模式变革，更加注重患者就医体验和职工关怀，体现了深厚的人文关怀精神，成为医疗行业高质量发展的典范。

1. 坚持人民至上，锚定医疗服务初心坐标

医院要坚持践行以人民为中心的发展思想，将人民群众的健康需求作为工作的出发点和落脚点。强化医务人员思想教育，使其深刻领悟"人民至上"的内涵，始终将患者利益放在首位。深入研究患者需求，围绕就医痛点创新服务模式，推出个性化、定制化服务，优化就医流程，减少患者等候时间，加强人文关怀，构建和谐医患关系。

2. 坚持自信自立，厚植特色医疗发展根基

医院要坚持以习近平文化思想为指导，深入挖掘自身优势，培育独特的医院文化，传承和弘扬历史文化和优良传统，增强员工的归属感和认同感。在学科建设上，要结合实际打造特色优势学科群，鼓励医务人员开展科研创新，提升医院的医疗技术水平和学术影响力。

3. 坚持守正创新，激发医院跃升活力源泉

医院要构建协同、激励和考核机制，引入前沿技术推动智慧医疗建设，坚守医疗行业基本原则和规范，积极创新管理机制、服务模式和医疗技术，确保医疗质量和安全，满足患者多样化需求。

4. 坚持问题导向，紧握组织建设关键抓手

医院要树立强烈的问题意识，及时发现医疗服务、管理等方面存在的问题，并采取有效措施加以解决。尤其是要做好人的文章，落实"支部建在专科上"，选优配强党支部书记，加强人才队伍建设，将组织优势转化为发展优势，促进新质生产力的有效发挥。

5. 坚持系统观念，开辟协同发展科学路径

医院要运用系统观念进行统筹规划，以新质生产力为引领，在战略上布局、关键处落子，以点带面推动各学科协同发展，强化医院内部各部门间的协同合作，积极参与区域医疗协同发展，加强与外部机构的合作，实现资源共享、优势互补。

6. 坚持胸怀天下，履行社会责任时代使命

医院要提高政治站位，胸怀"国之大者"，在重大公共卫生事件中勇挑重担，关注社会健康需求，开展公益活动，参与医疗扶贫，助力解决基层群众看病难、看病贵问题，为健康中国建设贡献力量。

（本案例由杨瑞勇、李博、严康松负责调研，并参与指导或撰写）

案例 42

AI 算法 + 物联感知引领精细化管理

——山东大学齐鲁医院（青岛）以数智集成技术
平台助力智慧平安医院建设

一、案例概述

数字化时代，新质生产力在医疗领域释放出更深层次的融合与创新潜能。人工智能作为一种新质生产力，正在以其无法比拟的速度、广度和深度，影响着全球经济的发展和社会的进步，优化重塑着医疗行业的诊疗模式、管理方式和服务体系。

随着公立医院改革的不断探索和深入，对智慧平安医院建设尤其是医院后勤保障系统提出了更高的要求，安全、高效、绿色、智能医院的运行管理已经成为趋势。①

医院作为公共场所其人员类型复杂、患者行为密集交叉，医疗建筑内伤医、火灾事故影响大、破坏性强，而医院后勤部门人员少、事务多，对于如密集人员下的电梯安全管理等也难以做到全时段全覆盖，存在较大的安全隐患②。以山东大学齐鲁医院（青岛）为例，8 万多平方米的门诊区域内，日均门诊患者达到 6000 多人，计算院内人员和患者家属，门诊建筑内日均 25 万人次的行为，如何做好全面、系统的安全管理是一个需要高度重视和下力气解决的问题。

虽然物联感知、AI、大数据在医疗临床领域得到广泛应用，但是如何结合医院工程建设和后勤运维管理特点，进行医院后勤智慧集成管理依然缺乏有效的管理和实践案例。山东大学齐鲁医院（青岛）的管理者们利用新技术物联感知、AI 算法、大数据完成智慧平安医院建设创新应用，并在新建的建筑面积近 30 万平方米的综合

---

① 刘勇，温利军，赵卫康，万振：《医院后勤保障信息化通用管理平台的设计与实现》，载于《医疗装备》，2019 年第 5 期第 13 - 14 页。

② 吴雪娟：《浅谈医院后勤管理中电梯安全的重要性》，载于《山东工业技术》，2018 年第 12 期第 204 页。黄学刚，熊中毅：《BIM + AI 技术在医院机电预留预埋阶段的应用研究》，载于《建材与装饰》，2019 年第 29 期第 32 - 36 页。张宇：《高质量发展背景下医院物业精细化管理》，载于《城市开发》，2023 年第 5 期第 56 - 57 页。

楼中打造医院后勤智慧集成管理平台（HBMS - Hospital Building Management System）[①]。此应用案例列入国家卫生健康委医院管理研究所"2023公立医院后勤精细化管理"研究课题（课题编号：GYZ2023HQ13）。

二、案例剖析

1. 充分利用新技术优势

物联感知平台是一个扩展灵活、简单易用、标准开放的系统，应用优势在于其能够提高效率、降低成本、提升用户体验、增加自动化水平以及促进系统扩展创新。这些技术优势使得物联感知平台在工业、智能家居、智慧城市等多个领域都有着广泛的应用场景。针对医院场景下系统复杂、需求多变的特点，物联感知平台能够屏蔽设备差异性，提高对接可靠性和效率，提升使用者操作体验。

AI技术目前也广泛应用于各行各业，特别是"人脸识别"AI技术的发展已经日趋成熟，是实现"智慧安防"先进高效的安防技术手段之一。基于"行为识别"的AI技术和智慧安防系统，能实时监测和分析院内的人员异常行为并进行场景化的报警，比如"扶梯逆行、扶梯口滞留、扶梯摔倒、拐棍上扶梯、人员聚集引发拥堵，有老人倒地，或是有人快速奔跑"等行为，市场上均有对应的算法进行分析识别，但在医院场景中，还没有成熟稳定的应用案例研究，此类场景将对医院安全维稳工作起到积极有效的技防保障效果。[②]

BIM技术广泛地应用于建筑行业，最开始主要应用于建筑土建施工方面，近年来，基于轻量化技术，BIM更多地应用于建筑后期的运维方面，在医院运维阶段应用BIM技术会很大程度上提高医院运行的管理效率，BIM可与医院医疗业务系统集成，还可以与运维系统集成，形成基于BIM竣工模型的医疗业务、运维管理一体化集成框架，解决传统管理方法所带来的专业分割、效率低下的现状。[③]

2. 顺势革新技术理念及大力挖掘创新点

医院后勤智慧集成管理平台以医院建筑子系统为底座，拥有构建公用的大数据、算法平台，以及可视化平台的能力，在提供医院后勤标准化的业务能力同时，为医院提供个性化的场景解决方案。同时通过AI技术辅助人工提升安防能力，为医院提供全方位的安全防护（见图1）。

---

①　张玉彬，赵奕华，李迁，贾琼：《基于BIM竣工模型的医院智慧运维系统集成研究》，载于《工程管理学报》，2019年第33卷第2期第141 – 146页。

②　侯颖，杨林，胡鑫，等：《基于SwinT - YOLOX模型的自动扶梯行人安全检测算法》，载于《计算机工程》，2024年第50卷第3期第279 – 289页。

③　黄学刚，熊中毅：《BIM＋AI技术在医院机电预留预埋阶段的应用研究》，载于《建材与装饰》，2019年第29期第32 – 36页。萨楚如拉图：《建筑信息模型BIM在医院智慧管理系统中的应用》，载于《电子技术》，2023年第52卷第2期第300 – 303页。张玉彬，赵奕华，李迁，贾琼：《基于BIM竣工模型的医院智慧运维系统集成研究》，载于《工程管理学报》，2019年第33卷第2期第141 – 146页。

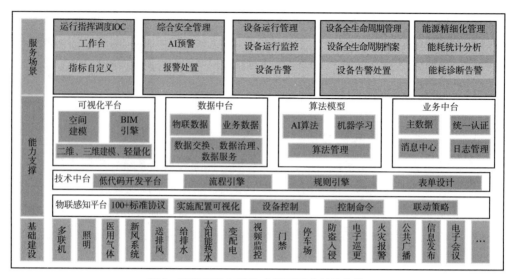

图1 医院后勤智慧集成管理平台总体架构

一是做好物联感知平台的模型建设。为解决医院建筑内设备繁多复杂，需求范围不明确、后期维护成本高问题，需要定制优化物联感知平台，除对接传统建筑智能化子系统外，专门针对医用气体、净化空调等医院专用子系统抽象标准物模型；同时发布了南向和北向标准接入模板和 API 接口，丰富了平台的集成生态；最终标准化了 31 种设备物模型和厂家对接协议，有效减少了项目建设中设备的接入周期，形成医院后勤精细化管理的基础底座。①

物联感知平台对医院后勤管理相关的子系统进行物模型定义的基础上，还对各子系统的属性信息、状态报警事件、服务等描述维度进行分类抽取，形成状态上报、报警通知、下行指令发放的标准流程；实际项目中，业务应用系统可复用原物模型或者简单的物模型属性配置，只需对代理层服务进行简单对接，即可把三方子系统快速接入平台，实现接入数据库和业务数据库的自动同步。同时针对医院子系统多、测点压力大的问题，基于微服务架构实现了代理服务的动态扩展和数据分发，在实际应用中，可支持 10 万设备、25 万测点数据上报和处置，满足半小时内全量设备的状态更新，支持千万级历史数据查询，返回时间在 2 秒之内，满足实际业务中实时性的需求（见图2）。

二是定制视频 AI 算法仓服务。针对医院安保消防管理场景，除基础的区域入侵、人员在岗管理、消防通道占用、禁止区域吸烟、人员聚集外，针对扶梯逆行、扶梯口滞留、扶梯摔倒、婴儿车上扶梯等医院常见的安全隐患，通过人员、物体的特征训练和识别，采用相似帧压缩和还原来提升识别效率；可通过算法服务提供算

---

① 李冬：《物联网技术在医院信息化建设中的应用》，载于《石河子科技》，2023 年第 3 期第 77 - 78 页。

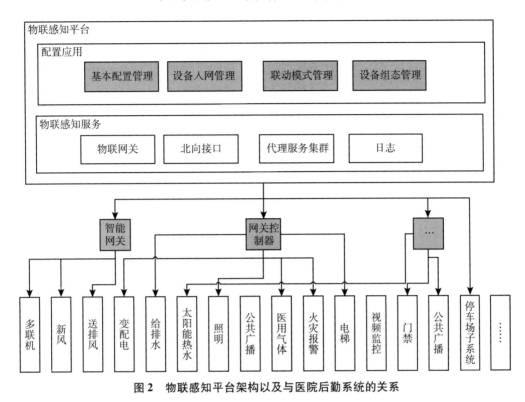

图2 物联感知平台架构以及与医院后勤系统的关系

法管理，快速新增、修改、部署新的算法，满足算法在调试环境、测试环境和生成环境的一键切换，同时提供算法运行情况的监控和报警。[①]

平台提供算法模拟仿真功能，优选合适的摄像头位置角度，可针对实际业务场景进行模拟测试，统计分析算法的执行结果；将常见物体类别和人员特征作为已知类别，将开放场景目标检测与增量学习算法结合，进行具体类别识别和位置定位，结合目视类别判定可自动学习新物体类别；与传统背景差分方法相比，可以大幅度提升前景特征目标的检出率和准确率，从而减少算法的误检和漏检；在山东大学齐鲁医院（青岛）的实际应用中，实现算法准确率95%、召回率99%的性能指标；同时为新算法的应用扩展提供了基础。

在实际验证过程中，通过重点选取人员流量最大的扶梯上下行位置和出入口位置，进行24小时不间断自动监测；识别到隐患后，既可在现场进行声光提醒，也可将报警通知到业务平台，可以实现PC端、监控室、移动端等同步发布，多端联动进行联合处置，将技防和人防结合，最大限度降低安全风险（见图3）。

① 俞肖铭，樊存，姚文杰，陆翔：《医院后勤安全智能管理平台的研发与应用》，载于《中国医院建筑与装备》，2020年第7期第85－87页。

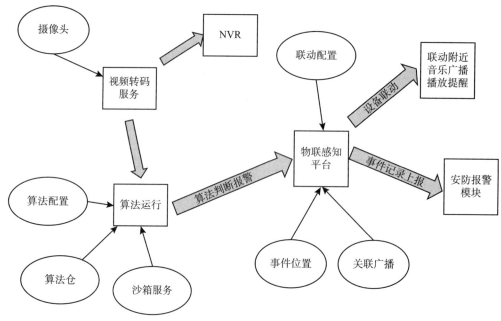

图3 算法仓能力以及报警处置流程

三是优化可视化 BIM 模型。建筑 BIM 模型复杂庞大、实施成本高、应用效果差的问题，需要通过技术解决三个方面问题。第一，BIM 模型的轻量化，是可视化管理应用实现的前提，通过 BIM 模型轻量化技术对建筑模型进行模型切换和数据切片，再结合实际业务场景进行组合重塑。系统在模型精细度不低于 LOD400 的前提下，通过相近顶点合并、曲线线性近似、相似物体替换等技术手段将原始建筑模型文件的体积缩减 90%，顶点数和面片数减少 80%，从而使基于 BIM 模型的、B/S 架构的建筑运维管理系统得以落地。应用实践中，可视化场景三维模型的加载速度达到了秒级效果，大幅降低了用户端的硬件门槛，极大地提高了 BIM 模型在建筑运维管理系统中的可用性，解决了 BIM 模型"华而不实"的问题。① 第二，在业务系统开发之前，需要以建筑 BIM 模型为基础，构建医院院区、楼座、楼层、房间四级虚拟三维空间数据底座，并将空间数据与设备数据、组织架构数据、业务数据进行关联和融合，其中设备数据的自动关联是数据融合的关键。通过图纸识别技术对各类设备 CAD 图纸进行自动识别和空间坐标换算，完成虚拟设备的坐标数据补全，完成设备与空间的自动关联，为设备运维、安防管控等后勤业务功能做数据支撑。第三，利用 Revit 等 BIM 建模软件的自定义脚本，将设备构件信息批量导出并存储到数据库中，根据设备接入点表，将系统中的虚拟设备匹配到对应的 BIM 构件。使用 Unity

---

① 萨楚如拉图：《建筑信息模型 BIM 在医院智慧管理系统中的应用》，载于《电子技术》，2023 年第 52 卷第 2 期第 300－303 页。张玉彬、赵奕华、李迁、贾琼：《基于 BIM 竣工模型的医院智慧运维系统集成研究》，载于《工程管理学报》，2019 年第 33 卷第 2 期第 141－146 页。

引擎作为 BIM 模型可视化的载体，在引擎中通过标准物模型数据接口获取设备数据，返回的物模型实例中包含了设备的各类基础信息和控制测点信息，使用构件 ID 将虚拟设备与 BIM 构件进行绑定，实现设备的精准可视化显示和测点控制。

通过解决以上问题，BIM 在 HBMS 中运行更流畅、实施成本更低、实际解决应用效果更好，完成了建筑物完整的数字孪生工程和基于 BIM 的可视化运维管理平台的搭建。

三、延伸阅读

物联感知平台应用效果

根据上述技术应用，在山东大学齐鲁医院（青岛）完成了物联感知平台建设，实施周期仅仅 1 个月完成医院 22 个子系统的快速接入，优化实现医院 AI 行为算法和场景模式自联动，有效降低人力成本和安防风险。

以医院扶梯场景为例，将扶梯上下对应的摄像头配置在算法平台中，算法服务器实时分析视频流数据，分析判断扶梯场景中是否有危险行为。当出现危险行为时，平台立即联动喇叭播放安全行为提醒，"请不要推车上扶梯，以免发生危险""请不要在扶梯口滞留，以免发生危险"等内容，有效提醒患者注意安全（见表1）。

表1　　　　　　　　　　扶梯危险识别提醒前后效果对比

序号	AI算法类型	提醒前每月（件）	提醒后每月（件）	减少数量（件）	减少百分比（%）
1	扶梯逆行	48	32	16	33
2	扶梯滞留	30	26	4	13
3	扶梯摔倒	2	0	2	—
4	拐棍上扶梯	70	48	22	31
5	婴儿车上扶梯	8	5	3	37

基于本项目的平台技术研究，可快速发现危险人员自动报警并多端联动，有效提高安防事件发现和处置效率。以异常人员行为识别为例，为了防止阻止广告推销、违法人员进入医院对患者、医护人员造成危害，医院在重要关键出入口配备人脸识别算法，针对医院场景中的人脸特征进行分析，通过数据比对实时匹配黑名单库，当出现发小卡片、乞讨、偷窃时立刻推送到 HBMS。

现场收到基于 AI 识别发现违法人员后提醒后，安保工作台第一时间弹出报警预告，系统自动推送报警位置周边视频，第一时间掌握现场情况，相比值班室逐个搜索视频或跑现场确认方式，事件确认效率提升了80%。事后，相关部门可以结合

BIM 模型展示事件现场画面、人员轨迹秒级呈现，迅速查找回溯事件过程。实现异常行为的 24 小时主动识别，及时预警。

四、案例启示

利用视频人工智能（Artificial Intelligence，AI）技术实时感知异常、主动防患，保障医院安全运行。主要表现在以下几点。

1. 实现算法仓平台、物联感知平台，重点优化医院 AI 行为算法和场景模式自联动，有效降低人力成本和安防风险

根据技术要求，完成物联感知平台建设，实施周期仅仅 1 个月完成医院 22 个子系统的快速接入，并实现医院场景自定义联动，平台可根据时间、事件、测点等数据变化配置设备动作下发，实现无人自动执行，物联感知平台的优化有效提高子系统的接入效率和算法执行效果。

医院作为公共场所，患者在医院的安全至关重要。医院的患者多为老幼病残，电梯上的行为更应该得到医院的关注。[①] 山东大学齐鲁医院（青岛）使用智慧后勤综合管控平台凭借在 AI 大数据的积累，结合医院扶梯使用场景，提出通过 AI 识别并提醒患者扶梯安全行为的研究。

在医院扶梯场景中是否有危险行为这项研究取得了良好的现场应用成果，现场扶梯的危险行为有所减少，未提醒前每周发生约 70 件，提醒后每周发生约 50 件，安全效果提升 28%。

2. 实现大数据分析、人脸识别算法，快速发现危险人员自动报警并多端联动，有效提高安防事件发现和处置效率

基于本课题的平台技术研究，在为了防止广告推销、违法人员进入医院对患者、医护人员造成危害等场景的应用中。

现场收到基于 AI 识别发现危险行为隐患提醒后，安保工作台第一时间弹出报警预告，系统自动推送报警位置周边视频，第一时间掌握现场情况，相比值班室逐个搜索视频或跑现场确认方式，事件确认效率提升了 80%。同时，平台自动关联就近保安，立即推送工单任务，并生成处置预案和行动路线规划，确保保安第一时间到达现场进行处置。[②] 事后，相关部门可以结合 BIM 模型展示事件现场画面、人员轨迹秒级呈现，迅速查找回溯事件过程。

值班室人员负责处置系统内的报警，当 AI 事件发生时，系统自动弹窗报警内容

---

① 杨聚加，段然：《智慧视频监控在智慧医院建设中的设计与应用》，载于《重庆医学》，2021 年第 51 卷第 3 期第 863 – 867 页。
② 萨楚如拉图：《建筑信息模型 BIM 在医院智慧管理系统中的应用》，载于《电子技术》，2023 年第 52 卷第 2 期第 300 – 303 页。

和报警地点以及报警类型，同时进行声音提醒。[①]值班人员查看 BIM 上的报警地点，根据报警地点系统提示附近最近保安，值班人员根据报警情况指派。被指派的人员接到任务电话并通过手机上的任务详情和报警地点前往处置。

根据保安值班室屏幕上弹出的报警及声音提示，现场值班人员注意新的报警信息后，值班人员点击指派，系统在地图上标注事件发生的具体位置，并列出附近保安列表（按距离排序），值班人员立刻通知最近的保安前往。通过可视化方式标注人脸黑名单经过的位置推断轨迹方向，减少追踪时间。

除了医院扶梯危险行为、外来危险人员的识别处置外，我们在医院门急诊、住院大楼等关键出入口布设监控点，实现重点人员的自动识别和追踪。目前平台已部署 16 种 AI 视频算法，实现对异常行为的 24 小时主动识别，及时预警。平台 AI 识别准确率达到 95% 以上，高于行业 5 个百分点。

3. 实现快速构建建筑模型信息化数据，优化机电设备在医院场景下设备管控，有效提升 HBMS 平台易学易用效果和后勤水电维修工作效率

HBMS 平台对 BIM 模型做轻量化处理后，网页端 BIM 模型加载速度 2 秒以内，既保证效果，又提升模型的操作流畅度。同时，平台通过 CAD 自动识别，数据和模型联动等设计，实现大量的设备信息快速组态，大幅缩短了平台实施周期。通过医院楼栋、楼层、房间、设备信息与 BIM 空间信息打通，分析每个组织科室房间面积、收入的对比情况，每种房间用途的使用占比，分析空间分配和使用是否合理，轻量化 BIM 模型展示如图 4 所示。

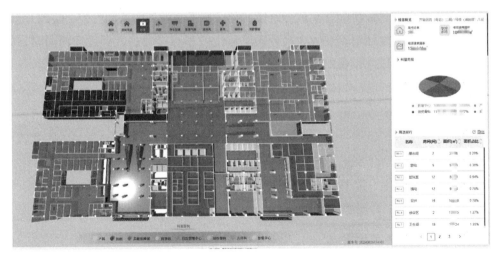

图 4 轻量化 BIM 模型

---

① 黄学刚，熊中毅：《BIM + AI 技术在医院机电预留预埋阶段的应用研究》，载于《建材与装饰》，2019 年第 29 期第 32 - 36 页。

医院现场接入包括多联机空调、送排风、给排水、变配电等 23 种子系统，通过统一的 HBMS 平台对建筑内设备统一管控，针对医院场景优化操作逻辑，支持空间圈选设备、颜色标注类型、主从联动控制等，有效降低专业门槛、大大提高操作效率。每种子系统可通过卡片、列表、可视化的方式管控，特别是通过可视化的方式操作频率最高，图 5 为部分机电设备操作界面。

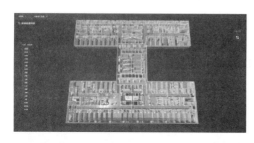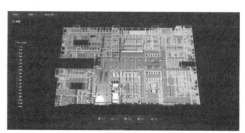
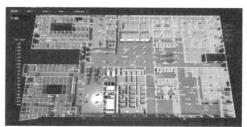

图 5　部分机电设备操作界面

基于配置化产品优化提升医院场景控制器，通过 HBMS 可视化配置医院开诊、闭诊日常场景，经过简单配置实现分时段、分区域下多设备的联动管控，实现开诊、闭诊场景的全自动化运行，在大大提升医院运行效率和提高患者舒适度的同时，减低能源损耗，完成医院设备的精细化管控。图 6 为医院开诊、闭诊控制场景。

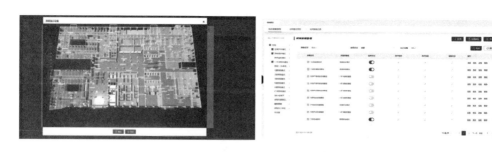

图 6　医院开诊、闭诊控制场景

BIM 模型直观可见的分析每种设备的位置、结构，当发生紧急事件时，快速定位还原现场情况并解决，如当护士站的水龙头漏水，通过 BIM 高亮显示管道在楼顶的在走向，可以很快锁定最近阀门位置，关闭最近阀门迅速解决现场问题，实现后勤维修精细化管理。

图 7 展示了给排水管道可视化以及高亮显示漏水管道阀门。

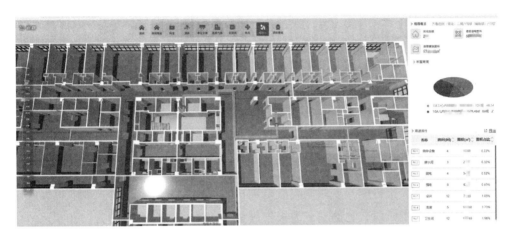

图 7　给排水管道可视化以及高亮显示漏水管道阀门

利用 BIM 可视化直观地观察建筑内的管道走向，后勤维修人员可以精准地锁定故障所在，结合针对医院场景的自动派单模型和工单绩效模型，有效降低了工单流转时间，提高维修人员接单效率和积极性，后勤人员迅速到达现场，解决紧急问题，提高了医护患者满意度。

基于人工智能（AI）及物联感知技术的医院后勤智慧集成管理平台（HBMS），通过实现医院全子系统的快速对接和联动、开发医院场景 AI 算法、融合空间 BIM 可视化技术，完成全设备自动联动和管控、安全危险行为报警，有效减少 HBMS 实施维护过程中大量工作量，提升了安防系统安全，降低了平台使用门槛。通过项目研究与实践，基于 AI 算法及物联感知的新质生产力为智慧平安医院运维管理提供了可行的案例，更好地保障医院高质量发展，为临床与患者提供更安全、优质的后勤服务。

（本案例由金东、于洪臣、王艳负责调研，并参与指导或撰写）

案例 43

以科技创新推动农业现代化

——水木负碳未来农场"平急两用"引领民生保障

一、案例概述

在党的十九大报告中，乡村振兴战略被正式提出，标志着中国农业农村发展进入了一个新的历史阶段，党的二十大报告进一步明确了乡村振兴的方向和重点，强调了要加快建设农业强国，推进农业科技创新，加强农业关键核心技术攻关，形成农业现代化的关键驱动力。乡村振兴战略的核心，在于推动农业全面升级、农村全面进步、农民全面发展，实现农业农村现代化，从而为全面建设社会主义现代化国家奠定坚实基础。

习近平总书记在多个场合强调了发展农业现代化的重要性，并明确指出要向设施农业要食物，这一要求为我们指明了农业发展的方向。设施农业作为现代农业的重要组成部分，以其高效、集约、可控的生产方式，成为提高农业综合生产能力、保障国家粮食安全的重要途径。在这一背景下，设施农业的发展不仅是技术进步和产业升级的需要，更是实现农业现代化、推动乡村振兴的关键举措。

同时，在乡村振兴战略的推进过程中，"双碳战略"即"碳达峰碳中和"战略也成为国家发展的重要方向。这一战略旨在通过减少温室气体排放，推动经济社会发展全面绿色转型，实现碳排放的"达峰"和"中和"，以应对全球气候变化挑战。农业作为国民经济的重要组成部分，其绿色低碳发展对于实现"双碳"目标具有重要意义。

在这样的国家战略背景下，北京水木九天科技有限公司应运而生，以"平急两用"的水木蔬菜工厂项目，积极响应国家号召，致力于实现民生保障，促进乡村振兴。公司是由清华大学及众多上市公司背景的国家级高新技术企业，企业践行国家"乡村振兴"和"碳达峰碳中和"重大战略，致力于以工业化手段驱动中国农业的现代化和数字化转型升级，实现非耐储运蔬菜生产的可控可契约和可持续发展。

水木蔬菜工厂项目是公司在国家大力推进"乡村振兴"与"碳达峰碳中和"重大战略背景下，以农业"新质生产力"促进现代农业快速发展、以产城融合带动地方实现共同富裕目标而建设的"平急两用"民生蔬菜保障项目。该项目不仅体现了国家战略的深度融合，也展现了企业在新时代背景下的社会责任和创新实践，为推动农业农村现代化、实现乡村振兴提供了新的思路和模式。通过发展高效设施农业积极响应总书记的号召，向设施农业要食物，以科技创新推动农业现代化，为国家粮食安全和农业可持续发展贡献力量。

水木蔬菜工厂具体实施路径是从市场化、资本化、产业化、三产融合、农业碳中和、乡村振兴、城市菜篮子等符合国家未来农业可持续发展的要求出发，结合农业领域、工业领域、服务领域高新科技而打造出的致力于助力当地菜篮子发展、农业产业升级、农业科技升级、农业人才升级，并以绿色低碳高质量发展为中心，以实现民生蔬菜保障为目标，全方位打造我国未来农业产业的新发展模式。

在此基础之上，公司与团队持续推进新产业、新技术、新应用和新体制改革的新农业发展模式的落地，包括数字乡村一体化改革、乡村振兴人才培育基地、乡村振兴一站式数字服务建设、工厂化农业等绿色能源低碳产业生产方式的场景落地和产业聚集。

公司团队经过十年深耕探索，推出可全年度连续高效生产欧盟品质蔬菜的水木蔬菜工厂，并在诸多方面进行了模式创新，如突破传统种植业无法获得银行贷款的难题，创新绿色金融模式支持乡村振兴；以充分利用工业余热、研发节能技术降低种植生产过程中的运营成本，以亲民的价格进入民生菜篮子；以无土栽培技术摆脱土地束缚，盘活如盐碱地、戈壁地、尾矿地等废弃土地，提高土地利用效率，为保护耕地红线做出贡献；以低碳农业促进"双碳战略"，发挥种植业的碳汇作用，积极推进农业碳交易等举措。

目前，公司及团队在浙江湖州、河南新乡、河南兰考、河南潢川、河北故城、陕西西安、山东德州等地建设并运维水木蔬菜工厂项目，在运营蔬菜工厂面积超过10万平方米，在建蔬菜工厂面积20万平方米，发展目标是未来十年围绕城市周边建设蔬菜工厂面积超过5000亩，为亿万市民提供高品质安全放心的蔬菜。

二、案例剖析

1. 坚持技术驱动，让科技力量成为推动现代农业发展的源动力

长期以来，我国蔬菜种植业面临农产品生产效率低下，且易受自然灾害影响的问题，生产过程不可控，农产品品质得不到保障等问题，农业发展明显落后于工业和科技发展，为解决上述问题，团队不断推动现代农业技术的国产化进程，公司注重实施农业科研与技术研发，连续8年科研经费占比超过50%，解决我国农业被国外"卡脖子"问题。

公司团队经过十年探索，围绕水木蔬菜工厂综合系统在自主研发的基础上逐渐形成装备自我生产能力，期间申报专利技术300余项，技术领域涵盖现代农业、数

字农业、农业 AI 与机器人应用、5G 与农业物联网、高端温室工程设计、种植设备设施、农业种植技术、智能环境控制软硬件、农业碳中和等范畴。水木蔬菜工厂综合系统涵盖了包括能源管控、自动化环境控制、自动分拣包装、种植悬挂、水肥一体化灌溉等 20 多个子系统。水木蔬菜工厂生产出的蔬菜（目前以薄皮沙瓤大番茄为主，技术储备包括黄瓜、茄子、辣椒、菜椒、西葫芦等果菜以及生菜、油菜等部分叶菜）产量上是传统种植业的 30 倍以上，品质上经过 SGS 现场抽检，533 项农药残留，7 项重金属及亚硝酸盐均为零检出，符合最高食品安全品质，并以民生蔬菜价格进入民生菜篮子工程，守护国人的菜篮子以及身体健康。

企业于 2016～2018 年在北京完成了初试基地和中试基地，并于 2019 年开始面向全国进行模式和技术输出，分别在浙江湖州、河南新乡辉县市、河南开封兰考、河南信阳潢川、河北故城、陕西西安、山东德州进行水木蔬菜工厂项目的建设和运营，目前在运营蔬菜工厂面积超过 10 万平方米，在建蔬菜工厂面积 20 万平方米，目标是未来十年围绕城市周边建设蔬菜工厂超过 5000 亩，为千万市民提供高品质安全放心的蔬菜。

2. 直击行业和市场消费痛点，聚焦民生蔬菜保障

"平急两用"水木蔬菜工厂除可以解决农业生产效率低的问题外，同样也可以解决未来农村劳动者日趋老龄化，可能会面临农业劳动力短缺，土地无人耕种的问题，同时存在蔬菜食品安全、农残超标、传统产销方式供应链过长的问题，以及农产品在各个环节累计损耗过高（通常累计超过 40% 的损耗），以及运输环节碳排放等问题。

公司和团队提出围绕城市周边建设蔬菜工厂，采用无土栽培的方式，对土地没有要求，可以充分利用闲置土地、未利用地，或者有工业余热的区域建设水木蔬菜工厂，以工业化思维和科技手段进行农产品的生产。一方面，从农产品产量上，是传统种植方式的 30～50 倍产量，品质上可以达到欧盟品质，守护国民身体健康，同时成本可控，以民生价格进入市民的菜篮子；另一方面，可以节约大量农业土地，将良田让位给粮食生产，解决菜粮争地问题，守护国家粮食安全。

通过围绕城市周边进行水木蔬菜工厂的建设，可以实现短半径物流配送，一方面可以大幅降低流通环节中的蔬菜损耗（低于 5%），另一方面可以有效降低蔬菜长距离跨区运输产生的碳排放。如遇到重大疫情、重大自然灾害等特殊情况，水木蔬菜工厂可以实现本地生产本地供应，避免因特殊情况下道路运输不畅引起的城市蔬菜短缺，真正意义上实现"平急两用"民生保障功能

3. 多措并举，创新现代农业发展新模式

（1）金融模式创新打通农业和金融的融资渠道。

传统种植业需要解决的关键问题之一就是产业和金融资本脱钩的问题，即传统

种植业不具备资本属性，银行贷款缺乏抵押物，融资渠道不畅通。为解决此问题，团队在浙江省湖州市德清县投资建设的"水木莫干山都市农业综合项目"，在当地政府的协助下，完成了全国首例以设施农业地上物资产作为抵押物，从而获得中国农业银行的贷款，打通了现代种植业和金融融资的渠道，并将此项目融资的成功经验进行了推广，在河南省信阳市潢川县、河北省衡水市故城县建设的水木蔬菜工厂项目，均获得了中国农业发展银行的项目贷款，实现了作为新兴产业的现代农业和金融资本挂钩模式的创新，解决了产业发展中"钱从哪里来"的问题。

（2）土地利用模式创新同时解决蔬菜安全和粮食安全。

土地是农业发展的关键要素，传统种植业离不开对良田的依赖，而采用"无土栽培技术"的水木蔬菜工厂，则摆脱了土地的条件制约，不需要"肥沃的良田"就可以种植出符合欧盟品质的安全、放心、营养的民生蔬菜，即可以在18亿亩耕地红线之外，充分利用盐碱地、戈壁荒地、工业废弃地、尾矿废弃地，以及大型建筑的屋顶等低效土地、未利用土地上建设水木蔬菜工厂生产民生保障蔬菜，团队在河南省信阳市潢川县建设的全球最大的屋顶农业——25000平方米水木光州"天空农场"，水木蔬菜工厂将良田让位给粮食生产，解决了"菜粮争地"的问题，间接为国家保障粮食安全做出贡献。

（3）以技术创新实现产业降本增效。

技术创新水木蔬菜工厂运营中能耗成本是项目能否成功运营的关键因素，为解决该问题，团队创新性地提出利用工业余热、地表水源热泵等方式降低生产运营成本，实现节能降碳的方案，并在河南新乡市辉县市建设了全球首例在火力发电厂内的蔬菜工厂，充分利用火电厂的工业余热和燃煤产生的二氧化碳，一方面利用工业余热解决蔬菜工厂的冬季升温和夏季降温需求，降低了用能成本，实现降本增效；另一方面可消纳火电厂燃煤产生的二氧化碳，既发挥了农业项目的碳汇作用，又提高了农产品的品质和产量，实现工农业优势互补、资源有效利用、助力国家的"碳达峰碳中和"战略。

（4）发挥农业碳汇作用，推动农业碳交易。

北京水木九天通过水木蔬菜工厂项目加快推进农业在"双碳战略"中发挥的作用。种植业由于产业特性属于固碳类项目，农业碳汇作为固碳的手段之一需要得到各方的重视和支持，团队持续推进蔬菜工厂的高效、集约、节能的生产方式。

团队联合国家电网集团发布浙江德清水木蔬菜工厂番茄碳足迹报告并制定番茄无土栽培单位产量碳排放及计算方法的行业标准，实现农产品碳计量方法学的突破，并继续推进农业的碳计量、碳核查、碳认证、碳方法学开发。其中，浙江德清水木莫干山都市农业综合体项目获得浙江省级《低碳农业标准化试点项目》，目前团队正在推进农业碳交易工作，将农业碳汇成果形成碳交易，从而进一步降低农业生产成本，让市民以更低廉的价格享受高品质的蔬菜。

4. 十年耕耘，产业发展初显成效

公司和团队经过十年探索，完成了围绕"蔬菜工厂"的智能控制设备设施、AI 智能农业机器人、节能环保型材、建设安装工艺、种植技术工艺等形成了全系列的国内自主知识产权，申请相关专利 300 余项，已经获得专利证书 100 余项，并在全国多地点，如浙江湖州、河南新乡、河南兰考、河南潢川、河北故城、陕西西安建设和运营水木蔬菜工厂，目前在运营蔬菜工厂面积超过 10 万平方米，在建蔬菜工厂面积 20 万平方米，累计已经为超过 50 万市民长期稳定地提供高品质安全健康的蔬菜。

其中，建设在浙江湖州德清县的水木莫干山都市农业综合体项目受到央视、新华社、《人民日报》等官方媒体关注，曾经在 2021 年登上央视新闻联播头版头条长达 1 分钟的报道，河南新乡辉县孟电发电厂内的水木孟电碳中和蔬菜工厂获得联合国粮农组织全球现代农业创新创业大赛全球二等奖，在河南潢川建设的 25000 平方米水木光州天空农场项目是全球最大的屋顶农业项目。

未来，公司将携水木蔬菜工厂以现代农业促进产业振兴，以科技新农人才培养促进人才振兴，以发扬农耕文明促进文化振兴，以低碳高效农业促进生态振兴，以基层发展促进组织振兴，通过不断探索、突破、创新模式，助力国家乡村振兴重大发展战略。

三、延伸阅读

我国现代农业发展的瓶颈和面临的风险

1. 我国现代农业发展的瓶颈

（1）土地资源与环境压力。

我国农业面临的首要瓶颈是土地资源的有限性和环境压力的增大。随着经济的快速发展和城市化的推进，耕地面积不断减少，同时，农业面源污染、土壤退化等问题日益严重。这些问题不仅限制了农业的可持续发展，还对粮食安全构成了威胁。为了应对这些挑战，我国需要加强土地管理，提高农产品生产效率，推广高效节水节肥灌溉技术，以减少对环境的影响。

（2）农业科技与装备水平。

尽管我国在农业科技方面取得了一定的进步，但与发达国家相比，农业科技和装备水平仍有较大的提升空间。农业机械化、智能化水平不高，限制了农业生产效率和农产品质量的提升。因此，需要加大对农业科技研发的投入，推动农业科技创新，提高农业机械化和智能化水平，以提升农业生产的整体效率和竞争力。

（3）农业结构性问题。

我国农业产业结构存在不合理现象，部分农产品存在地域性、季节性供需失衡，面对重大疫情等突发情况，城市民生保障，尤其是新鲜蔬菜的保障成为难题。这种结构性问题也导致了资源的浪费和市场需求的不匹配。

（4）农业劳动力结构性短缺。

随着农村劳动力向城市转移，农业劳动力老龄化、女性化问题日益严重，农业劳动力结构性短缺成为制约现代农业发展的重要因素。需要新的生产方式吸引年轻人投入到现代农业中来，同时加强农业职业教育和培训，培养新型职业农民，提高农业劳动力的技能和素质，使得农民转变成为产业工人，即通过政策引导、产业变革和激励措施，鼓励年轻人投身农业，解决农业劳动力短缺的问题。

2. 国际潜在的粮食战争和危机

国际政治经济因素以及逆全球化使得粮食供应链更加复杂和脆弱。自然灾害、战争、政治冲突等因素都可能对粮食供应链造成冲击，导致粮食供应中断，引发粮食危机。贸易保护主义、地缘政治冲突等也可能引发或加剧粮食危机，甚至演变成所谓的"粮食战争"。"将饭碗牢牢端在自己手里"来应对这些挑战，成为我国农业面临的重要课题。

（1）气候变化与自然灾害。

全球气候变暖，极端天气频发等气候变化是影响粮食安全的重要因素。极端天气事件，如干旱、洪水、热浪、霜冻等，对农作物生长造成严重影响，导致产量下降，如2021年山东、河南的暴雨给当地农业带来了灾难性的后果。气候变化还可能导致病虫害的分布和发生规律发生变化，进一步影响农业生产。

（2）逆全球化与贸易保护主义抬头。

在经济不确定性增加的背景下，有些国家为了操纵国际粮食价格或者出于保护本国农企和确保国内粮食供应，采取了贸易保护主义措施。这些措施包括提高关税壁垒、实施出口禁令或限制。例如，俄罗斯、印度和越南都因为气候、新冠疫情等问题而实施出口禁令，导致国际粮食价格波动。

（3）地缘政治冲突影响国际粮食供应。

地缘政治冲突直接影响粮食生产和贸易。中东和北非地区的冲突导致该地区粮食生产和出口能力下降，同时增加了对国际粮食援助的需求。此外，冲突还导致交通和物流受阻，影响粮食的国际流通，如乌克兰和俄罗斯作为全球主要的小麦和玉米出口国，其政治冲突对全球粮食市场产生了深远影响。

（4）农业生产效率与技术限制。

尽管现代农业技术取得了进步，但全球农业生产效率仍然存在差异。技术落后、资金不足限制了一些国家的农业生产能力，影响了粮食供应。例如，一些国家的农业机械化水平低，灌溉系统不发达，导致农业生产效率低下。

四、案例启示

现代农业的发展已经成为国家战略的重要组成部分，特别是在面对人口增长、消费升级以及环境压力等多重挑战的背景下。蔬菜工厂作为现代农业的代表，以其高效、环保、可持续的生产方式，正在成为中国农业转型的新方向。

1. 技术创新与智能化

蔬菜工厂代表了农业领域的技术创新，集成了智能环境控制、水肥一体化、无土栽培等先进技术。未来，随着5G、物联网、人工智能等技术的发展，蔬菜工厂将能够实现更加精细化的管理，提高作物的生长效率和产品质量。智能化的农业机器人和自动化设备将减少人力成本，提升生产效率，使蔬菜工厂成为高科技农业的典范。

2. 城市化与消费模式的变化

快速的城市化进程导致大量农村人口涌入城市，城市居民对食品的需求趋向于便捷化、健康化和个性化。蔬菜工厂靠近城市，能够减少运输时间，降低损耗，提供更新鲜的蔬菜，符合城市消费者的新需求。此外，蔬菜工厂的现代化生产方式也使得蔬菜的包装和品牌化成为可能，进一步满足消费者对便捷和品质的需求。

3. 消费者对食品安全的重视

食品安全问题在中国社会中受到广泛关注。蔬菜工厂采用的高科技种植技术可以精确控制农药和化肥的使用，甚至实现无农药种植，从而提供无农药残留、无激素残留的蔬菜。这种生产方式不仅能够满足消费者对食品安全的基本需求，还能够提升消费者的购买意愿，增强品牌的市场竞争力。

4. 绿色发展与碳中和

党中央提出的"碳达峰碳中和"目标对农业领域提出了新的要求。蔬菜工厂作为一种低碳环保的农业生产模式，能够有效减少化肥和农药的使用，降低农业碳排放。此外，蔬菜工厂的循环利用系统能够减少资源浪费，实现可持续发展。未来，蔬菜工厂将在推动农业碳交易、碳汇等方面发挥重要作用，为实现国家碳中和目标做出贡献。

5. 产业链整合与升级

蔬菜工厂的发展将推动农业产业链的整合与升级。从农业设施到农业特种装备，再到种植加工以及农产品销售，蔬菜工厂可以与上下游企业形成紧密的合作关系，带动基础材料、新型材料、智能制造、数字产业、农业机器人、农机装备等一批产业发展，形成新的产业拉动效应，提高整个产业链的效率和价值。通过整合上下游资源，蔬菜工厂能够降低成本，提高产品质量，增强市场竞争力。同时，蔬菜工厂还能够带动相关产业的发展，如农业技术服务、物流配送、农产品加工等，形成完整的产业链条。

6. 国际合作与市场拓展

随着"一带一路"倡议的推进，中国蔬菜工厂等现代农业模式有望走出国门，与相关国家进行合作，拓展国际市场。这不仅有助于提升中国农业的国际竞争力，也为全球粮食安全做出贡献。通过国际合作，蔬菜工厂能够引进国外的先进技术和管理经验，提升自身的技术水平和国际竞争力。同时，蔬菜工厂的国际化发展也能够为中国农业企业带来新的增长点，实现全球市场的拓展。

北京水木九天作为以水木蔬菜工厂为代表的现代农业企业，在未来市场和行业中具有广阔的发展前景。不仅能够满足国内市场对高品质蔬菜的需求，也是实现农业现代化、绿色可持续发展的重要途径。随着技术的进步和政策的支持，蔬菜工厂等现代农业模式将在我国乃至全球农业发展中扮演越来越重要的角色。通过不断的技术创新和市场拓展，蔬菜工厂有望成为推动中国农业现代化的重要力量。

（本案例由刘春晓负责调研，并参与指导或撰写）

案例 44

向"新"落笔+缘"质"而行

——河北青龙数商兴农探索与实践

一、案例概述

青龙满族自治县（以下简称"青龙"）是少数民族自治县、革命老区、原国家扶贫开发重点县，位于河北省东北部、燕山东麓，隶属于秦皇岛市，总面积 3510 平方公里，总人口 55.4 万人。作为典型山区县，素以"八山一水一分田"著称，气候多样、土壤肥沃，盛产板栗、苹果、梨、山楂、中药材和食用菌等农产品。其中，果树总面积达 130 万亩（板栗种植面积 100 万亩），总产量达到 26 万吨；中药材种植面积达到 11 万亩（3 万亩被认证为国家级绿色原料生产基地），年产量为 2.35 万吨。千年奚族古国，百年清朝县邑，青龙悠久的历史讲述着丰厚的文化底蕴，独特的地理环境使它孕育出一大批优质农特产品，却又形成了藏在深山人不识的现实困扰。

青龙抓住教育部和阿里巴巴定点帮扶契机，立足资源优势，深入推进"数商兴农"和"互联网+"农产品出村进城工程，不断激发县域数字经济新活力。2015 年中央一号文件首次提出"农村电子商务"。青龙获批全国第二批电子商务进农村综合示范县。2020 年"十四五"规划指出加快推进数字乡村建设。青龙再次获批电子商务进农村综合示范县（升级版）项目。2022 年乡村数字经济进入深化阶段，2024 年四部门联合印发数字乡村发展工作要点，提出数字乡村发展取得实质性进展的工作目标，打造一批示范性强、带动性广的数字化应用场景。

青龙的数商兴农实践，依托以新技术为支撑的生产力质态，通过深化新技术应用推进农产品生产、初加工和精深加工协同发展，促进就近就地转化增值。释放涉农数据要素乘数效应，打造乡土特色品牌。加快培育农村电商带头人和农产品直播带货达人。实施乡村文旅深度融合工程，培育生态旅游等新业态。形成了"龙头企业带动，特色产业集群发展，电商物流品牌赋能，群众增收致富"良性发展模式。

"技术+数据"双轮驱动带来的资源利用效率、产品与服务质量和社会可持续发展能力的整体提升，让手机成为"新农具"，直播成为"新农活"，数据成为"新农资"，青龙在农产品产销对接、农业转型升级方面成效显著。自 2021 年以来，青龙全县网络零售额年平均增速超 15%，远超全国平均水平。2023 年，全县网络零售额达 22.58 亿元、同比增长 21%，电商主体 4000 家，从业人员达 1.5 万余人、电商带动人均增收近 2000 元。青龙先后荣获亚洲电商产业带示范基地、河北省数字生态十强县等称号。相关做法得到河北省政府领导的肯定批示，并在 2023 年全国农商互联暨乡村振兴产销对接大会上作经验交流。2024 年青龙成为全国第一批、河北省唯一进入商务部农村电商"领跑县"案例集的 26 个县区之一。

二、案例剖析

1. 以技术驱动提效率，实现高科技转化

青龙以数字化、网络化、智能化的新技术为支撑，将技术创新作为生产力水平跃升的关键因素。一方面，在供给侧注重新品推广和技术研发。坚持把发展现代农业作为乡村振兴的支柱，进一步培育壮大以板栗为主的林果特色产业。建设新品种试验园、采穗园，邀请河北科技师范学院、河北省农林科学院昌黎果树研究所在全县广泛开展优种选育工作，面向全县推广"抓大放小""轮替更新"等有机板栗生产技术，截至目前，累计培训栗农 10 万多人次；通过推进数字化转型和大数据应用赋能，进一步提升香菇产业前端生产效率和产品质量，从菌棒原料配制、菌棒接种到菌棒栽培，实现标准化生产和规模化智能化栽培，降低了散户制棒育菇的技术风险，菌棒生产效率、成活率和出菇率大大提高。另一方面，在需求侧注重推动降本增效和数字应用。青龙通过全面促进农村消费，深入推进电商进农村和农产品出村进城，推动城乡生产与消费有效对接。借助数字平台为优质内容呈现和商品展示提供崭新渠道，信息流通带动商品流通，改变了传统沙漏型的供需关系，分散在县域的中小微企业直面终端消费者，相互之间形成网状联系。青龙农特产品先后入驻盒马鲜生及大润发超市、邮政邮乐购等平台，天猫青龙原产地商品官方旗舰店上线运营，并与 75 所高校达成产销合作。借势国家级电子商务综合示范项目，引进 40 余家专业机构助力企业做好直播电商服务，先后为百峰贸易、木兰菌业等农业龙头企业提供电商服务达 30 余次，帮助企业从传统销售模式向电商直播模式转变。与此同时，通过大数据分析提供精准农业服务，匹配市场供需信息，提高资源配置效率。帮助农户根据市场需求调整种植计划和管理措施，对农业机械、仓储设施等生产资料进行推广共享使用，提高土地等生产资料的利用率。

2. 以品牌进阶增影响，实现高质量提升

青龙注重挖掘本土比较优势，持续提高品牌意识，推动品牌建设，强化品牌宣传。一方面，打铁还需自身硬，大力培育叫得出名的品牌。积极对接农业农村部、市场监管总局等部门，打造"满意青龙"农产品区域公用品牌，主打青龙板栗·冰

栗产品，以此为抓手，夯实品质基础，强化数字转型。持续扩大"三品一标"认证范围，提高市场认知度和美誉度。从全县范围看，目前青龙的企业主体注册农业商标品牌已有1024个；获批国家地理标志证明商标2个，有机食品认证6个，绿色食品认证15个；"青龙板栗"区域公用品牌通过授权企业20家；"满意青龙"区域公用品牌荣登"中国农产品区域公用品牌（新锐）10强"榜首；"青龙板栗""青龙黏豆包""燕坤苹果"入选全国乡村特色产品和乡村工匠目录，"燕山绒山羊"被确定为国家地方品种。另一方面，美在深闺人要知，大力开展排得上号的宣传。从更高层次、更宽领域宣传推介青龙，为青龙经济社会高质量发展集聚更多的机遇。2023年在青龙举行阿里巴巴乡村振兴公益系列活动"热土中国行·相约青龙"晚会，活动全程通过农视网、农视NTV、今日头条、百度、抖音、微博等十多家平台联动直播。整合电商平台数据资源，进一步推进板栗产业的数字化；2024年青龙与新华社合作发布了"新华·青龙板栗产业发展指数"，以指数为"杠杆"撬动资本、技术、数据等各类要素向青龙汇集，让品牌"软实力"成为青龙高质量发展的"硬支撑"，助力青龙更多传统优势特色产业在"互联网＋"和"数据要素×"的赋能过程中不断激发新动能，焕发新活力。

3. 以业态升级促融合，实现宽辐射覆盖

青龙按照"一产往后延、二产两头连、三产走高端"的思路，不断推动产业的现代化、经营多元化。一方面，注重农产品深加工，延伸产业链条。每个产业对接一所大学，全力推动特色产业转型升级。目前，板栗、中药饮片、安梨汁、苹果木醋液和杂粮等深加工项目全力推进，以板栗、苹果、中药材、杂粮为主的农产品深加工产业集群已初步形成。共培育特色农产品深加工产业集群12个，配套企业11家，相关三产企业12家，实现年营业收入11.3亿元。以肖营子镇的百峰贸易有限公司为例，产业链的延伸和品牌的确立，让这家企业从简单买栗子卖栗子升级为当地知名深加工企业，年销售额超1亿元，年出口创汇超300万美元，为当地农民提供就业岗位2200个，增加工资性收入近3000万元。2023年，河北青龙省级农业科技园区获批，将进一步探索生态循环高端农业发展模式，扶持壮大产业龙头企业。另一方面，提高综合效益，推动三产融合发展。青龙立足实际，结合本地历史、人文、旅游等农业资源，以农业为基点，通过"农业＋商业、＋旅游、＋教育、＋康养、＋文化"等方式，发展融合多元经营，保障农户增收。革命老区祖山镇花厂峪村，全村挂牌营业的农家饭庄20余家，全面形成红色旅游与板栗美食同频发展的模式。官场乡依托万亩生态梨园，创新梨花节活动，对接阿里巴巴开通淘宝云直播电商采购，通过"百城百媒"平台累计在线观看人数突破100万人，点赞量超300万人。2023年青龙5个村列为省级美丽乡村，3个村列入省级森林乡村，肖营子镇入选全国"百县千乡万村"乡村振兴示范镇。

4. 以数字基建强保障,实现高效能牵引

青龙强调利用互联网和数字技术提升管理和销售效率,加快推进县域电子商业体系与县乡村三级物流体系融合发展。一方面,"冷链物流 + 智能仓储",提升农产品的流通效率和质量。创新打造"统仓共配"模式,打通农村物流主动脉与微循环。投入 2.1 亿元建设电商物流产业园区,整合县域仓、货、车、线路、网点等物流资源,实现"同仓、同车、同网、同配"。指导村级寄递物流综合服务站按照"电商 + 产地仓 + 快递物流"仓配模式建设,统一配备中邮 E 通系统,实现全县农产品一件代发。2023 年,全县邮政快递业务出港量为 286.38 万单,同比增速 106.2%,特色农产品出港量占 60% 以上。依托县城、重点村镇,布局建设百峰贸易、双合盛等一批产地冷链集配中心,拓展集配中心中转集散、分拨配送功能,优化完善县乡村冷链物流服务体系。已在 24 个乡镇建成冷库 126 个,容量超 31 万立方米。另一方面,"直播带货 + 全链路供应链",拓展销售渠道和品牌影响。组织开展"芭芭农场·蚂上出发"等活动,带着青龙板栗等农特产品走进央视直播间,拓展新零售渠道。2022 年签约"盒马县",进一步借助全链路数字化农产品供应链体系,发挥县域商贸物流建设优势,青龙农产品企业的分选、品控能力持续提升。探索"前仓后店"模式,对接美团、"掌上青龙"等供货平台,打造村级"共配商店"。推动阿里巴巴客服县运行、支付宝"青龙百年金栗"古树认领启动、盛誉文化传媒直播基地运营、青龙板栗摆上世界互联网大会乌镇峰会展台。已在阿里巴巴·芭芭农场、支付宝助农、盒马等平台销售农产品达 4000 万元。

5. 以人才配置育新机,实现可持续发展

青龙坚持人才是第一资源,注重培养创新型电商人才,帮助更多农户成为新时代的"能工巧匠"和"新农商",使更多农特产品"上线""触网"。一方面,加快数字化人才的引进培育。邀请国家 NTC 高级电子商务师孙闯等淘宝教育讲师围绕数字化模式、农产品上行突破、典型案例分享等内容开展专题培训 200 余场,培育大批从事电商创业和网红直播示范带头人,粉丝量超过 10 万人的达 200 余人。先后举办阿里直播助农、电商直播大赛、我是乡村代言人等项目,近 500 名主播参与,销售青龙农特产品 5000 余万元,打造百名电商直播人才样本库。青龙板栗仁、香菇酱先后走进人气主播的直播间,天猫青龙原产地商品官方旗舰店上线并运营,累计销售青龙农产品近 4 万单。截至目前,累计培育了 400 多名电商从业者,活跃的电商店铺达 4000 余家,比 2021 年翻了 1 倍。另一方面,新型县域经济发展催生新的工作机会。县域电商经济带来的创业、就业机会,让农村居民获得"家门口的好工作",减少了外出务工导致的两地分居、留守儿童、留守妇女、留守老人等县域发展"空心化"的社会问题。以香菇种植为例,通过推动规模化种植、建设香菇保鲜

库，初步形成了"龙头企业＋合作社＋基地＋农户"的联农带农富农发展新格局。现有香菇产业各类经营主体40余家，产业覆盖娄杖子镇等11个乡镇，每年栽培菌棒5500万根，带动1.2万余农户增收致富。

三、延伸阅读

"三级书记"抓电商

为了打破"酒香也怕巷子深"的窘境，2021年，青龙县在维护好传统销售渠道的基础上，提出了"三级书记"抓电商——县委书记统筹谋划，举旗定向；乡镇党委书记承上启下，破解难题；村党支部书记率先垂范，带头直播带货。利用电商思维整合农产品销售渠道，增强产业供应端实力，重塑青龙县农特产品价值体系，让农特产品走出大山、走向全国。

一是加大政策引领撬动。成立了由县委、县政府主要领导任组长，县政府常务副职任常务副组长，各相关单位为成员的"三级书记"抓电商工作领导小组，统筹推进全县电商产业发展工作。先后出台《"三级书记"抓电商实施方案》《县域商业物流体系基层站点建设奖补项目实施方案》等文件，制定了电商物流园区运营相关的10条激励办法。建立了"县级干部包乡镇、乡镇干部包村、村干部包户"的"三包"机制，将电商工作纳入乡镇党委书记抓基层党建述职评议考核和村党支部"双述双评"，进一步完善工作联动。

二是建设电商公共服务平台。借助电子商务进农村综合示范"升级版"项目，以县级电子商务公共服务中心为引领，搭建4个乡镇电子商务公共服务中心，全面推进县域电商公共服务体系建设。自实施国家级电子商务进农村综合示范项目以来，先后培育满栗香、栗殿下等6个重点产品品牌，规划设计甘栗仁、香菇酱、皇冠梨等产品网货包装共20余款，助推青龙农产品从初级产品到商品再到精品的提档升级，获批地理标志证明商标2个，挖掘适合网销产品70余款，提升了青龙直播产品的议价权。

三是培育新型农村电商主体。以提高电商企业核心竞争力和电商人才示范带动力为重点环节，将电商人才开发培养列入县《"十四五"期间人才发展规划》，建立梯度发展电商人才市场，完善全县电商人才培养体系。已培育"90后"村干部主播段书兰、返乡大学生韩文亮等30余个电商创业典型，打造电商专业村、淘宝村5个。2023年，县人才办制定了"创业青燕归巢"乡村振兴三年引才计划，探索实施"3581"人才支持计划，力争在3年内，围绕全县5大主导产业，分8批次引进100名高校、科研院所的高层次人才，聘请60名高校退休的专家担任乡村振兴银龄顾问，为企业、村民解决生产技术难题。

四是完善三级物流配送体系。都源湖电商物流产业园建成后，通过政府主导，市场主体协同配合，加快推进快递物流行业整合入园，提升快递物流配送效率。明确给予村级物流站点奖补资金 500 余万元，助力快递物流服务功能提质扩面。目前已建成"1 + 1 + 24 + 396"（1 个市级周转仓、1 个县级仓储物流配送中心、24 个乡镇物流快递分拨中心、396 个村级物流快递网点）物流体系，实现了县级仓储物流中心到村级网点 24 小时内送达。"三级书记"抓电商以来，1 公斤以下快递资费由 5 元下降到 2 元，县内物流企业日出港订单量由 1000 单增加到 8000 单以上。

四、案例启示

县域经济发展受到自然资源、历史基础等内生驱动力和政策、市场、人才、创新等外生推动力的影响，这些因素相互作用，共同推动县域经济的发展。

青龙在数商兴农的实践中准确把握了两个方面的有利因素：内生驱动力方面，青龙是一个典型的山区县，农村占据县域的大部分地域，因此县域经济中的农村经济是重中之重。气候多样、土壤肥沃的资源禀赋，为农业生产提供优势。盛产的板栗、苹果、中药材、杂粮和食用菌等优质农产品，为电商产业的发展提供坚实的货源基础。外生推动力方面，在教育部与阿里巴巴定点帮扶下，持续协调新型要素市场向青龙汇聚，不断调整劳动者、劳动资料和劳动对象的有效结合和高效配置以实现全要素协调互动，塑造叠加优势。青龙通过国家级电子商务进农村综合示范县工程，提出"三级书记抓电商"的机制，建立了完善的电商基础设施。通过因地制宜地推动传统农业的高端化、智能化、绿色化改造，将新质生产力塑造为与传统产业耦合协调、良性互动的先进生产力。更为重要的是，青龙的数商兴农实践不仅推动了青龙社会经济总量的稳步提升，还通过有效增加社会就业岗位，规范社会财富积累机制以推动形成橄榄型社会结构，藏富于民，真正推动新质生产力沿着符合社会主义生产目的的方向健康有序发展。

青龙的数商兴农实践经验表明，政策引导、人才培养、基础建设、品牌推广、多方协作是推动发展的关键因素。

1. 重视政策引导和组织保障

政府在电商发展中的引导作用至关重要。青龙将电商发展纳入县级发展规划，通过出台一系列政策文件，为电商产业提供了坚实的政策保障。建立了"三级书记"抓电商的工作机制，形成了县、乡、村三级书记共同推进电商发展的良好局面，确保了电商发展工作的有序推进和全面覆盖。

2. 重视人才培养与技术引进

人才是电商发展的核心要素。青龙通过开展多层次的电商培训，培养了一大批本地电商人才和网红直播示范带头人。定期组织干部和电商从业者赴外地学习先进经验。与高校合作进行定向培养，将校企合作作为培养专业电商人才的有效途径。

3. 完善基础设施与物流体系

青龙投资建设电商物流产业园，打造集展示、仓储、销售、配送为一体的现代物流体系。提升物流效率，降低运输成本，扩大电商销售的市场半径。构建了从县到村的多层级物流网络，实现了物流配送的全覆盖，保障了农产品的快速流通和配送。

4. 重视品牌建设与市场推广

品牌建设有助于产品销售，同时提升地方形象和美誉度。创建"满意青龙"区域公用品牌，提高农产品的市场认知度和竞争力。通过与大型电商平台合作、开展直播带货，青龙成功拓展了农产品的销售渠道，提高了销售额。电商平台和直播带货已成为现代农产品销售的重要手段。

5. 强调多方协作与社会参与

在"三级书记"带头的电商发展模式中，政府、企业、农户和社会各界形成了良好的协作关系，共同推动电商发展。这种多方联动模式有效调动了各方积极性。通过村"两委"班子的宣传和动员，吸引更多的村民特别是返乡大学生和致富带头人参与到电商创业中，形成了良好的社区参与氛围。

（本案例由许旭轩负责调研，并参与指导或撰写）

案例 45

科技引领农业"芯片"迭代升级

——山东聊城瑞丰种业以新质生产力引领高质量发展

一、案例概述

聊城瑞丰种业有限公司（以下简称"瑞丰种业"），前身是聊城东昌府区瑞丰种子行，成立于 2003 年 9 月，随着规模的扩大，于 2021 年 4 月"个转企"成立了聊城瑞丰种业有限公司，自创立之初便专注于蔬菜良种的推广，以服务"三农"为使命，致力于新质生产力的探索与实践，不断推动农业高质量发展。公司秉持"以人为本、服务先进"的经营理念，以科技创新为核心驱动力，集新品种实验、示范、销售推广及技术服务于一体，助力农业现代化进程。公司 2024 年实现良种推广 4 万斤，推广面积 20 万亩，实现社会效益 60 亿元。

公司发展的 20 年也是中国农业高速发展的 20 年。各项新技术在蔬菜育种上的应用提升了新品种选育速度与水平，与此同时随着经济发展人民对于蔬菜的品质要求也在日益增长。瑞丰种业与时俱进，由总经理孟宪沛牵头与国内外知名科研院所及企业进行深入交流并建立了紧密的合作关系。不仅如此，公司创新地引进并改良了国外公司的产品经理制度，很早便建立了自有的产品经理团队。一方面他们不仅常年扎根基层市场，服务于村镇一线指导栽培管理，确保新品种安全推广保障菜农切身利益；另一方面他们通过不断地收集研究基层菜农、瓜商对品种需求的信息，能够较为准确地对未来市场需求做出预判，并及时反馈信息，通过与育种家的深度交流，帮助育种家调整育种方向，更为有效地筛选适合本区域的新组合，也极大提高了新品种在聊城地区试验的成功率，提升了聊城蔬菜在全国市场的竞争力，间接地促进了地区经济发展。

在公司的发展历程中，聊城瑞丰种业有限公司已在当地及周边地区形成了较高的影响力，借助聊城的区位优势，推广的优质高效的蔬菜种子更是辐射山东、河南及河北多个主要菜区。聊城瑞丰种业有限公司取得了优异的业绩做出了突出的贡献，公司主要负责人孟宪沛同志因其突出的个人贡献，荣获了农业农村部全国农牧渔业丰收奖等多项荣誉。

聊城瑞丰种业有限公司的成功案例，不仅彰显了发展新质生产力在推动高质量发展中的重要作用，也为全国各地农业企业提供了宝贵的经验与启示。

二、案例剖析

聊城瑞丰种业有限公司之所以能在农业领域取得显著成绩，其关键在于以下几个方面。

1. 以科技创新引领发展

公司始终坚持以科技创新为引领，不断加大研发投入，推动品种创新和技术进步。通过引进国内外先进技术，结合本地实际，聊城瑞丰种业有限公司成功选育出多个适应性强、产量高、品质优的新品种，有效满足了市场需求。

以技术创新形成内驱力推动发展。在公司发展的历程中，技术创新一直是我们最重要的内核。无论是企业管理还是品种栽培技术，我们按照看懂、学会、改良的路线，将外在新技术与自我实际情况相结合。

积极参与研发赢得先机。在公司发展过程中，我们与国内主要的科研院所及企业建立了深厚的友谊与充分的信任。虽然聊城瑞丰种业有限公司是一家以新品种推广为主的销售型企业，但是在新品种选育与技术研发方面没有"等、靠、要"的思想，一直以来都是以积极的态度参与到新品种选育当中，与各大科研院所形成了良好的互动。从地方资源的引进到育种方向的诉求；从品种试验到落地推广；从配套栽培技术研制到后期技术服务，我们一直与科研院所同行。我们一直保持着和科研院所每年定期的会议交流和对接，以及高频次的到核心试验区与育种专家学习、交流，了解最新的亲本筛选成果及新组合组配方向。我们根据对市场信息的判断向育种家提出育种诉求，育种家再根据诉求调整亲本资源，提供新组合进行区试进入市场选择环节。例如，以前市场对黄瓜品质的需求并不很高，主要集中在产量和抗病性上，随着蔬菜产业的迅猛发展黄瓜供应量的不断提升竞争加剧以及消费者对黄瓜品质要求逐步提高，我们发现黄瓜皮色的深浅与瓜皮的光泽度逐渐将成为衡量黄瓜品质的新指标，通过信息的及时反馈，亲本组合及时调整，我们的产品永远是最贴近市场需求的。在长久的合作中也促使我们和科研院所形成了一套自下而上的新品种选育模式。

2. 以试验示范促成果转化

新品种试验示范是成果转化的关键环节。在示范推广过程中，公司建立了以产品经理作为核心纽带，以遍及全市各县镇的示范点作为基础，以基层科技人员及科技示范户作为执行主体的新品种示范模式。在示范点的选择与建设中，我们创新的与基层经销商建立了"风险共担利益共享"的合作关系。作为新品种的筛选与推广者，基层经销商成为品种推广中的一环，不仅见证了新品种的诞生与发展，更主要的是我们不再是单纯的经营关系，而是新品种推广的参与者，并且作为主产区的经销商，他们常年与菜农打交道，更容易帮我们筛选出栽培技术好带动能力强的示范户。同时我们还针对示范户对新品种示范风险的担心，采取了免费提供种子（苗子）、提供技术指导、提供基础生产资料等一系列措施。通过以上措施在一定程度上调动了经销商和示范户参加新品种示范工作的积极性。

3. 以绿色安全促发展

聊城瑞丰种业有限公司注重农业生产的绿色安全，坚持推广抗病、高产、品质佳的优良品种，努力实现农业生产增产增收。同时，公司还积极推行种子质量安全追溯体系，确保农产品质量安全。

4. 以服务先行赢市场

聊城瑞丰种业有限公司坚持以市场为导向，以客户需求为中心，不断完善服务体系，立志打造一支专家型技术服务团队来提升服务质量。通过提供专业的技术咨询、培训以及售后服务，公司赢得了广大农户的信赖和支持，市场占有率逐年提升。公司成立一支能够对黄瓜生长全程进行服务的试验推广队伍，同时建立一支由栽培、植保专家组成的技术支持队伍。技术服务分为两个批次：第一批次是由产品经理、销售经理与基层经销商组成的，可以及时有效地在第一时间到达现场处理一些栽培上常见的问题。第二批次是由栽培专家、植保专家及育种家组成的智囊团队，可以有效地针对一些特殊气候下栽培技术和特殊病害防治提出指导方案。

5. 以产业融合促增收

聊城瑞丰种业有限公司充分发挥聊城蔬菜产业的专业化、规模化和产业化的优势，推动一二三产融合发展。通过延伸产业链、提升价值链、完善利益链，公司有效带动了农户增收致富，实现了企业与农户的共赢发展。

6. 以数据支撑促安全推广

心系菜农安全推广。在新品种试验示范过程中，我们积累了大量翔实的基础数据。对于准备推广的品种我们也联合育种家、栽培专家及优秀的科技示范户共同研制与之相配套的栽培技术规范。由产品经理主持整合公司的科技资源服务于新品种的示范，将研制的配套栽培技术应用于示范过程，一方面可以确保新品种的品种优势得以充分展现，另一方面可以通过后期的现场观摩会、技术培训会等形式将新技术展示给更多的农户，以确保新品种的安全推广。

三、延伸阅读

种子是农业的"芯片" 农业现代化种子是基础

聊城瑞丰种业公司与中国农科院蔬菜花卉研究所中蔬种业、北京农科院蔬菜所京研种业、天津科润黄瓜研究所等国内科研单位代理合作 20 多年，建立了紧密的合作关系，在西甜瓜、叶菜、西葫芦、黄瓜、花椰菜等领域进行深入广泛的合作。尤其是在西葫芦产品上，在 2012 年之前，春秋棚西葫芦主栽品种是美国皮托公司的碧玉，越冬温室西葫芦 90% 以上都是法国克劳斯公司的法拉利和冬玉。我们在前期广泛试验、示范的基础上，于 2012 年选育出越冬西葫芦"京葫 36 号"。因为受原来十几年国外品种根深蒂固的影响，农户不太接受我们国产品种。我们公司推广人员就扎在棚区，逐村逐棚做工作，带着棚户参观新品种的表现，包括抗病性、商品性、产量、收益的对比情况。老百姓观念执着，他们不相信听到的，更相信看到的试验棚、示范棚、带头户对照棚。通过每天大小规模的参观，现场会的相互沟通学习，新品种"京葫 36 号"西葫芦通过 2 年的不懈推广，以其优异的产量和颜色整体把"冬玉"和"法拉利"完全取代，彻底打破了跨国公司长期垄断的局面，把这个洋种子换成咱们中国自主创新的品种，当年推广 50000 多桶，25000 亩，单株增收 5 元左右，每亩地定植 1000 株，实现当年每亩增产增收 5000 多元，共计增收 1.25 亿元。

2007 年我们经过前期的试验、示范，在几十个试验品种中成功地选出"津优 35 号"黄瓜品种，该品种以其极好的耐低温弱光，膨瓜快，产量高的特性，通过深入棚区讲课、示范、参观、市场拉动等不懈努力推广，实现了一年 4000 斤，2 万亩的覆盖，每亩增收 4000 元，让农户通过"津优 35"号黄瓜新品种，比老品种当年增收 8000 多万元。

通过"京葫 36 号"西葫芦和"津优 35 号"黄瓜新品种的推广落地，让我们深切体会到一粒种子虽然改变不了整个世界，但却能造福万众苍生！种子是农业的"芯片"，作为种业公司，我们更应该选育更好更强更适宜的品种，更科学更严谨地推广开来，把育种家的科研成果转化成生产力，把论文写在祖国的大地上，让更多的种植户增产增收，也让中国的菜篮子装中国自己的菜。我们将来一定发挥聊城蔬菜产业的专业化、规模化和产业化的优势，更加深入地把创新科技成果转变成生产力。

聊城瑞丰种业有限公司的成功案例不仅在本地区产生了广泛影响，也为其他地区农业企业提供了有益的借鉴。该公司通过科技创新、绿色安全、服务先行以及产业融合等方面的实践，为农业高质量发展树立了典范。同时，聊城瑞丰种业有限公司还积极探索新的合作模式和发展路径，与国内外知名企业开展深度合作，共同推动农业领域的科技创新和产业升级。

四、案例启示

1. 坚持科技创新是推动农业高质量发展的关键

只有不断引进先进技术、选育新品种、提升技术水平，才能在激烈的市场竞争中立于不败之地。新品种推广作为农业产业中重要节点之一选种与配套技术推广是保障农业高质量安全发展的重点。在选种方面，聊城瑞丰种业有限公司与国内知名科研院所及企业保持了良好的沟通与信任，从菜农需求出发，为育种家提供了大量基础信息，自下而上引导科研院所的育种方向，增强供给结构对需求变化的适应性和灵活性，极大地提高了品种创新的成功率。在配套技术推广方面，聊城瑞丰种业有限公司加强与科研院所及企业的合作，以本地栽培模式为基础，通过大量的试验示范得到的翔实数据作为支撑，积极地参与到新品种配套栽培技术的工作中，并借助现场观摩会与技术培训会等方式培训广大菜农，使得新品种在推广初期菜农即可以快速掌握相适应的栽培技术方法，不仅为新品种安全推广做足技术准备，更为菜农的切身栽培效益保驾护航。

2. 服务先行是提升企业竞争力的重要手段

只有以客户需求为中心、提供专业化的服务，才能赢得市场的认可和青睐，提升企业品牌形象。新品种推广只是推广工作中的第一步，对于农业产业高质量有序发展来讲，不仅要推的好还要种得好、效益好。聊城瑞丰种业有限公司在"种得好、效益好"方面也是做足功课。公司建立的专家型销售推广团队可以快速及时地处理菜农在生产中遇到的常见问题，由栽培专家、植保专家及育种家组成的智囊团队，可以准确有效地针对一些特殊气候下栽培技术和特殊病害防治提出指导方案。多年来，公司为菜农解决了诸多生产环节中发生的问题，建立了良好的公司品牌形象，也在菜农心中树立了极高的威信。

3. 创新型发展是今后基层农业企业必然发展方向

只有推动一二三产融合发展、延伸产业链、提升价值链，才能实现企业与农户的共赢发展，促进农业农村经济持续健康发展。聊城瑞丰种业有限公司的成功，不仅是一个企业的成功，更是农业转型升级的缩影。它以其前瞻性的战略眼光，准确把握了农业发展的新方向，充分发挥了科技在农业生产中的支撑作用。通过创新育种技术、优化种植结构、提升农产品品质，瑞丰种业实现了从传统农业向现代农业的跨越式发展，推动了农业提质增效，为乡村振兴和农民增收做出了积极贡献。我们应从中汲取宝贵经验，深入研究和探索适合本地区、本行业的农业发展路径。要进一步加强农业科技创新，加大科技研发投入，推动农业科技进步。同时，要完善农业服务体系，提升农业科技人员的服务能力和水平，确保科技成果能够转化为实际生产力。我们要紧紧围绕农业高质量发展的目标，坚持走绿色、生态、可持续的农业发展道路。通过推广先进的农业技术和模式，提高农业资源利用效率，减少农业面源污染，保护农业生态环境，为人民群众提供更加安全、优质的农产品。在推动农业高质量发展的过程中，我们要充分发挥政府、企业、科研机构和社会各界的协同作用，形成合力。政府要加强政策引导和支持，企业要加大投入和创新力度，科研机构要加强科研攻关和成果转化，社会各界要积极参与和支持农业发展。总之，聊城瑞丰种业有限公司的成功案例为我们提供了宝贵的启示和借鉴。我们要深入学习借鉴其先进经验和做法，不断创新发展思路，为实现农业高质量发展、推动乡村振兴和全面建设社会主义现代化国家贡献更大力量。

（本案例由孙志强、孟宪沛负责调研，并参与指导或撰写）

后　记

　　本书以各部委、中央在京单位、各地党政部门推荐以及本书编写团队调研过的近 300 个因地制宜发展新质生产力先进案例为蓝本，从各地区、各领域、多层面、多视角遴选出 45 个因地制宜发展新质生产力先进典型案例，以期通过这 45 个精彩案例，为各地各部门切实贯彻落实好党和国家有关因地制宜发展新质生产力的重大决策部署，因地制宜加快培育壮大新质生产力提供参考、借鉴，为经济与科技工作者尤其是广大党员干部提供生动读本。

　　本书由主编杨瑞勇总体策划，确定写作思路与格式、制定目录提纲，对全书案例撰写进行指导，并负责全书统稿、统改、出版社审稿后的复改、最终审定等。负责各案例调研和指导撰写初稿人员名单附于案例后面。

　　为了确保案例质量，入选本书案例大部分都曾获得省部级及以上奖励或荣誉，或者案例单位主要负责人曾获得省部级及以上奖励或荣誉。为了使本书案例更具有参考借鉴价值和样本意义，我们尽可能从不同地区、不同领域、不同层面、不同视角等挑选先进典型案例。为了便于读者阅读，语言表述上尽量保持原汁原味，保留各地的方言、俚语等。我们在编写过程中借鉴吸收了一些先进典型案例，还参考了学术界的一些研究成果，并且引用了部分党政领导的讲话精神、精辟观点等。

　　由于水平所限，书中疏漏甚至错误之处在所难免，敬请广大读者批评指正。

编　者

2025 年 2 月